Satprem

Sri Aurobindo
oder
Das Abenteuer des Bewußtseins

Satprem

Sri Aurobindo

oder

Das Abenteuer des Bewußtseins

Verlag Hinder + Deelmann
Gladenbach

Titel des Originals: *Sri Aurobindo ou l'Aventure de la Conscience*
© 1970 Éditions Buchet / Chastel, Paris.

Deutsche Übersetzung: Cay Hehner

ISBN: 3-87348-147-2

3. Auflage 1998

© 1991 für die deutsche Ausgabe
Verlag Hinder + Deelmann, Gladenbach (Hessen)
Druck: WS-Druckerei, 55294 Bodenheim
Printed in Germany – Alle Rechte vorbehalten

Inhalt

Vorwort	7
Einleitung	9
1. Ein Vollendeter Abendländer	13
2. Sanatana Dharma – Das Ewige Gesetz	19
3. Das Ende des Intellekts	31
4. Das Schweigen des Mentals	37
Gedankengebäude	37
Aktive Meditation	38
Der Übergang	41
Das Herabkommen der Kraft	43
Eine neue Art von Erkenntnis	46
Das universelle Mental	49
5. Das Bewußtsein	55
Die Bewußtseinszentren	56
Die Oberflächen-Person	62
Die Individualisierung des Bewußtseins	63
Bewußtseins-Kraft, Bewußtseins-Freude	66
6. Die Beruhigung des Vitals	71
Grenzen der Moral	71
Die Reaktion aus Gewohnheit	73
Feindliche Kräfte	77
Das wahre Vital	81
7. Das Psychische Zentrum	90
Die psychische Geburt	91
Psychisches Wachstum	97
8. Die Unabhängigkeit vom Physischen	108
Unabhängigkeit von den Sinnen	108
Unabhängigkeit von Krankheiten	113
Unabhängigkeit vom Körper	116
9. Schlaf und Tod	120
Die Bewußtseinsebenen	120
Erfahrender Schlaf	124
Aktiver Schlaf	133
10. Der Revolutionäre Yogin	139
Das Problem der Tat	140
Nirvana	145

11. Die Einheit ... 154
    Kosmisches Bewußtsein ... 155
    Das zentrale Wesen. Die universelle Person ... 160
    Erkenntnis durch Identität ... 164
12. Das Überbewußtsein ... 168
    Das Rätsel ... 168
    Die Bedingungen für die Entdeckung ... 173
    Das Aufsteigen des Bewußtseins ... 178
    Ekstase? ... 183
    Wesen und Kräfte ... 186
    Ebenen des Mentals ... 191
        Das gewöhnliche Mental ... 194
        Das höhere Mental ... 195
        Das erleuchtete Mental ... 195
        Das intuitive Mental ... 199
        Das Übermental ... 202
        Mantrische Dichtung ... 205
13. Im Zeichen der Götter ... 211
14. Das Geheimnis ... 222
    Die Grade des Unterbewußten ... 223
    Grenzen der Psychoanalyse ... 225
    Die Schattenhälfte der Wahrheit ... 229
    Der große Übergang ... 237
15. Das Supramentale Bewußtsein ... 244
    Supramentale Sicht ... 244
    Supramentale Macht ... 253
16. Der Mensch – Ein Übergangswesen ... 264
    Das schriftliche Werk ... 264
    Die Mutter ... 271
    Eine Skizze der Evolution ... 272
17. Die Transformation ... 283
    Zukunftsperspektiven ... 284
    Die Arbeit (erste Phase) ... 291
    Das ursprüngliche Agni ... 297
    Die zweite Phase: Der Körper ... 301
    Zweite Phase: Das Unterbewußte ... 313
    Die dritte Phase: Der Ashram ... 321

Das Ende, das immer neuer Anfang ist ... 335
Quellen der Zitate ... 340
Zeittafel ... 345

Vorwort

Das Zeitalter der Abenteuer ist vorbei.

Selbst wenn wir uns bis in die siebente Galaxis begeben, so tun wir das computergesteuert und in einen Raumanzug gewickelt; und nichts ändert sich, wir stehen genauso da wie zuvor: als hilflose Kinder im Angesicht des Todes, als Lebewesen, die sich nicht recht sicher sind, warum und weshalb sie eigentlich leben und wohin es wirklich geht. Was die Erde betrifft, wissen wir nur zu gut, daß die Zeiten eines Cortez oder Pizarro Vergangenheit sind: die gleiche alte Maschinerie erdrückt uns; die gleiche alte Mausefalle steht allenthalben bereit einzuschnappen. Doch wie immer stellt es sich heraus, daß unsere schlimmsten Schwierigkeiten unsere größten Möglichkeiten sind und daß die obskure Übergangszeit, die wir gegenwärtig durchleben, doch nur eine Übergangszeit ist, die zu einem größeren Licht führt. Wir stehen vor einer Wand, am Beginn der letzten Entdeckungsreise, dem letzten Abenteuer, das uns noch bleibt: der Erkundung unserer selbst.

Die Zeichen mehren sich, und ihre Bedeutung liegt auf der Hand. Das bemerkensweteste Phänomen der sechziger Jahre ist nicht der Trip zum Mond, es sind vielmehr die „Trips" auf Drogen, die weltweiten Studentenunruhen und die Hippy-Bewegung – wohin aber um alles in der Welt könnten sie noch führen? Es gibt keinen Platz mehr auf unseren überfüllten Stränden und keinen Platz mehr in den wachsenden Ameisenhaufen unserer Städte. Der Ausweg liegt anderswo.

Doch es gibt verschiedene Arten von „Anderswo".

Jene der Drogen sind unsicher und voller Gefahren, vor allem aber sind sie *abhängig* von äußeren Mitteln – es sollte möglich sein, eine Erfahrung willentlich und an gleich welchem Ort zu machen, inmitten eines Einkaufszentrums ebenso wie in der Zurückgezogenheit des eigenen Zimmers, denn ansonsten ist es keine Erfahrung, sondern lediglich eine Anomalie oder eben eine Abhängigkeit.

Jene der Psychoanalyse sind bis jetzt beschränkt auf einige schlecht erleuchtete Kellergewölbe des Unterbewußtseins, vor allem jedoch fehlt ihnen der Hebel des Bewußtseins, der es einem erlaubt, sich frei zu bewegen und Herr seiner selbst zu sein, anstatt sich in die Rolle eines hilflosen Zeugen oder eines Patienten versetzt zu sehen.

Jene der Religion sind eher erleuchtet, aber auch sie sind abhängig von einem Gott oder einem Dogma, vor allen Dingen aber schränken sie uns auf *eine* Art von Erfahrung ein, denn es ist schließlich genauso gut, ja sogar eher möglich, Gefangener anderer Welten wie Gefangener dieser Welt zu sein.

Letztlich bemißt sich der Wert einer Erfahrung an ihrer Kapazität, das Leben zu verändern, ansonsten ist sie nichts als eine eitle Sinnestäuschung oder ein vergeblicher Traum.

Mit Sri Aurobindo gelangen wir zu einer doppelten Entdeckung, deren wir dringend bedürfen, wenn wir nicht nur einen Ausweg aus dem erstickenden Chaos, in dem wir leben, finden, sondern auch unsere Welt verändern wollen. Folgen wir ihm Schritt für Schritt auf seiner außerordentlichen Forschungsreise – seiner Technik, innere Räume zu erschließen, wenn man so will –, so stoßen wir auf die wichtigste aller Entdeckungen, auf das Große Geheimnis, welches das Gesicht der Welt verändern wird. Es besteht darin zu erkennen, daß *Bewußtsein eine Macht ist*. Hypnotisiert von den „unumstößlichen" Naturgesetzen, die den modernen Menschen seit seiner Geburt einmauern, glaubt er, daß seine alleinige Hoffnung in der ständig zunehmenden Herstellung und Verbreitung von Maschinen liegt, welche besser sehen, besser hören, besser rechnen, besser heilen können als er – und die schlußendlich vielleicht sogar besser leben werden als er. Zuerst müssen wir der einfachen Tatsache wieder gewahr werden, daß wir mehr können als all unsere Maschinen und Apparate und daß gerade diese gewaltige Maschinerie, die uns erdrückt, ebenso schnell zusammenbrechen kann, wie sie erbaut wurde, vorausgesetzt, wir ergreifen den Hebel wahrer Macht und erkunden unser eigenes Herz, so wie es umsichtige und planvolle Forscher tun würden.

In diesem Falle machen wir vielleicht die überraschende Entdeckung, daß unser prächtiges 20. Jahrhundert kaum mehr ist als ein Steinzeitalter der Psychologie, daß wir, trotz all unserer Wissenschaft, noch nicht auf die wahre Wissenschaft des Lebens gestoßen sind, auf die wirkliche Beherrschung der Welt und unserer selbst, und daß sich vor unseren Augen Horizonte der Vollkommenheit, Harmonie und Schönheit öffnen, im Vergleich zu denen sich unsere stolzesten Entdeckungen und Erfindungen wie krude Dilettantismen eines Lehrjungen ausnehmen.

Satprem
27. Januar 1970

Einleitung

Ich werde zu dem, was ich in mir sehe.
Alles, was das Denken mir eingibt, kann ich tun;
alles, was das Denken mir eröffnet, kann ich werden.
So sollte des Menschen unerschütterlicher Glaube
an sich selbst beschaffen sein, denn Gott wohnt in ihm.[1]

Es gab einmal vor langer Zeit einen üblen Maharaja, der den Gedanken nicht ertragen konnte, es könne jemand geben, der mächtiger sei als er. So ließ er alle Weisen des Königreiches zu sich rufen, ganz wie es bei bedeutenden Anlässen Brauch war, und stellte ihnen folgende Frage: „Wer von uns beiden ist der Mächtigere, ich oder Gott?" Und die Weisen des Reiches begannen zu zittern. Da sie aber von Berufs wegen weise waren, erbaten sie sich Bedenkzeit; immerhin hatten sie sich doch zu sehr an ihre angesehene Stellung und ihr nacktes Leben gewöhnt, um beides ohne weiteres aufs Spiel zu setzen. Dabei waren es doch aufrechte Männer, die Gott nicht mißfallen wollten. Während sie noch ihr Schicksal beklagten, beruhigte sie der Älteste von ihnen: „Überlaßt die Angelegenheit mir, morgen werde ich mit dem Prinzen sprechen." Am folgenden Tag, als sich des Maharajas Hof zu einem feierlichen *durbar* versammelt hatte, erschien der alte Weise mit gefalteten Händen und gesenkten Hauptes, seine Stirn zum Zeichen der geleisteten Gebete mit weißer Asche bedeckt. Er verbeugte sich demütig und sprach folgende Worte: „O Herr, es gibt keinen Zweifel; Ihr seid der Größte." Der Prinz zwirbelte dreimal an den Enden seines langen Schnurrbartes und warf sich in die Brust. „Ihr seid der Mächtigere, o Herr, denn ihr seid imstande, uns aus eurem Reich zu verbannen, wohingegen Gott dazu nicht in der Lage ist; denn wahrlich, sein Reich ist überall, und man kann Ihn nirgendwo verlassen."

Diese indische Anekdote, die aus Bengalen stammt, wo auch Sri Aurobindo geboren wurde, war ihm selbst nicht unbekannt – ihm, der zu sagen pflegte, alles ist Er: die Götter, die Teufel, die Menschen, die Erde, und nicht allein der Himmel; und dessen gesamte Erfahrung zu einer göttlichen Rehabilitierung der Materie führte. Während des letzten halben Jahrhunderts war die Psychologie unaufhörlich damit beschäftigt, das

Dämonische wieder in den Menschen zu integrieren; es ist möglich, wie André Malraux glaubte, daß die Aufgabe für das nächste halbe Jahrhundert darin liegt, „auch die Götter wieder in den Menschen zu integrieren", oder wie Sri Aurobindo es suchte, den Geist wieder in den Menschen und die Materie mit einzubeziehen und „das göttliche Leben auf Erden zu schaffen": *Die jenseitigen Himmel sind herrlich und prachtvoll, prachtvoller und weit herrlicher aber sind die Himmel in dir selbst. Und diese Himmel sind es, die den göttlichen Arbeiter erwarten.*[2]

Es gibt viele Wege, dieser Aufgabe gerecht zu werden; tatsächlich hat jeder Mensch dazu seinen eigenen Zugang: dem einen mag es ein kunstvoll gefertigter Gegenstand sein, dem anderen eine gute Idee, ein hohes Ideal, ein umfassendes philosophisches System, wieder einem anderen die Harmonien einer Partitur, der Lauf eines Flusses, ein Durchbruch von Sonnenlicht in einer Wolkendecke über dem Meer – all das sind Möglichkeiten, das Unendliche zu atmen. Aber es sind nur kurze Augenblicke, und wir suchen Permanenz. Es sind flüchtige Momente, die vielen unkontrollierbaren Bedingungen unterliegen, und wir suchen etwas, das unveräußerlich ist, frei von Bedingungen und Umständen – gleich einem Fenster in uns, das sich nicht mehr schließen wird.

Gerade weil diese Bedingungen hier auf der Erde so schwer zu erreichen sind, spricht man von „Gott" oder von „Spiritualität", von Christus oder Buddha und der ganzen Kette von großen Religionsstiftern – all das sind Wege, diese Permanenz zu finden. Aber vielleicht sind wir weder religiös noch spirituell, sondern ganz einfach menschlich und glauben als Menschen an die Erde, sind es gründlich leid zuzuhören, wenn große Worte gemacht werden, sind der Dogmen ebenso müde wie der hochfliegenden Gedanken – vielleicht wollen wir nichts weiter, als daß unser kleiner Strom ins Unendliche fließt. Es gab einmal einen großen Heiligen in Indien, der, bevor er seinen inneren Frieden gefunden hatte, über Jahre und Jahre hinweg allen, die er traf, immer wieder die gleiche Frage stellte: „Habt ihr Gott gesehen?... Habt ihr Gott gesehen?" Und jedesmal mußte er enttäuscht und verärgert davonziehen, weil ihm die Leute unglaubliche Geschichten erzählten. Er wollte diesbezüglich einfach nur klar sehen. Dabei lag er gar nicht so falsch mit seinem Anliegen, wenn man all die Lügen bedenkt, welche die Menschen im Laufe der Zeit diesem oder vielen anderen Worten gegeben haben. Hat man einmal wirkliche Erkenntnis erlangt, so kann man darüber sprechen oder weit wahrscheinlicher noch darüber schweigen. Nein, man will sich nichts vormachen oder in die eigene Tasche lügen lassen, und so bleibt eine Überzeugung, von der man ausgehen kann: nämlich mit dem anzufangen, was man hat, genau von dort, wo man steht, und sei das ohne ein Dach über dem Kopf mit beiden Beinen im Dreck und einem kleinen Sonnenstrahl aus besseren Tagen vor Augen. Das, was man um sich sieht, ist fraglos nicht die beste aller möglichen Welten, und man will sehr wohl, daß die Lage sich bessert, aber man steht doch all den allgemeingültigen Allheilmitteln, Bewegungen, Parteien, Theorien nur noch skeptisch gegenüber. Deshalb beginnen wir am Nullpunkt und fangen mit dem an, was vorhanden ist: mit uns selbst. Das ist nicht gerade viel, aber, immerhin, es ist alles, was wir haben, und es ist genau das Stück Welt, das es zu verändern gilt, bevor man anfangen kann, den anderen zu retten. Und vielleicht ist es schließlich keine so schlechte Idee, denn wer weiß, ob den einen zu ändern, nicht auch die beste Methode ist, den anderen zu ändern?

Was kann Sri Aurobindo also, von dieser niedrigen, praktischen Warte aus betrachtet, für uns tun?

Es gibt den Philosophen und den Dichter Sri Aurobindo, und Dichter war er vor allem; es gibt Sri Aurobindo den Visionär der Evolution. Aber nicht jeder ist Philosoph oder Dichter, vom Seher ganz zu schweigen. Vielleicht wären wir schon zufrieden, wenn er uns nur Mittel gäbe, an unsere eigenen Möglichkeiten zu glauben, nicht nur im menschlichen, sondern auch im übermenschlichen und göttlichen Sinne, und nicht nur daran zu glauben, sondern sie auch schrittweise selber zu entdecken und zu *sehen,* wirklich für uns selbst zu sehen und weit zu werden, so weit wie die Erde, die wir lieben, und so weit wie all die Kontinente und all die Weltmeere, die wir in uns tragen; denn es gibt Sri Aurobindo, den Forscher, der auch Yogin war, aber sagte er nicht: *Yoga ist die Kunst der bewußten Selbst-Entdeckung*[3]? Und eben diese Erforschung des Bewußtseins interessiert uns. Und wenn wir ihr mit ihm nachgehen, mit Aufrichtigkeit, Ruhe und Geduld sowie Mut im Angesicht der vielen Schwierigkeiten, die auf dem Weg liegen – und Gott weiß, er ist uneben genug, dann besteht kein Grund, warum sich nicht eines Tages das Fenster öffnen sollte, damit die Sonne ununterbrochen scheinen kann. Das heißt, nicht eines, sondern viele Fenster, die sich nacheinander öffnen, um jedesmal einen weiteren Blick und eine neue Dimension unseres inneren Reiches freizugeben. Das bedeutet jedesmal eine *Veränderung des Bewußtseins*, so radikal wie, sagen wir, der Übertritt vom Schlaf in den Wachzustand. Wir umreißen hier die Hauptstufen dieser Bewußtseinsveränderungen, so wie Sri Aurobindo sie erfahren und seinen Schülern in seinem *integralen Yoga* beschrieben hat, bis zu dem Punkt, an dem sie uns eine neue, noch unbekannte Erfahrung eröffnen, welche die Macht haben könnte, das Leben selbst zu verändern.

Denn Sri Aurobindo ist nicht allein Erforscher des Bewußtseins, er ist auch Baumeister einer neuen Welt. Was hilft es schließlich, das eigene Bewußtsein zu verändern, wenn die Welt so bleibt, wie sie ist? Es erginge einem dann so wie dem König in Andersens Märchen, der sich nackt auf die Straßen seiner Hauptstadt begab. Nachdem Sri Aurobindo zu den äußersten Grenzen von Welten vorgestoßen war, deren Beschreibung man auch in den Überlieferungen alter Weisheiten finden kann, entdeckte er eine andere Welt, die noch auf keiner Karte verzeichnet war. Diese Welt nannte er *das Supramental,* und er suchte sie hierher auf die Erde zu ziehen. Er lädt uns ein, mitzuziehen und an dieser fabelhaften Geschichte teilzuhaben, vorausgesetzt, wir mögen solche Geschichten. Denn das Supramental bringt, wie Sri Aurobindo sagt, einen entscheidenden Umbruch für die Evolution des Bewußtseins auf der Erde; es ist *die* Bewußtseinsveränderung, welche die Macht haben wird, eine Transformation der physischen Welt herbeizuführen, und sie wird dies so gründlich und nachhaltig tun – zum besseren, wie wir hoffen – wie es einst das Denken tat, als es zum ersten Mal in lebender Materie auftrat. Wir werden sehen, wie der integrale Yoga zum *supramentalen Yoga* führt, zum Yoga einer Transformation der Erde, was wir hier versuchen wollen nachzuzeichnen. Es kann nur ein erster Umriß werden, denn die Geschichte ist noch nicht abgeschlossen, sie hat noch Tau auf den Blättern, und längst nicht alle Steine sind aus dem Weg geräumt. Wir sind kaum darüber im Bilde, wohin sie uns führt oder ob sie gelingen wird.

Und im Grunde hängt das ein wenig von uns allen ab.

1. Kapitel

Ein Vollendeter Abendländer

Menschlich steht Sri Aurobindo uns näher, als es zunächst scheint, denn nachdem uns die „Weisheit des Morgenlandes" und all seine seltsamen Asketen, die sich scheinbar so leichtfertig über unsere schönen Naturgesetze hinwegsetzen, gebührend beeindruckt haben, stellen wir fest, daß unsere Neugier davon zwar erregt wurde, unser alltägliches Leben aber unberührt bleibt und daß uns weiterhin eine praktische Wahrheit fehlt, die auch unsere strengen Winter zu überstehen vermag. Und Sri Aurobindo kannte unsere Winter nur zu gut. Er durchlebte sie von sieben bis zwanzig, den prägenden Jahren seiner Erziehung. Dabei zog er von einer Mansarde zur nächsten, der Willkür mehr oder weniger freundlicher Vermieter ausgesetzt, ohne einen Überrock gegen die widrige Witterung und mit nur einer Mahlzeit am Tag, immer aber beladen mit Büchern: die französischen Symbolisten, Mallarmé und Rimbaud, den er, lange bevor er eine Übersetzung der Bhagavat Gita zu Gesicht bekam, im Original las. Sri Aurobindo stellt eine einzigartige Synthese für uns dar.

Er wurde am 15. August 1872 in Kalkutta geboren, dem Jahr der „Illumination" Rimbauds und nur wenige Jahre vor Einstein. Die moderne Physik war in Gestalt Max Plancks bereits ans Tageslicht getreten, und Jules Verne bemühte sich um die Erforschung der Zukunft. Andererseits bereitete sich Königin Victoria darauf vor, „Kaiserin von Indien" zu werden, und die Kolonialisierung Afrikas war noch in vollem Gange – wir stehen am Wendepunkt zweier Zeitalter. In Betrachtung der Geschichte hat man häufig den Eindruck, daß der Geburt einer neuen Welt Perioden von Krisis und Zerstörung vorangehen, aber vielleicht ist das eine Fehleinschätzung, und die Kräfte der Subversion (oder Enttrümmerung) toben, gerade weil der neue Samen *bereits* geboren ist. Wie dem auch sei, Europa stand auf der Höhe seines Ruhms, und der Spielball des Weltgeschehens lag augenscheinlich im Westen. So jedenfalls erschien es Sri Aurobindos Vater, Dr. Krishnadhan Ghose, der in England Medizin studiert hatte und vollkommen anglisiert in sein Vaterland zurückgekehrt war. Er suchte unter allen Umständen zu verhindern, daß seine Söhne – er hatte mit Sri Aurobindo als Jüngstem derer drei – auch nur im geringsten von jenem „vernebelten und rückschrittlichen" Mystizismus infiziert wurden, welcher seiner Meinung nach sein Land an den Rand des Ruins gebracht hatte. Er ging so weit, ihnen die Sprachen und Überlieferungen Indiens vorzuenthalten. So erhielt Sri Aurobindo nicht nur einen englischen Vornamen (Akroyd), sondern auch eine englische Erzieherin namens Miss Pagett und wurde im Alter von fünf Jahren an eine Schule irischer Nonnen in Darjeeling geschickt, um dort sein Los mit den Söhnen britischer Verwaltungsbeamter zu teilen. Zwei Jahre später verlassen die drei Ghose-Jungen Indien in Richtung England. Sri Aurobindo ist sieben. Er wird bis zum zwanzigsten Lebensjahr warten müssen, um seine Muttersprache, das Bengali, erlernen zu können. Seinen Vater hat er niemals wiedergesehen, da dieser während seiner Rückreise nach Indien starb. Auch seine Mutter bekam er kaum mehr zu Angesicht, da sie erkrankt war und ihn in ihrer Umnachtung nicht mehr wiedererkannte. So sehen wir uns hier einem Kind gegenüber, das vollkommen unabhängig von allen eigenen familiären, nationalen und traditionellen Einflüssen aufwuchs – ein freier Geist. Die erste Lektion, die uns Sri Aurobindo erteilt, ist also eine Lektion der Freiheit.

Er und seine beiden Brüder wurden einem anglikanischen Geistlichen aus Manchester anvertraut *mit der strikten Anweisung, daß es ihnen nicht erlaubt sein sollte, die Bekanntschaft von Indern zu machen oder indischen Einflüssen ausgesetzt zu werden*[1]. Denn Dr. Ghose war ein eigenwilliger Mensch. Er beauftragte Pastor Drewitt ferner, seinen Söhnen keine religiöse Unterweisung zu geben, damit sie, wenn sie es wünschten, bei Erreichen der Volljährigkeit selbst eine Religion wählen könnten. Mit diesem frommen Auftrag überließ er sie für die nächsten dreizehn Jahre ihrem Schicksal. Dr. Ghose mag demnach als hartherziger Mensch erscheinen, und doch war er nichts dergleichen. Er gab nicht nur seine Dienste als Arzt unentgeltlich an die Bedürftigen der bengalischen Dörfer, sondern unterstützte sie auch finanziell (während seine Söhne in London kaum etwas zu essen oder zum Anziehen hatten) und er starb unter dem Schock einer Falschmeldung, daß sein Lieblingssohn Aurobindo bei einem Seenotfall ums Leben gekommen sei. Dr. Ghose war aber der Überzeugung, daß seine Kinder zur Charakterfestigkeit erzogen werden sollten.

Die ersten drei Jahre in Manchester hatten einige Bedeutung für Sri Aurobindo, da er dort als erste Fremdsprache Französisch lernte (denn Englisch war ja seine „Muttersprache") und eine spontane Neigung für die französische Kultur in sich entdeckte: *Es gab einen Hang zum englischen und europäischen Denken und zu dessen Literatur, nicht aber zu England als Land. Damit fühlte ich keine Verbundenheit... wenn es eine intellektuelle oder emotionale Anziehung zu einem europäischen Land als zweiter Heimat gab, so zu einem, daß ich in diesem Leben weder betreten noch zu Gesicht bekommen hatte, und zwar nicht England, sondern Frankreich.*[2] Der Dichter in ihm begann zu erwachen; er hörte bereits *den Gang unsichtbarer Dinge*, wie er sich in einem seiner frühesten Gedichte ausdrücken wird, sein inneres Fenster hatte sich bereits geöffnet, obwohl er, wenn man der Beschreibung folgt, die er von seiner „Bekehrung" gibt, wenig von Religion beeindruckt war: Nicht ganz unvorhersehbar war die Mutter des Pastoren Drewitt ausgezogen, die Seelen der drei jungen Ketzer zu retten oder doch wenigstens die des jüngsten, den sie eines Tages einfach zu einer Zusammenkunft von „unkonformistischen" Geistlichen mitschleppte. *Nachdem die Gebete gesprochen waren*, erzählte Sri Aurobindo, *entfernten sich die meisten, und nur die Eiferer blieben zurück. Es war die Zeit der Bekehrungen. Ich langweilte mich zu Tode. Dann näherte sich mir ein Pfarrer und stellte mir Fragen (ich war ungefähr zehn zu der Zeit). Ich gab keine Antwort. Plötzlich riefen sie alle: „Er ist erlöst, er ist erlöst!" und sie begannen für mich zu beten und Gott zu danken.*[3] Aus Sri Aurobindo dem Seher würde niemals ein Anhänger der Religion werden – in Indien genausowenig wie im Abendland – und er hat sehr häufig betont, daß Religion und Spiritualität nicht notwendigerweise miteinander synonym seien: *Wahre Theokratie*, schrieb er später, *ist das Königreich Gottes im Menschen und nicht das Königreich eines Papstes, einer Kirche oder einer priesterlichen Klasse.*[4]

Im zwölften Lebensjahr, dem Beginn seiner Londoner Zeit, hatte Sri Aurobindo bereits Latein und Französisch gelernt. Der Direktor des St. Paul-Gymnasium, das er besuchte, war so überrascht über seine Begabung, daß er ihn selbst in Griechisch unterrichtete. Drei Jahre später konnte Sri Aurobindo es sich leisten, die Hälfte seiner Fächer zu überspringen, um sich nur noch seiner Lieblingsbeschäftigung, dem Lesen, zu widmen. Man weiß wirklich nicht, was diesem unersättlichen Jugendlichen entgangen sein könnte (ausgenommen vielleicht das Kricket-Spielen, welches ihn so wenig interessierte wie etwa der Konfirmandenunterricht), aber Shelley und der „Entfesselte Prometheus", die französischen Dichter, Homer, Aristophanes und die ganze europäische Gedankenwelt – er eignete sich schnell ausreichend Wissen in Deutsch und Italienisch an, um Goethe und Dante im Original lesen zu können –, all das bevölkerte die Solitüden seines Geistes, von denen er uns nichts hinterlassen hat. Er suchte, im Gegensatz zu seinem Bruder Mono Mohan, der in Gesellschaft seines Freundes Oscar Wilde durch London streifte und sich in der englischen Dichtung einen Namen machte, nie nach äußeren Bindungen. Faktisch lebte jeder der Brüder sein eigenständiges Leben. Und doch war sein Wesen keines voller Strenge, und er war nichts weniger als ein Tugendwächter oder Sittenrichter (*Tugendbolde* nannte er diese[5]); er war einfach nur ganz „anderswo", und seine Welt war reich. Er hatte eine bestimmte Art, mit todernstem Gesicht Spott zu treiben, die ihn niemals verließ: *Sinn für Humor? Das ist das Salz des Daseins. Ohne ihn wäre die Welt längst aus allen Fugen geraten – und sie ist schon jetzt reichlich aus den Fugen.*[6] So gibt es also auch Sri Aurobindo den Humoristen, und als solcher ist er vielleicht wichtiger als der Philosoph, von dem die abendländischen Universitäten so ehrfürchtig sprechen; denn für Sri Aurobindo war Philosophie nichts als ein Mittel zu dem Zweck, sich mit einer bestimmten Art Menschen zu verständigen, die nichts verstehen, ohne daß man es ihnen erklärt; sie war ihm lediglich eine Sprache, so wie ihm die Dichtkunst eine andere, klarere und wahrere war. Aber Humor gehörte zum innersten Kern seines Wesens, nicht der bissige, sarkastische Humor des sogenannten geistreichen Menschen, sondern eine Art innerer Freude, die nicht anders kann, als zu tanzen, ganz gleich, wo sie sich befindet. Mitunter trifft uns ein blitzartiges Verständnis, das uns mit einiger Verblüffung erfüllt, und wir verstehen oder erahnen, daß sich hinter der tragischsten oder quälendsten Situation etwas wie ein liebevoll-spottendes Gelächter verbirgt, als spiele sich ein Kind eine Tragödie vor, nur um sich plötzlich mittendrin selbst eine lustige Grimasse zu schneiden, weil es eine unwiderstehliche Neigung zum Lachen verspürt, denn schlußendlich kann nichts und niemand, keine Macht der Welt, diesen verborgenen, inneren Schlupfwinkel berühren, in welchem wir immer König sind. Vielleicht macht gerade das die wahre Qualität von Sri Aurobindos Humor aus: seine völlige Weigerung, die Dinge tragisch zu nehmen, oder mehr noch, sein Sinn für etwas unveräußerlich Königliches im Menschen.

Ob das St. Paul-Gymnasium Wertschätzung für seine Art von Humor aufbrachte, ist uns nicht erhalten, eindeutig aber bezeugte es diese für sein erstaunliches Wissen, denn man gab ihm, genau zu dem Zeitpunkt, als die Zuwendungen seiner Eltern praktisch aufhörten, ein Stipendium, um nach Cambridge gehen zu können. Trotzdem war dies nicht genug, ihn vor Kälte und Hunger zu bewahren, da seine beiden älteren Brüder reichlich an diesem unverhofften Geldsegen Anteil nahmen. Er war gerade achtzehn. Was aber tat er bloß an dieser Bildungsstätte für Söhne gutbetuchter Eltern? Zweifellos folgte er den Wünschen seines Vaters. Doch nicht mehr für lange. Im ersten Jahr am King's College erntete er alle Preise für lateinische und griechische Dichtkunst, aber sein Interesse hatte sich gewandelt. Es waren jetzt die Jungfrau von Orléans, der Freiheitskämpfer Mazzini und die amerikanische Revolution, die ihn nicht mehr losließen – kurz, es ging ihm um die Befreiung seines Landes, um die indische Unabhängigkeit, für die er einer der Vorkämpfer werden sollte. Diese unvorhergesehene politische Berufung würde ihn gut die nächsten zwanzig Jahre beschäftigen, obwohl damals bei ihm noch einige Unsicherheit darüber herrschte, was ein Inder eigentlich sei, ganz zu Schweigen von einem Hindu! Aber er lernte schnell. So wie er es mit der abendländischen Kultur getan hatte, eignete er sich den Hinduismus in doppelter Geschwindigkeit an. Tatsächlich würde er erst dann wahrlich Sri Aurobindo werden, da er beide Kulturen in sich aufgenommen hatte und ihm jener Schnittpunkt vor Augen kam, an dem sich beide Welten in etwas treffen, was weder die eine noch die andere ist – nicht einmal die Synthese aus beiden – sondern etwas, das wir mit der Mutter, jener, die Sri Aurobindos Werk fortführte, als *dritte Position* bezeichnen könnten, jenes „Andere", das wir so dringend brauchen; wir, das heißt Menschen, die sich weder in materialistischer Beschränktheit noch in spiritueller Exklusivität zu Hause fühlen.

So wurde er Sekretär der *Indian Majlis* – einer Vereinigung indischer Studenten in Cambridge – trug mit revolutionären Reden zum feurigen Elan seiner Bundesgenossen bei, warf den jetzt untragbar gewordenen englischen Vornamen über Bord und trat einer Geheimgesellschaft bei, die auf keinen geringeren Namen als „Dolch und Lotos" hörte. (Im Ernst, man muß sich vergegenwärtigen, daß solch jugendliche Romantik einen damals durchaus noch an den Galgen bringen konnte.) Schließlich kam es zu Ermittlungen, und sein Name erschien auf den schwarzen Listen der Regierung in *Whitehall*. Dessen ungeachtet besteht er leicht seinen Bachelor of Arts für alte Sprachen, läßt sich aber bei der Verleihung der akademischen Grade nicht mehr blicken, als habe er jetzt gründlich davon die Nase voll. Ähnlich beiläufig meldet er sich zu den berühmten Prüfungen des indischen Staatsdienstes, welche ihm gleichberechtigt mit den englischen Beamten die Türen der indischen Regierung geöffnet hätten, und besteht sie mit Bravour. Zu der abschließenden Reitprüfung erscheint er jedoch nicht – es war ihm an dem betreffenden Tag wichtiger, einen Spaziergang zu machen, als in Woolwich etwas vorzutraben –, und damit erreicht der junge Aurobindo seine Disqualifizierung. In der Folge kann sich der für Examenskandidaten zuständige Dekan nicht enthalten, einen Brief an höchste Stellen zu schreiben: „Daß ein Mann dieses Kalibers aufgrund der Tatsache, daß er nicht auf einem Pferd gesessen hat oder weiter eine Verabredung nicht einhielt, der indischen Regierung verloren gehen sollte, erscheint mir, wie ich gestehen muß, als Husarenstreich offizieller Kurzsichtigkeit, der schwer zu überbieten sein dürfte... Die letzten Jahre waren für ihn eine Zeit der Härte und Entbehrungen. Zuwendungen von zu Hause sind nahezu vollständig unterblieben, und er hatte für seine beiden Brüder genauso Vorsorge zu tragen wie für sich selbst... Ich habe in seinem Namen wiederholt an seinen Vater geschrieben, hatte aber meistens damit keinen Erfolg. Erst kürzlich gelang es mir, ihm gerade soviel abzuringen, um einige lang ausstehende Rechnungen zu begleichen, während die Gläubiger sich bereits auf dem Wege zum Schuldgericht befanden..."[7] Die Fürbitten des Dekans verhallten ungehört; die Herren des Kolonialministeriums waren davon überzeugt, daß es sich bei Sri Aurobindo um einen hochgefährlichen Fall handele. Und sie sollten damit nicht Unrecht behalten.

Mit zwanzig Jahren begab sich Sri Aurobindo auf dem Seeweg zurück nach Indien. Sein Vater war gerade verstorben, er selbst hielt weder Stellung noch Titel. Was blieb von seinen dreizehn englischen Jahren? Man ist versucht, sich die klassische Definition von Edouard Herriot in Erinnerung zu rufen, denn, wenn es wahr ist, daß Kultur das ist, was bleibt, wenn alles andere vergessen ist, dann dürften vom Abendland nicht die Bücher, Museen und Theater übrig bleiben sondern allein der Drang, die graue Theorie in lebendige Praxis umzusetzen. Gerade darin liegt ja zweifellos die wirkliche Stärke des Abendlandes. Leider aber verfügen wir über zuviel Scharfsinn, als daß uns nennenswerter Weitblick bliebe, den wir praktisch umsetzen könnten, während Indien nicht anspruchsvoll genug ist, um sein äußeres Leben auf den Stand seiner inneren Einsicht zu bringen. Wie wir sehen werden, lernte Sri Aurobindo beide Seiten dieser Lektion nicht vergeblich.

2. Kapitel

Sanatana Dharma – Das Ewige Gesetz

Unser Proletariat verkommt in Unwissenheit und niederschmetterndem Elend![1] rief Sri Aurobindo aus, kaum daß er indischen Boden unter den Füßen spürte. Ihm brannten aber keineswegs metaphysische Probleme auf der Seele, ihn beschäftigte vielmehr die Frage der Tat. Er mußte handeln, denn der Mensch steht in der Welt, um zu handeln. Bleibt die Frage nach der Art des Handelns und nach seiner wirkungsvollsten Methode. Von den ersten Schritten auf indischer Erde in den ersten Tagen seiner Ankunft bis in die höchsten Höhen der Verwirklichung im Yoga sollte Sri Aurobindo diese Sorge um praktisches Handeln nicht mehr verlassen.

Ich erinnere mich an ein persönliches Erlebnis im Himalaya, währenddessen ich einige herrliche Tage in Begleitung eines weisen Mannes verbrachte – umgeben von Pinien und Oleander in funkelndem Schnee, weltvergessen zwischen Tälern und Himmel. All das war sehr schön, doch mir wurde klar, wie leicht es sei, auf diesem Dach der Welt göttliche Gedanken oder Visionen von himmlischen Geschehnissen zu hegen, aber was ist unten? Es stellte sich später heraus, daß diese Frage keineswegs falsch war, obwohl ich auch lernte, daß man in körperlicher Unbewegtheit und Stille doch etwas für die Welt *tun* kann, und zwar sehr viel (wir erliegen leider häufig einer hartnäckigen Verwechslung von Aufregung und Handlung). Und trotzdem, was bleibt uns von unseren himmlischen Augenblicken, wenn wir uns, unseres erhabenen Alleinseins beraubt, in den Niederungen wiederfinden? Hier entsteht eine Illusion, die die vom Hinduismus Begeisterten überprüfen sollten, denn wollten wir lediglich der Welt entfliehen, würde eine kleine Hütte in einem Alpental oder auf einer einsamen Nordseehallig vollkommen ausreichen; denselben Zweck erfüllt ja, ohne besondere Umgebung, schon eine kleine Zelle mit weißgetünchten Wänden – die „Pilgerfahrt zu den Quellen"* hat nichts oder nur wenig mit dem Ganges oder dem Brahmaputra zu tun. Was konnte Indien Sri Aurobindo also geben? Birgt es ein Geheimnis, das auch für ein tatkräftiges Leben von Bedeutung ist?

---

* Titel eines Buches von Lanza del Vasto über den Hinduismus.

Liest man Bücher über den Hinduismus, so gewinnt man den Eindruck, es handele sich um eine Art spiritueller Fossilienforschung gespickt mit vielsilbigen Sanskritworten, als sei der Inder ein alles verrätselnder Philosoph, gepaart mit einem heillosen Götzenanbeter. Wenn wir uns Indien allerdings einfach anschauen – nichts weiter, als es von innen her anschauen, ohne es gleich anmaßend in lexikalische Artikel über Hinduismus unterteilen zu wollen (die immer so vollständig daneben treffen wie etwa die einseitige Beschreibung jenes Reisenden, der im Mai Neu-Delhi bereiste und „Indien" als ausgedörrt und sengend heiß empfand; wäre er hingegen im November oder März im Süden oder Westen gewesen und in allen anderen Himmelsrichtungen, hätte er Indien gleichzeitig als kalt, kochend heiß, regendurchtränkt, verwüstet, mediterran und als freundlich mild beschreiben müssen, und sein Kartenhaus der Wettervorstellungen wäre ähnlich zusammengebrochen wie die starren und rein theoretischen Vorstellungen seines „Hinduismus", der so gar nicht existiert, denn Hinduismus ist weder ein Glaube noch ein spiritueller Längengrad; man bestimmt an ihm nicht seinen geistigen Standort, denn er enthält alle nur möglichen Standorte), so entdecken wir vor allen Dingen, daß Indien ein Land grenzenloser geistiger und spiritueller Freiheit ist. Der sogenannte Hinduismus ist eine rein westliche Erfindung. In Indien selbst spricht man lediglich vom „ewigen Gesetz", *sanatana dharma,* von dem die Inder sehr wohl wissen, daß sie kein Monopol darauf haben, sondern daß es den Moslems, Negern, Christen ebenso angehört wie selbst den Wiedertäufern. Gerade das, was sich dem Abendländer als der wesentlichste Teil seiner Religion darstellt, nämlich die Struktur, das Gefüge, welches sich von allen anderen Religionen *unterscheidet* und festlegt, daß eine bestimmte Person sich eben nur dann Katholik oder Protestant nennen darf, wenn er oder sie genau so oder auf eine bestimmte andere Weise denkt und sich diesem oder eben jenem anderen Glaubensartikel verschreibt, das ist der Gesichtspunkt, welcher dem Inder am wenigsten bedeutet, er sucht instinktiv von allen äußeren Umständen abzusehen, um seine Mitmenschen an jenem zentralen Punkt wiederzutreffen, an dem alles miteinander verbunden ist.

Diese Weite und Aufgeschlossenheit ist beileibe keine „Toleranz", die ja nur die Kehrseite der Intoleranz ist, sondern die ausdrückliche Einsicht, daß jeder Mensch ein inneres Bedürfnis hat, das man Gott nennen kann oder auch anderswie, und daß er es nötig hat, das zu lieben, was er auf seiner eigenen Ebene und entsprechend der gegenwärtigen Stufe seiner inneren Entwicklung von Gott *versteht*, wobei der Weg eines Johannes nicht der Weg eines Paulus ist. Daß jedermann zum Beispiel einen gekreuzigten Gott lieben solle, erscheint einem durchschnittlichen Inder als widernatürlich, obgleich er sich mit der gleichen spontanen Hingabe vor Christus verneigen wird wie vor seinem eigenen Ebenbild Gottes. Dabei findet er das Angesicht Gottes ebenso sehr in dem Gelächter *Krishnas* wie in dem Schrecken von *Kali*, der Anmut *Saraswatis* und den Tausenden und Abertausenden von Göttern, die da tanzen in ihrer ganzen regenbogenfarbigen Pracht, mit mächtigen Schnurrbärten oder ohne, frohlockend oder fürchterlich, erleuchtet oder ergriffen von Erbarmen, so wie sie an den überbordenden Türmen der indischen Tempel zu sehen sind. *Ein Gott, der nicht des Lächelns fähig ist, wie hätte er ein solch komisches Universum erschaffen können?* fragt Sri Aurobindo[2]. Alles trägt sein Angesicht, alles ist sein göttliches Spiel, schrecklich und schön, so barock wie die Welt selbst. Und dieses Land, so strotzend vor Göttern, ist doch und gleichzeitig das Land eines so unerschütterlichen Vertrauens auf Einheit: „Eins und einzig herrscht er über alle Geburten und alle Kreaturen. Er ist selbst die Urform von allem." (Swetaswatara Upanishad V.5) Aber nicht jeder kann auf einen Schlag ins Absolute eingehen, der Aufstieg ist durch eine reichliche Zahl von Stufen markiert, und jemand, der in der Lage ist, das kindliche Gesicht eines kleinen Idols zu verstehen, und diesem Weihrauch und Blumen darbietet, ist vielleicht nicht fähig, sich in der Stille seines Herzens an die Ewige Mutter zu wenden, während wieder ein anderer es möglicherweise vorziehen wird, alle Formen zu verneinen und sich in die Kontemplation von Dem zu versenken, das keinen Namen trägt. „Gerade so, wie die Menschen zu mir kommen, finden sie meine Aufnahme. Mein ist der Weg, dem die Menschen von allen Seiten folgen", verheißt die Bhagavat Gita (IV.11)*. Wie man sieht, gibt es unter drei Menschen oder drei Millionen ebenso viele Wege, etwas von Gott zu erfassen, man tut also gut daran, nicht dogmatisch zu werden, es sei denn, man abstrahiert und eliminiert bis zu dem Punkt, an dem nichts bleibt als ein cartesisch-calvinistischer Gott, einzig und allumfassend lediglich kraft seiner Beschränktheit und Herzensenge. Oder ist es, daß wir Einheit mit Einförmigkeit verwechseln? In diesem Zusammenhang wird Sri Aurobindo bald folgendes schreiben:

---

* Alle hier aus dem Veda, den Upanischaden oder der Gita zitierten Passagen beziehen sich auf die englischen Übersetzungen von Sri Aurobindo.

Die Vollendung des integralen Yoga wird kommen, wenn jeder Mensch fähig geworden ist, seinem eigenen Weg im Yoga zu folgen, indem er der Entwicklung seiner eigenen Natur in ihrem Auftrieb, das zu werden, was sie überschreitet, nachkommt. Denn Freiheit ist das endgültige Gesetz und die letzte Erfüllung.[3]

Kein Inder käme jemals auf den Gedanken, zu fragen: „Glauben Sie an Gott?" Diese Frage käme ihm etwa so lächerlich vor wie: „Glauben Sie an CO_2?" Er sagt einfach nur: *„Versuchen Sie es selbst!* Wenn Sie dieser Methode folgen, werden Sie dieses Ergebnis erhalten, wenn Sie jener Methode folgen, werden Sie zu einem anderen, entsprechenden Ergebnis kommen." All die Findigkeit, Gründlichkeit und Präzision, all den Scharfsinn, welchen das Abendland in den letzten beiden Jahrhunderten aufgewandt hat, um physikalische Phänomene zu studieren, hat Indien mit der gleichen Genauigkeit und Strenge in den letzten vier oder fünf Jahrtausenden zur Beobachtung innerer Phänomene entwickelt – für ein Volk von „Schwärmern" hält es einige Überraschungen für uns bereit. Mit etwas Aufrichtigkeit kommen wir schnell zu der Erkenntnis, daß unsere eigene „innere" Forschung, das heißt also unsere Psychologie, unsere Psychoanalyse und unser Wissen über den Menschen, noch in einem embryonalen Stadium steckt, einfach deshalb, weil Selbsterkenntnis nach einer Askese heischt, die soviel Methodik und Geduld und allen Widrigkeiten trotzende Sorgfalt erfordert wie ein eingehendes Studium der Quantenphysik. Wollen wir uns auf diesen Weg machen, ist es lange nicht genug, Bücher zu lesen oder klinische Atteste über die Neurosen einer aus dem Gleichgewicht geratenen Gesellschaft zu studieren, man muß *sich selbst* voll und ganz einsetzen. Brächten wir die gleiche Aufrichtigkeit und Ausdauer auf, unsere Innenwelten zu studieren, die wir zum Bücherlesen aufbringen, kämen wir schnell vorwärts – dann hätte auch der Westen einige Überraschungen für uns in petto. Allerdings müßte er zuvor von einigen vorgefaßten Meinungen abgehen – Kolumbus hat auch keine Karten des amerikanischen Kontinents verfertigt, bevor er mit seiner Santa Maria aus Palos auslief! Vielleicht lohnt es sich, diese einfachen Wahrheiten zu wiederholen, denn es scheint, als wäre der Westen gleichermaßen zwischen zwei Fehleinschätzungen stecken geblieben: der zu ernsthaften Unwahrheit der Spiritualisten, für die die Frage von Gott ein für allemal in ein paar unfehlbaren Paragraphen ausgemacht ist, sowie der kaum ausreichend ernsthaften Unwahrheit von dilettierenden Okkultisten und Spiritisten, die das Unsichtbare auf ein

Monstrositäten-Kabinett der Einbildungskraft zu reduzieren versuchen. Indien besitzt jedoch genügend Weisheit, um zur unmittelbaren Erfahrung und zu experimentellen Methoden zurückzukehren. Sri Aurobindo hatte bald Gelegenheit, diese grundlegende Methode experimenteller Spiritualität anzuwenden.

Was für eine Art Menschen, was für eine menschliche Substanz wird er in diesem Indien vorfinden, einem Indien, das er noch nicht einmal kennt? Wenn man von dem exotischen Lokalkolorit und den (für uns) seltsamen Landesbräuchen einmal absieht, die den Touristen so faszinieren, so bleibt doch etwas Befremdendes. Wenn man sagt, bei den Indern handele es sich um ein liebenswürdiges, verträumtes, schicksalergebenes und weltentsagendes Volk, so beschreibt man damit die Erscheinung, nicht aber das Wesentliche. Es ist deshalb befremdend, weil Inder in ihrer physischen Substanz, ganz spontan und ohne den geringsten „Gedanken" oder „Glauben", in anderen Quellen und Welten verwurzelt sind; sie sind nicht ganz von dieser Welt. Und diese anderen Welten in ihnen treten ständig an die Oberfläche – *bei der kleinsten Erschütterung zerreißt der Schleier,* bemerkte Sri Aurobindo –, so daß diese physische Welt, so absolut, real und einmalig für uns, ihnen als nur eine Möglichkeit unter vielen anderen innerhalb des gesamten Daseins erscheint; kurz, als eine kleine, chaotische, aufgeregte und ziemlich mühselige Grenze am Rande *unermeßlicher Kontinente, die unerforscht dahinter liegen.*[4] Dieser grundsätzliche Unterschied zwischen den Indern und anderen Völkern tritt am deutlichsten in ihrer Kunst zutage, so wie es bei der ägyptischen Kunst der Fall ist (und, wie ich ohne unmittelbare Kenntnis annehme, auch bei der Kunst Mittelamerikas). Läßt man die offenen und anmutigen Kathedralen des Abendlandes hinter sich, die sich gleich einem Triumphzug göttlicher Gedanken des Menschen emporschwingen, und steht in der Stille von Abydos am Nil plötzlich vor Sekmeth oder hinter der Säulenreihe von Dakshineshwar im Angesicht Kalis, so spürt man sehr wohl etwas: Man steht wie betäubt vor einer unbekannten Dimension, vor „etwas", das uns sprachlos macht und von dem in der abendländischen Kunst kaum etwas zu finden ist. In unseren Kathedralen gibt es keine Geheimnisse zu entdecken! Alles liegt offen, von allen Himmelsrichtungen her zugänglich für jeden, der Augen im Kopf hat – und dabei gibt es so viele Geheimnisse! Es geht hier nicht darum, die Meriten einer Kunstform gegen die einer anderen zu halten, das wäre absurd. Es geht darum zu verstehen, daß wir etwas vergessen haben.

Bei den unzähligen Kulturen der Vergangenheit, die an Glanz und Kultur der unsrigen ebenbürtig sind – wenn wir uns zu der Bescheidenheit durchringen können, dies zuzugestehen – und deren Eliten nicht weniger „intelligent" waren als die unserer Universitäten und die sowohl fundiertes Wissen als auch eingehende Erfahrung unsichtbarer Hierarchien besaßen (das heißt unsichtbar für uns), sowie von seelischen Rhythmen, die den kurzen Pulsschlag eines einzelnen Menschenlebens übersteigen – wie kommt es, daß uns noch nicht klar geworden ist, daß es sich hier vielleicht um mehr handelt, als um den albernen Aberglauben alter Damen oder um einfache Geistesverwirrung? Immerhin eine bemerkenswerte Verwirrung, die sich über die Entfernung von Tausenden von Kilometern in Zivilisationen finden läßt, die nichts voneinander gewußt haben können! Es stimmt, das Zeitalter der Mysterien liegt hinter uns, alles ist erfrischend kantisch und aufgeklärt, aber nichtsdestoweniger fehlt etwas. Ein erstes Anzeichen des neuen Menschen wird es vermutlich sein, wenn er einen unerträglichen Mangel in sich verspürt, der sich weder durch seine Wissenschaften noch durch seine Kirchen noch durch seine lärmende Vergnügungssuche befriedigen läßt. Es rächt sich, wenn man den Menschen von seinen Geheimnissen zu trennen versucht. Auch das ist eine lebendige Lehre, die Indien Sri Aurobindo brachte, wenn er sie nicht schon vorher in seinem eigenen Fleisch und Blut verspürte.

Wer indessen annimmt, daß Indien, als das Land, in dem die von alters her überlieferten Mysterien noch lebendig sind, ihm eine praktische Lösung bietet, der riskiert eine Enttäuschung. Sri Aurobindo lernte schnell die Freiheit, geistige Weite und das beeindruckende experimentelle Wissen zu schätzen, das Indien dem Suchenden eröffnet. Jedoch nahm er keinesfalls alles an, was sich ihm darbot – im Gegenteil. Es gab aber auch nichts auszuschließen oder zu verwerfen; es gibt nichts zu verwerfen, nirgendwo, nicht im sogenannten Hinduismus, nicht im Christentum oder bei gleich welchem anderen menschlichen Bestreben, sondern es gilt allein, alles zu erweitern, alles endlos auszuweiten. Das, dem wir uns als letzte Wahrheit verschreiben, ist oft nichts anderes als ein unvollständig erfahrener Teilaspekt der Wahrheit; und zweifellos findet sich die Vollständigkeit der Erfahrung nirgendwo in Raum und Zeit, an keinem Ort und in keinem einzelnen Wesen, ganz gleich wie lichtvoll es auch sein mag, denn die Wahrheit ist unendlich und immer einen Schritt voraus. *Man lädt sich ständig eine endlose Last auf,* meinte die Mutter einmal in einem Gespräch über den Buddhismus. *Man möchte nichts aus der Vergangenheit fallen lassen und stöhnt dann immer mehr unter dem Gewicht einer nutzlosen Anhäufung. Wenn man einen Wegweiser für einen Teil der Wegstrecke hat, so ist das nur gut. Nachdem man aber diesen Abschnitt hinter sich gebracht hat, läßt man eben diesen Teil der Strecke samt dem Wegweiser hinter sich und geht weiter. Das ist eine Sache, die dem Menschen dauernd Schwierigkeiten bereitet; wann immer er etwas zu fassen bekommt, das ihm hilft, hält er daran fest und kann es nicht mehr lassen. Jene, die etwas Fortschritt mit der christlichen Lehre gemacht haben, geben diese ebensowenig auf wie jene, welche der Buddhismus weitergebracht hat, und beide tragen an dieser zunehmenden Last auf ihren Schultern. Das beschwert und macht schrecklich langsam. Habt ihr ein Stadium eures Lebens hinter euch gebracht, laßt es fallen, laßt es zurück! Geht weiter!* Es gibt wohl ein ewiges Gesetz, aber eben eins, das ewig jung ist und ewig voranschreitet. Obwohl Indien begriffen hat, was für ein ewiger Bilderstürmer Gott auf seinem kosmischen Vormarsch ist, hatte es doch nicht immer die Kraft, seiner eigenen Wahrheit zu genügen; das „unermeßliche Unsichtbare", von dem dieses Land so durchdrungen ist, fordert von ihm ein zweifaches Lösegeld, sowohl menschlich als auch spirituell. Menschlich, weil dieses Volk, übersättigt mit dem Jenseits, sich wohl des großen kosmischen Spiels und seinen inneren Dimensionen bewußt ist, vor denen sich unser äußeres Leben auf einen Punkt an der Oberfläche reduziert und dort kurz aufblüht, um bald wieder verschluckt zu werden. Demgegenüber vernachlässigte und vergaß es aber die Materie: Trägheit, Resignation und Indifferenz gegenüber dem Fortschritt waren die Folge, selbst wenn diese oft unter der Maske der Weisheit auftraten. Der zweite, spirituelle Tribut wog weit schwerer, denn in dieser Unermeßlichkeit, die für unser *gegenwärtiges*, begrenztes Bewußtsein nicht zu fassen ist, ging die Bestimmung der Erde, unserer Erde, an den Grenzen des Universums, irgendwo zwischen Galaxien und Schwarzen Löchern oder gar im Nirgendwo verloren, reabsorbiert im Großen Brahman, aus dem sie vielleicht nie hervorgetreten ist, außer in unseren Träumen – die Illusionen, Trancen, Selbst-Versenkungen der Yogins wurden leider nur zu oft mit dem wahren Antlitz Gottes verwechselt. Es ist deshalb von höchster Bedeutung, zu einer klaren Bestimmung des Ziels zu gelangen, welches dem religiösen Inder vorschwebt, um ein besseres Verständnis davon zu erhalten, was Indien uns zu geben oder nicht zu geben vermag. Uns, das

heißt denjenigen, die nach einer ganzheitlichen, integralen Wahrheit suchen.
Gleich zu Beginn sehen wir uns mit einem überraschenden Widerspruch konfrontiert. Indien ist ein Land, das eine große Offenbarung hervorgebracht hat: „Alles ist Brahman", heißt es da, alles ist Geist, also ist auch diese Welt Geist, ebenso wie diese Erde, diese Menschen und dieses Leben – es gibt nichts, was außer Ihm ist. „All das ist unsterblich Brahman, nichts anderes; Brahman steht vor uns, Brahman liegt hinter uns und erstreckt sich von uns aus gen Süden und gen Norden und unter uns und über uns. Es erstreckt sich überall hin. All das ist allein Brahman, das ganze herrliche All." (Mundaka Upanishad II.12) Damit sind wir von der Zweiteilung, die die Welt zwischen Gott und Teufel zu zerreißen drohte, endgültig geheilt – als müßte man permanent zwischen Himmel und Erde wählen und könnte nie, außer in verstümmeltem Zustand, Erlösung finden. *Praktisch* allerdings verhält sich die religiöse Geschichte Indiens der letzten drei Jahrtausende, als gäbe es einen wahren Brahman – himmlisch transzendent, unbewegt, erhaben über dieses Affentheater – und einen falschen Brahman oder wenigstens (und hier beginnen die verschiedenen Schulen Haare zu spalten) einen minderen Brahman, eine Zwischenwirklichkeit, die mehr oder weniger fragwürdig ist, nämlich das Leben, die Erde, unser kläglicher Lehmklumpen Erde: „Verlaßt diese Welt der Illusion," rief der große Shankara aus*. „Brahman ist wahr, die Welt ist eine Lüge", bestätigt die Niralamba Upanishad: *brahma satyam jaganmithya*. Trotz allem guten Willen ist nicht einzusehen, durch welche Entstellung oder Nachlässigkeit aus „Alles ist Brahman" jemals „Alles, mit Ausnahme der Welt, ist Brahman" werden konnte.

Lassen wir einmal die großen Heiligen Schriften beiseite – der menschliche Verstand ist verschlungen genug, sich Schloß Sanssouci als Entsorgungspark vorzustellen oder Berlin geviertelt zu denken – und wenden wir uns Indiens praktischen Disziplinen zu, so trifft uns der Widerspruch in noch schärferer Form. Die indische Psychologie gründet sich auf die einsichtige Beobachtung, daß alles im Universum, vom Mineral bis zum Menschen, aus drei Elementen oder Eigenschaften *(gunas)* besteht, die sich – wenn auch, je nach der Ordnung der Wirklichkeit, auf die man sich bezieht, vielleicht unter anderem Namen – in allem

---

* Shankara (788-820), Dichter und Mystiker, Theoretiker des *Mayavada* oder der Doktrin des Illusionismus, welche den Buddhismus in Indien verdrängte.

auffinden lassen: *tamas*, das heißt Trägheit, Unklarheit, Bewußtlosigkeit; *rajas* oder Bewegung, Kampf, Anstrengung, Leidenschaft, Tat; und *sattva* oder Licht, Harmonie, Freude. Nirgendwo existiert eins dieser drei Elemente im Reinzustand; jeder unserer Zustände enthält demnach ein gewisses Maß an Trägheit, Leidenschaft und Licht; zum Beispiel der sattvo-tamasische Zustand, gutmütig aber etwas dickfellig, gewissenhaft und doch noch leidlich bewußtlos; oder der sattvo-rajasische Zustand, feurig aufsteigend; oder der tamaso-rajasische, leidenschaftlich abfallend. Meistens jedoch bestehen wir aus einer phantastischen dreifachen Mischung. Selbst durch das finsterste *tamas* scheint noch Licht – leider aber trifft das Gegenteil auch zu. Wir befinden uns, mit anderen Worten, ständig in einem delikaten Gleichgewichtszustand; der Krieger, der Asket und das Vieh teilen sich fröhlich und in wechselnder Maßgabe unser Innerstes als Behausung. Die verschiedenen indischen Disziplinen suchen deshalb das Gleichgewicht zu stabilisieren, der Affektenlotterie der drei *gunas* zu entkommen, die uns ohne Ende zwischen Licht und Dunkel, Klarheit und Unklarheit, Enthusiasmus und Erschöpfung, bleierner Teilnahmslosigkeit, flüchtigen Freuden und wiederholtem Leiden hin- und herwirft. Erst ein Auftauchen aus diesem leidigen Spiel gibt uns Gelegenheit, eine ausgeglichene Haltung zu erreichen und in einem vollkommenen Gleichgewichtszustand das göttliche Bewußtsein *(yoga)* wiederzuerlangen. Zu diesem Zweck versuchen die verschiedenen Disziplinen, uns dem täglichen Trott von Zerstreuung und Energieverschleiß zu entwöhnen und eine Konzentration herzustellen, die stark genug ist, unsere gewöhnlichen Grenzen zu sprengen und uns in einen anderen Zustand zu versetzen. Diese Arbeit der Konzentration oder inneren Sammlung kann auf jeder Ebene unseres Wesens vor sich gehen – der physischen, der vitalen und der mentalen Ebene, d.h. der Ebene des Körpers, der Ebene der Lebens-, Gefühls- und Willenskräfte und der Ebene des Denkens, des Verstandes und der Vernunft. Je nach der Ebene, welcher wir den Vorrang geben, kommen verschiedene Yoga-Arten in Betracht: *hatha yoga, raja yoga* und *mantra yoga* nebst unendlich vielen anderen Arten, die den Fortgang unserer Bestrebungen kennzeichnen. Es geht uns hier nicht darum, den hervorstechenden Wert einzelner Methoden zu erörtern oder bemerkenswerte Zwischenergebnisse, zu denen sie führen können, zu referieren; wir untersuchen lediglich ihren Zweck und ihre letztliche Bestimmung. Nun, bei Licht besehen, scheint diese abgeklärte „über den Dingen stehende Haltung" überhaupt keine Beziehung zum wirklichen Leben zu haben. Erstens stellen all diese Disziplinen ungeheuere Anforderungen, verlangen täglich Stunden um Stunden stetigen Bemühens, wenn nicht sogar vollkommene Abgeschiedenheit, und zweitens ist ihr schlußendliches Ergebnis ein Zustand von Trance oder yogischer Ekstase, *samadhi* oder vollkommenes Gleichgewicht und unbeschreibliche Wonne, in welchem die eigene Wahrnehmung und das Bewußtsein der Außenwelt völlig verschwinden. Brahman, der absolute Geist, hat also allem Anschein nach überhaupt nichts mit unserem alltäglich gewohnten Wachbewußtsein zu tun. Er steht außerhalb von allem, was uns wissentlich zugänglich ist. Er ist nicht von dieser Welt. Das sagten allerdings andere, die keine Inder waren.

Tatsächlich haben alle Religionen der Welt so gesprochen. Und ob man dabei von „Heil" und „Erlösung" spricht wie im Westen, von „Befreiung" oder *mukti* wie im Osten, ob wir es Paradies nennen oder das Ende des Kreislaufs der Wiedergeburten, macht dabei keinen Unterschied, denn letztlich geht es nur um eines: um das Rauskommen. Doch die Dinge lagen nicht zu allen Zeiten so kläglich. Zwischen dem Ende des Zeitalters der Mysterien und dem Auftreten der großen Religionen hat sich sowohl im Okzident als auch im Orient eine Kluft aufgetan. Ein bestimmtes Wissen, das nicht diesen kolossalen Unterschied zwischen Gott und der Welt machte, geriet in Vergessenheit – ein Wissen, von dem alle Überlieferungen, alle Legenden alter Kulturen Zeugnis ablegen können. Der Konflikt zwischen Materie und Geist ist eine neuzeitliche Erfindung, die sogenannten Materialisten sind, ob legitim oder nicht, schlicht und ergreifend die Nachfahren der Spiritualisten, so wie „verlorene", d.h. verschwenderische Söhne mitunter von geizigen Vätern gezeugt werden. Die frühen Upanischaden, die drei- oder viertausend Jahre zurückreichen und selbst nur das Erbe des älteren Veda antreten, sahen Gott überall in diesem „wunderbaren Universum" offenbart. In den späten Upanischaden ist das Geheimnis bereits verloren gegangen – verloren nicht nur in Indien, verloren in Mesopotamien, in Ägypten, in Griechenland und in Mittelamerika. Eben dieses Geheimnis sollte Sri Aurobindo wiederentdecken; vielleicht gerade deshalb, weil sich in ihm die reinste geistige Tradition des Abendlandes mit der tiefsten spirituellen Sehnsucht des Morgenlandes verbinden konnte. *Ost und West,* schreibt er, *betrachten das Leben aus zwei unterschiedlichen Perspektiven, von zwei entgegengesetzten Seiten einer Realität. Zwischen der pragmatischen Wahrheit, die das vitale Denken des modernen Europas in seiner Vorlie-*

be für ein tatkräftiges Leben – dem großen Tanz Gottes in der Natur – so vehement und ausschließlich betont, und der ewig unveränderlichen Wahrheit, an die das indische Denken sich in seiner Vorliebe für Ruhe und Ausgeglichenheit mit der gleichen leidenschaftlichen Suche nach einer ausschließlichen Lösung wendet, besteht kein solcher Streit, keine so krasse Trennung, wie sie heute von einem partialen Denken, einer separierenden Vernunft und der verzehrenden Leidenschaft eines ausschließlich auf Verwirklichung gerichteten Willens proklamiert wird. Der Geist ist die eine ewige, unveränderliche Wahrheit, und ohne den Geist hätte die pragmatische Wahrheit eines sich-selbst-erschaffenden Universums keinen Ursprung und keinen Grund; sie wäre aller Bedeutung ledig und ohne innere Führung in ihren Zweck verstrickt, ein Feuerwerk, das ins Leere geschossen wird und mitten in der Luft verlischt. Und doch ist die pragmatische Wahrheit kein Wahn des Nicht-Existenten, keine Illusion oder langes Abgleiten in ein nichtiges Delirium der schöpferischen Einbildungskraft; das hieße aus dem Geist des Ewigen einen Trunksüchtigen oder einen Traumtänzer zu machen, der an den gigantischen Wahnbildern seiner selbst einen Narren gefressen hat. Die Wahrheiten universeller Existenz sind von zweifacher Art: zum einen die Wahrheiten des Geistes, die in sich selbst ewig und unwandelbar sind, und diese sind es, die sich in den Prozeß des Werdens hinausschleudern und dort fortwährend ihre Mächte und ihren Sinn verwirklichen, und zum anderen das Spiel des Bewußtseins mit ihnen, mit den Dissonanzen, den musikalischen Variationen, dem Ausloten der Möglichkeiten, den fortschreitenden Notationen, Reversionen, Perversionen, aufsteigenden Konversionen in ein integrales Leitmotiv der Harmonie. Aus all dem machte und macht der Geist fortwährend das Universum. Aber er selbst ist es, der sich darin schafft. Er ist der Schöpfer und die Energie seiner Schöpfung und die Ursache und die Methode und die Wirkung seines Schaffens. Er ist der Maschinist und die Maschine, der Musiker und die Musik, das Gedicht und der Dichter. Er ist das Supramental, das Mental, das Leben und die Materie, die Seele und die Natur.[5]

Doch es genügte Sri Aurobindo nicht, Geist und Materie auf dem Papier miteinander zu verbinden. Ob Geist von dieser Welt oder nicht von dieser Welt ist, macht schließlich keinen wesentlichen Unterschied, wenn das Wissen um den Geist im Leben nicht mit der Beherrschung und Meisterung des Lebens einhergeht:

*Denn Wahrheit und Wissen sind ein eitler Glanz,
Bringt das Wissen nicht Macht, die Welt zu verändern.*[6]

Das verlorene Geheimnis war keine graue Theorie, sondern wirkliche Macht des Geistes über die Materie. Genau dieses praktische Geheimnis hat Sri Aurobindo Schritt für Schritt wiederentdeckt, indem er sich sowohl über seine abendländische Erziehung als auch über die hinduistische religiöse Tradition hinwegsetzte, denn es ist wahr, daß das Wesentliche dann deutlich wird, wenn alles andere vergessen ist.

3. Kapitel

Das Ende des Intellekts

Sri Aurobindo hatte dreizehn Jahre benötigt, um den westlichen Weg zu durchlaufen; fast noch einmal so lange würde er brauchen, um den indischen Weg zu absolvieren und den „Gipfel" traditioneller Verwirklichungen im Yoga zu erreichen: das heißt, um zum Ausgangspunkt seiner eigenen Arbeit zu gelangen. Was uns vor allem daran interessiert, ist, daß Sri Aurobindo auch diesen traditionellen Weg, sozusagen als Vorbereitung, außerhalb aller Norm zurücklegt – als Freischärler, wenn man so will, oder mehr noch als Forscher, der sich keinen Funken um besondere Landkarten oder Vorsichtsmaßregeln kümmert und der sich einfach deshalb langwierige Umwege erspart, weil er den Mut hat, mit ganzer Kraft voranzuschreiten. So beginnt er die Reise nicht in Abgeschiedenheit, im Lotossitz oder zu Füßen eines erleuchteten Meisters, sondern so, wie wir selbst beginnen würden, ohne besondere Vorkenntnisse und mitten im alltäglichen Leben – ein so zerstreutes und hektisches Leben, wie es das unsere sein mag –, und er tat es auf eigene Faust. Sein erstes Geheimnis besteht zweifellos in der kategorischen Weigerung, das Leben in zwei Teile zu spalten – dynamische Handlung und meditative Versenkung, das Innen und das Außen und die ganze Palette unseres falschen Schwarz-Weiß-Denkens. Von dem Tag an, da er sich mit dem Yoga zu beschäftigen begann, gehörte für ihn alles dazu, höhere und niedere Beweggründe, Innen und Außen, alles ist ihm gleich gut, und er bricht auf, ohne einen Blick zurückzuwerfen. Sri Aurobindo ist nicht gekommen, um außergewöhnliche Eigenschaften in einem außergewöhnlichen Milieu vorzuweisen, sondern er ist gekommen, um zu zeigen, was menschenmöglich ist, um zu beweisen, daß das Außergewöhnliche nichts weiter ist als eine Gewohnheit, die man noch nicht gemeistert hat; gleich dem *Übernatürlichen*, wie er einmal schreibt, *das von einer Natur ist, die wir noch nicht erreicht haben oder die wir noch nicht kennen oder deren Mittel wir noch nicht bezwungen haben.*[1] Im Grunde ist alles in der Welt eine Frage der richtigen Konzentration: Es gibt nichts, was einer wohlangewendeten Konzentration nicht schließlich nachgeben würde.

Als er nach der Ankunft seines Schiffes am Apollo Bunder in Bombay an Land ging, überraschte ihn spontan eine spirituelle Erfahrung, *eine unermeßliche Ruhe* überkam ihn. Aber es galt auch, für andere Dinge Sorge zu tragen: sich um Nahrung und das eigene Überleben zu kümmern. Sri Aurobindo war zwanzig. Er fand Arbeit als Professor für Französisch und später Englisch beim Maharaja von Baroda an dem gleichen staatlichen College, an dem er bald Vizepräsident werden sollte. Darüberhinaus hielt er beim Prinzen die Position eines Privatsekretärs. Zwischen dem Prinzenhof und seinem College hatte er ausgiebig zu tun, aber es waren vor allem anderen die Geschicke seines Landes, die ihn eigentlich beschäftigten. Er unternahm häufig Fahrten nach Kalkutta, informierte sich über die politische Lage und schrieb verschiedene skandalöse Artikel. Nicht genug, daß er die englische Königin Victoria in ihrer Eigenschaft als „Kaiserin von Indien" als *eine alte Dame, die man aus Gründen der Höflichkeit so nennt*[2], titulierte, er rief seine Landsleute ferner dazu auf, das britische Joch abzuwerfen, und attackierte die *Bettelpolitik* der indischen Kongress-Partei auf das Schärfste: *Keine Reformen! Keine Kollaboration!* Sein Ziel war es, die gesamten Kräfte der Nation zu bündeln und auf revolutionäres Handeln hin zu organisieren. Dies muß einige Courage erfordert haben, denn man schrieb das Jahr 1892, eine Zeit, zu der die Briten ihre Herrschaft über Dreiviertel der Welt ausgebreitet hatten. Sri Aurobindo jedoch hatte eine besondere Art, das Problem anzugehen. So wandten sich seine Angriffe nicht direkt gegen die Engländer, sondern gegen die Inder selbst: *Unser tatsächlicher Feind ist nicht etwa eine Macht außerhalb unserer selbst, sondern unsere eigene jämmerliche Schwäche, unsere Feigheit und unsere trübsichtige Rührseligkeit!*[3] Eines der vorherrschenden Leitmotive von Sri Aurobindo zeichnet sich bereits ab: Sowohl im politischen als auch im spirituellen Kampf und unter allen Umständen heißt er uns, mit der Suche nach den Ursachen unseres Unglücks und all dem Elend der Welt bei uns selbst anzufangen, und nicht außen und anderswo: *Äußere Umstände sind lediglich die Konsequenz von dem, was wir sind*, sagt die Mutter, die an seiner Arbeit später teilhaben wird. Sri Aurobindo muß bald einsehen, daß zündende Leitartikel allein nicht ausreichen, einem Land wieder Selbstbewußtsein zu geben. So konzentriert er sich auf Untergrundaktivitäten, die ihn an den Rand des Galgens bringen. Über dreizehn Jahre lang spielt Sri Aurobindo mit dem Feuer.

Und trotz alledem war dieser bemerkenswerte junge Mann weder rastlos noch fanatisch: „Sein Lächeln war einfach das Lächeln eines Kindes, so sanft und so klar," schrieb sein Bengali-Lehrer, der zwei Jahre mit ihm zusammenlebte, denn selbstverständlich hatte Sri Aurobindo damit begonnen, seine Muttersprache zu lernen. Und mit entwaffnender Naivität fügte der Lehrer hinzu: „Bevor ich Sri Aurobindo traf, hatte ich mir immer eine verwegen-stählerne Gestalt vorgestellt, von Kopf bis Fuß makellos europäisch gekleidet, mit scharfen Augen hinter der Brille, einem gräßlichen Cambridge-Akzent und einem außerordentlich schwierigen Charakter... Wer hätte nun gedacht, daß dieser sonnengebräunte, junge Mann mit sanftmütigen, verträumten Augen, lang gewelltem, in der Mitte gescheiteltem und bis in den Nacken fallendem Haar, in einen ganz gewöhnlichen, grob gewebten Ahmedabad-*dhoti*, ein eng sitzendes indisches Jackett und altmodische Lederpantoffeln mit aufgestülpten Vorderspitzen gekleidet und mit einem geringfügig von Pocken gezeichneten Gesicht, daß eben dies kein anderer war als *Mister* Aurobindo Ghose, ein wandelnder Fundus für moderne und klassische Sprachen?"

Sri Aurobindo war mit seiner Lektüre also noch nicht am Ende, der Schwung des Westens machte sich noch bemerkbar; er verschlang kistenweise aus Bombay und Kalkutta bestellte Bücher: „Aurobindo hatte die Angewohnheit", fuhr sein alter Lehrer fort, „bis ein Uhr morgens an seinem Schreibtisch zu sitzen und sich, ohne auch nur im mindesten von den unerträglichen Moskitostichen Notiz zu nehmen, beim trüben Lichte einer Öllampe in seine Bücher zu vertiefen. Ich sehe ihn vor mir, unbeweglich über Stunden in der gleichen Position, seine Augen fest auf die Seiten geheftet, gleich einem Yogin, der sich in der Kontemplation des Göttlichen verloren hat, vollkommen achtlos gegenüber allem, was um ihn herum geschah. Und wenn das Haus in Flammen aufgegangen wäre, hätte dies nicht ausgereicht, seine Konzentration zu brechen." Englische, französische, russische und deutsche Romane defilierten so an ihm vorbei, dazu in ständig zunehmender Zahl die heiligen Schriften Indiens: die Upanischaden, die Bhagavat Gita, das Ramayana, obwohl er nie, außer zur Ansicht, auch nur einen Fuß in einen Tempel gesetzt hatte. „Eines Tages, nach seiner Rückkehr aus dem College", erinnerte sich ein Freund, „ließ er sich nieder und nahm wahllos ein Buch aus einem großen Stapel. Er begann zu lesen, während Z. und einige andere sich lautstark über eine Partie Schach machten. Nach einer halben Stunde legte er das Buch beiseite und trank eine Tasse Tee. Wir hatten den Vorgang häufig beobachtet und warteten begierig auf eine Gelegenheit zu prüfen, ob er die Bücher von Anfang bis Ende durchlas oder nur die Seiten überflog und hier und da einige eingehendere Stichproben vornahm. So begannen wir mit dem Test. Z. öffnete das zuletztgelesene Buch an einer beliebigen Stelle, las eine Zeile laut vor und ersuchte Sri Aurobindo, das Folgende anzugeben. Dieser konzentrierte sich einen Augenblick und wiederholte dann die gesamte Seite ohne einen einzigen Fehler. Wenn er also hundert Seiten in einer halben Stunde so vollkommen assimilieren konnte, so war es kein Wunder, daß er in der Lage war, eine ganze Büchertruhe in so unglaublich kurzer Zeit zu verarbeiten." Doch Sri Aurobindo begnügte sich nicht mit den Übertragungen der heiligen Schriften, er übte sich im Studium des Sanskrit und tat dies bezeichnenderweise ganz in eigener Regie: Immer, wenn er auf ein Problem stieß, das als schwierig oder unlösbar galt, verließ er sich nicht auf das Urteil anderer, und seien es auch Gelehrte, *Pandits* [Weise] oder Geistliche, sondern beharrte darauf, die Sache selbst in Angriff zu nehmen. Diese Methode muß etwas für sich haben, denn er lernte auf diese Weise nicht nur Sanskrit, sondern entdeckte einige Jahre später die in Vergessenheit geratene Bedeutung der Veden*.

Es kam jedoch der Tag, an dem Sri Aurobindo von der intellektuellen Gymnastik gründlich genug hatte. Zweifellos wurde ihm plötzlich klar, daß man bis ans Ende der Zeiten fortfahren könne, Berge an Wissen in sich aufzutürmen, zu lesen und zu lesen, weitere Sprachen zu lernen, selbst alle Sprachen der Welt, wenn man will, und aus allen Büchern, die es gibt, ohne dabei auch nur einen Millimeter voranzukommen. Denn das Mental sucht in keiner Weise nach Erkenntnis, auch wenn es noch so den Anschein haben mag – es sucht nur danach, zu mahlen wie eine Mühle. Sein Bedürfnis nach Wissen ist primär ein Bedürfnis, etwas zum Mahlen zu haben. Sollte die Mechanik einmal aussetzen, zum Beispiel weil ein bestimmtes Wissen gefunden wurde, würde es bald einen Aufstand verursachen und sich wahllos etwas suchen, das es weitermahlen kann. Denn das ist schließlich seine Aufgabe. Jener Teil von uns, der wirklich nach Wissen und Erkenntnis sucht, ist nicht der Verstand, das Mental, sondern etwas, das dahinter liegt und sich seiner bedient: *Der entscheidende Abschnitt meiner intellektuellen Entwicklung*, vertraute Sri Aurobindo später einem Schüler an, *kam, als mir klar wurde, daß alles, was der Intellekt aussagte, richtig sein konnte oder falsch sein konnte, daß das, was der Intellekt rechtfertigte, wahr war und daß das Gegenteil*

---

* Das vedische Zeitalter liegt vor dem der Upanischaden, welches sein Erbe antrat. Es geht auf über viertausend Jahre vor Christus zurück.

genauso wahr war. Ich ließ auf der Verstandesebene niemals eine Wahrheit gelten, ohne sie nicht gleichzeitig auch ihrem Gegenteil offenzuhalten... Die erste Folge dieser Erkenntnis war, daß der Intellekt in diesem Licht sein Prestige verlor![4]

Sri Aurobindo war an einem Wendepunkt angelangt; Tempel interessierten ihn nicht, und Bücher hatten ihren Gehalt verloren. Ein Freund gab ihm den Ratschlag, es mit Yoga zu versuchen, doch Sri Aurobindo weigerte sich: *Ein Yoga, der von mir verlangt, die Welt aufzugeben, ist nichts für mich.*[5] Und er fügte erklärend hinzu: *Eine weltabgeschiedene Erlösung, welche die Welt ihrem Schicksal überließ, erschien mir als geradezu widerwärtig.*[6] Nach dieser Versicherung wurde Sri Aurobindo eines Tages Augenzeuge eines ungewöhnlichen, wenn auch in Indien häufig auftretenden Vorfalls; oft ist ja ein banales Ereignis der beste Auslöser für eine innere Erkenntnis. Sein jüngerer Bruder Barin war an einem starken Fieber erkrankt (Barins Geburt fiel in die Zeit von Sri Aurobindos Lehrjahren in England; er war es auch, der später in der Organisation indischer Widerstandskämpfer in Bengalen als Sri Aurobindos Geheimbote fungieren sollte). Einer jener halbnackten, wandernden Mönche, die man in Indien *naga-sannyasin* nennt, kam des Weges, die Haut mit Asche bestrichen. Er begab sich zweifellos, wie es Brauch war, von Tür zu Tür und bettelte um Nahrung. Dabei gewahrte er Barin, der über und über in Decken gewickelt war und vom Fieber geschüttelt wurde. Wortlos erbat er sich ein Glas Wasser, schlug ein Zeichen, intonierte ein *mantra* und gab dem Kranken zu trinken. Fünf Minuten darauf war Barin geheilt, und von dem Mönch blieb außer der heilsamen Wirkung keine Spur zurück. Natürlich hatte Sri Aurobindo schon von den seltsamen Kräften dieser Asketen gehört, doch jetzt sah er etwas Derartiges zum ersten Mal mit eigenen Augen. Und ihm dämmerte schlagartig, daß Yoga anderen Zwecken dienen konnte als jenen der Weltflucht. Und an anderen Zwecken war ihm kein Mangel. Es bedurfte einer *Kraft* zur Befreiung Indiens: *Der Agnostiker war in mir, der Atheist war in mir, der Skeptiker war in mir, und ich war mir nicht einmal sicher, ob es überhaupt einen Gott gab... Ich hatte lediglich das Gefühl, daß es irgendwo in diesem Yoga eine mächtige Wahrheit geben mußte... Als ich mich schließlich dem Yoga zuwendete und beschloß, ihn zu üben, um herauszufinden, ob es mit dieser Idee seine Richtigkeit habe, so geschah das in folgendem Geist und mit folgendem Gebet zu Ihm: „Gibt es Euch, so kennt Ihr mein Herz. Ihr wisset, daß es mich nicht nach* mukti *[Be-*

freiung] verlangt. *Ich bitte um keines der Dinge, nach denen es andere verlangt. Ich bitte um nichts als die Stärke, diese Nation zu erheben, ich bitte allein darum, daß es mir gestattet sei, für dieses Volk, das ich liebe, zu leben und zu arbeiten..."* [7]

Und so machte sich Sri Aurobindo auf den Weg.

4. Kapitel

Das Schweigen des Mentals

Gedankengebäude

Die erste Stufe in Sri Aurobindos Yoga, die gleichzeitig den Schlüssel für eine ganze Reihe von Verwirklichungen bildet, ist mentales Schweigen. Warum aber den Verstand still werden lassen, mag man fragen? Dabei ist es einleuchtend, daß man, um eine neue Welt in sich entdecken zu können, erst die alte hinter sich lassen muß – alles hängt von der Entschiedenheit ab, mit der man diesen ersten Schritt wagt. Es kann einen wie ein Blitz treffen, etwas in einem, das aufschreit: „Genug der Mühle!" Damit hat man ein für allemal den Anfang gefunden und macht sich auf, ohne auch nur einmal zurückzublicken. Andere sagen Ja-Nein und schwanken endlos unschlüssig zwischen beiden Welten hin und her. Um keine Mißverständnisse aufkommen zu lassen, es handelt sich hier nicht darum, ein mühsam erarbeitetes Gut sinnlos wieder von sich zu werfen im Namen von was weiß ich für einer Friede-Freude-Weisheits-Glückseligkeit (es geht auch nicht darum, mit hehren, hohlen Worten um sich zu werfen); wir sind nicht auf der Suche nach Heiligkeit, sondern auf der Suche nach Jugend – der ewigen Jugend sich beständig entwickelnder Wesen – es geht uns nicht um ein minderes Dasein, sondern um ein besseres Dasein, vor allem um ein weiterreichendes und umfassenderes: *Ist euch noch nicht aufgefallen, daß sie, wenn sie wirklich nach etwas Kaltem, Finsteren und Schwermütigen als höchstem Gut suchten, dann nicht Weise wären sondern Esel?*[1], bemerkte Sri Aurobindo einmal mit einem Augenzwinkern.

In der Tat macht man die verschiedensten überraschenden Entdeckungen, sobald die mentale Mechanik einmal stillsteht. Als erstes stellt man fest, daß wenn die Fähigkeit zu denken eine bemerkenswerte Gabe ist, *die Fähigkeit, nicht zu denken,*[2] eine umso größere ist; jeder nach anderem Strebende möge es nur einige Minuten versuchen, und er wird schnell merken, an welchem Holz er sich erwärmt. Er wird feststellen, daß er bis dahin einem trügerischen Spektakel anheimgefallen ist, einem erschöpfenden, aber niemals erschöpften Tumult, in dem nichts Platz hat als seine Gedanken, seine Gefühle, seine Triebe, seine verschiedenen

Anwandlungen und Reaktionen – er und ständig nur er, dieser aufgeblasene Gnom, der sich in alles einmischt, alles verschleiert, der nichts versteht als sich selbst, nichts sieht und kennt als sich selbst (wenn überhaupt), dessen ewiggleiche Geschichten die Illusion des Neuen nur deshalb vorspiegeln können, weil sie sich untereinander abwechseln. *In einem gewissen Sinne sind wir nichts anderes als eine Masse komplexer mentaler, nervlicher und physischer Gewohnheiten, die durch einige herausragende Leitgedanken, Sehnsüchte und Assoziationen zusammengehalten werden – ein Amalgam vieler kleiner, sich wiederholender Kräfte mit einigen wenigen ausschlaggebenden Grundschwingungen.*[3] Vom achtzehnten Lebensjahr an also, könnte man sagen, sind wir auf einen feststehenden Satz von Grundschwingungen fixiert. Danach werden die Ablagerungen dieses ewiggleichen Satzes sich mit tausend verschiedenen Gesichtern – die wir Kultur nennen, oder „uns selbst" – in endlosen Runden um jenes Grundgefüge gruppieren, in immer dichter schließenden, mehr und mehr polierten und verfeinerten Schichten. Wir sind in einer *Struktur* gefangen – ob aus Blei und ohne jegliches Oberlicht oder hochaufgeschossen wie ein Minarett, so sind wir doch, wie auch immer aufgeregt darin kreisend und schwirrend, nichtsdestoweniger gefangen: Menschen also, in einer Haut aus Granit oder eingeschlossen in ein gläsernes Standbild. Die erste Aufgabe im Yoga ist es, frei zu atmen. Das bedeutet konkret, *diese Blende des Mentals*, das Netz des Denkens, das nichts passieren läßt als eine bestimmte Art der Schwingung, zu zerreißen, um die regenbogenfarbene Unendlichkeit der Schwingungen zu entdecken, das heißt, schließlich die Welt und die Menschen so, wie sie wirklich sind, und auch ein anderes „Selbst", dessen Wert weit über die Einschätzungen des Verstandes hinausreicht.

Aktive Meditation

Setzt man sich mit geschlossenen Augen hin, um das mentale Schweigen herzustellen, wird man zunächst von einem Schwall von Gedanken überschwemmt – sie kommen unvermutet wie aufgeschreckte oder angriffslustige Ratten überall zum Vorschein. Es gibt hier keine neunundneunzigundeine Methoden, diesem verwirrenden Aufstand ein Ende zu bereiten, sondern nur einen einzigen Weg: es immer und immer wieder geduldig und hartnäckig zu versuchen, und vor allem niemals dabei den Fehler zu machen, gedanklich mit dem Denken zu kämpfen – unsere Aufmerksamkeit muß verlagert werden. Jeder von uns trägt jenseits des Verstandes oder tief in sich ein Bestreben, eine *Aspiration*, genau das nämlich, was uns auf den Weg gebracht hat: eine Sehnsucht unseres eigentlichen Wesens, eine Parole, ein Losungswort, das nur für uns eine besondere Bedeutung hat. Wenn wir uns daran halten, läßt sich die Aufgabe leichter bewältigen, denn anstelle einer negativen nehmen wir eine positive Haltung ein – und je häufiger wir unsere Losung wiederholen, desto machtvoller wird sie. Für manche mag es ein Bild sein wie das eines unermeßlichen Ozeans, dessen Oberfläche nicht der leiseste Windhauch trübt. Man schwimmt darauf, treibt dahin, wird zu dieser ruhigen Unermeßlichkeit. So erlernen wir nicht nur das Schweigen sondern auch die Ausweitung des Bewußtseins. Tatsächlich bleibt nichts, als daß jeder seinen eigenen Weg findet, und je weniger innere Spannung man dabei mitbringt, desto schneller wird man sein Ziel erreichen: *Man mag auf diesen Zweck hin mit dieser oder jener Methode beginnen, die normalerweise einer längeren Bemühung bedarf, und wird plötzlich, oft schon gleich zu Beginn, von einer jähen Intervention oder Offenbarung von Stille ergriffen, deren Wirkung in keinem Verhältnis zu den anfangs eingesetzten Mitteln steht. Man beginnt mit einer bestimmten Methode, doch die Arbeit wird von einer höheren Gunst aufgenommen, von genau Dem, zu welchem man strebt, oder von einem Ausbruch der Unendlichkeiten des Geistes. Auf diese letztgenannte Art gelangte ich selbst zum vollkommenen Schweigen des Mentals, mir unvorstellbar, bevor ich tatsächlich die Erfahrung machte.*[4] Wir treffen hier auf einen wichtigen Punkt. Es kann leicht der Eindruck entstehen, daß alle diese yogischen Erfahrungen ja ganz gut und schön, sogar interessant sind, aber auch, daß sie weit abseits jeglichen gewohnten menschlichen Begriffs liegen. Also wie sollten wir, bitte schön, so wie wir sind, jemals dort hingelangen? Der Fehler bei dieser Fragestellung liegt darin, daß man mit seinem gegenwärtigen Selbst Möglichkeiten beurteilt, die einem anderen Selbst angehören. Yoga bewirkt – durch die einfache Tatsache, daß man sich auf den Weg gemacht hat – das *spontane* Erwachen eines ganzen Bereichs von verborgenen Eigenschaften und nicht sichtbaren Kräften, die absolut über die Möglichkeiten unseres äußeren Wesens hinausgehen und die uns zu Dingen befähigen, die uns normalerweise nicht zugänglich sind: *Es ist notwendig, die Verbindung zwischen dem äußeren Verstand und etwas im inneren Wesen wiederherzustellen... denn das yogische*

Bewußtsein und seine Kräfte befinden sich bereits in dir.[5] Und der einfachste und beste Weg, die Verbindung „wiederherzustellen", ist, das Denken zum Schweigen zu bringen. Wir wissen als Menschen kaum, wer wir sind, und weniger noch, wozu wir tatsächlich fähig sind.

Aber meditative Exerzitien liefern nicht die wirkliche Lösung des Problems (obwohl sie zu Beginn für den ersten Antrieb ihre Berechtigung haben), denn wir mögen zwar ein relatives Schweigen erreicht haben, doch sobald wir die Nase aus unserem Zimmer oder unserer Klausurstätte stecken, fallen wir in den gewohnten Zustand des Aufruhrs zurück und damit in die gewohnte unsinnige Trennung von innerem und äußerem Selbst, dem „gemütvollen" Innenleben im Gegensatz zu dem „seelenlosen" äußeren. Uns fehlt die Ganzheit des Lebens, wir bedürfen der Wahrheit unseres Wesens jeden Tag und jeden Augenblick, nicht allein an besonderen Feiertagen oder in einsamer Abgeschiedenheit. Und genau die tradierte hochseligmachende Andacht in idyllischer Umgebung bringt uns dort nicht hin: *Wir könnten uns in unserer spirituellen Abgeschiedenheit abkapseln und es später schwierig finden, triumphierend nach außen zu strömen und unsere inneren Errungenschaften der höheren Natur auf das äußere Leben anzuwenden. Versuchen wir dann das äußere Königreich zu unseren inneren Errungenschaften hinzuzufügen, so finden wir uns zu sehr an eine rein subjektive und ineffektive Tätigkeit auf der materiellen Ebene gewöhnt. Es wird eine besondere Schwierigkeit geben, das äußere Leben und den Körper zu verwandeln. Desgleichen könnten wir feststellen, daß unser Handeln nicht dem inneren Licht entspricht: es folgt noch dem altgewohnten falschen Trott, gehorcht noch den gewöhnlichen, unvollkommenen Einflüssen; die Wahrheit in uns bleibt durch eine schmerzliche Kluft von der stupenden Maschinerie der äußeren Natur getrennt... Es ist, als lebten wir in einer anderen, einer weiträumigeren und subtileren Welt und hätten die materielle und irdische Welt nicht im Griff, weder in einem himmlischen, noch in sonst einem anderen.*[6] Die einzige Lösung ist deshalb, sich genau dort in mentalem Schweigen zu üben, wo es *scheinbar* am schwierigsten sich anläßt: im Straßenverkehr, in der U-Bahn, bei der Arbeit und überall im Leben. Anstatt viermal am Tag wie von allen Hunden gehetzt den Kurfürstendamm entlang zu hasten, läßt sich das gleiche mit der einfachen, ruhigen Bewußtheit des Suchenden tun. Anstatt man-weiß-nicht-wie zu leben, zerstreut in einer Vielzahl von Gedanken, an denen nichts interessant ist und die so enervierend sind wie eine Schallplatte mit

Sprung, kann man die losen Enden seines Bewußtseins sammeln und arbeiten – jeden Augenblick an sich arbeiten. Damit erhält das Leben plötzlich eine ungeahnte Bedeutung und Faszination, denn das kleinste Detail, das geringste Problem bietet Gelegenheit zur Überwindung – man ist *orientiert*, man geht in eine bestimmte Richtung, anstatt nirgendwohin. Denn Yoga ist keine Art zu handeln sondern eine Art zu sein.

Der Übergang

Wir sind also auf der Suche nach einem anderen Land. Aber, um es gleich zu sagen, zwischen dem einen, das wir hinter uns lassen, und dem anderen, auf das wir zusteuern, liegt die mühsame Strecke durch ein Niemandsland: eine je nach unserer Entschiedenheit mehr oder weniger lange Phase der Herausforderung. Dabei wissen wir, daß seit unsäglichen Zeiten – angefangen von den asiatischen, ägyptischen und orphischen Einweihungen bis zur Gralssuche – die Entwicklung des Menschen von Herausforderungen begleitet wurde. Früher waren sie romantischer Art, und – mein Gott – was ist schon so umwerfend daran, sich zum Spiel der Querpfeifen in einem Sarkophag versiegeln zu lassen oder seine eigenen Bestattungsriten am Scheiterhaufen zu zelebrieren! Heute stehen wir vor öffentlichen Sarkophagen und vor Leben, die zu reinen Bestattungszeremonien geworden sind. Es gibt also genug Grund, sich um einen Ausstieg zu bemühen. Darüberhinaus, wenn man genau hinsieht, gibt es nicht gerade viel zu verlieren.

Die Hauptschwierigkeit in der Übergangszeit ist die innere Leere. Nach dem gewohnten Zustand fieberhafter Verstandestätigkeit fühlt man sich plötzlich wie ein Wiedergenesender, etwas verloren und mit einem befremdenden Widerhall im Kopf, als wäre unsere Welt gräßlich laut und ermüdend. Man ist überempfindlich, hat das Gefühl, überall anzustoßen, nur noch mit undurchsichtigen und aggressiven Gestalten aneinanderzugeraten, auf schwere Gegenstände zu treffen und sich in gewalttätige Geschehnisse verwickelt zu sehen – kurz, die Welt erscheint einem als ungeheure Absurdität. Dies ist ein sicheres Zeichen dafür, daß die Verinnerlichung begonnen hat. Versucht man jedoch, sich durch Meditation bewußt in sein Inneres zu versenken, steht man gleichfalls vor einer Leere, vor etwas wie einem dunklen Brunnenschacht oder einem gestaltlosen Nicht-beteiligt-Sein; beharrt man darauf, tiefer zu dringen, kommt es leicht vor, daß einen plötzlich der Schlaf übermannt, für zwei, drei, zehn Sekunden, zwei Minuten, manchmal mehr. Dabei ist das kein gewöhnlicher Schlaf; man ist einfach in einen anderen Bewußtseinszustand hinübergeglitten, aber es gibt noch kein *Bindeglied* zwischen beiden, und man hat beim Verlassen dieses anderen Zustandes kaum den Eindruck, irgendwie weitergekommen zu sein. Dieser Zwischenzustand führt leicht zu einer Art von absurdem Nihilismus – es gibt nichts außen, aber genausowenig etwas innen. Nachdem man seine Gedankengebäude umgestoßen hat, ist jetzt Vorsicht geboten, um sich nicht in einer falschen Innerlichkeit hinter anderen Konstruktionen zu verrennen – seien sie absurder, illusionistischer, skeptischer oder selbst rebellischer Natur. Man muß weitergehen. Hat man mit dem Yoga begonnen, kommt es darauf an, koste es was es wolle, *bis zum Ende durchzuhalten,* denn verliert man einmal den Faden, kann es geschehen, daß man ihn nicht mehr wiederfindet. Und genau das ist die Herausforderung. Der Suchende muß nur verstehen lernen, daß er im Begriff ist, zu etwas anderem geboren zu werden, und daß seine neuen Augen, seine neuen Sinne natürlich anfangs, wie bei einem Neugeborenen, das gerade auf die Welt kommt, noch nicht voll ausgebildet sein können. Das ist keine Minderung des Bewußtseins, sondern der Übergang zu einem neuen Bewußtsein: *Der Kelch des Wesens muß leer und rein sein, damit der göttliche Nektar sich darin ergießen kann.*[7] Unter diesen Umständen bleibt als einzige Lösung, sich an sein Bestreben zu halten und es wachsen und wachsen zu lassen, gerade weil es an allem so ungeheuer mangelt – gleich einem Feuer, in das wir unsere abgetragenen Sachen nebst unserer Vergangenheit, unseren überkommenen Ideen und unseren durchlebten Gefühlen schleudern können, allein mit dem unerschütterlichen Glauben, daß es hinter dem Durchgang eine Tür gibt, die sich öffnen wird. Und dieser Glaube ist nicht absurd, es handelt sich nicht um den Wahn Leichtgläubiger sondern um ein Vor-Wissen, etwas in uns, das vor uns weiß, das vor uns sieht und uns diese Vision und dieses Wissen in Gestalt eines Bedarfs, einer Suche, eines unerklärlichen Glaubens an die Oberfläche schickt. *Glaube,* sagt Sri Aurobindo, *ist eine Intuition, die nicht nur auf bestätigende Erfahrung wartet, sondern zu Erfahrung führt.*[8]

Das Herabkommen der Kraft

Nach und nach füllt sich die Leere. Man macht eine Reihe von Beobachtungen und Erfahrungen von erheblicher Bedeutung. Es wäre falsch, diese in logischer Reihenfolge vorzustellen, denn in dem Augenblick, in dem man die alte Welt verläßt, stellt man fest, daß alles möglich ist, und darüber hinaus, daß es niemals auch nur zwei vollkommen übereinstimmende Fälle gibt – hier liegt der Fehler aller spirituellen Dogmatismen. Wir können also nur einige Grundlinien der Erfahrung andeuten.

Ist der Verstand einmal verhältnismäßig ruhig gestellt, wenn nicht sogar ganz zum Schweigen gebracht, und unser Bestreben oder unser Bedarf gewachsen, gefestigt und brennend wie ein unstillbarer Durst, so trifft man auf ein Phänomen, das für den weiteren Yoga unabsehbare Konsequenzen haben wird. Man spürt um den Kopf und besonders in der Gegend des Nackens etwas wie einen ungewohnten Druck, der einem den Eindruck falscher Kopfschmerzen vermitteln kann. Anfangs ist das schwer auszuhalten, man schüttelt und lockert sich, lenkt sich ab, „denkt an etwas anderes". Allmählich nimmt der Druck eine bestimmtere Form an, und man spürt geradezu einen *herabkommenden* Strom – einen Kraftstrom, nicht wie ein unangenehmer elektrischer Strom, sondern wie ein massiver Fluß. Damit wird klar, daß der „Druck", die falschen Kopfschmerzen, die man zu Beginn verspürte, einfach durch den Widerstand entstehen, den man der herabkommenden Kraft entgegensetzt. Einzige Abhilfe bietet es, den Fluß nicht zu blockieren, das heißt, den Strom nicht schon im Gehirn aufzuhalten, sondern ihn von Kopf bis Fuß durch alle Schichten des eigenen Wesens passieren zu lassen. Der Strom ist zunächst sprunghaft und unregelmäßig; eine gewisse Anstrengung des Bewußtseins ist erforderlich, um bei seinem Verschwinden die Verbindung wiederherstellen zu können. Doch nach einiger Zeit fließt der Strom stetig und von allein; man hat sich an ihn gewöhnt. Er gibt einem das sehr angenehme Gefühl einer frischen Energie, gleich einem zweiten Atem, weitreichender und umfassender allerdings als der unserer Lungen, er umgibt uns, badet uns, erleichtert uns und erfüllt uns zugleich mit Festigkeit. Die physische Wirkung entspricht ziemlich genau der, die man verspürt, wenn man mit dem Wind läuft. Eigentlich bemerkt man die Wirkung erst gar nicht, denn sie kommt stufenweise, in kleiner Dosierung. Erst wenn man sich aus dem einen oder anderen Grunde von dem Strom abtrennt, sei es aus Versehen, weil man sich ablenken läßt oder aus Übermüdung nach einem Exzeß, dann fühlt man sich schlagartig eingeengt und leer, als leide man an plötzlicher Atemnot gepaart mit dem sehr unangenehmen Eindruck physischer Verhärtung: gleich einem alten Apfel, aus dem man allen Saft und Sonnenschein herausgepreßt hat. Und man fragt sich, wie man vorher ohne das leben konnte. Hiermit haben wir eine erste Umwandlung unserer Energien erreicht. Anstatt aus der gewohnten Quelle zu schöpfen, also von unten oder von den universellen Lebenskräften um uns herum, schöpft man von oben. Und dabei handelt es sich um eine viel klarere und anhaltendere Energie, ohne Brüche und mit einem erheblich höheren Maß an Dynamik. Im Alltag – inmitten aller Arbeit und den tausend Dingen, die zu erledigen sind – hat der Kraftstrom zunächst eine ziemlich abgeschwächte Wirkung. In dem Augenblick aber, in dem wir innehalten und uns zu konzentrieren beginnen, durchströmt uns eine massive Flut. Alles kommt zum Stillstand. Man wird gleich einem bis zum Rand gefüllten Gefäß davon voll. Wenn der Körper gleichsam von Kopf bis Fuß durch eine Masse an Energie aufgeladen wird, die sowohl von großer Dichte als auch von kristalliner Klarheit ist, verschwindet selbst der Eindruck des „Stroms" (*ein fester, kühler Block Frieden*[9] heißt es bei Sri Aurobindo); und wenn sich unsere innere Sicht zu öffnen beginnt, finden wir alles in einen Hauch von Blau getaucht. Man gleicht einem Aquamarin und ist weit, so weit – ruhig, ohne das kleinste Kräuseln, die kleinste Welle. Und diese unbeschreiblich erquickende Frische! Man badet wahrhaftig direkt an der Quelle. Denn diese „herabkommende Kraft" ist die eigentliche Kraft des Geistes – *Shakti*. Spirituelle Kraft ist nicht nur ein Wort. Und schließlich ist es nicht mehr nötig, die Augen zu schließen und sich von der Oberfläche zurückzuziehen, um sie zu spüren; sie wird in jedem Augenblick des Lebens gegenwärtig, in jeder Sekunde, gleich, was man tut, ob man ißt, ob man liest, ob man spricht; und man wird sehen, daß sich ihre Intensität in dem Maße steigert, in dem sich unser Organismus an sie gewöhnt; tatsächlich handelt es sich um eine ungeheure Masse an Energie, die durch nichts beschränkt wird als durch die Begrenztheit unserer Aufnahmefähigkeit.

Sprechen die Ashram-Schüler in Pondicherry von ihrer Erfahrung mit dieser herabkommenden Kraft, so nennen sie sie „die Kraft von Sri Aurobindo und der Mutter". Darunter ist nicht zu verstehen, daß diese *Shakti* ein persönlicher Besitz von Sri Aurobindo oder der Mutter wäre, die Schüler geben damit lediglich spontan der Tatsache Ausdruck, daß dafür in keiner anderen Yoga-Richtung ein Äquivalent besteht. Wir stoßen hier in greifbarer Weise auf den fundamentalen Unterschied zwischen dem integralen Yoga von Sri Aurobindo *(purna yoga)* und den anderen Yoga-Arten. Übt man sich vor derjenigen Sri Aurobindos in anderen Yoga-Methoden, stößt man auf einen grundlegenden praktischen Unterschied: Nach Ablauf einer bestimmten Zeit macht man die Erfahrung einer *aufsteigenden* Kraft, die in Indien *kundalini* genannt wird und die durchaus brutal am unteren Ende der Wirbelsäule einsetzt und sich Schicht um Schicht erhebt, bis sie den Scheitelpunkt erreicht, um sich von dort in eine leuchtende und strahlenförmige Schwingung zu entfalten, die von einem Gefühl der Grenzenlosigkeit begleitet wird (und nicht selten ebenfalls von einer Bewußtlosigkeit, die man landläufig als Ekstase bezeichnet), als hätte man nun ein ewiges Jenseits erreicht. All jene Verfahren des Yoga, die man wärmeerzeugend nennen könnte, also die *asanas* des Hatha-Yoga, die Konzentrationsübungen des Raja-Yoga sowie Atemübungen oder *pranayamas* usw., beinhalten das Erwecken dieser aufsteigenden Kraft. Man durchläuft diese Verfahren jedoch nicht ohne Gefahr und tiefgreifende Störungen, weshalb in ihrem Fall auch der Schutz und die persönliche Präsenz eines erleuchteten Meisters unabdingbar werden. Wir kommen später auf dieses Thema zurück. Der Unterschied in der Richtung des Stromes, aufsteigend oder herabsteigend, weist auf einen Unterschied in der Zielsetzung, der nicht genügend betont werden kann. Die traditionellen Formen des Yoga und, wie wir annehmen, auch die religiösen Disziplinen des Abendlandes zielen im wesentlichen auf eine Bewußtseinsbefreiung ab: Das gesamte Wesen fühlt sich in aufsteigender Bewegung in höhere Sphären gehoben, es versucht über die bloßen Erscheinungen hinauszugelangen und sich in höchsten Höhen mit ekstatisch-friedlicher Erhabenheit freizuhalten. Von daher das Erwachen der aufsteigenden Kraft. Wie wir aber gesehen haben, liegt das Ziel Sri Aurobindos nicht nur im Aufsteigen, sondern auch im Herabkommen, es besteht eben nicht allein zu dem Zweck, sich salbungsvoll in ewigem Frieden zu ergehen, sondern um auf dem Boden der harten Tatsachen das Leben und die Materie zu verändern, zu transformieren, angefangen mit dem Nächstliegenden: mit dem beschränkten Leben, das man lebt, und dem Stück Materie, aus dem man besteht. Von daher das Erwachen oder besser die Antwort der herabkommenden Kraft. Unsere Erfahrung mit dem herabkommenden Kraftstrom ist die Erfahrung der Kraft der Transformation. Diese Kraft wird den

Yoga für uns durchführen, vorausgesetzt wir lassen es zu. Sie ersetzt unsere schnell erschöpften Energien ebenso wie unsere oft fehlgehenden Bemühungen. Sie beginnt dort, wo andere Yoga-Arten aufhören. Sie erleuchtet den Scheitel unseres Wesens, um von dort Schicht um Schicht herniederzukommen: sanft, friedlich, unwiderstehlich. Es bleibt noch zu beachten, daß Sie niemals gewalttätig vorgeht. Ihre Macht ist erstaunlich maßvoll dosiert, als befände sie sich unter der direkten Führung der Weisheit des Geistes. Sie ist es auch, die unser gesamtes Wesen bis in die untersten Schichten allumfassend machen wird. Darin liegt in nuce die Grunderfahrung des integralen Yoga. *Sobald der Frieden begründet ist, kann diese höhere oder Göttliche Kraft von oben herabkommen und in uns arbeiten. Sie beginnt im allgemeinen mit dem Kopf und befreit die inneren Verstandeszentren, dann kommt das Herzzentrum... dann der Nabel und die folgenden Vitalzentren... danach die Region um das Kreuzbein und tiefer... Sie arbeitet gleichzeitig sowohl für Vollkommenheit als auch für Befreiung; sie nimmt Stück für Stück die gesamte Natur auf und unterfängt es, das abzuweisen, was es abzuweisen gilt, das zu sublimieren, was es zu sublimieren gilt, das zu schaffen, was es zu erschaffen gilt. Sie integriert, harmonisiert, begründet einen neuen Rhythmus in der Natur.*[10]

Eine neue Art von Erkenntnis

Mit dem mentalen Schweigen eröffnet sich ein anderes Phänomen von höchster Bedeutung, das schwieriger zu erkennen ist, denn es erstreckt sich oft über viele Jahre und ist anfangs kaum auszumachen; man könnte es als das Auftreten einer neuen Art von Erkenntnis, oder besser, als das Eintreten *in* eine neue Art von Erkenntnis bezeichnen, die zu einer neuen Art des Handelns führt.

Es ist vorstellbar, daß man einen Zustand mentalen Schweigens erlangt, während man durch eine Menschenmenge geht, während man etwas ißt, während man sich anzieht oder sich ausruht. Aber wie verhält sich das gleiche zum Beispiel bei der Arbeit, im Büro oder in einer Diskussion mit Freunden? Hier sind wir gezwungen nachzudenken, uns zu erinnern, uns um neue Ideen zu bemühen, kurz eine ganze Reihe mentaler Mechanismen in Bewegung zu setzen. Die Erfahrung zeigt jedoch, daß es sich hier nicht um eine unausweichliche Notwendigkeit handelt, sondern lediglich um das Resultat einer langen evolutionären Gewohnheit, die uns mehr und mehr dazu gebracht hat, uns in Bezug auf Erkenntnis und das Handeln ganz auf den Verstand zu verlassen. Aber da es sich lediglich um eine *Gewohnheit* handelt, läßt diese sich ändern. Im Grunde ist also der Yoga nicht so sehr eine Form des Lernens, sondern eine Form des Verlernens von einer Summe angeblich unvermeidbarer Gewohnheiten, die wir aus unserer animalischen Evolution mit in das Menschsein übernommen haben.

Bemüht sich der Suchende während der Arbeit um mentales Schweigen, so durchläuft er dabei verschiedene Stadien. Anfangs wird er sich von Zeit zu Zeit seiner Bestrebung erinnern und seine Arbeit für einige Augenblicke unterbrechen, um sich wieder auf die richtige Wellenlänge einzustellen, bis dann aufs neue alles wieder in der täglichen Routine versinkt. In dem Maße aber, in dem er sich anderswo, auf der Straße oder bei sich zu Hause, dieser Mühe unterzieht, entwickelt sein Bemühen eine Eigendynamik, und es erweckt inmitten andersartiger Aktivitäten mehr und mehr seine Aufmerksamkeit – die Erinnerung funktioniert immer besser. Danach beginnt die Wirkungsweise der Erinnerung, sich stufenweise zu verändern. An Stelle einer willentlichen Unterbrechung, mit der er sich wieder auf den richtigen Rhythmus einstellt, bemerkt der Suchende etwas, das in ihm, im Hintergrund seines Wesens *lebt*, etwas einer gedämpften Schwingung Gleiches. Es ist nichts weiter nötig, als in sein Bewußtsein zurückzutreten, damit sich augenblicklich die Schwingung des Schweigens wieder einstellt. Er wird entdecken, daß sie gegenwärtig, ständig gegenwärtig ist, gleich einer blaßblauen Tiefe im Hintergrund, er kann sich darin nach Belieben zurückziehen, sich inmitten allen Aufruhrs und aller Scherereien entspannen und trägt in sich einen unantastbaren Zufluchtsort voller Frieden.

Bald wird diese Hintergrundschwingung stärker und deutlicher, beständiger, der Suchende spürt, wie sich in seinem Wesen eine *Trennung* herausbildet: einerseits die schweigende Tiefe, die im Hintergrund schwingt und vibriert, andererseits die hauchdünne Oberfläche, auf der sich alle Aktivitäten, Gedanken, Gesten und Worte abwickeln. Er entdeckt den *Zeugen* in sich und läßt sich immer weniger von dem äußeren Spiel in Anspruch nehmen, das einem Polypen gleich ununterbrochen versucht, uns bei lebendigem Leibe zu verschlingen. Es handelt sich hier um eine Entdeckung, die so alt ist wie der Rig-Veda selbst: „Zwei Vögel, Freunde und Kameraden, mit den prächtigsten Flügeln, sitzen im selben

Baum, und der eine ißt die süße Frucht, und der andere betrachtet ihn und ißt doch nicht" (I.164.20). In diesem Stadium wird es leichter, zunächst vorsätzlich einzugreifen, um die alten, oberflächlichen Gewohnheiten mentaler Überlegung, Erinnerung, Berechnung und Vorausplanung durch die Gewohnheit zu ersetzen, sich schweigend auf die schwingende Tiefe zurückzubeziehen. Praktisch gesprochen, wird dies zu einer langen Übergangsperiode mit Rückschlägen und Fortschritten (tatsächlich entsteht jedoch weniger der Eindruck von Rückschlägen und Vorankommen, sondern eher von etwas, das sich abwechselnd verschleiert und entschleiert), während die beiden Prozesse einander die Stirn bieten. Die alten intellektuellen Mechanismen versuchen sich ständig einzumischen, sie reklamieren ihre alte privilegierte Position; kurz, sie versuchen, uns davon zu überzeugen, daß es ohne sie nicht geht, und profitieren hierbei besonders von einer gewissen Trägheit, in der es weit bequemer erscheint, weiter so vorzugehen „wie gewohnt". Doch die Arbeit des Sich-Abkoppelns wird einerseits durch die Erfahrung der herabkommenden Kraft unterstützt, die selbsttätig und unermüdlich die eigenen vier Wände in Ordnung bringt und auf die rebellischen Mechanismen einen schweigenden Druck ausübt, als würde jeder Ansturm von Gedanken sofort ergriffen und wieder aufgelöst, zum anderen durch die Ansammlung von Tausenden von minutiösen Erfahrungen, die immer deutlicher werden und uns vor Augen führen, daß man sehr wohl ohne Mental auskommen kann und es sich in Wahrheit sogar in keiner Weise um einen Verlust sondern um einen Gewinn handelt.

Langsam aber sicher erreicht man so den Punkt, an dem man feststellt, daß es nicht notwendig ist zu denken. Etwas über oder hinter uns erledigt alles, was erforderlich ist, und zwar mit umso größerer Genauigkeit und Unfehlbarkeit, je mehr wir uns daran gewöhnen, uns darauf zu beziehen. Desgleichen ist es unnötig, sich zu erinnern, dafür kommt genau im gewollten Augenblick die benötigte Information auf; ebensowenig ist es nötig, sein Handeln vorauszuplanen, dafür bringt eine versteckte Triebfeder genau den erforderlichen Anstoß, ohne daß es notwendig wäre, darüber nachzudenken oder willentlich einzugreifen, und mit einer ungeahnten Weisheit und Voraussicht, zu der unser kurzsichtiger Verstand nicht fähig ist, bewegt sie uns dazu, genau das zu tun, was erforderlich ist. Wir sehen auch, daß, je mehr wir uns auf die unvermuteten Fingerzeige und Eingebungs-Geistesblitze verlassen, deren Tendenz an Häufigkeit, Klarheit, Unabweisbarkeit und Selbstverständlichkeit umso stärker zunehmen wird, entfernt vergleichbar mit einem intuitiven Vorgang, allerdings mit dem kapitalen Unterschied, daß unsere Intuitionen nahezu ausnahmslos von den Räsonnements des Verstandes verwirrt und deformiert sind, die sich äußerste Mühe geben, die Intuitionen so gut es geht zu imitieren, und es partout versuchen, uns die charakterlichen Eigenheiten als objektive Offenbarungen unter die Weste zu jubeln, während hier die Übermittlung aus einem triftigen Grunde klar, schweigend und absolut korrekt abläuft: der Verstand ist verstummt. Wer hat nicht schon einmal die Erfahrung gemacht, daß sich schwierige Probleme „geheimnisvollerweise" im Schlaf wie von selbst lösen, das heißt genau deshalb, weil die mentale Maschinerie ihre Bewegung und damit ihren „Geist" aufgegeben hatte. Zweifellos wird es reichlich Irrtümer, Fehlhandlungen und Fehlanwandlungen geben, bevor sich das neue Verfahren mit einiger Sicherheit etabliert, aber der Suchende kann sich getrost darauf gefaßt machen, denn er wird merken, daß die Irrtümer in jedem Falle auf die Einmischung des Verstandes zurückgehen. Jedesmal wenn das Mental sich einmischt, wird alles verstrickt, zerstückelt und aufgehalten. Und kraft aller Irrtümer und Erfahrungen wird man eines Tages ein für allemal praktisch verstanden haben und mit eigenen Augen sehen, daß *das Mental kein Werkzeug der Erkenntnis ist, sondern lediglich ein Organisator derselben,* wie die Mutter einmal bemerkte, und daß diese Erkenntnis tatsächlich anderswo ihren Ursprung nimmt.* Aus dem Schweigen des Verstandes kommen die Worte, die Sätze, die Taten und alles andere spontan und mit einer verblüffenden Zuverlässigkeit, Treffsicherheit und Genauigkeit. Es ist eine andere, schwerelosere Art zu leben. Denn in Wahrheit *gibt es nichts, was das Mental tun kann, das nicht genauso gut und sogar besser in gedankenfreier Stille und mentaler Reglosigkeit getan werden kann.*[11]

Das universelle Mental

Bis jetzt haben wir die Fortschritte des Suchenden auf sein Inneres bezogen analysiert, aber der Fortschritt wird auch auf der äußeren Ebene deutlich. In der Tat verringert sich die Trennung zwischen innen und

---

* Wir kommen im Zusammenhang mit der Untersuchung des Überbewußtseins später auf dieses „Anderswo" zurück.

außen zusehends, sie erscheint mehr und mehr als künstliche Übereinkunft eines jugendlichen Mentals, das auf sich selbst beschränkt ist und nichts als sich selbst sieht. Der Suchende spürt, wie diese Trennwand an Festigkeit verliert, und erfährt eine Art Veränderung in der Beschaffenheit seines Wesens, ganz als würde er leichter und durchsichtiger, durchlässiger, wenn man so will. Dieser Unterschied in der Beschaffenheit kündigt sich zuerst durch unerquickliche Anzeichen an, denn ein normaler Mensch wird gewöhnlich durch sein „dickes Fell" geschützt, während dies dem Suchenden dann abgeht: Er nimmt die Gedanken, die Wünsche, die Begierden der Menschen in Reinform auf, das heißt, so wie sie wirklich sind – als Anschläge. Dabei ist zu beachten, daß „negatives Denken" oder „böser Wille" nicht allein an dieser Virulenz teilhaben: Nichts ist aggressiver als guter Wille, hehre Gefühle und altruistische Absichten – so oder so nährt sich das Ego, gleich ob durch Süße oder durch Gewalttätigkeit. Wir sind, außer an der Oberfläche, nicht im mindesten zivilisiert, darunter schwelt es kannibalisch. Deshalb ist es unerläßlich, daß der Suchende der Kraft inne wird, von der wir gesprochen haben – mit Ihr kann er sich begeben, wohin er will. Praktisch kommt innerhalb der kosmischen Weisheit eine solche Durchlässigkeit oder Transparenz auch nicht ohne den entsprechenden Schutz vor. Gewappnet mit dieser Kraft und mentalem Schweigen, sieht der Suchende allmählich, daß er allen äußeren Einflüssen gegenüber offen ist, daß er von überall her aufnimmt, daß Entfernungen unwirkliche Schranken sind – niemand ist weit weg, niemand hat uns je verlassen, alles ist zusammen, und alles *ist* zugleich – über die Distanz von Zehntausenden von Kilometern kann er deutlich die Besorgnis eines Freundes spüren sowie den Zorn eines anderen Menschen oder die Leiden eines Bruders. Es genügt, daß der Suchende sich im Schweigen auf einen bestimmten Ort, eine bestimmte Person einstellt, um der dortigen Lage mehr oder weniger genau gewahr zu werden – mehr oder weniger genau, entsprechend seiner Kapazität des Schweigens, denn hier verwirrt das Mental ebenfalls alles, weil es begehrt, weil es fürchtet und weil es will, und nichts kann zu ihm durchdringen, ohne alsbald durch eben diese Begierde, dieses Wollen und diese Befürchtungen verfälscht zu werden (es gibt noch andere Faktoren, die zur Verwirrung beitragen, aber davon später). Es scheint also, als wäre mit dem mentalen Schweigen eine Ausweitung des Bewußtseins erreicht, es kann sich willentlich auf gleich welchen Punkt der

universellen Realität richten, um davon zu erkennen, was zu erkennen notwendig ist.
Doch wir kommen in dieser schweigenden Transparenz zu einer anderen Entdeckung, die weitreichende Folgen nach sich zieht. Wir stellen nämlich fest, daß nicht nur die Gedanken anderer Menschen von außen auf uns zukommen, sondern auch, daß unsere eigenen Gedanken den gleichen Weg gehen, sie erreichen uns *von außen*. Haben wir einmal eine ausreichende Transparenz erreicht, bemerken wir in dem reglosen Schweigen des Verstandes etwas, das kleinen Wirbeln gleicht, die in unsere eigene Atmosphäre eindringen. Es sind ganz leichte Wellen, die unsere Aufmerksamkeit aufsichziehen. Begeben wir uns geistig ein wenig auf sie zu, „um zu sehen, worum es sich handelt", das heißt, lassen wir einen dieser kleinen Wirbel in uns eintreten, so ertappen wir uns plötzlich in Gedanken an etwas: Das, worauf wir am äußeren Rand unseres Wesens getroffen sind, war ein Gedanke im Reinzustand, oder vielmehr eine *mentale Schwingung*, bevor sie Gelegenheit hatte, ohne unser Wissen in uns einzudringen und an unserer Oberfläche in personalisierter Form wieder aufzutauchen, welche uns dann erlaubt, triumphierend auszurufen: „Das ist *mein* Gedanke." Auf diese Weise bringt es jemand, der gut Gedanken lesen kann, fertig, selbst die Gedanken von Personen zu lesen, deren Sprache er nicht beherrscht, denn er erhascht nicht wirklich ihre „Gedanken", sondern lediglich Schwingungen, denen er in sich dann die gemäße rationale Form verleiht. Genau genommen ist das eigentlich nichts Besonderes, und allein das Gegenteil wäre erstaunlich, könnten wir nämlich auch nur die geringste Kleinigkeit, den entferntesten Gedanken aus uns selbst schöpfen, so wären wir zugleich Weltenschöpfer! *Wo in dir ist das Ich, das all das erschafft?* fragte die Mutter. Nur wird der normale Mensch sich dieses Vorganges nicht bewußt, erstens weil er in einem ständigen inneren Aufruhr lebt, und zum anderen, weil der Vorgang, durch den Schwingungen ihre Zueignung finden, unwillkürlich und fast augenblicklich abläuft. Der Mensch hat sich durch seine Erziehung und sein Umfeld ein für allemal daran gewöhnt, einen bestimmten, sehr begrenzten Teil des allumfassenden oder universellen Mentals auszuwählen, zu dem er eine gewisse Neigung verspürt und dessen Frequenz er bis an sein Lebensende verhaftet bleibt und dessen Art der Schwingung er mit mehr oder weniger wohltönenden Worten und in mehr oder weniger geistreichen Redewendungen immer wieder reproduziert – er kreist und kreist im Käfig gleich Rilkes Tiger.

Allein das mehr oder weniger schillernde Ausmaß unseres Wortschatzes spiegelt uns einen Fortschritt vor. Sicherlich, wir ändern unsere Ideen, aber die Ideen zu verändern, ist nicht das gleiche wie Fortschritte machen; es bedeutet nicht, daß man sich zu einer höheren oder rapideren Art der Schwingung erhebt; eigentlich dreht man nur eine gedankliche Pirouette mehr und vollführt eine neue Form der Kopfgymnastik in der gleichen alten Umgebung. Aus diesem Grunde sprach Sri Aurobindo von einer *Veränderung des Bewußtseins*.

Hat der Suchende einmal gesehen, daß seine Gedanken von außen kommen, und hat sich diese Erfahrung einige Hunderte Male in ihm wiederholt, so hält er damit den Schlüssel zur wahren Meisterschaft des Mentals. Während es schwer ist, sich eines Gedankens zu entledigen, den wir für den unsrigen halten, nachdem er sich in uns festgesetzt hat, fällt es hingegen leicht, die gleichen Gedanken abzuweisen, wenn wir sie von außen kommen sehen. Beherrschen wir einmal das innere Schweigen, sind wir so notwendigerweise Meister der mentalen Welt, denn anstatt bis in alle Ewigkeit an der gleichen Frequenz festzuhalten, können wir nun den ganzen Umfang der Wellenskala ausloten und nach Gutdünken auswählen oder ablehnen. Doch lassen wir Sri Aurobindo selbst die Erfahrung beschreiben, so wie er sie zum ersten Mal mit einem anderen Yogin namens Bhaskar Lele machte, als dieser drei Tage mit ihm zubrachte: *Alle mental entwickelten Menschen, in jedem Falle aber solche, die über den Durchschnitt hinausgelangen, müssen auf die eine oder andere Art, oder wenigstens zu bestimmten Zeiten oder für bestimmte Zwecke, die beiden Teile ihres Mentals trennen: den aktiven Teil, der eine Gedankenfabrik ist, und den passiven, herrschenden Teil, der gleichzeitig sowohl Zeuge als auch Wille ist, der die Gedanken beobachtet, beurteilt, abweist, ausschließt, annimmt, Berichtigungen und Veränderungen veranlaßt, Meister im Hause des Mentals ist und fähig zur Selbstherrschaft, samrajya. Der Yogin jedoch geht noch weiter, er ist nicht allein dort Meister, sondern während er sich noch auf eine bestimmte Art im Mental befindet, verläßt er es gleichzeitig sozusagen und steht darüber oder dahinter und ist davon frei. Für ihn hat das Bild der Gedankenfabrik keine Bedeutung mehr; denn er sieht, daß die Gedanken von außen kommen, von dem universellen Mental oder der universellen Natur, manchmal gestaltet und deutlich, manchmal ungestaltet, und dann erhalten sie ihre Gestalt irgendwo in uns. Die Hauptaufgabe unseres Mentals besteht entweder in einer Reaktion der Billigung oder in einer*

Verweigerung dieser Gedankenwellen (sowie vitaler oder subtilphysischer Energiewellen) oder des Einkleidens dieses Gedankenstoffes in eine persönlich-rationale Form (oder vitale Regungen) aus der umgebenden Natur-Kraft. Dafür, daß er mir dies gezeigt hat, stehe ich in Leles Schuld. „Setz dich zur Meditation nieder," sagte er, „aber denke nicht, betrachte allein dein Mental; du wirst sehen, wie Gedanken in es eintreten. Wirf sie aus deinem Mental heraus, bevor sie eintreten können, bis es fähig zum vollkommenen Schweigen ist." Ich hatte nie zuvor von Gedanken gehört, die sichtlich von außen in den Verstand eintreten, aber ich dachte nicht daran, diese Wahrheit oder Möglichkeit in Zweifel zu ziehen, ich setzte mich einfach hin und tat es. Augenblicklich wurde mein Mental still wie die Luft auf einem hohen Berggipfel, in der sich kein Windhauch regt, und dann sah ich einen Gedanken und dann noch einen in ganz greifbarer Weise von außen kommen; ich schleuderte sie von mir, bevor sie eintreten und das Gehirn einnehmen konnten, und in drei Tagen war ich frei. Von diesem Augenblick an wurde das mentale Wesen in mir zur freien Intelligenz, zu einem universellen Mental, nicht beschränkt durch den engen Kreis persönlicher Gedanken gleich einem Arbeiter in einer Gedankenfabrik, sondern als Empfänger der Kenntnis um all die hundert Königreiche des Wesens und frei zu wählen, was es wollte, in diesem unermeßlichen Weltenreich der Sicht und der Gedanken.[12]

Nach dem Verlassen eines kleines Gedankengebäudes, in dem er sich sehr wohl fühlte und sich auch durchaus hell vorkam, blickt der Suchende zurück und fragt sich, wie er jemals in einem solchen Gefängnis hatte leben können. Er ist von der Erkenntnis frappiert, daß er über viele Jahre hinweg von Unmöglichkeiten umgeben gelebt hat und daß Menschen im allgemeinen hinter Gittern leben: „Dies kann man nicht tun, und das soll man nicht tun, dies geht gegen soundsoein Gesetz und jenes verstößt gegen soundsoein anderes, dies ist unlogisch, das ist nicht normal, das ist unmöglich..." Und er entdeckt, daß alles möglich ist, und darüber hinaus, daß die wirkliche Schwierigkeit darin liegt, daß man etwas für schwlerlg hält. Nachdem man zehn Jahre, zwanzig Jahre gleich einer denkenden Flußschnecke in seiner mentalen Schale gehaust hat, beginnt man endlich, frei zu atmen.

Und man findet den unauflöslichen Gegensatz zwischen innen und außen gelöst, findet, daß auch er Teil unserer mentalen Verkalkung gewesen ist. In Wirklichkeit ist „außen" überall innen. Wir sind überall. Es ist ein Fehler zu glauben, daß alles leichter für uns wäre, wenn wir nur die idealen Bedingungen von Frieden, Schönheit und bukolischer Idylle verwirklichen könnten; denn es gäbe *immer etwas,* das uns stören würde, überall, so würden wir besser daran tun, unsere Gedankengebäude umzustoßen und all das „Äußere" in uns aufzunehmen – dann wären wir überall zu Hause. Das gleiche gilt für das Gegensatzpaar Aktion-Meditation: Hat der Suchende das Schweigen in sich hergestellt, so ist jede Aktion eine Meditation (er wird später sehen, daß auch Meditation umgekehrt Aktion sein kann). Ob jemand unter der Dusche steht oder seinem Tagewerk nachgeht, die Kraft fließt, fließt in ihm, und er ist immer auf das Andere eingestellt. Er wird feststellen, daß seine Handlungen hellsichtiger, wirksamer und kraftvoller werden, ohne im geringsten seinen Frieden zu beeinträchtigen: *Die Substanz des mentalen Wesens ist still, so still, daß nichts sie stört. Wenn Gedanken oder Bewegungen aufkommen, durchqueren sie das Mental, wie ein Vogelzug den windstillen Himmel durchquert. Er zieht vorbei, stört nichts, hinterläßt keine Spuren. Selbst wenn eintausend Bilder und die gewalttätigsten Geschehnisse ihr in die Quere kommen, bleibt die gelassene Stille erhalten, als wäre die innerste Beschaffenheit des Mentals eine Substanz ewigen und unverletzlichen Friedens. Ein Mental, das diese Ruhe erreicht hat, kann zu handeln beginnen, sogar auf intensive und kraftvolle Weise, und es wird doch seine grundlegende Stille behalten – indem es nichts von sich aus verursacht, sondern von oben empfängt und dem eine mentale Gestalt verleiht, ohne etwas eigenes hinzuzusetzen, ruhig, leidenschaftslos und doch mit der Freude der Wahrheit und der glücklichen Kraft und dem Licht ihres Vorbeigehens.*[13]

Ist es notwendig, daran zu erinnern, daß Sri Aurobindo in Indien damals eine revolutionäre Bewegung leitete und einen Guerillakrieg vorbereitete?

5. Kapitel

Das Bewußtsein

Eines Tages stand einer von Sri Aurobindos Schülern vor einer schweren Entscheidung. Er bat schriftlich um Rat und geriet in nicht geringe Verlegenheit, als er die Antwort erhielt, seine Entscheidung „vom Gipfel seines Bewußtseins aus" zu treffen. Es handelte sich um einen abendländischen Schüler, der sich nun fragte, was um alles in der Welt dies wohl bedeuten könne; war dieser „Gipfel des Bewußtseins" eine Art, besonders angestrengt zu denken, eine Art Begeisterung, die die grauen Zellen zum Glühen bringt, oder was war es sonst? Denn das ist ja die einzige Art von Bewußtsein, die der Westen kennt; Bewußtsein als Arbeitsleistung des Mentals: Ich denke, also bin ich. Das ist ein möglicher Standpunkt, in diesem Falle unser Standpunkt. Wir machen uns zum Mittelpunkt der Welt und konzedieren all jenen die Kraft des Bewußtseins, welche diese Art zu sein und zu fühlen teilen. Nun, es ist noch gar nicht so lange her, daß man sich bei uns darüber wunderte, daß jemand Perser sein könne. Kommt es uns indessen darauf an, zu verstehen und zu entdecken, was Bewußtsein ist, um damit sinnvoll umgehen zu können, ist es notwendig, diesen begrenzten Standpunkt aufzugeben. Nachdem Sri Aurobindo einen bestimmten Grad von mentalem Schweigen erreicht hatte, machte er folgende Beobachtung: *Mentales Bewußtsein ist lediglich der menschliche Bereich, und er erschöpft all die möglichen Bereiche von Bewußtsein ebensowenig, wie das menschliche Sehvermögen alle Stufen der Farbskala oder das menschliche Gehör alle Klangstufen erschöpfen können – denn es gibt viel darüber oder darunter, was für den Menschen nicht sichtbar oder hörbar ist. Desgleichen gibt es Bewußtseinsbereiche oberhalb oder unterhalb des menschlichen Bewußtseins, mit denen der normale Mensch keinen Kontakt hat und die ihm aus diesem Grunde unbewußt erscheinen – supramentale, übermentale und submentale Bereiche.*[1] ... *Was wir Unbewußtheit nennen, ist schlicht anderes Bewußtsein... Wir sind tatsächlich nicht unbewußter, wenn wir schlafen, unter Drogen stehen, betäubt oder „tot" sind oder uns in irgendeinem anderen Zustand befinden, als wenn wir in tiefe Gedanken versunken unser physisches Selbst und unsere Umgebung vergessen haben. Für jeden, der auch nur geringe Fortschritte im Yoga gemacht* hat, ist dies eine elementare Voraussetzung. Und Sri Aurobindo setzt hinzu: *Je mehr wir der Seele in uns und in den Dingen bewußt werden, desto deutlicher erkennen wir, daß es in der Pflanze, im Metall, im Atom, in der Elektrizität, kurz in allem, was zur physischen Welt gehört, Bewußtsein gibt; wir entdecken darüber hinaus, daß es sich nicht wirklich in jeder Hinsicht um eine mindere oder begrenztere Form als die des Mentals handelt; im Gegenteil, in vielen „leblosen" Formen ist es intensiver, rascher und schärfer, obwohl es dabei weniger zur Oberfläche hin entwickelt ist.*[2] Aufgabe des angehenden Yogins ist es daher, in jeder und nicht nur in mentaler Weise bewußt zu werden – auf allen Ebenen seines Wesens ebenso wie auf allen Stufen der universellen Existenz; in sich selbst so bewußt zu sein wie gegenüber anderen oder allen Dingen gegenüber, im Schlaf und im Wachzustand; und es schließlich zu lernen, in dem bewußt zu werden, was Menschen den „Tod" nennen, denn so bewußt, wie wir im Leben gewesen sind, werden wir im Tod sein.

Dabei sind wir nicht gezwungen, Sri Aurobindo aufs Wort zu glauben, im Gegenteil, er ermutigt uns lebhaft, uns aus eigener Anschauung ein Bild zu machen. Es geht darum auszusondern, was genau uns mit den verschiedenen Arten des Seins – schlafend, wach oder „tot" – verbindet und uns gestattet, mit anderen Bewußtseinsformen in Berührung zu kommen.

Die Bewußtseinszentren

Verfolgen wir unsere experimentelle, auf dem mentalen Schweigen basierende Methode weiter, so führt sie uns zu verschiedenen Entdeckungen, die uns langsam aber sicher auf die richtige Spur bringen. Zunächst stellen wir fest, daß die allgemeine Verwirrung, in der wir leben, sich langsam beruhigt. Verschiedene Ebenen in unserem Wesen lassen sich allmählich klarer unterscheiden, ganz als seien wir aus einer bestimmten Anzahl von Teilen gemacht, von denen jeder eine autonome Persönlichkeit und einen eigenen Mittelpunkt besitzt und, was noch bemerkenswerter ist, jeder Teil ein von den anderen unabhängiges Eigenleben führt. Diese Polyphonie, wenn man so will – genaugenommen noch Kakophonie – bleibt uns im allgemeinen durch die Stimme des Mentals verborgen und wird von ihr überlagert und vereinnahmt. Keine Regung unseres Wesens, auf welcher Ebene auch immer, kein Gefühl, kein Verlangen und kein Augenaufschlag, der nicht sofort vom Verstand ergriffen und mit einer Schicht Gedanken überzogen würde – mit anderen Worten, alles wird vom Mental vereinnahmt und *mentalisiert.** Und genau das ist der Zweck des Mentals innerhalb der menschlichen Entwicklung: Es hilft uns, alle Bewegungen unseres Wesens, die uns ansonsten als ungeformtes, unbewußtes oder überbewußtes Magma verborgen blieben, in das Licht unseres Bewußtseins zu bringen. Es hilft uns auch, wenigstens einen Anflug von Ordnung in diese Anarchie zu bringen und die verschiedenen Lehnsgüter so gut es eben geht unter seine Herrschaft zu bringen. Gleichzeitig verschleiert uns diese Oberherrschaft aber ihre Stimme und ihren wahren Zweck, und von einer Suzeränität zur Tyrannei ist es nicht weiter als ein Schritt. Alle überrationalen und übermentalen Prozesse werden auf diese Weise vollkommen ausgeblendet, und sollte doch etwas von überbewußten Stimmen den mentalen Filter durchdringen können, so wird es augenblicklich verfälscht, verwässert und entscheidend getrübt. Submentale und infrarationale Prozesse verkümmern, und wir verlieren damit jene Spontaneität der Sinne, die uns in einem früheren Stadium unserer Entwicklung einmal sehr nützlich waren und dies heute noch sein könnten. Andere Randgruppen unseres Wesens formieren sich zur Rebellion, und wieder andere sammeln klammheimlich ihre Fragmente der Macht und warten auf die nächste Gelegenheit, uns ins Gesicht zu springen. Aber der Suchende, der sein Mental zum Schweigen gebracht hat, beginnt, all diese Zustände in ihrer nüchternen Realität zu sehen, und kann sie jetzt ohne das mentale Furnier direkt unterscheiden. Er wird auf den verschiedenen Ebenen seines Wesens bestimmte Konzentrationszentren spüren, gleich Sammelpunkten oder Knoten von Kraft, von denen jeder mit einer anderen Schwingungsqualität oder mit einer besonderen Frequenz ausgestattet ist. Jeder von uns hat wenigstens einmal in seinem Leben die Erfahrung unterschiedlicher Schwingungen gehabt, die von verschiedenen Höhen unseres Wesens ausstrahlen. Zum Beispiel mögen wir vor einer offenbarenden Schwingung gestanden haben, gleich einem Schleier, der vor uns zerreißt und uns, ohne daß wir genau wissen, aus was diese Offenbarung besteht,

---

* Das Mental (engl. *mind*, frz. *mental*) umfaßt im Deutschen den Bereich der Begriffe Verstand (ratio) und Vernunft (Intellekt). Im Umkreis von Rationalisieren und Intellektualisieren bedeutet es entsprechend: etwas zur Stufe des Mentals erheben, ohne allerdings der gleichen Wertung zu unterliegen, die diesen beiden allgemein anhaftet.

einen breiten Streifen Wahrheit preisgibt – etwas schwingt einfach und macht die Welt unerklärlich viel weiter, leichter und klarer. Auch haben wir vielleicht schwerere Schwingungen kennengelernt: Schwingungen der Angst oder des Zornes, Schwingungen der Begierde oder Schwingungen der Sympathie; und wir haben dann bemerkt, daß diese Schwingungen auf verschiedenen Ebenen und mit unterschiedlicher Stärke pulsieren. Es gibt in uns eine ganze Skala vibratorischer Knoten oder *Bewußtseinszentren*, von denen jedes für eine besondere Schwingungsart zuständig ist. Sie lassen sich gemäß dem Grad unserer inneren Stille und der Schärfe unserer Wahrnehmung direkt erkennen und unterscheiden. Das Mental ist lediglich *eines* dieser Zentren, zuständig für *eine* Art von Schwingungen, und es ist allein *eine* Form von Bewußtsein, obschon es sich als solche den ersten Platz anmaßt.

Wir halten uns nicht mit der Beschreibung dieser Zentren, so wie sie überliefert sind, auf. Es ist besser, die Erfahrung selbst zu machen, anstatt Theorien darüber zu spinnen. Auch erörtern wir hier nicht ihre Lokalisierung, jeder Suchende wird ihrer ohne Schwierigkeiten gewahr werden, sobald sich sein Inneres klärt. Es genügt zu sagen, daß diese Zentren (in Indien *chakras* genannt) nicht in unserem physischen Körper plaziert sind sondern in einer anderen Dimension, und doch kann ihre Konzentration in bestimmten Augenblicken so intensiv werden wie eine akute, im Körper lokalisierte Empfindung. Tatsächlich befinden sich einige von ihnen – jedoch nicht alle – in der Nähe der verschiedenen Nervenplexus. Es lassen sich im Diagramm insgesamt sieben Zentren unterscheiden, die sich über vier Bereiche erstrecken: 1. *das Überbe-*

Der zentrale Strang und die beiden sich überschneidenden Seitenstränge entsprechen dem Rückenmark und wahrscheinlich dem sympathischen Nervensystem. Sie repräsentieren den Gang der aufsteigenden Kraft *(kundalini)* nach ihrem Erwachen in den unteren Zentren und ihrem „schlangenhaften" Aufstieg von Zentrum zu Zentrum bis zu ihrer Entfaltung ins Überbewußte von der Scheitelhöhe aus. (Das scheint auch die Bedeutung der Uraeus oder ägyptischen Brillenschlange Naja gewesen zu sein, die mit der Sonnenscheibe Teil der Pharaonenkrone bildete, sowie die der mexikanischen Quetzalcoatl oder Federschlange, möglicherweise sogar die der Nagaschlangen über Buddhas Kopf.) Nähere Charakteristika der Zentren sind nur für Hellseher interessant. Wir besprechen später verschiedene Einzelheiten von allgemeinem Interesse. Eine erschöpfende Studie dieser Frage findet sich in dem bemerkenswerten Werk von Sir John Woodroffe (Arthur Avalon), *Die Schlangenkraft* (Weilheim/Obb., 1960).

Das Bewußtsein

Überbewußtsein

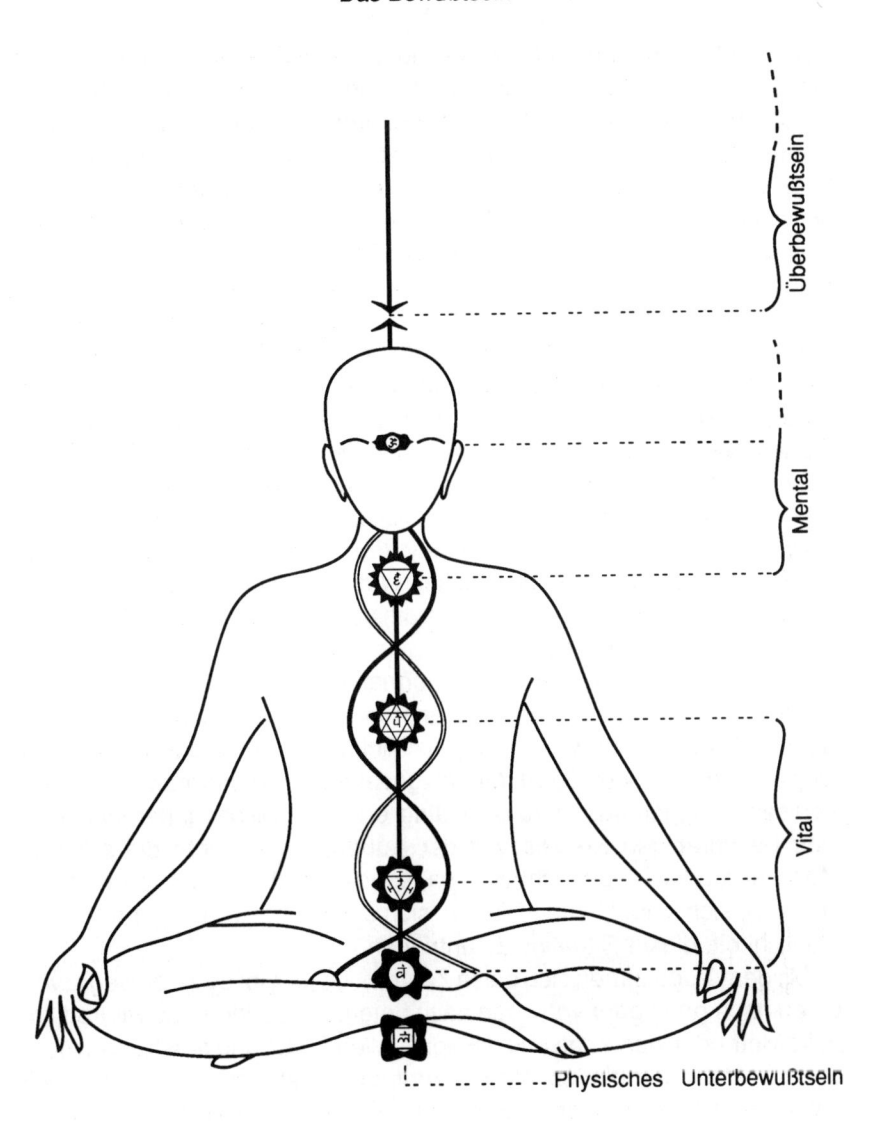

Mental

Vital

Physisches Unterbewußtseln

Die Bewußtseinszentren
nach der tantrischen Tradition Indiens

wußte mit einem Zentrum etwas über der Höhe des Scheitels*. Es beherrscht unser denkendes Mental und verbindet uns mit höheren mentalen Bereichen wie dem erleuchteten, dem intuitiven, dem übermentalen usw; 2. *das Mental*, mit zwei Zentren: einem zwischen den Augenbrauen, welches den Willen und die Dynamik all unserer mentalen Aktivitäten bestimmt, die das Agieren aufgrund von Gedanken betreffen – es ist ebenfalls das Zentrum subtiler Visionen, das in verschiedenen Traditionen das „dritte Auge" genannt wird; das andere in Höhe der Kehle regelt alle Formen der mentalen Äußerung; 3. *das Vital*, mit drei Zentren: einem auf der Höhe des Herzens, das unser emotionales Wesen (Liebe und Haß usw.) bestimmt; das zweite auf der Höhe des Nabels, welches unser Verlangen nach Dominanz, Besitz und Eroberung sowie unseren Ehrgeiz etc. regelt; das dritte, das niedere Vital zwischen Nabel und Geschlecht, auf der Höhe des mesentrischen Plexus, welches die niedersten Schwingungen beherrscht: Neid, Eifersucht, Gier, Habsucht, Zorn; 4. *das Physische und Unterbewußte*, mit einem Zentrum am Ende des Rückgrats, das unser physisches Wesen und die Sexualität steuert; weiter unten eröffnet uns dieses Zentrum auch die tiefer hinabreichenden, unterbewußten Regionen.

Im allgemeinen, das heißt im „normalen" Menschen, befinden sich diese Zentren in einem verschlossenen oder latenten Zustand, oder sie lassen allein das passieren, was an Minimalstrom für die beschränkte Existenz eben notwendig ist. Genau gesehen ist der normale Mensch in sich selbst eingemauert und kommuniziert nur mittelbar, innerhalb eines sehr beschränkten Kreises, mit der Außenwelt. Er sieht die anderen Menschen oder Dinge nicht wirklich, sondern sieht einzig sich selbst in anderen, sich selbst in den Dingen, sich selbst überall. Und er hat keine Möglichkeit, dieser Situation zu entrinnen.

Mit dem Yoga öffnen sich diese Zentren. Dafür gibt es zwei Wege: von unten nach oben oder von oben nach unten, je nachdem, ob wir traditionelle Methoden des Yoga und der spirituellen Erfahrung praktizieren oder den Yoga Sri Aurobindos. Mit Konzentration und Übung kann man, wir haben davon gesprochen, eine Kraft am Ende des Rückgrates erwachen

* Nach der spirituellen Tradition Indiens wird dieses Zentrum „der tausendblättrige Lotos" genannt, um damit die leuchtende Fülle auszudrücken, die man wahrnimmt, wenn es sich öffnet. Nach Sri Aurobindo, und nach der Erfahrung vieler anderer, ist das, was man auf der Höhe des Scheitels spürt, nicht das betreffende Zentrum selbst, sondern eine leuchtende Reflexion der solaren Quelle *über* dem Kopf.

spüren, die mit einer schlangenähnlichen, wellenförmigen Bewegung von Ebene zu Ebene bis zur Höhe des Scheitels aufsteigt. Auf jeder Ebene *durchbricht* diese Kraft (ziemlich gewalttätig) das korrespondierende Zentrum, das sich dadurch erschließt und uns gleichzeitig allen universellen Energien oder Schwingungen öffnet, die mit der Frequenz dieses Zentrums verbunden sind. In Sri Aurobindos Yoga öffnet die herabkommende Kraft dieselben Zentren von oben nach unten, langsam und vorsichtig. Oft erschließen sich die unteren Zentren auch erst zu einem viel späteren Zeitpunkt vollständig. Diese Methode hat einen entscheidenden Vorteil, wenn man versteht, daß jedes dieser Zentren mit einer *universellen* Art von Energie oder Bewußtsein korrespondiert. Öffnen sich die unteren, also die vitalen und unterbewußten Zentren zuerst und auf einen Schlag, entsteht die Gefahr, daß das ganze Wesen nicht mehr allein von den eigenen kleinen Problemen, sondern darüber hinaus von Fluten universellen Morastes überschwemmt wird; wir sind hier unwillkürlich mit aller Verwirrung und allem Morast der Welt verbunden. Genau aus diesem Grunde erfordern die traditionellen Yoga-Wege unbedingt die schützende Präsenz des Meisters. Durch die herabkommende Kraft wird diese Gefahr vermieden. Man stellt sich den unteren Zentren, erst nachdem das eigene Wesen in dem höheren und überbewußten Licht solide begründet ist. Sind die Zentren einmal erschlossen, sieht man die Wesen und Dinge, die Welt und sich selbst in ihrer ganzen Realität und so, wie sie sind, denn man ist in seiner Auffassung nicht länger auf vordergründige Zeichen, dubiose Worte oder Gesten und die ganze Mimikry des in sich selbst eingemauerten Menschen oder auf das verschleierte Angesicht der Dinge angewiesen, sondern man empfängt die unentstellbare reine Schwingung auf jeder Ebene, in jeder Sache und in jedem Wesen.

Doch unsere erste Entdeckungsreise gilt uns selbst. Folgen wir einer Disziplin ähnlich der, die zum mentalen Schweigen führte, und bleiben dabei vollkommen transparent, so stellen wir fest, daß nicht allein Gedankenschwingungen von außen kommen, bevor sie auf unsere Zentren treffen, sondern daß *alles* von außen kommt: Schwingungen der Begierde gleichwie Schwingungen der Freude, Schwingungen des Willens usw. Unser Wesen ist vom Scheitel bis zur Sohle Empfangsstation: *In Wahrheit denken, wollen oder handeln nicht wir, sondern das Denken ereignet sich in uns, der Wille geschieht in uns, Impulse und Handlungen treten in uns auf.*[3] Das bedeutet, die Einstellung, die hinter Sätzen steht wie: „Ich denke, also bin ich" oder „Ich fühle, also bin ich" oder „Ich will, also bin ich" ist vergleichbar mit der eines Kindes, das fest davon überzeugt ist, der Ansager oder das Orchester seien im Fernseher versteckt, und dieser sei ein denkendes Organ. Tatsächlich ist keines dieser diversen Ichs wir selbst, noch gehören sie uns, denn ihre Musik ist universell.

Die Oberflächen-Person

Wir mögen geneigt sein zu protestieren: schließlich handelt es sich um *unsere* Gefühle, *unsere* Begierden, *unsere* Schmerzen, *unsere* Wahrnehmung der Dinge, all das gehört *uns* und nicht was weiß ich für einer telegraphischen Maschine! In gewissem Sinne ist das natürlich richtig. Es gehört uns in dem Sinne, in dem wir es uns angewöhnt haben, auf bestimmte Schwingungen mehr zu reagieren als auf andere, durch bestimmte Geschehnisse stärker innerlich bewegt oder getroffen zu sein als durch andere, und daß diese Kollektion von Gewohnheiten sich schließlich zu etwas kristallisiert, das wir als unsere Persönlichkeit bezeichnen. Sobald man die Angelegenheit jedoch aus der Nähe betrachtet, läßt sich kaum noch sagen, daß gerade „wir" es sind, die all diese Gewohnheiten angenommen haben; es sind vielmehr unsere Umwelt, unsere Erziehung, unsere Atavismen, die besondere Tradition, in der wir stehen, welche die Wahl für uns getroffen haben und die in jedem Augenblick wieder entscheiden, was wir wollen, was wir begehren, was wir schätzen und was wir ablehnen. Und all das ereignet sich gerade so, als liefe das Leben ohne uns ab. Wo und wann um alles in der Welt bricht darin einmal ein wahres „Ich" aus?

Die universelle Natur, sagt Sri Aurobindo, *legt bestimmte Gewohnheiten an innerer Bewegung, an Persönlichkeit, an Charakter, an Fähigkeiten, Anlagen und Neigungen in uns an, und das bezeichnen wir dann als uns selbst.*[4] Und wir können nicht einmal sagen, daß dieses „Selbst" tatsächlich feststeht: *Der Schein von Stabilität entsteht durch eine andauernde Wiederholung und das ständige Wiederauftreten derselben Schwingungen und Formationen*[4], denn es ist immer die gleiche Wellenlänge, die wir auffangen, oder besser, die sich an uns hängt, gemäß den Bedingungen unserer Umwelt und Erziehung; es sind immer die gleichen mentalen, vitalen oder sonstigen Schwingungen, die sich durch unsere Bewußtseinszentren fortsetzen und die wir uns unwillkürlich, unbewußt und unaufhörlich zu eigen machen. Real ist alles im Zustand *ständigen Flusses*, alles überträgt sich aus einem Mental auf uns, das weiter und universeller ist als das unsrige, aus einem Vital weiter und universeller als das unsrige oder aus weiter herabreichenden, unterbewußten Regionen oder aus höheren, überbewußten Bereichen. Das bedeutet, die kleine *Oberflächen-Person*[5] ist umgeben, überschattet, getragen, durchdrungen und bewegt durch eine ganze Hierarchie von „Welten", die von den altüberlieferten Weisheiten sehr wohl erkannt wurden – „Ohne Mühe bewegt sich eine Welt in der anderen," heißt es im Rig-Veda (II.24.5) – oder, wie Sri Aurobindo sich ausdrückt, durch eine Stufenfolge von *Bewußtseinsebenen*, die sich ohne Unterbrechung vom reinen Geist zur Materie erstrecken und die alle unmittelbar mit unseren Bewußtseinszentren verbunden sind. Dabei sind wir uns *nichts weiterem bewußt als einiger Blasen an der Oberfläche*[6].

Was bleibt in all dem von uns übrig? Nicht sonderlich viel, um die Wahrheit zu sagen – oder alles, je nach der Bewußtseinsebene, von der wir ausgehen.

Die Individualisierung des Bewußtseins

Man bekommt langsam eine Vorstellung davon, was das eigentlich ist: Bewußtsein. Man beginnt zu spüren, daß es überall, auf allen Ebenen im Universum, denen auch unsere eigenen Zentren entsprechen, Bewußtsein gibt. Was wir bei all dem noch nicht gefunden haben, ist „unser" Bewußtsein. Wir haben es vielleicht deshalb nicht gefunden, weil es nicht als Fertigbausatz erhältlich ist, sondern man es sich entflammen lassen und schüren muß gleich einem Feuer. In bestimmten herausragenden Augenblicken seiner Existenz spürt man etwas wie eine Glut, eine Art inneren *Drang*, eine lebendige Kraft, die sich in Worten nicht beschreiben läßt, die sogar grundlos, aus dem Nichts entspringend, auftaucht, unverbrämt gleich einem Verlangen oder einer Flamme. Unsere ganze Kindheit bezeugt diese reine Begeisterungsfähigkeit, diese unerklärliche Sehnsucht. Doch wie schnell entwachsen wir dieser Jugend, und das Mental bemächtigt sich dieser Kraft, wie es sich auch allem anderen bemächtigt, und bedeckt sie mit hohen Worten und Idealismen, kanalisiert sie in Werken, einem Beruf, einer Kirche. Oder sie wird vom Vital ergriffen und mit mehr oder weniger hehren Gefühlen übertüncht, wenn es sich ihrer nicht für persönliche Abenteuer, das Beherrschen, Erobern oder Besitzergreifen bedient. Unter Umständen sinkt die Kraft auch weiter ab. Und manchmal erstickt sie vollkommen; es bleibt nichts von ihr, außer einem kleinen Schatten unter einer großen Last. Aber der Suchende, der sein Mental zum Schweigen gebracht hat, der nicht mehr unaufhörlich in die Mausefalle seiner Ideen fällt, der sein Vital beruhigen konnte und sich nicht mehr ständig in allgemeiner Zerstreuung seiner Gefühle und Begierden verliert, der entdeckt in dieser neugeschaffenen Klarheit seines Wesens etwas wie eine neue Jugend, einen neuen *Drang* im Zustand der Freiheit. Mit zunehmender Konzentrationsfähigkeit – dank seiner „aktiven Meditation", seiner Sehnsucht, seiner Aspiration –, spürt er, wie dieser Drang in ihm *lebendig* wird: „Er weitet sich, um das Lebende hervorzubringen," sagt der Rig-Veda, „und erweckt jenen, der tot war" (I.113-8). Er wird spüren, daß dieser Drang eine deutlichere Beschaffenheit erhält, eine sich zunehmend verdichtende Stärke und vor allem eine *Unabhängigkeit*, als wäre das zugleich eine Kraft und ein Wesen in seinem Wesen. Er merkt, zuerst in der passiven Meditation (das heißt, in aller Ruhe, bei sich zu Hause, mit geschlossenen Augen), daß diese Kraft in ihm Bewegungen, Masse und unterschiedliche Intensitäten annimmt und sich auf und ab bewegt, als hätte sie keinen festen Platz – vergleichbar der Schwerpunktverlagerung eines lebendigen Körpers. Diese Bewegungen in ihm haben durchaus die Kraft, im Herabkommen seinen Körper zu beugen oder ihn im Aufsteigen aufzurichten und zurückzuziehen. Während der aktiven Meditation, also im alltäglichen, äußeren Leben, nimmt man die Kraft schwächer, gleich einer gedämpften Hintergrundschwingung wahr, wie wir schon bemerkt haben. Darüber hinaus empfinden wir sie nicht als unpersönliche Kraft, sondern gleich einer Präsenz, einem *Wesen* tief in uns, einer Stütze, als etwas, das uns beinahe in der Art und Weise einer Rüstung Solidität und Stärke verleiht und uns befähigt, die Welt mit furchtlosen Augen zu betrachten. Mit diesem schwingenden Etwas in uns sind wir unverwundbar und nie mehr allein. Es ist jederzeit und überall gegenwärtig, wärmend, intim und stark. Und das Merkwürdigste an der Sache ist, hat man sie einmal entdeckt, findet sich *dasselbe*, haargenau dasselbe, überall, in allen Dingen und Wesen; die Vermittlung ist direkt, als wäre sie überall gleich, ohne Trennung, ohne Mauern. Man berührt hier einen Punkt in sich selbst, der nicht Spielball der universellen Kräfte ist, nicht dieses trockene „Ich denke, also bin ich", sondern eine fundamentale Wahrheit unseres

Wesens, wir, wirklich wir, unser wahres Zentrum, Wärme und Wesen, Bewußtsein und Kraft.*
Indem dieser Drang oder diese innere Kraft deutlich an Individualität gewinnt und wirklich wie ein Kind wächst, bemerkt der Suchende, daß sie sich keineswegs willkürlich bewegt, wie man zunächst anzunehmen geneigt war, sondern daß sie sich an verschiedenen Punkten des Wesens konzentriert, je nach der Beschäftigung, der man gerade folgt, und daß sie sich tatsächlich hinter jedem einzelnen Bewußtseinszentrum findet: hinter den mentalen Zentren beim Denken, Wollen oder Ausdrücken; hinter den vitalen Zentren beim Fühlen, Erleiden oder Begehren; und desgleichen bei den anderen Zentren weiter abwärts und aufwärts. Und es ist präzise diese Kraft, die der Dinge gewahr wird – alle Zentren, das Mental eingeschlossen, sind lediglich ihre Kanäle, die sich verschiedenen Etagen universeller Wirklichkeit eröffnen, sind ihre Übertragungs- und Ausdrucksinstrumente. Wenn Sri Aurobindo poetisch vom *Weltenwanderer*[7] spricht, so handelt es sich um eben diese Kraft, sie ist der Erforscher der Bewußtseinsebenen; sie ist es, welche die verschiedenen Seinsarten verbindet, vom Wachzustand über den Zustand des Schlafes oder des Todes, wenn die dünne äußere Schicht des Mentals nicht mehr präsent ist, uns zu informieren oder zu dirigieren; sie ist es, welche sich durch die gesamte Palette des universellen Daseins auf und ab bewegt und sich überallhin mitteilt. Mit anderen Worten, wir haben *das Bewußtsein* entdeckt. Wir haben das frei gesetzt, was im normalen Menschen zerstreut wird und verwirrt im Treibsand von tausendundeiner Aktivität des Denkens oder der Sinne versinkt. Anstelle unserer gewohnten Fixierung irgendwo zwischen Stirn und Unterleib eröffnet sich jetzt die Möglichkeit, sich in tiefere gleichwie höhere Bereiche zu begeben, eben jene, die dem Mental oder den Sinnen nicht zugänglich sind. Denn Bewußtsein ist keine Art des Denkens oder des Empfindens (jedenfalls nicht ausschließlich das), sondern die Macht, mit Myriaden von Graden der Existenz, ob sichtbar oder unsichtbar, in Beziehung zu treten. Je stärker sich unser Bewußtsein entwickelt, desto größer sind sein Aktionsradius und die Anzahl der Grade, die ihm zugänglich sind. Es stellt sich weiter heraus, daß dieses Bewußtsein vom Denken unabhängig ist, desgleichen von Gefühlen und den Wünschen unserer begrenzten Ober-

---

* Wir kommen auf dieses Zentrum, das Sri Aurobindo *das psychische Zentrum* oder *das psychische Wesen* nennt, noch zurück. Andere nennen es die Seele.

flächen-Person; es ist unabhängig vom Mental, unabhängig vom Vital und selbst unabhängig vom Körper – unter besonderen Umständen, auf die wir zu sprechen kommen werden, kann es den Körper ganz verlassen, sich seiner entäußern, um bestimmte Erfahrungen zu machen. Unser Körper, unser Denken und unsere Triebkräfte sind nur ein hauchdünner Film der Totalität unserer Existenz.

Bewußtseins-Kraft, Bewußtseins-Freude

Mit der Entdeckung des Bewußtseins stellen wir fest, daß Bewußtsein eine Kraft ist. Bemerkenswert dabei ist, daß wir einen Strom oder eine innere Kraft spüren, noch bevor uns klar wird, daß es sich hierbei um Bewußtsein handelt. Bewußtsein ist Kraft, *consciousness-force* oder Bewußtseins-Kraft, wie Sri Aurobindo sagt, denn in Wahrheit sind diese beiden Begriffe untrennbar und gegenseitig austauschbar. Die Weisheit Indiens war sich dieser Tatsache wohl bewußt, und sie sprach niemals allein von Bewußtsein, *Chit*, ohne den Begriff *Agni*, Wärme, Flamme, Energie hinzuzusetzen, *Chit-Agni* (gelegentlich bedient sie sich auch des Begriffes *Tapas*, welcher mit *Agni* synonym ist: *Chit-Tapas*). Das Sanskrit-Wort, welches für die verschiedenen spirituellen und yogischen Bemühungen und Disziplinen verwendet wird, heißt in konsequenter Ableitung: *tapasya*, oder mit anderen Worten, dasjenige, welches Wärme oder Energie hervorbringt, oder genauer gesagt, Bewußtseins-Wärme oder Bewußtseins-Energie. Und dieses *Agni* oder *Chit-Agni* ist überall dasselbe. Wir sprechen von der herabkommenden Kraft, der aufsteigenden Kraft, der inneren Kraft, wir reden von der mentalen Kraft, der vitalen oder der materiellen Kraft, doch es gibt keine zig verschiedenen Kräfte – es gibt allein eine Kraft auf der Welt, einen einzigen Strom, der uns und alle Dinge durchdringt und der sich, gemäß dem Niveau, auf dem er wirkt, der einen oder anderen Substanz als Hülle bedient. Unser elektrischer Strom mag ein Tabernakel erhellen oder eine Spelunke, einen Hörsaal oder eine Cafeteria, er hört, auch wenn er verschiedene Gegenstände beleuchtet, nicht im geringsten auf, derselbe Strom zu sein. Desgleichen hört diese Kraft oder diese Wärme, *Agni*, nicht auf, dieselbe zu sein, wenn sie unsere inneren Zufluchtsstätten erleuchtet oder aufklärt, seien es unsere Gedankenfabrik, unser vitales Theater oder unsere materiellen Kavernen. Je nach dem betreffenden Niveau bedient sie sich eines mehr oder weniger intensiven Lichtes mit mehr oder weniger schweren Schwingungen – überbewußt, mental, vital oder physisch –, sie verbindet und belebt alles; sie ist der Grundstoff, die fundamentale Substanz des Universums: *Bewußtseins-Kraft, Chit-Agni.*

Wenn und weil Bewußtsein eine Kraft ist, gilt das Umgekehrte ebenso: Kraft ist Bewußtsein, und *alle Kräfte sind bewußt*[8]. Die universelle Kraft ist universelles Bewußtsein. Das jedenfalls entdeckt der Suchende. Nimmt er mit dem Strom von Bewußtseins-Kraft in sich Kontakt auf, kann er sich auf jede Ebene der universellen Realität einstellen, auf gleich welchen Ort, und das dortige Bewußtsein aufnehmen und selbst darauf einwirken, denn es handelt sich überall um denselben Bewußtseins-Strom in verschiedenen Schwingungsmodalitäten, gleichermaßen in der Pflanze oder in den Gedanken des menschlichen Mentals, im erleuchteten Überbewußtsein ebenso wie im Instinkt des Tiers, im Metall gleichwie in unseren tiefsten Kontemplationen. Wäre ein Stück Holz völlig ohne Bewußtsein, so könnte kein Yogin es durch seine Konzentration bewegen, denn zwischen beiden bestände keine Kontaktmöglichkeit. Wäre allein ein winziger Punkt im Universum gänzlich unbewußt, das gesamte All wäre damit gänzlich unbewußt, denn es gibt keine *zwei* Welten, keine *zwei* Dinge. Einstein hat uns beigebracht, und das ist eine große Entdeckung, daß Materie und Energie konvertierbare Größen sind: $E=mc^2$, Materie ist verdichtete Energie. Uns steht die praktische Entdeckung aus, daß diese Energie, diese Kraft Bewußtsein ist und daß Materie auch eine Form von Bewußtsein ist, gleichwie das Mental eine Form von Bewußtsein ist und das Vital oder das Überbewußte andere Formen von Bewußtsein sind. Haben wir dieses Geheimnis einmal enthüllt, das Bewußtsein in der Kraft, so haben wir damit die wahre Beherrschung über die Energien der Materie, ihre unmittelbare Beherrschung erlangt. Damit leisten wir aber nichts weiter, als vorzeitliche, vorgeschichtliche Wahrheiten wiederzuentdecken. Vor vier Jahrtausenden bereits war den Upanischaden bekannt, daß es sich bei Materie um verdichtete Energie handelt oder genauer um verdichtete Bewußtseins-Energie: „Durch die Energie des Bewußtseins [*Tapas*] wird Brahman konzentriert, daraus wird Materie geboren, und aus der Materie entstehen das Leben, das Denken und die Welten" (Mundaka Upanishad I.1.8).

Alles hier ist Bewußtsein, denn alles hier ist Sein oder Geist. Alles ist *Chit*, denn alles ist *Sat* – *Sat-Chit* – auf jeder Ebene Seiner Manifestation. Die Geschichte unserer irdischen Evolution ist nichts anderes als eine allmähliche Umwandlung von Kraft in Bewußtsein, oder genauer gesagt, ein allmähliches Wiedergewahrwerden seiner selbst des Bewußtseins, begraben in seiner eigenen Kraft. In den Anfangsstadien der Evolution ist das Bewußtsein des Atoms absorbiert in seinen Wirbeln; so wie das Bewußtsein des Töpfers zum Beispiel absorbiert ist in der Konzentration auf die Keramik, die er gerade herstellt, blind gegen seine Umgebung; wie die Pflanze, die in ihre Photosynthese absorbiert ist; wie unser eigenes Bewußtsein, das von einem Buch oder einer Begierde so absorbiert sein kann, daß es gegen alle anderen Ebenen seiner eigenen Realität blind wird. Aller evolutionäre Fortschritt bemißt sich letztlich an der Fähigkeit, das Element des Bewußtseins vom Element der Kraft loszulösen oder freizusetzen. Diesen Prozeß bezeichnet man allgemein als die Individualisierung des Bewußtseins. Im spirituellen oder yogischen Stadium der Evolution ist das Bewußtsein vollkommen losgelöst und unabhängig vom mentalen, vitalen und physischen Tumult und damit in Beherrschung seiner selbst, fähig, den gesamten Bereich der Schwingungen des Bewußtseins, vom Atom bis zum Geist, zu durchlaufen; die Kraft ist vollkommen Bewußtsein geworden, sie hat sich vollkommen ihrer selbst wiedererinnert. Und diese Wiedererinnerung ihrer selbst ist die Wiedererinnerung von Allem, denn der Geist in uns erinnert sich des Geistes überall.

Indem die Kraft ihr Bewußtsein wiedererlangt, gewinnt sie zugleich die Beherrschung über ihre Kraft und über alle Kräfte wieder; denn bewußt zu sein, bedeutet Macht. Weder das wirbelnde Atom noch der Mensch, der sich in seinem biologischen Trott abplagt, beherrschen ihre mentale, vitale oder atomare Kraft; sie drehen sich lediglich wieder und wieder im Kreis. In dem bewußten Stadium dagegen sind wir frei und Herr unserer Handlungen; damit bestätigen wir greifbar, daß Bewußtsein eine Kraft ist, eine *Substanz,* die man ebenso handhaben kann wie Sauerstoff oder elektrische Felder: *Wird man des inneren Bewußtseins gewahr,* schrieb Sri Aurobindo, *kann man alle nur möglichen Dinge damit tun, man kann es wie einen Kraftstrom aussenden, einen Kreis oder eine Mauer von Bewußtsein um sich errichten, einen Gedanken so ausrichten, daß er in den Kopf von jemand in Amerika eintritt, etc. etc.*[9] Er erklärt weiter: *Die unsichtbare Kraft, die innen und außen greifbare Ergebnisse schafft, ist der ganze Sinn des yogischen Bewußtseins... Hätten wir nicht Tausende von Erfahrungen, die erweisen, daß die innere Kraft das Mental verändern kann, seine Kräfte entwickelt und neue hinzufügt, neue Bereiche* von Erkenntnis erschließt, die vitalen Regungen meistert, den Charakter verändert, Menschen und Dinge beeinflußt, die Zustände und Funktionsweisen des Körpers steuert, als konkrete, dynamische Kraft an anderen Kräften arbeitet, Geschehnisse modifiziert... so würden wir von ihr nicht in dieser Weise sprechen. Darüberhinaus ist die Kraft nicht nur in ihren Ergebnissen greifbar und konkret, sondern auch in ihren Bewegungen. Wenn ich davon spreche, eine Kraft oder Macht zu fühlen, so meine ich damit nicht, lediglich ein vages Gespür davon zu haben, sondern sie konkret zu fühlen und damit konsequenterweise in der Lage zu sein, sie zu dirigieren, zu manipulieren, ihre Bewegungen zu beobachten, mir ihrer Masse und Intensität bewußt zu sein, und das in der gleichen Weise wie mit gegnerischen Kräften.[10] In einem späteren Stadium werden wir sehen, daß Bewußtsein auf Materie einwirken und sie transformieren kann. Diese äußerste Umwandlung von Materie in Bewußtsein – und vielleicht sogar eines Tages von Bewußtsein in Materie – ist Zweck und Ziel des *supramentalen Yogas*, auf den wir später eingehen werden. Doch es gibt zahlreiche Entwicklungsgrade von Bewußtseins-Kraft, angefangen von dem Suchenden oder Strebenden, dem sich dieser Impuls gerade erschließt, bis zum Yogin; und selbst unter letzteren gibt es zahlreiche unterschiedliche Grade – an diesem Punkt beginnt die eigentliche Hierarchie.

Es bleibt noch eine letzte Gleichwertigkeit. Bewußtsein ist nicht allein Kraft, Bewußtsein ist nicht allein Sein, Bewußtsein ist auch Freude, *Ananda* – Bewußtseins-Freude, *Chit-Ananda*. Bewußt zu sein, bedeutet Freude. Wenn das Bewußtsein befreit wird von den Tausenden und Abertausenden von mentalen, vitalen und physischen Schwingungen, in denen es begraben war, entdecken wir Freude. Das ganze Wesen wird erfaßt von einer vibrierenden Kraft („gleich einer wohlgeformten Säule," heißt es im Rig-Veda, V.45), kristallin, unbewegt und gegenstandslos – reines Bewußtsein, reine Kraft und reine Freude, denn sie sind ein und dasselbe – eine solide Freude, eine weite und friedfertige Substanz von Freude, die weder Anfang noch Ende noch Ursache zu haben scheint und doch überall ist, in Dingen sowie Wesen, ihr heimlicher Grund und ihre heimliche Sehnsucht zu wachsen; niemand möchte das Leben aufgeben, weil sie überall ist. Ihr ermangelt es an nichts, um zu sein, sie *ist*, unwiderlegbar, gleich einem Fels durch alle Zeiten und alle Räume, gleich einem allgegenwärtigen Lächeln im Hintergrund. Dort liegt das ganze Rätsel des Universums. Es gibt kein anderes. Ein unmerkliches

Lächeln, ein Nichts, das Alles ist. Und alles ist Freude, denn alles ist Geist, welcher Freude ist, *Sat-Chit-Ananda*, Sein-Bewußtsein-Freude, die ewige Triade, die das Universum ausmacht und die auch wir sind; das Geheimnis, das wir durch unsere lange evolutionäre Reise hindurch entdecken und leben müssen: „Aus der Freude sind alle Wesen geboren, durch Freude bestehen und wachsen sie, zur Freude kehren sie zurück" (Taittiriya Upanishad III.6).

6. Kapitel

Die Beruhigung des Vitals

Grenzen der Moral

Es gibt einen Bereich unseres Wesens, der sowohl eine große Schwierigkeit darstellt als auch eine große Kraft. Quelle der Schwierigkeiten ist er insofern, als er alle Vermittlung von außen oder oben verwirrt, indem er sich frenetisch all unseren Bemühungen mentalen Schweigens widersetzt. Er reduziert das Bewußtsein auf die Ebene seiner kleinlichen Besitzansprüche und fixen Ideen und verhindert damit den ungehinderten Aufbruch in andere Regionen. Quelle der Kraft ist er andererseits, weil in ihm die große Kraft des Lebens zutage tritt. Dieser Bereich liegt zwischen dem Herzen und dem Geschlechtszentrum, Sri Aurobindo nennt ihn das *Vital*.

Das Vital ist Schauplatz jedes nur vorstellbaren Durcheinanders; das Genießen ist unentwirrbar verstrickt mit Leiden, der Schmerz mit Freude, das Übelste mit dem Besten und die Prätension mit der Wahrheit. Den verschiedenen spirituellen Schulen der Welt erschien dieser Bereich so mühsam und ärgerlich, daß sie es allesamt vorzogen, diese Gefahrenzone mit dem Keuschheitsgürtel des Tabus zu belegen und nichts anderes zuzulassen als die sogenannten höheren oder religiösen Gefühle, und sie hießen den Neuling, sich dem gesamten Rest zu verweigern. In diesem Punkt bestand seltene Einmütigkeit: Die menschliche Natur ist unverbesserlich. Aber diese *moralische Chirurgie*[1], wie es Sri Aurobindo nennt, hat einen zweifachen Nachteil. Zum einen bringt sie keine wirkliche Klärung, denn die höheren Gefühle, wie hochedel und verfeinert sie auch immer sein mögen, sind so durcheinander wie die weniger hohen, da sie im wesentlichen sentimental und damit einseitig sind; zum anderen weist man damit in Wahrheit nichts zurück, sondern man verdrängt. Das Vital ist eine Kraft an sich und damit vollkommen unabhängig von Moral oder Räsonnement. Möchte man es mit radikaler Askese oder Disziplin tyrannisieren oder brutalisieren, handelt man sich durch die leiseste Unregelmäßigkeit und das geringste Nachlassen die schönste Rebellion ein – und es versteht wohl, mit Zins und Zinseszins Rache zu üben. Oder gesetzt, wir verfügen über ausreichende Willenskraft, dem Vital unsere mentalen oder moralischen Regeln zu oktroyieren, selbst wenn wir damit Erfolg haben sollten, legen wir dabei unsere gesamten Lebenskräfte trocken, denn das seines gewohnten Aktionsradius beraubte Vital begibt sich in den Streik, und wir verbleiben nicht nur von allem Übel geläutert, sondern gehen gleichzeitig aller Lebensquelle verlustig. Farblos und antiseptisch geworden, haben wir das Kind mit dem Bade ausgeschüttet. Überdies reicht die Beherrschung nicht über die Grenzen mentaler Vorgänge hinaus, überbewußte oder unterbewußte Bereiche bleiben ihr ebenso verschlossen wie Tod oder Schlaf (welcher immerhin einen von drei Tagen unseres Daseins in Anspruch nimmt, so daß wir bei einer Lebensdauer von sechzig Jahren vierzig Jahre eines geordneten, moralischen Lebens in Anspruch nehmen können, dem zwanzig weniger geordnete, unmoralische Jahre gegenüberstehen – eine reichlich merkwürdige Rechnung). Anders gesagt, reicht die Moral nicht über die winzige Oberflächen-Person hinaus. Es kommt also nicht auf eine radikale moralische Disziplin an, sondern auf eine integrale spirituelle Disziplin, die alle Teile unserer Natur anerkennt, sie aber von der ihnen eigenen Mischung befreit, denn in Wahrheit gibt es Übel nie und nirgendwo als absolute Größe, es gibt nur verschiedene Formen der Mischung.

Schließlich denkt der Suchende nicht mehr in Begriffen wie Gut und Böse (vorausgesetzt, daß er in diesem Stadium noch „denkt"), sondern in Begriffen der Exaktheit oder Inexaktheit. Ein Seemann, der seine Position bestimmen möchte, verwendet dazu nicht seine Liebe zur See, sondern einen Sextanten und vergewissert sich dabei, daß der Spiegel sauber ist. Ist unser Spiegel getrübt, werden wir nichts von der wahren Realität der Dinge oder Menschen erkennen, denn wir finden dann überall nur die Rückwirkungen unserer eigenen Begierden und Ängste, das Echo unseres eigenen Lärms, und zwar nicht allein in dieser Welt, sondern auch in allen anderen Welten, sei es im Wachzustand, schlafend oder im Tod. Um zu *sehen,* ist natürlich die erste Voraussetzung, daß wir uns selbst aus dem Zentrum der Bildfläche entfernen. Somit wird der Suchende beginnen, zwischen den Dingen zu unterscheiden, die seine Sicht beeinträchtigen, und jenen, die sie klären; und so würde seine „Moral" dann im wesentlichen aussehen.

Die Reaktion aus Gewohnheit

Das erste, worauf der Suchende bei der Erforschung des Vitals trifft, ist ein Teil des Mentals, dessen einzige Aufgabe es zu sein scheint, Form und Rechtfertigung für unsere Triebkräfte, Gefühle und Begierden zu liefern; diesen Teil nennt Sri Aurobindo das *vitale Mental*. Wir haben bereits die Notwendigkeit des mentalen Schweigens kennengelernt und erweitern jetzt unsere Disziplin auf diese tiefere mentale Schicht. Ist das einmal geleistet, erscheinen die Dinge gleich in einem viel helleren Licht. Die verschiedenen Schwingungen unseres Wesens treten ohne das mentale Dekor so hervor, wie sie sind, in ihrem wirklichen Licht und auf ihrem wahren Niveau. Und vor allem sehen wir sie kommen. Innerhalb dieser Sphäre des Schweigens, die wir nun darstellen, wirken die kleinsten Substanzverlagerungen (seien sie mentaler, vitaler oder anderer Natur) wie Signale auf uns. Wir sind uns augenblicklich bewußt, wenn etwas mit unserer Atmosphäre in Berührung tritt. Auf diese Weise erhalten wir spontan Kenntnis von einer Vielzahl von Schwingungen, welche die Menschen ständig ausstrahlen, ohne sich dessen bewußt zu sein. Wir sehen plötzlich klar, um wen oder was es sich handelt (der äußere Glanz hat meistens nichts mit der kleinen realen Schwingung zu tun). Unsere Beziehungen zur Außenwelt werden klar; uns geht auf, warum wir jemandem „instinktiv" zu- oder abgeneigt sind, warum wir Angst haben oder uns unwohl fühlen. Wir sind in der Lage, die Dinge klarzustellen, unsere Reaktionen zu korrigieren, hilfreiche Schwingungen anzunehmen, obskure hingegen abzuwenden und schädliche unschädlich zu machen. So entdecken wir ein faszinierendes Phänomen: Unser inneres Schweigen hat Macht. Verbleiben wir in vollkommener innerer Unbewegtheit, anstatt wie gewohnt auf eine ankommende Schwingung zu reagieren, so sehen wir, wie diese Unbewegtheit die eindringende Schwingung *auflöst*. Es bildet sich eine Art Schneefeld um uns, das jeden Stoß von außen aufnimmt und auflöst. Das einfache Beispiel Zorn angenommen: anstatt uns innerlich in eine übereinstimmende Schwingung mit dem Gegenüber zu versetzen, sehen wir, falls es uns gelingt, in innerer Unbewegtheit zu verharren, wie der Zorn des anderen sich langsam aber sicher in Schall und Rauch auflöst. Die Mutter bemerkte, daß diese innere Stille oder diese Kraft, nicht zu reagieren, sogar die Hand eines Attentäters oder den Angriff einer Schlange aufhalten kann. Eine Maske des Unbeteiligtseins aufzusetzen, während wir in Wirklichkeit innerlich auf hundertachtzig stehen, nützt hier selbstverständlich nichts – Schwingungen lassen sich nicht betrügen (Tiere nehmen diesen Unterschied sehr gut wahr). Es geht hier nicht um sogenannte „Selbstbeherrschung", die lediglich Beherrschung äußerer Erscheinungen ist, sondern um wahre, innere Meisterschaft. Das innere Schweigen kann jede beliebige Schwingung auflösen, und zwar aus dem einfachen Grunde, daß alle Schwingungen, wie auch immer sie geartet sein mögen, *ansteckend* sind (die höchsten dabei so sehr wie die niedrigsten, deshalb ist ein Meister auch in der Lage, seine spirituelle Erfahrung oder eine bestimmte Kraft auf den Schüler zu übertragen), und es hängt von uns ab, diese Ansteckung anzunehmen oder abzulehnen. Befinden wir uns in einem Zustand der Angst, so haben wir uns bereits angesteckt und damit den Angriff des zornigen Menschen oder der Schlange innerlich akzeptiert. (Man kann den Schlag auch aus Liebe aufnehmen, wie die Geschichte von Sri Ramakrishna zeigt, der angesichts eines Fuhrmanns, der seinen Ochsen zu Schanden schlug, plötzlich selbst vor Schmerzen laut aufschrie und dessen Rücken wie von Peitschenhieben zerfleischt blutete.) Das gleiche gilt für physischen Schmerz. Wir können es zulassen, daß eine schmerzvolle Schwingung uns ansteckt und überwältigt, oder wir können stattdessen den betreffenden Bereich einschränken und je nach dem Grad der inneren Meisterschaft den Schmerz vielleicht ganz auflösen, indem wir das Bewußtsein von der kranken Körperstelle trennen. Den Schlüssel zu einer solchen Meisterschaft liefert in jedem Falle und auf allen Ebenen das Schweigen, da sich im Schweigen die Schwingungen auseinanderhalten lassen, und sie unterscheiden zu können, bedeutet hier, sie beeinflussen zu können. Es gibt zahllose Möglichkeiten der praktischen Anwendung und somit zahllose Gelegenheiten, Fortschritte zu machen. Das gewöhnliche Alltagsleben (das in Wahrheit nur für jene gewöhnlich ist, die es leben wie gewohnt) wird zu einem weiten Erfahrungsfeld im Umgang mit Schwingungen. Aus diesem Grunde legte Sri Aurobindo großen Wert darauf, seinen Yoga auf das Leben auszudehnen. In der Zurückgezogenheit ist es sehr einfach, in der vollkommenen Illusion zu leben, Herr seiner selbst zu sein.

    Und doch gibt es für diese Kraft des Schweigens und der inneren Unbewegtheit weitaus wichtigere Anwendungsbereiche, zum Beispiel unser eigenes Innenleben. Wir wissen, daß das Vital Ort einigen Elendes und einiger Störungen ist. Desgleichen aber ist es Quell großer Kraft; es handelt sich – ein bißchen wie in der indischen Fabel von dem Schwan, der Milch von Wasser zu scheiden hatte – darum, die Lebenskraft von ihren Komplikationen zu trennen, ohne uns selbst den Zugang zu den Wassern des Lebens abzugraben. Ist es notwendig zu betonen, daß die eigentlichen Komplikationen nicht im Bereich des Lebens liegen, sondern in uns selbst, und daß alle äußeren Umstände nichts anderes abgeben als ein exaktes Abbild von dem, was wir selbst sind! Nun liegt die Hauptschwierigkeit des Vitals darin, sich fälschlich mit allem zu identifizieren, was von ihm herzukommen scheint. Es spricht von „meinem" Schmerz, „meiner" Depression oder Schwermut, „meiner" Veranlagung, „meinen" Begierden und hält sich für alle nur möglichen kleinen Ichs, die es durchaus nicht ist. Sind wir nun davon überzeugt, daß all diese Dinge unser sind, dann ist wirklich nichts zu machen, außer eben diese nette kleine Familie über sich ergehen zu lassen, bis sie sich ausgetobt hat. Ist man aber zum inneren Schweigen fähig, so stellt man fest, daß nichts von alledem wirklich uns angehört, sondern, wie wir schon sagten, von außen an uns heran- und in uns eintritt. Wir fangen immer die gleiche Wellenlänge auf und lassen uns von allen Ansteckungen befallen. Man befindet sich zum Beispiel in Gegenwart einer bestimmten Person, innerlich unbewegt und schweigend (was einen nicht im mindesten davon abzuhalten braucht, wie gewohnt zu sprechen und zu agieren), plötzlich bemerkt man in diesem Zustand von Transparenz etwas, das die Aufmerksamkeit auf sich zieht und in die eigene Atmosphäre einzutreten versucht, eine Art Druck oder Schwingung (die ein unbestimmtes Unbehagen auslösen kann). Nimmt man diese Schwingung auf, so findet man sich fünf Minuten später im Clinch mit einer Depression, einem Gefühl oder einer bestimmten Begierde oder Rastlosigkeit – man hat sich angesteckt. Manchmal handelt es sich nicht nur um eine einzelne Schwingung, sondern um ganze Flutwellen, die einen regelrecht überspülen. Auch ist die Gegenwart anderer Personen nicht erforderlich, in einer Einsiedelei im Himalaya lassen sich die Schwingungen der Welt nicht minder empfangen. Wo bleibt also „meine" Rastlosigkeit, wo bleiben „meine" Begierden, außer in der Gewohnheit, immer wieder die gleichen Schwingungen aufzufangen? Der Suchende, welcher in sich das Schweigen kultiviert, ist durch diese *falsche Identifikation*[2] nicht mehr aufs Glatteis zu führen. Er hat das entdeckt, was Sri Aurobindo als *circumconscient*[3] oder *das periphere Bewußtsein* bezeichnet, eben jenes ihn umgebende Schneefeld, das entweder leuchtend, fest und stark sein kann oder aber obskur, kontaminiert und sogar völlig in Auflösung begriffen, entsprechend unserem inneren Zustand. Es ist eine Art individuelle Atmosphäre oder *schützende Hülle* (von hinlänglicher Rezeptivität, um zum Beispiel zu spüren, wenn sich jemand nähert, oder um einen drohenden Unfall vermeiden zu können), die es ermöglicht, die psychologischen Schwingungen aufzuhalten, *bevor* sie uns erreichen. Im allgemeinen haben sie es sich in ihrer Familiarität so sehr angewöhnt, wie im eigenen Hause bei uns ein- und auszukehren, daß wir sie nicht einmal kommen spüren. Der Vorgang der Assimilation und Identifikation vollzieht sich in Sekundenbruchteilen. Doch unsere Kultivierung des Schweigens hat eine hinlängliche Transparenz geschaffen, die es uns gestattet, sie kommen zu sehen und sie beim Eindringen zu arretieren und zurückzuweisen. Sind sie einmal abgewiesen, kann es geschehen, daß sie im peripheren Bewußtsein ausharren*, dort herumschleichen und auf die leiseste Gelegenheit lauernd zurückzukehren. Man kann deutlich spüren, wie Aggressivität, Begierde und Depressionen um uns *herumstreifen*. Aber dank unserer Nicht-Intervention verlieren diese Schwingungen mit der Zeit ihre Angriffsfläche und ihre Stärke und lassen uns schließlich in Ruhe. Wir haben die Verbindung zwischen ihnen und uns ganz gekappt. Und eines Tages stellen wir mit Freuden fest, daß bestimmte Schwingungen, die eine Zeitlang unüberwindlich schienen, uns nicht mehr berühren. Sie sind ihrer Kraft beraubt und huschen nur noch wie auf einer Kinoleinwand vorbei. Wir werden nun schon im voraus mit innerlich unbeteiligtem Interesse Zeugen ihrer kleinen Possenstreiche. Auch können wir feststellen, daß bestimmte psychologische Zustände sich zu festen Zeiten einstellen oder sich in bestimmten Zyklen wiederholen (Sri Aurobindo und die Mutter nannten dieses Phänomen eine *Formation*, das heißt, eine Verbindung von Schwingungen, die schließlich kraft reiner Wiederholung eine Art Eigendynamik und Eigenpersönlichkeit annehmen), und haben wir sie einmal aufgenommen, stellen wir fest, daß diese Formationen nicht aufhören, bis sie sich *gleich einer Schallplatte*[4] ganz abgespielt und damit erschöpft haben. Uns bleibt es zu entscheiden, ob wir gewillt sind, in der Sache „mitzumachen" oder nicht. Tausende von Erfahrungen stehen uns offen und eine ganze Welt von Beobachtungsmöglichkeiten. Doch unsere entscheidende Entdeckung besteht darin, daß in der ganzen Angelegenheit erstaunlich wenig

---

* Es sei denn, sie sinken ins Unterbewußtsein ab. Wir kommen auf diese Möglichkeit später zu sprechen, wenn wir uns diesem Bereich zuwenden.

von „uns" steckt, außer in einer *Gewohnheit zu reagieren*[5]. Solange wir uns fälschlich und unwissend mit diesen vitalen Schwingungen identifizieren, können wir schwerlich erwarten, daß sich in unserer Natur etwas ändert, es sei denn durch einen Akt der Amputation. In dem Augenblick jedoch, in dem wir ein wirkliches Verständnis der Zusammenhänge entwickeln, läßt sich alles ändern, wir haben die Wahl, nicht zu reagieren, wir können das Schweigen darauf verwenden, die lästigen Schwingungen aufzulösen, und uns nach eigenem Gefallen auf andere Ebenen einstellen. Damit läßt sich die menschliche Natur, in Widerlegung aller herkömmlichen Spruchweisheit, sehr wohl ändern. Nichts, kein Stück in unserem Bewußtsein oder in unserer Natur ist ein für allemal festgelegt. Alles ist ein Spiel der Kräfte oder Schwingungen, die aufgrund ihrer regelmäßigen Wiederkehr ein Trugbild „natürlicher" Notwendigkeit vortäuschen. Deshalb kann Sri Aurobindos Yoga *die Möglichkeit einer vollkommenen Umkehrung der gewohnten Regeln des reagierenden Bewußtseins*[6] ins Auge fassen.

Nachdem wir diesen Mechanismus entdeckt haben, erhalten wir damit die wahre Methode der Meisterung des Vitals, eine Methode, die nicht chirurgisch arbeitet sondern besänftigend. Die Schwierigkeiten des Vitals werden nicht durch einen vitalen Kampf überwunden, der doch nur unsere Energien erschöpft, ohne ihre universelle Existenz zu erschöpfen, sondern indem wir eine andere Position dazu einnehmen, indem wir sie durch schweigenden Frieden unwirksam machen: *Erlangt ihr den Frieden*, schrieb Sri Aurobindo einem Schüler, *so wird die Klärung des Vitals einfach. Versucht ihr aber nur zu klären und nochmals zu klären und tut nichts anderes, werdet ihr nur sehr langsam vorankommen, denn das Vital trübt sich wieder und muß Hunderte von Malen wieder geklärt werden. Der Friede ist etwas, das an sich klar ist; wenn man ihn also erlangt, ist das die positive Methode, euer Ziel zu erreichen. Nur den Morast zu suchen und diesen zu entfernen, ist hingegen die negative Methode.*[7]

Feindliche Kräfte

Es besteht eine weitere Schwierigkeit. Die Schwingungen der anderen Menschen oder des universellen Vitals sind nicht die einzigen, welche den Suchenden stören (tatsächlich ist es praktisch unmöglich, zwischen beiden Arten zu unterscheiden, da die Individuen lediglich *Relaisstatio-*

nen [8] des universellen Vitals oder des universellen Mentals sind und die Schwingungen in einem geschlossenen Kreislauf endlos von einem zum anderen fließen). Es gibt einen Schwingungstypus besonderer Art, der sich durch seine Plötzlichkeit und Gewalt auszeichnet. Der Suchende spürt sie buchstäblich massiv über sich hereinbrechen; innerhalb weniger Augenblicke gerät er „außer sich", wird vollkommen blind gegen das, was seinen eigentlichen Daseinsgrund, sein Streben, seinen Zweck ausmacht, als sei alles hinweggefegt, vergessen, desintegriert und allen Sinnes bar. Hier handelt es sich um das, was Sri Aurobindo und die Mutter als *feindliche Kräfte* bezeichnen. Diese äußerst bewußten Kräfte scheinen als einziges Ziel zu haben, den Suchenden zu entmutigen oder ihn von dem gewählten Ziel abzubringen. Und die ersten Vorboten ihrer Gegenwart sind unübersehbar: Die Freude verdüstert sich, das Bewußtsein verdüstert sich, und alles scheint von einer Atmosphäre großer Tragik umwölbt. Dort, wo Leiden gegenwärtig ist, kann man der Präsenz des Widersachers sicher sein. Tragödien sind ihr bevorzugtes Aktionsfeld, dort können sie ein Maximum an Schaden anrichten, denn sie spielen einem sehr alten Gegenüber in uns zu, einem der auch dann noch nicht von seinem Hang zum Tragischen ablassen kann, wenn er längst nach Entlastung schreit. Ihre vordringlichste Sorge ist es im allgemeinen, uns plötzlich extreme, unüberlegte und vor allem unwiderrufliche Entscheidungen aufzunötigen, welche den größtmöglichen Abstand zwischen uns und den gewählten Weg bringen – die Schwingung wird klemmig und immer beklommener, schrill und fordert *augenblickliche* Ausführung. Oder sie demontieren mit bemerkenswerter Fertigkeit das systematische Vorgehen unserer Suche, um uns zu demonstrieren, daß wir Trugbildern aufsitzen, uns illusionäre Vorstellungen machen und daß bei unseren Bestrebungen gar nichts herauskommen könne. Oder andernfalls schaffen sie häufig einen depressiven Zustand und zielen dabei immer auf ein anderes wohlbekanntes Gegenüber, welches Sri Aurobindo *the man of sorrows*, den Schmerzensmann nennt: *ein Geselle... der sich mit einem siebenfältigen Umhang der Tragödie und des Schwermuts bedeckt und der sein Dasein nie als gerechtfertigt ansehen kann, solange es nicht ungeheuer jammervoll gerät* [9]. All diese Schwingungen der Verwirrung, welche wir „unsere" Schmerzen, „unsere" Probleme nennen, ziehen als unmittelbares Resultat die Schwächung oder Auflösung unseres schützenden „Schneefeldes" nach sich: womit Tür und Tor sperrangelweit offen wären für die feindlichen Kräfte. Sie haben tausend und

Die Beruhigung des Vitals 79

eine Art, uns anzugreifen, denn es handelt sich sehr wohl um einen *Angriff,* und je entschiedener wir auftreten, desto erbitterter werden sie. Man mag hier der Meinung sein, daß wir übertreiben, aber nur wer noch niemals versucht hat, Fortschritte zu machen, könnte dies ernsthaft bezweifeln. Zieht man mit der Herde, verläuft das Leben mit guten und weniger guten Passagen verhältnismäßig ohne Widerstände, man erfährt nicht zuviele Tiefs, hat aber auch keine bemerkenswerten Höhepunkte. Fängt man allerdings an, einen Ausweg zu suchen, widersetzen sich einem plötzlich tausend Kräfte mit dem immensen Interesse, daß wir brav „wie alle Welt" in unserer Spur bleiben. Man versteht jetzt, in welchem Ausmaß die Gefangenschaft und der vorher unmerkliche Kerker hervorragend organisiert sind. Wir entdecken darüber hinaus, daß die Tiefe des Abstiegs, zu dem wir fähig sind, genau der Höhe unseres möglichen Aufstiegs entspricht und daß in Wahrheit unsere Tiefs direkt proportional zu unserer Fähigkeit der Höhe sind – die Schuppen fallen uns fuderweise von den Augen. Mit ein wenig Aufrichtigkeit sehen wir deutlich, daß wir zu allem fähig sind und daß eigentlich, mit den Worten von Sri Aurobindo, *unsere Tugend eine anmaßende Unlauterkeit ist* [10]. Nur wenn man noch nie versucht hat, sich von seinem äußeren Wesen abzuwenden, kann man sich bezüglich dieses Themas noch Illusionen hingeben. Diese feindlichen Kräfte wurden im Laufe der spirituellen Geschichte mit allen möglichen dämonischen und „schwarzen" Namen belegt, als existierten sie allein, um den Suchenden in Verdammnis zu stürzen oder dem braven Mann Scherereien zu verursachen und ihm das Leben schwer zu machen. Die Wirklichkeit sieht allerdings ein wenig anders aus, denn wo um alles in der Welt steckt der Teufel, wenn nicht in Gott? Und wenn er nicht in Gott steckt, dann bleibt nicht viel übrig von Gott, was der Rede wert wäre, denn nüchtern und bei Licht betrachtet, ist die Welt doch hinlänglich gemein und nicht wenige andere Welten desgleichen, und es bleibt dann wirklich nichts weiter übrig, das wahr ist, als vielleicht ein raumloser, mathematischer Punkt, der nicht einmal mehr einen Fleck macht. Doch die Erfahrung zeigt uns, daß diese störenden Kräfte ihren Platz im All haben und daß sie nirgends Störfaktoren darstellen, außer auf der Ebene unseres begrenzten, augenblicklichen Bewußtseins, und auch dann noch mit einem bestimmten Zweck. Erstens treffen sie uns immer an unserer schwächsten Stelle; zeigen wir uns aber integer und aus einem Guß, können sie uns nicht für fünf Groschen etwas anhaben. Weiters, richten wir unseren Blick nach innen, anstatt zu greinen und den

Teufel oder die Böswilligkeit der Welt zu beschuldigen, so bemerken wir, daß jeder einzelne dieser Angriffe nur eine unserer vielen tugendhaften Prätensionen aufdeckt, oder in den Worten der Mutter, daß sie uns *die kleinen Deckmäntel abziehen, die wir über die Dinge werfen, um sie nicht klar sehen zu müssen.* Und diese kleineren oder größeren Mäntel bedecken nicht nur unsere eigenen wunden Punkte, sie finden sich überall in der Welt und verstecken deren kleine Unzulänglichkeiten ebenso wie ihre großen Selbstgefälligkeiten. Reißen die störenden Kräfte diese Deckmäntel also mitunter etwas gewalttätig ab, geschieht das nicht zufällig oder aus mutwilliger Schlechtigkeit, sondern um uns klar sehen zu lassen und uns zu einer Vollkommenheit zu befähigen, gegen die wir uns ansonsten vielleicht sträuben würden. Denn sobald wir ein Körnchen Wahrheit oder den Zipfel eines Ideals in den Händen halten, haben wir die ärgerliche Angewohnheit, diese sofort hermetisch versiegelt und hinter Schloß und Riegel unterzubringen und uns damit nicht mehr vom Fleck zu rühren. Mit anderen Worten, das Individuum ebenso betreffend wie die Welt, sind diese wenig liebenswürdigen Kräfte Instrumente des Fortschritts. „Das, worüber wir fallen, hilft uns, wieder aufzustehen," heißt es in der Weisheit des Kularnava Tantra. Natürlich protestieren wir gegen diese so offensichtlich nutzlosen und willkürlichen „Katastrophen", die unser Herz und Fleisch treffen, und klagen den „Feind" an, doch *ist es nicht möglich, daß die Seele selbst – nicht das äußerliche Mental, sondern der innere Geist – diese Dinge angenommen und* gewählt *hat, als Teil seiner Entwicklung, um schnell zu der notwendigen Erfahrung durchzudringen, sich durchzuhauen*, selbst auf das Risiko oder auf Kosten eines großen Schadens für das äußere Leben und den Körper? Für die wachsende Seele, für den Geist in uns mögen Schwierigkeiten, Hindernisse, Angriffe vielleicht Mittel des Wachstums, zusätzlicher Stärke, erweiterter Erfahrung, Training für den spirituellen Sieg sein* [11]. Wir klagen über das Böse, aber wäre es nicht zugegen, uns zu belagern und uns Widerstand zu leisten, hätten wir die ewige Wahrheit längst ergriffen und sie in eine niedliche und wohlabgestandene Plattitüde verwandelt. Die Wahrheit lebt, regt und bewegt sich, hat Beine, und die Fürsten der Finsternis sind dazu da, um vielleicht etwas grobschlächtig dafür Sorge zu tragen, daß sie nicht einschläft. *Die Negationen Gottes sind so nützlich für uns wie Seine Affirmationen,* sagt Sri Aurobindo [12]. *Der Widersacher wird erst dann*

---

* Im Original deutsch

aus der Welt verschwinden, wenn die Welt ihn nicht mehr braucht, bemerkte die Mutter. *Und wir wissen sehr gut, daß er, gleich dem Prüfstein für das Gold, notwendig ist, um zu prüfen, ob man echt ist.* Und so ist Gott vielleicht schließlich doch keine mathematische und außerhalb dieser Welt stehende Abstraktion eines Punktes; vielleicht ist Er die ganze Welt samt dieser ganzen Unlauterkeit, die sich abmüht und leidet, um zur Vollkommenheit zu gelangen und sich Seiner Selbst hier auf der Erde zu erinnern.

Die Methode für den Umgang mit den feindlichen Kräften ist die gleiche wie jene, die auch für alle anderen Schwingungen gilt: Schweigen und innere Unbewegtheit, welche die Brecher über sich ergehen läßt. Vielleicht gelingt es nicht gleich beim ersten Mal, ihre Angriffe aufzulösen, doch mehr und mehr werden wir die Erfahrung machen können, daß sie dazu übergehen, sich an der Oberfläche unseres Wesens abzuspielen; vielleicht sind wir erschüttert und aufgebracht, und doch sind wir uns im tiefsten Inneren unseres „Zeugens" gewahr, der dort ungerührt steht – er ist nie gerührt – und nicht leidet. Man fällt, und man erhebt sich wieder, jedesmal um etwas stärker. Die einzige Sünde heißt Verzweiflung. Praktisch ist der Suchende im integralen Yoga Angriffen mehr ausgesetzt als Aspiranten anderer Richtungen (Sri Aurobindo sprach häufig davon, daß sein Yoga eine regelrechte *Schlacht*[13] sei), denn er sucht, *alles in seinem Bewußtsein zu umfassen*, ohne irgend etwas auszulassen, da es nicht allein eine Bahn in die seligen Höhen zu brechen gilt, nicht nur einen Schatzhüter zu überwinden, sondern viele Passagen zu erschließen, rechts und links und unten und auf jeder Ebene des Wesens, und mehr als einen Schatz zu entdecken.

Das wahre Vital

Es gilt eine Art Schwelle zu überqueren, wenn wir zu der wahren Lebenskraft hinter dem aufgewühlten, friedlosen Leben des Oberflächen-Menschen gelangen wollen. Den tradierten spirituellen Doktrinen gemäß beinhaltet diese Passage alle möglichen Selbstkasteiungen und Entsagungen (die, nebenbei bemerkt, vor allem die gute Meinung bestärken, welche die betreffenden Asketen von sich selbst haben). Aber uns geht es um etwas anderes: Wir suchen keine Ablehnung des Lebens sondern seine Erweiterung; uns geht es nicht darum, für den Wasserstoff auf Sauerstoff zu verzichten oder umgekehrt, sondern darum zu verstehen, wie und woraus das Bewußtsein chemisch zusammengesetzt ist, und zu sehen, unter welchen Bedingungen exakt wir klares Wasser erhalten und eine reibungslosere Reaktion möglich wird. Der Yoga ist eine *höhere Lebenskunst*, sagt Sri Aurobindo[14]. *Die Haltung des Asketen, der sagt: „Ich begehre nichts" und die Haltung des in der Welt stehenden Menschen, der sagt: „Ich begehre diesen Gegenstand", ist ein und dasselbe*, bemerkte die Mutter. *Der eine hängt genauso sehr an seiner Entsagung wie der andere an seinem Besitz.* Tatsächlich ist man nicht bereit, solange man noch irgendeiner Entsagung bedarf, und steckt solange noch bis zum Hals in Dualismen. Ohne besonderes Training oder besondere Unterweisung kann jedermann folgende Beobachtungen machen: Erstens reicht es vollkommen aus, dem Vital zu sagen: „Gib dies auf oder verzichte auf jenes", und es wird augenblicklich von einem Heißhunger danach gepackt werden; oder wenn es sich auf den Verzicht einläßt, kann man Gift darauf nehmen, dies hundertfach heimgezahlt zu bekommen, und eine große, drastische Entsagung ist dem Vital dabei lieber als eine weniger erhebliche, denn in jedem Falle wird es positiv oder negativ davon genährt. Ist dieser einfache Zusammenhang einmal klar, haben wir damit die gesamte Wirkungsweise des Vitals begriffen, von oben bis unten, das heißt seine völlige Indifferenz gegenüber jedweder von unseren menschlichen Sentimentalitäten. Schmerz ist ihm ebenso anziehend wie Freude, die Entbehrung ebenso wie der Überfluß, der Haß ebenso attraktiv wie die Liebe, die Tortur nicht weniger als die Ekstase. Das Vital blüht in jedem Falle. Der Grund liegt darin, daß es sich eben um ein und dieselbe Kraft handelt, im Erleiden so sehr wie im Genießen. So werden wir unumwunden mit der vollkommenen Zweideutigkeit von ausnahmslos allen Gefühlen konfrontiert, die das Feingefühl unseres Oberflächen-Wesens ausmachen. Jedes unserer Gefühle ist die Umkehrung eines anderen. In jedem Moment kann es sich in sein „Gegenteil" verkehren – der desillusionierte Philantrop (oder besser das desillusionierte Vitalwesen des Philantropen) verwandelt sich in einen Pessimisten, der eifernde Apostel begibt sich in die Einsamkeit der Wüste, der unverbesserlich Ungläubige wird zum religiösen Sektierer, und der Tugendhafte entrüstet sich genau über das, wozu ihm selbst der Mut zur Ausführung fehlt. Eine andere Eigenschaft des Oberflächenvitals wird damit deutlich: Es ist ein *unverbesserlicher Scharlatan*[15], ein schamloser Betrüger (und es läßt sich nicht einmal sagen, ob der Tod der eigenen Mutter seiner Schadenfreude entkommt). Jedesmal, wenn wir vor Schmerz oder Entrüstung aufschreien, ganz gleich warum und wieso, verhält sich das Vital wie ein Affe, der sich in uns mokiert. Obwohl uns das allen klar ist, sind wir noch so gefühlsselig wie eh und je. Um die Sache auf die Spitze zu treiben, übertrifft sich das Vital selbst, indem es alles vernebelt – es ist die Verkörperung des Nebels schlechthin –, und es verwechselt die Stärke seiner Gefühle mit der Stärke der Wahrheit. *Es ersetzt die Höhen durch einen qualmenden Vulkangipfel im Abgrund.*[16]

Ein anderes Phänomen zeichnet sich bald ab, das sich aus der Beobachtung des ersten ergibt: die vollkommene Unfähigkeit des Vitals, anderen zu helfen oder auch nur mit anderen zu kommunizieren, außer bei zufällig übereinstimmenden Egoismen. Es gibt nicht eine von uns ausgehende (oder besser weitergegebene) vitale Schwingung, die nicht bei unserem Gegenüber sofort ins Gegenteil umschlagen kann. Es reicht bereits völlig aus, jemand etwas Gutes tun zu wollen, um damit automatisch das entsprechende Übel zu wecken, gleichsam als wäre das andere davon mitangesprochen, oder wenn nicht das entsprechende Übel, so ein korrespondierender Widerstand oder ein widersprechender Wille – dieser Mechanismus erscheint so spontan und unvermeidlich wie eine chemische Reaktion. Denn in Wirklichkeit geht es dem Vital nicht darum zu helfen, sondern es geht ihm immer und in jedem Falle darum, sich der Person oder Sache zu bemächtigen. All unsere Gefühle sind gefärbt durch eine unterschwellige Gebärde des An-sich-Reißens. Die einfache Tatsache, gegenüber dem Verrat eines Freundes, zum Beispiel, einen Schmerz zu empfinden, ist – wie jede Spielart von Schmerz – ein sicheres Zeichen dafür, daß unser Ego beteiligt ist, denn liebten wir die anderen Menschen um ihrer selbst willen und nicht um unseretwillen, so würden wir sie auf jeden Fall lieben, selbst als Feind, und in jedem Falle würden wir uns über ihr Dasein freuen. Tatsächlich sind unser Schmerz und Leiden immer Zeichen einer Mischung und sind damit in jedem Fall unwahr. Allein die Freude ist wahr. Denn allein dasjenige Ich in uns, das alle Existenzmodi und alle möglichen Widersprüche der Existenz mit in sich einbegreift, ist wahr. Wir leiden, weil wir die Dinge aus uns hinausstellen. Ist uns alles innerlich enthalten, so ist alles Freude, denn es gibt nirgendwo mehr eine Kluft.

Gleichwohl werden wir im Namen unserer Gefühle Einspruch erheben: „Wo bleibt dabei das Herz?" Sind nicht gerade Herzensangelegenheiten mit die verwirrendsten und unstetesten überhaupt? Wir stehen damit vor einem dritten Phänomen: Unsere Kapazität zur Freude ist äußerst begrenzt, ebenso wie unsere Kapazität des Leidens gering ist. Den gräßlichsten Katastrophen stehen wir bald gleichgültig gegenüber: welche Wasser der Vergessenheit sind nicht schon über unsere schlimmsten Leiden hinweggeflossen? Wir können nur ein sehr kleines Maß der großen Lebenskraft in uns aufnehmen – *wir halten die Ladung nicht aus*, wie die Mutter sagt. Ein Hauch zuviel von diesem oder jenem, und wir schreien auf vor Freude oder Schmerz, weinen, tanzen, fallen in Ohnmacht. Denn es ist immer dieselbe zweischneidige Kraft, die fließt und schnell überfließt. Lebenskraft leidet nicht, ist weder besorgt noch exaltiert, weder gut noch böse – sie *ist* lediglich, fließt unermeßlich und friedlich. All die widersprüchlichen Gestalten, welche sie in uns annimmt, sind die Rudimente einer vergangenen Entwicklung, als wir noch klein, sehr klein und abgetrennt waren und uns vor der uns umgebenden lebendigen Ungeheuerlichkeit schützen mußten, die in ihrer Intensität zu stark für unsere Kleinheit war. Es galt, die „nutzbringenden" von den „schädlichen" Schwingungen zu trennen. Die einen wurden mit einem positiven Leitwert an Freude, Zuneigung und Güte ausgestattet, die anderen mit einer negativen Richtzahl von Leiden, Abneigung und Schlechtigkeit. Dabei ist Leiden nichts anderes als eine zu starke Intensität derselben Kraft, und ein zu intensiver Genuß schlägt um in sein schmerzhaftes „Gegenteil": *Es handelt sich dabei um Konventionen unserer Sinne*, sagt Sri Aurobindo[17]; *es bedarf nur einer geringen Verlagerung der Kompaßnadel unseres Bewußtseins*, sagt die Mutter. *Für ein kosmisches Bewußtsein im Zustand vollkommener Erkenntnis und vollkommener Erfahrung wird jede Wahrnehmung zur Freude, Ananda.*[18] Allein die Enge und Unzulänglichkeit unseres Bewußtseins sind der Grund all unserer Übel — gleich ob moralischer oder körperlicher Natur — und der Grund für unsere Schwäche und die Tragikomödie unseres Daseins. Aber nicht das Aushungern und Trockenlegen des Vitals ist die Lösung, wie es den Moralisten am liebsten wäre, sondern dessen Ausweitung; nicht der Verzicht, sondern das Annehmen von mehr und mehr, das Erweitern unseres Bewußtseins. Denn darin liegt der ureigentliche Sinn der Evolution. Das wirklich einzige, dessen wir insgesamt also entsagen müssen, ist unsere Unwissenheit und Kleinheit. Halten wir krampfhaft an unserer winzigen äußeren Person fest, an ihrer Neigung, Theater zu spielen und in Sentimentalitäten zu versinken, an ihren geheiligten Leidensinszenierungen, so sind wir nicht im wahren Wortsinne menschlich, sondern sind atavistische Nachzügler aus der Steinzeit, denn wir *verteidigen unseren Anspruch auf Schmerz und Leiden*[19]. Der Suchende ist durch das zweideutige Spiel seines Oberflächenvitals nun nicht mehr zu täuschen, gleichwohl behält er aber noch lange die Gewohnheit bei, auf die Tausenden von biologischen und emotionalen Schwingungen zu antworten, die ihn umkreisen. Der Übergang nimmt einige Zeit in Anspruch, ähnlich dem, der erforderlich war, um von dem sterilen Gedankenleierkasten zum mentalen Schweigen zu gelangen. Oft wird er von Perioden extremer Erschöpfung begleitet, da unser Organismus sich von der Gewohnheit lösen muß, seine Energien von den gewohnten vordergründigen Quellen zu beziehen (die uns bald krude und schwer vorkommen, nachdem wir einmal den neuen Energietypus erfahren haben), und es fehlt ihm noch die Fähigkeit, beständig auf die wahre Quelle ausgerichtet zu bleiben, woraus sich dann einige „Lücken" in der Kontinuität der Energie erklären. Doch auch hier kommt dem Suchenden die herabkommende Kraft zugute, die wirkungsvoll dazu beisteuert, in ihm einen neuen Rhythmus anzulegen. Zu seiner anhaltenden Überraschung macht er sogar die Erfahrung, daß ihm bei einem kleinen Schritt seinerseits zehnfache Hilfe entgegenkommt, ganz als würde er erwartet. Es wäre jedoch vollkommen falsch anzunehmen, daß die Arbeit nur eine negative Seite hat; gewiß erhebt das Vital natürlich den Anspruch, gigantische Anstrengungen im Kampf gegen sich selbst zu leisten, und dies ist ein listiger Ausweg, sich an allen Fronten zu schützen; doch in Wahrheit folgt der Suchende nicht strengen Verzichtsregeln, sondern einem positiven Drang seines Wesens, denn er befindet sich in einem wirklichen inneren Wachstum, und deshalb erscheinen ihm die Regeln von gestern oder die Freuden von vorgestern so unzulänglich wie Babynahrung – er fühlt sich darin nicht mehr wohl, hat besseres zu tun, ein besseres Leben zu leben. Aus diesem Grunde ist es so schwierig, jemandem den Weg zu erklären, der ihn nicht selbst versucht hat; denn dieser vermag allein seinen momentanen Gesichtspunkt zu sehen, oder richtiger, den Verlust dieses Gesichtspunktes. Wären wir uns nur bewußt, daß jeder solcher Verlust einen Schritt vorwärts bedeutet, und wären wir uns bewußt, in welchem Maße sich das Leben verändert, erhellt und ausweitet, wenn man vom Stadium hermetisch geschlossener Wahrheiten übergeht zu dem offener Wahrheiten – einer Wahrheit gleich dem Leben selbst, zu mächtig, um in begrenzte Gesichtspunkte eingeschlossen zu werden, weil es alle Gesichtspunkte in sich einbegreift und den

Nutzen jeder Sache in jedem Stadium einer unendlichen Entwicklung schätzt; einer Wahrheit, die weit genug ist, um sich selbst zu verneinen und unaufhörlich in eine höhere Wahrheit überzugehen.

Hinter diesem kindischen, rastlosen, nur allzuleicht erschöpften Vital entdecken wir ein stilles und mächtiges Vital – Sri Aurobindo nennt es das *wahre Vital* – ein Vital, das die eigentliche Essenz der Lebenskraft enthält, bar all ihrer sentimentalischen und schmerzvollen Auswüchse. Wir erreichen einen Zustand ruhiger und spontaner Konzentration, vergleichbar mit der unterhalb des Wellenspiels liegenden Tiefe des Meeres. Diese fundamentale Unbewegtheit ist nicht zu verwechseln mit Nervenschwäche oder Abgestumpftheit, ebensowenig wie mentales Schweigen Stumpfsinn oder zerebrale Betäubung bedeutet. Sie ist vielmehr die Grundlage aller wirksamen Handlung. Ja, sie ist in Wahrheit eine konzentrierte Kraft, die dazu befähigt, jedwede Aktion durchzuführen, jede Erschütterung auszuhalten und sei es die gewalttätigste und andauerndste, ohne dabei ihr Gleichgewicht zu verlieren. Entsprechend dem Grad unserer Entwicklung können alle möglichen, ungeahnten Fähigkeiten aus dieser vitalen Unbewegtheit erstehen, vor allem bildet sie eine Quelle unerschöpflicher Energie – jede Erschöpfung ist ein Zeichen dafür, daß wir wieder auf den äußeren Tumult zurückgefallen sind. Die Arbeitskapazität und sogar die physische Belastbarkeit steigern sich um ein Vielfaches, Nahrung und Schlaf hören auf, die einzigen und vordringlichsten Quellen der Wiederauffrischung von Energie zu sein (wir werden sehen, wie sich der Charakter des Schlafes wesentlich verändert, und ferner, daß Nahrung auf ein absolutes Minimum reduziert werden kann, ohne das Gefühl von Völle oder Unwohlsein, das die Nahrungsaufnahme sonst gewöhnlich mit sich bringt). Andere Kräfte, die häufig als „wunderbar" angesehen werden, können sich manifestieren, gleichwohl sind das dann *Wunder mit Methode*. Hier ist nicht der Ort, davon zu sprechen, es ist besser, die Erfahrung selbst zu machen. Es reicht aus zu sagen, daß, ist man einmal fähig, eine einzige vitale Schwingung in sich selbst zu meistern, man automatisch in der Lage ist, diese Schwingung zu meistern, gleichwo in der Welt man sie antrifft. Dazu festigt sich in der Unbewegtheit des Vitals eine andere Eigenschaft: die Abwesenheit von Leiden und eine unerschütterliche Freude. Erhält ein normaler Mensch einen Stoß (physisch oder moralisch), so besteht seine erste Reaktion darin, sich darunter zu krümmen, sich zu verkrampfen, aus der Fassung zu geraten, und durch diese Reaktion vervielfacht sich der Schaden. Der Suchende, welcher bereits ein gewisses Maß an Unbewegtheit in sich hergestellt hat, wird im Gegenteil feststellen, daß seine Unbewegtheit die Erschütterung auflöst aufgrund ihrer *Weite* und weil er nicht mehr die kleine, wie von Bauchschmerzen gekrümmte Person ist sondern ein Bewußtsein, das über die Begrenztheit seines Körpers hinaustritt. Das beruhigte Vital, gleich dem schweigenden Mental, universalisiert sich spontan: *Durch die Yoga-Erfahrung weitet sich das Bewußtsein in alle Richtungen aus, rundum, nach unten, nach oben, es dehnt sich in jeder Richtung bis zur Unendlichkeit. Ist das Bewußtsein des Yogins befreit, so lebt er nicht mehr allein im Körper, sondern allezeit in dieser unendlichen Höhe, Tiefe und Weite. Seine Grundlage ist eine unendliche Leere oder Stille, in welcher sich jedoch alles manifestieren kann – der Friede, die Freiheit, die Macht, das Licht, die Erkenntnis, die Freude – Ananda.*[20] Der geringste Schmerz, gleich welcher Art, ist ein sicheres Zeichen einer Verengung des Wesens und damit eines Verlustes an Bewußtsein.

Diese Ausweitung des Wesens hat eine besonders wichtige Folge, durch die wir die absolute vitale Unbewegtheit zu schätzen lernen werden, nicht allein wegen der Klarheit der Vermittlung, der Wirksamkeit des Handelns oder der Lebensfreude, die sie herstellt, sondern schlicht und einfach aus Gründen unserer eigenen Sicherheit. Solange wir unser kleines, äußeres Biedermann-Dasein leben, sind die Schwingungen so klein, wie die Stöße und die Freuden klein sind, das heißt gerade unsere Kleinheit schützt uns. Geraten wir jedoch ins universelle Vital, stoßen wir auf dieselben Schwingungen, oder besser Kräfte, in gigantischen, universellen Proportionen, denn dies sind die Kräfte, die die Welt bewegen, so wie sie uns bewegen, und haben wir den vollkommenen *Gleichmut* und die innere Unbewegtheit nicht erreicht, werden wir, ohne daß ein weiterer Hahn danach kräht, hinweggefegt. Dies gilt nicht nur für das universelle Vital, sondern auch für alle anderen Ebenen des Bewußtseins. Man kann und man muß (so wenigstens als integral Suchender) auf allen Ebenen das kosmische Bewußtsein verwirklichen, im Überbewußtsein, im Mental, im Vital sowie selbst im Körper. Steigt der Suchende ins Überbewußtsein auf, wird er sehen, daß die Intensitäten des Geistes sehr wohl überwältigend sein können (es handelt sich tatsächlich in allen Fällen um dieselbe göttliche Kraft, dieselbe Bewußtseins-Kraft oben oder unten, in der Materie gleichwie im Bereich des Lebens, im Bereich des Verstandes oder auch darüber hinaus, nur, je tiefer sie liegt, desto gedämpfter und verschleierter tritt sie auf und desto stärker fragmentiert durch das

Medium, welches sie zu durchlaufen hat), vollzieht der Suchende, der gerade erst aus seiner tiefen Schwerfälligkeit auftaucht, nun einen zu schnellen Aufstieg und überspringt dabei noch einige Zwischenstadien, ohne sich zuvorderst eine klare und unerschütterliche Grundlage geschaffen zu haben, kann es durchaus passieren, daß er wie ein überhitzter Kessel in die Luft geht. Aus diesem schlichten Grunde ist vitale Transparenz keine Frage der Moral, sondern, wenn man so will, eine technische Voraussetzung oder besser noch eine organische. In der Praxis ist die große Vorsorge immer gegenwärtig, um uns von vorschnellen Experimenten abzuhalten; vielleicht sind wir lediglich solange klein und begrenzt, wie wir es nötig haben?

Haben wir schließlich die vitale Unbewegtheit gemeistert, sehen wir, daß wir nun anderen wirkungsvoll zur Seite stehen können. Denn anderen beizustehen, hat nichts mit Gefühlen zu tun oder mit Mildtätigkeit, sondern es ist eine Frage der Kapazität, eine Frage des inneren Horizontes, das heißt eine Frage der Vision sowie der Freude. In dieser inneren Ruhe oder Ausgeglichenheit ist uns nicht allein eine Freude eigen, die ansteckend wirkt, sondern auch eine Kraft der Vision, die Schatten vertreibt; wir nehmen alle Arten von Schwingungen spontan wahr, und sie zu erkennen, ist gleichbedeutend mit der Fähigkeit, sie zu handhaben, sie zu gestalten, sie zu beruhigen, ihnen zu parieren, sie abzuweisen oder selbst sie verändern zu können. *Innere Ausgeglichenheit*, sagt die Mutter, *ist ein sehr positiver Zustand; er beinhaltet einen positiven Frieden, der nicht das Gegenteil von Konflikten bedeutet – ein aktiver und ansteckender und mächtiger Frieden, der überwiegt und beruhigt, die Dinge richtigstellt und an ihren Platz weist.* Wir geben ein Beispiel dieses „ansteckenden Friedens", auch wenn es in eine spätere Periode von Sri Aurobindos Leben fällt: Es war vor vielen Jahren in Pondicherry, zu jener Jahreszeit, in welcher tropische Regen und mitunter Wirbelstürme über die Erde fegen und verheerenden Schaden anrichten. Türen und Fenster mußten dann mit dicken Bambusstangen verbarrikadiert werden. In der betreffenden Nacht brach ein Zyklon los und jagte Sturzfluten von Regen über das Land. Die Mutter begab sich hastig zum Zimmer von Sri Aurobindo, um ihm zu helfen, die Fenster zu schließen. Sie fand ihn ungerührt schreibend an seinem Schreibtisch (über Jahre hinweg verbrachte Sri Aurobindo zwölf Stunden am Tag schreibend zu, von sechs Uhr abends bis sechs Uhr morgens, danach folgten acht Stunden des Auf- und Abschreitens „für den Yoga"), die Fensterflügel standen weit offen, aber nicht ein Regentropfen war in den Raum gedrungen. Jener Friede, welcher dort herrschte, erzählt die Mutter, war so massiv, so kompakt, daß der Zyklon *nicht eindringen konnte.*

7. Kapitel
Das Psychische Zentrum

Das Mental ist nicht unser eigentliches Selbst, da all unsere Gedanken einem Mental entstammen, das weitaus umfassender ist als das unsrige, dem universellen Mental. Das Vital ist nicht unser eigentliches Selbst, noch unsere Gefühle oder unser Handeln, da all unsere Triebkräfte von einem Vital stammen, das weitaus gewaltiger ist als das unsrige, dem universellen Vital. Ebensowenig ist unser Körper unser eigentliches Selbst, da seine Bestandteile von einer Materie stammen und Gesetzen gehorchen, die weitaus größer sind als die unsrigen, universellen Gesetzen und einer universellen Materie. Was ist also dieses Etwas in uns, das nicht unser Milieu, unsere Familie, unsere Tradition, unsere Ehe, unsere Arbeit ist, das nicht der Spielball der universellen Natur oder der Umstände ist, sondern das Etwas, das es ausmacht, daß wir „ich" sind, selbst wenn alles andere zusammenbricht? Tatsächlich ist es dann wirklich „ich", wenn alles übrige zusammengebrochen ist, denn das ist die Stunde *unserer* Wahrheit.

Im Verlauf unserer Erforschung haben wir verschiedene Zentren oder Ebenen des Bewußtseins beobachtet und haben gesehen, daß hinter diesen Zentren eine Bewußtseins-Kraft lebendig ist, die unsere verschiedenen Seins-Zustände miteinander verbindet (eines der ersten Ergebnisse des mentalen Schweigens und der Beruhigung des Vitals ist es ja gewesen, diese Bewußtseins-Kraft von dem gewohnten mentalen und vitalen Treiben zu trennen, in dem sie sonst befangen ist) und wir haben diesen Strom von Kraft oder Bewußtsein als die grundlegende Realität unseres Wesens hinter den verschiedenen Zuständen verspürt. Doch diese Bewußtseins-Kraft setzt *jemand* voraus, der dieses Bewußtsein hat. Wer oder was also ist in uns bewußt? Wo befindet sich das Zentrum, der Meister des Bewußtseins? Sind wir lediglich Marionetten irgendeines universellen Wesens, das, nachdem alle mentalen, vitalen und physischen Aktivitäten ja in Wirklichkeit universell sind, also unser wahres Zentrum ist? Die Wahrheit ist eine doppelte – und wir sind keineswegs Marionetten, es sei denn, wir bestehen darauf, unsere Oberflächen-Person für unser wahres Selbst zu halten, denn genau sie ist die Marionette –, wir haben in uns ein individuelles Zentrum, das Sri Auro-

Das Psychische Zentrum

bindo als *psychisches Wesen* bezeichnet, sowie ein kosmisches Zentrum oder *zentrales Wesen*. Es geht also darum, Schritt für Schritt sowohl das eine als auch das andere ausfindig zu machen und all unserer Zustände Herr zu werden. Für den Augenblick verweilen wir bei der Entdeckung des individuellen Zentrums, dem psychischen Wesen, das von anderen auch die Seele genannt wird.

Wir stehen hier gleichzeitig vor der einfachsten und der schwierigsten Sache der Welt. Der einfachsten insofern, als jedes Kind sie versteht, oder mehr noch, sie spontan *lebt:* Es ist König der Freude und lacht. Es lebt in seinem psychischen Wesen*. Der schwierigsten Sache andererseits, da diese Spontaneität bald von allen möglichen Gedanken und Gefühlen überlagert wird. Dann beginnt man von der „Seele" zu schwatzen, was ein untrügliches Zeichen dafür ist, daß man nichts mehr von ihr versteht. Alle Leiden und Verwirrungen der Jugend sind nichts als die Geschichte einer allmählichen Verhaftung der Seele (man spricht dann von „Wachstumsschwierigkeiten" oder „pubertären Störungen", eher aber sind es Erstickungsschwierigkeiten, und man hat seine Reife dann erlangt, wenn der Erstickungszustand zum Normalzustand geworden ist). Die Schwierigkeiten des Suchenden bestehen also in der Umkehrung der Geschichte, der langsamen Entwirrung und Befreiung von all den mentalen und vitalen Vermengungen. Dennoch ist dies keine einfache Rückkehr zur Ausgangsposition, denn erstens gibt es niemals wirklich ein Zurück, und zweitens ist das Kind der Seele, das man am Ende seiner Reise wiederfindet (einem Ende, das immer wieder Anfang ist) keine kurzlebige Laune mehr, sondern eine bewußte Souveränität. Denn das Psychische ist ein Wesen, das wächst; es ist das Wunder einer ewigen Kindheit in einem immer weiter werdenden Königreich. Es findet sich „innen, gleich einem Kind, das es zu gebären gilt", heißt es im Rig-Veda (IX.83.3).

Die psychische Geburt

Die ersten Anzeichen einer psychischen Öffnung sind Freude und Liebe. Eine Freude, die außergewöhnlich intensiv und mächtig sein kann

---

* Es gibt hier Ausnahmen und verschiedene Grade, doch sind diese nahezu dem bloßen Auge sichtbar.

und doch ganz ohne Überschwang – so ruhig und tief wie das Meer – und ohne jeden Anlaß. Der psychischen Freude ermangelt es an nichts zu ihrem Sein, sie *ist*; selbst im Innersten eines Gefängnisses kann sie nicht anders, als einfach zu sein, denn es handelt sich um einen Zustand und nicht um ein Gefühl – gleich einem Fluß, der gurgelt und glitzert, woimmer er fließt, sei es über Steine oder Morast, durch Ebenen oder Gebirge. Eine Liebe, die nicht das Gegenteil von Haß ist und der auch nichts zu ihrem Sein not tut, die einfach *ist*. Sie glüht in allem, was ihr begegnet, allem, was sie sieht, allem, was sie berührt, sie kann nicht anders, als zu lieben, denn das ist ihre Natur; nichts ist ihr niedrig oder erhaben, nichts rein oder unrein; nichts kann sie trüben, ihre Flamme oder Freude verdunkeln. Andere Merkmale offenbaren ihre Gegenwart: Sie ist schwerelos, nichts kann sie belasten, als sei die ganze Welt ihr Spiel. Sie ist unantastbar und unverletzlich, als sei sie für immer jenseits aller menschlichen Tragödien, jenseits allen Unglücks und aller Unbill. Sie gleicht einem Weisen, sie sieht. Sie ist ruhig wie ein Atemhauch auf dem Grund des Wesens, und sie ist weit, so unermeßlich weit wie ein Äonen währender Ozean. Denn sie ist ewig. Und sie ist frei, nichts kann sie halten; nicht das Leben, nicht die Menschen, weder Gedanken noch Doktrinen oder Nationen – sie reicht darüber hinaus, immer weiter, und doch ist sie unzählbar und mannigfaltig im Herzen aller Dinge, als wäre sie mit allem eins. Denn sie ist der lebendige Gott in uns.

So erscheint das psychische Wesen in Augen, die zu sehen verstehen: *Betrachtet man jemand, der sich seiner Seele bewußt ist und in ihr lebt*, sagt die Mutter, *so gewinnt man den Eindruck, tief in sein Wesen einzutreten und sich weit, weit darin zu versenken. Meistens, wenn man den Menschen in die Augen sieht, trifft man auf Augen, in die man nicht einsehen oder eindringen kann, sie sind verschlossen wie eine Tür. Manchmal findet man einen offenen Blick, und in den kann man sich dann versenken. Sehr dicht an der Oberfläche trifft man auf etwas, das vibriert und oft auch sprüht oder funkelt, und wenn man nicht Bescheid weiß, meint man sofort: „Ah, was für eine lebhafte Seele!" – Aber das ist nicht die Seele, es ist das Vital. Um die Seele zu finden, muß man von der Oberfläche zurücktreten, sich weit in sich zurückziehen und sich tief, tief versenken, hinabsteigen in eine verborgene Nische, die sehr tief, schweigend und unbewegt ist; und dort findet man etwas, das glüht, das ruhig ist und reich, ganz unbewegt und erfüllt und unvergleichlich sanft – das ist die Seele. Bleibt man beharrlich und seiner selbst bewußt, entsteht eine*

Das Psychische Zentrum 93

Art Fülle, ein Überfließen, vollkommen und von unergründlicher Tiefe. Man fühlt, daß wenn man dort eintritt, sich viele Geheimnisse eröffnen, gleich der Spiegelung von etwas Ewigem auf einer klaren und friedlichen Wasserfläche. Die Grenzen der Zeit existieren nicht mehr. Man hat den Eindruck, man ist immer gewesen und wird für alle Ewigkeit sein.

Aber das sind nur Anzeichen, eine äußere Übersetzung von etwas, das an sich existiert, das uns jedoch als unmittelbare, eigene Erfahrung interessiert. Wie öffnet man die Türen zum psychischen Wesen? Die Frage ist berechtigt, denn es ist wohl verborgen. Zunächst und vor allem wird es durch unsere Gedanken und Gefühle verborgen, die es mitleidlos plündern und nachäffen. Wir haben all diese Ideen darüber, was erhaben und was verworfen ist, was rein und was korrumpiert, was göttlich und was nicht göttlich ist; all diese sentimentalen Stereotypen und Sicherheitsmaßregeln, was liebenswert und was nicht liebenswert ist, so daß der armen Seele kaum eine Chance bleibt, sich zu zeigen; alles ist vom Sperrgut der Gedanken und Gefühle in Beschlag genommen; sobald sie auch nur ihre Nasenspitze zeigt, wird sie sofort vom Vital gepackt, das sie für seine brillanten Überspanntheiten und Schwärmereien ausnützt, für seine eigenen „göttlichen" und hoch aufwallenden Empfindungen, seine alles einnehmenden, besitzgierigen Liebschaften, seine berechnende Großzügigkeit und seine grelle Ästhetik. Das psychische Wesen wird vom Mental in seinen Käfig gesperrt und zu ausschließlichen Idealen, unfehlbaren karitativen Gesinnungen und hochsicherheitstraktartigen Moralsystemen verarbeitet; und zu Kirchen, diesen unzähligen Kirchen, die es in ihren Glaubensartikeln und Dogmen festzuhalten suchen. Wo bleibt das Psychische in all dem? Es ist trotz alledem gegenwärtig, göttlich, geduldig und sucht all die Verkrustungen zu durchdringen und bedient sich all der Dinge, die ihm gegeben oder aufgedrängt werden – „es arbeitet mit den Mitteln, die ihm zur Verfügung stehen", wie man sagt. Und genau hier liegt das Problem, wann immer es aus seiner Verborgenheit heraustritt, und sei es nur für eine Sekunde, fällt sofort eine solche Herrlichkeit auf alles, womit es in Berührung kommt, daß man natürlich geneigt ist, seine leuchtende Wahrheit mit den Umständen zu verwechseln, unter denen es auftritt. Jemand, dem sich sein psychisches Wesen während eines Beethoven-Konzertes offenbarte, wird mit völliger Gewißheit versichern: „Musik, nichts als Musik ist das allein Wahre und Göttliche auf der Welt". Ein anderer, der seiner Seele allein inmitten der unermeßlichen Weiten der Weltmeere gewahr wird, wird die offene See zur Religion erheben. Wieder ein anderer wird auf seinen Propheten, seine Kirche, sein Evangelium schwören. Ein jeder konstruiert sich so sein eigenes Gebäude um den leuchtenden Kern der Erfahrung. Dabei ist das psychische Wesen frei, herrlich frei von allem! Es bedarf *keines* Anlasses, um zu sein, es ist die regelrechte Verkörperung der Freiheit, und es verwendet all unsere größeren und kleineren Symphonien, all unsere mehr oder weniger erhabenen heiligen Schriften, schlicht um ein Loch in den Panzer der Menschen zu bohren, durch welches es offen zutage treten kann. Es leiht seine Stärke und seine Liebe, seine Freude, sein Licht und seine unwiderstehliche, offene Wahrheit deswegen all unseren Gedanken, unseren Gefühlen und Doktrinen, weil dies die einzige Möglichkeit ist, die wir ihm bieten, hervorzutreten und sich auszudrücken. Umgekehrt beziehen diese Gedanken, Gefühle und Doktrinen von ihm ihre Zuversicht, selbst ihre gelegentliche Dreistigkeit, sie nehmen es für sich in Anspruch, verkleiden es, schröpfen es und behaupten auf Grundlage dieser reinen Wahrheit ihre unbestreitbaren Überzeugungen und den Alleinvertretungsanspruch ihres Tiefsinns, und *gerade die Kraft des Anteils an Wahrheit erhöht die Kraft des Anteils an Irrtum*[1]. Schließlich ist die Aufzehrung des Psychischen so vollendet, das Durcheinander so komplett, daß sich nichts mehr erkennen läßt und das Falsche nicht mehr vom Richtigen zu unterscheiden ist, ohne damit die Struktur der Wahrheit selbst zu zerstören – die Welt zieht weiter ihre Bahnen im All, mit Halbwahrheiten belastet, welche niederträchtiger und niederdrückender sind als alle Lügen. Vielleicht liegt die wirkliche Schwierigkeit gar nicht darin, sich vom Übel zu befreien, denn das läßt sich mit etwas Aufrichtigkeit hinlänglich einfach ausmachen, sondern uns eben von dem Guten zu lösen, das nichts weiter ist als die Kehrseite des Übels und das sich für alle Zeiten eines Bruchteils der Wahrheit bemächtigt hat.

Verlangt es einen nach einer unmittelbaren Erfahrung des psychischen Wesens in seiner kristallinen Reinheit, seiner herrlichen Frische, so wie es unwiderstehlich jenseits all der Fallen existiert, die wir ihm stellen, jenseits all unserer Gedanken, Gefühle und Erklärungen, so ist es notwendig, Transparenz in sich herzustellen – Beethoven, die nachtblaue See, die kleine Kapelle im Gebirge sind nichts weiter als Instrumente dieser Transparenz –, denn es geht immer um das Gleiche: Sobald man in sich Klarheit erlangt hat, erscheinen Wahrheit, Einsicht und Freude spontan – alles stellt sich ein, ohne daß man einen Finger dafür zu rühren braucht, denn die Wahrheit ist das Natürlichste von der Welt; nur die Zusätze, das Mental und das Vital mit ihren unkoordinierten Schwingungen und gelehrten Komplikationen, bringen alles durcheinander. Jede spirituelle Disziplin, die diesen Namen verdient, alle *Tapasya*, kann letztlich nur auf eines abzielen, auf den vollkommen natürlichen Punkt, in dem sich jede Anstrengung erübrigt – denn jede Art Anstrengung ist noch eine Komplikation, eine weitere Beschwernis des Wesens. Dem Suchenden kann also nicht daran gelegen sein, sich in die Verstrickungen mentaler Moral zu begeben oder sich die aussichtslose Sisyphus-Arbeit aufzubürden, das Gute vom Üblen zu trennen, um das Psychische zu befreien, denn der Nutzen von Gut *und* Böse ist auf das Engste mit ihrer gegenseitigen Schädlichkeit verbunden *(mein Geliebter nahm mir den Rock der Sünde, und ich ließ mit Freuden davon ab; dann zupfte er an meinem Rock der Tugend, das jedoch erfüllte mich mit Scham und Bestürzung, und ich hielt ihn davon ab. Erst nachdem er ihn mir mit Gewalt abgerungen hatte, gewahrte ich, wie sehr meine Seele mir verborgen geblieben war*[2]); er wird sich einfach bemühen, in der Stille alles abzuklären, denn Stille ist von Natur aus klar, gleich der Klarheit eines kristallenen Gebirgswassers. „Versuche nicht, dir einen Fleck nach dem anderen vom Rock zu waschen," heißt es in einer alten chaldäischen Überlieferung, „sondern wechsele den ganzen Rock." Das ist es, was Sri Aurobindo eine *Bewußtseinsveränderung* nennt. In dieser Transparenz sehen wir, wie sich alte Verhaltensmuster lösen, und finden uns in einer neuen Position des Bewußtseins – keiner neuen intellektuellen Position, sondern einem neuen Schwerpunkt. Auf der Höhe des Herzens, jedoch hinter dem vitalen Herzzentrum, welches das Psychische imitiert und überlagert, gewahren wir eine Konzentrationssphäre, intensiver als die anderen und gewissermaßen ihr Sammelpunkt: das *psychische Zentrum*. Wir spürten bereits, wie sich ein Bewußtseinsstrom in uns zu entwickeln beginnt, wie er sich mit zunehmender Intensität im Körper auf und ab bewegt, umso stärker, je mehr er sich von Mental und Vital loslösen kann; gleichzeitig entzündet sich etwas wie ein Feuer in diesem Zentrum: *Agni*. Hier liegt das wahre Ich in uns. Wir sagen, daß es uns „nach Wissen", „nach Liebe" verlangt, aber wer genau ist das, der dieses Verlangen hat? Sicher nicht das kleine, selbstzufriedene Ego oder der mentale Biedermann, der seine Kreise repetiert, auch nicht der vitale Biedermann, der nach allem greift und alles an sich reißen will. Doch hinter all dem brennt ein nicht-nachlassendes Feuer, und ihm verlangt es nach etwas anderem, weil es sich an etwas anderes erinnert. „Gegenwart" ist das dafür gebräuchliche Wort, doch ist es eigentlich mehr eine stechende, brennende Abwesenheit, gleich einem lebenden Nichts in uns, das sich rührt und glüht und weiter und weiter drängt, solange, bis es real und ganz real geworden ist in einer Welt, in der man sich fragt, ob die Menschen lebendig sind oder nur so tun als ob... Es ist das Selbst aus Feuer, das einzige, wahre Selbst der Welt, das einzige, das uns nicht im Stich läßt: „Ein bewußtes Wesen steht im Zentrum des Selbstes, das die Vergangenheit und die Zukunft regiert, es ist gleich einem Feuer ohne Rauch... dies gilt es mit Geduld vom eigenen Körper zu entwirren," heißt es in den Upanischaden*. Es ist „das in der geheimen Kaverne verborgene Kind", von dem der Rig-Veda (V.2.1) spricht, „der Sohn des Himmels mit dem Körper der Erde"(III.25.1), „derjenige, der wacht, in all den Schlafenden" (Katha Upanishad V.8). „Er ist gegenwärtig in der Mitte des Hauses" (Rig-Veda, I.70.2), „Er ist gleich dem Leben und dem Atem unseres Daseins, er ist gleich unserem ewigen Kinde" (I.66.1), er ist „der strahlende König, der uns verborgen war" (I.23.14). Es ist der Mittelpunkt, der Meister, der Ort, an dem alles verbunden ist:

Der Sonnenraum, in dem alles für immer gewußt ist.[3]

Haben wir diese innere Sonne einmal verspürt, diese Flamme, dieses lebendige Leben – denn es gibt so viele abgestorbene Leben – und sei es auch nur für eine Sekunde unserer Existenz, dann verändert sich alles; man hat eine Erinnerung, gegenüber der alle anderen Erinnerungen verblassen. Es ist *die* Erinnerung. Verhalten wir uns nun loyal gegenüber diesem brennenden *Agni,* wird es wachsen und wachsen gleich einem lebendigen Wesen in unserer Haut, gleich einem unstillbaren Durst. Es wird sich mehr und mehr in unserem Inneren konzentrieren, dort eingeschlossen und herzzerreißend gleich etwas, das nicht zum Durchbruch kommt: *Ein schreckliches Gefühl von etwas, das einen daran hindert, zu sehen und durchzubrechen. Man versucht hindurchzudringen und findet sich prompt vor einer Mauer. Man drückt und stößt und schlägt und hämmert dagegen und kommt doch nicht durch,* beschreibt es die Mutter. Bis schließlich, eines Tages, aus schierer Not, schierer Willenskraft und schierer Agonie gegenüber der beklemmenden Atemnot die psychische

---

* Katha Upanishad IV.12.13; VI.17.

Spannung ihre äußerste Grenze erreicht und man folgende Erfahrung macht: *Der Druck wird so stark und die Intensität der Frage so überwältigend, daß etwas im Bewußtsein umschlägt. Anstatt zu versuchen, von draußen hineinzusehen, ist man plötzlich drinnen. Und in dem Augenblick, da man sich innen befindet, ändert sich alles drastisch. All das, was wahr, natürlich, normal und greifbar erschien, wirkt augenblicklich grotesk, lächerlich, unwirklich und absurd. Man hat etwas im höchsten Maße Wahres und unendlich Schönes berührt, und das wird man nie mehr verlieren.* „O Feuer, o Agni, wenn du durch uns wohl geboren bist, erreichst du das höchste Maß und die größte Weite unseres Wesens, alle Herrlichkeit und Schönheit liegen in deiner ersehnten Farbe und in deiner vollkommenen Vision. O Weite, du bist die Fülle, die uns bis zum Ende unseres Weges trägt; du bist die Vielfalt der Schätze, die um uns ausgebreitet..." (Rig-Veda III.1.12). Das wahre Leben öffnet sich vor uns, als hätten wir nie zuvor das Tageslicht gesehen: *Betrachtet man ein Prisma von einer Seite,* sagt die Mutter, *so ist das Licht weiß; dreht man es um, so wird das Licht vielfach gebrochen. Nun, genau das geschieht auch hier: Man stellt das ursprüngliche Weiß wieder her. Im gewöhnlichen Bewußtsein ist alles gebrochen, und jetzt stellt man das Weiß wieder her.* Die Mutter wählt noch ein anderes Beispiel: *Man sitzt wie vor einem verschlossenen Tor, einem schweren bronzenen Tor, und man bleibt dort sitzen mit dem Wunsch, es möge sich öffnen und einen auf die andere Seite lassen. Also sammelt man all seine Konzentration, alles Streben zu einem einzigen Strahl und beginnt so zu drücken, gegen das Tor zu drücken, stärker und stärker, mit wachsender Energie, bis das Tor plötzlich nachgibt. Und man tritt ein, wie in Licht getaucht.*
In diesem Moment ist man wirklich geboren.

Psychisches Wachstum

Die schlagendste und unwiderstehlichste von allen Erfahrungen der psychischen Öffnung ist die, immer existiert zu haben und für immer zu existieren. Man berührt eine andere Dimension, sieht, daß man so alt ist wie die Welt und ewig jung und dieses Leben nur *eine* Erfahrung ist, *ein* Glied in einer ununterbrochenen Kette von Erfahrungen, die sich so weit zurück in die Vergangenheit erstreckt, wie sie sich in der Zukunft verliert. Alles weitet sich auf die Dimensionen der Erde aus. Welcher Mensch sind wir nicht gewesen? Welche Fehler haben wir nicht getragen? Alle Werte verkehren sich. Was von all dieser Kleinlichkeit und all dieser Größe ist nicht unser? Wo ist der Fremde, der Verräter, der Feind? O göttliches Verständnis, o vollkommenes Mitgefühl!

Alles beginnt, sich zu lüften, als wären wir von einem Höhlenleben auf eine Hochebene katapultiert worden. Alles ergibt einen Sinn, und alles kommt zusammen, als würden die alten Rätsel durch einen Licht-Hauch zerrissen – der Tod hat aufgehört zu sein, nur der Unverständige kann noch sterben, denn wie wäre es dem Bewußten möglich zu vergehen? *Ob ich lebe oder sterbe, bin ich doch ewig.*⁴ „Alt und verbraucht, wird er wieder und wieder jung," sagt der Rig-Veda (II.4.5). „Es ist ungeboren und stirbt nicht," heißt es in der Bhagavad Gita, „noch wird es, weil es gewesen ist, nicht wieder sein. Es ist ungeboren, vorzeitlich und unverwüstlich; es läßt sich nicht erschlagen, auch wenn der Körper erschlagen wird. So wie ein Mensch seine abgetragenen Kleider ablegt und sich neue anzieht, so legt das verkörperte Wesen seine Körper ab und verbindet sich mit anderen, die neu sind. Sicher ist der Tod des Geborenen, und sicher ist die Geburt von dem, das stirbt."*

Das, was man gewöhnlich als Reinkarnation oder Wiedergeburt bezeichnet, ist kein besonderes Merkmal der Lehre Sri Aurobindos. Es ist, angefangen vom Fernen Osten über Ägypten bis hin zu den Neu-Platonikern**, allen alten Weisheiten geläufig, doch Sri Aurobindo gibt dem eine neue, eigene Bedeutung. In dem Augenblick, in dem wir die enge, zeitgebundene Sichtweise eines einzigen vom Tod beendeten Lebens überschreiten, sind zwei Haltungen möglich: Entweder man stimmt den Vertretern eines ausschließlichen Spiritualismus zu, der besagt, daß all diese Leben nichts weiter sind als eine schmerzvolle und nichtige Fessel, die es so bald als möglich abzuwerfen gilt, um in Frieden, in Gott, in Brahman oder irgendein Nirvana einzugehen. Oder wir glauben mit Sri Aurobindo – in einem Glauben, der sich auf Erfahrung gründet –, daß die Summe all dieser Leben ein Wachstum und eine Ausweitung des Bewußtseins darstellt, die in einer *irdischen* Erfüllung kulminieren. Es gibt, mit anderen Worten, eine Entwicklung, eine Evolution des Bewußtseins hinter der biologischen Evolution der Arten, und diese spirituelle Evolu-

---

* Bhagavad Gita II. 18, 20, 22, 27.
** Bemerkenswerterweise haben die Kirchenväter auf dem Alexandrinischen Konzil die Möglichkeit erörtert, die Reinkarnation in die Lehre mitaufzunehmen.

tion muß zur individuellen und zur kollektiven Verwirklichung auf der Erde führen. Man mag sich fragen, warum die Anhänger traditioneller Spiritualität, erleuchtet wie sie waren, diese irdische Verwirklichung nicht gesehen haben. Zunächst handelt es sich da um den Standpunkt eines relativ modernen Spiritualismus, denn der Veda (dessen Geheimnis Sri Aurobindo wiederentdeckte) und vielleicht auch andere noch kaum verstandene Überlieferungen bestätigen das Gegenteil. Diesbezüglich ist zu vermerken, daß die Spiritualität unserer gegenwärtigen geschichtlichen Epoche sich durch eine ihrer gesteigerten mentalen Entwicklung entsprechende Trübung des Bewußtseins auszeichnet. Sodann konnten die Spiritualisten schlecht zu Schlußfolgerungen gelangen, die ihren Annahmen widersprechen. Nachdem sie von dem Gedanken ausgegangen waren, daß es sich bei der irdischen Welt um eine Illusion handelt oder wenigstens um ein Zwischenreich, das mehr oder weniger der „Schwachheit des Fleisches" und dem Teufel preisgegeben ist, so konnten sie nur zu dem Ergebnis gelangen, welches ihre Prämissen zuließ: Es war selbstverständlich jenseits dieser Welt, wo sie ihr Seelenheil und die Befreiung suchten. Anstatt alle dem Menschen zur Verfügung stehenden Resourcen mentaler, vitaler, physischer und psychischer Art geduldig zu erforschen, sie von ihren Schlacken zu befreien, sie auszuweiten und zu vergöttlichen, so wie es die vedischen Seher taten, gleichwie vielleicht die Eingeweihten der Mysterien des Altertums, ohne von Sri Aurobindo zu sprechen, verwarfen sie alles und suchten, *sich mit einem Satz vom reinen Denken zum reinen Geist aufzuschwingen* [5]. So konnten sie naturgemäß das nicht sehen, was sie sich zu sehen weigerten. Die Materialisten haben ebenfalls einiges übergangen, allerdings im umgekehrten Sinne: Sie haben einen winzigen Fleck physischer Realität genauestens erforscht und alles übrige verneint. Ausgehend von dem Gedanken, daß allein der Materie Realität zukomme und alles andere Halluzination sei, konnten sie nur dorthin gelangen, wohin ihre Prämissen sie führten. Beginnen wir schlicht und ohne Vorurteile, wie es Sri Aurobindo tat, gewappnet allein mit einer offenen Wahrheit und einem vollkommenen Vertrauen in die umfassenden und integralen Möglichkeiten des Menschen, so erreichen wir vielleicht ein integrales Wissen und damit ein integrales Leben.

Vom Gesichtspunkt der Evolution des Bewußtseins aus betrachtet, ist Wiedergeburt nicht mehr der zwecklose und unaufhörliche Kreislauf, den einige in ihr gesehen haben, noch ist es jenes Delirium der Einbildungskraft, als das andere sie darstellten. Mit typisch westlicher Klarheit räumt Sri Aurobindo auf mit *allem spirituellen Feuilletonismus und allen mystischen Märchenstunden*, wie die Mutter es nannte, zu dem so viel ernsthaftes Wissen seit dem Ende des Zeitalters der Mysterien verkommen ist. Er heißt uns, uns nicht im Hellsehen zu versuchen, sondern einfach im Klarsehen. Es geht nicht darum, an Reinkarnation zu „glauben", sondern einen Begriff, eine Erfahrung davon zu erlangen und zu verstehen, unter welchen Umständen solch eine Erfahrung möglich ist. Die Frage ist völlig praktisch und betrifft unsere integrale Entwicklung in der Zeit. Augenfälligerweise ist es nicht die kleine äußere Person, die sich wieder inkarniert, auch wenn das für all jene eine Enttäuschung bedeutet, die sich selbst bis in alle Ewigkeit als derselbe Herr Jedermann vorstellen, nur einmal eben im germanischen Fell, dann in Kniehosen aus Samt und schließlich im Plastik-Look oder im Raumfahreranzug – das wäre außerdem reichlich monoton. Die wirkliche Bedeutung von Wiedergeburt ist sowohl tiefgehender als auch umfassender. Zum Zeitpunkt des Todes löst sich die ganze Fassade auf, die Summe aller mentalen Schwingungen, die sich durch ihre ständige Wiederholung um uns angesammelt haben und die unser mentales Ego oder unseren Mentalkörper ausmachen, löst sich auf und geht wieder in das universelle Mental ein. Auf die gleiche Weise lösen sich die vitalen Vibrationen, die unser vitales Ego oder unseren Vitalkörper ausmachen, auf und kehren zurück in das universelle Vital, so wie sich auch der physische Körper in seine natürlichen Bestandteile in der universellen Materie auflöst. Allein das Psychische bleibt. Wie wir gesehen haben, ist es ewig. Die Erfahrung der Reinkarnation hängt also ab von der Entdeckung des psychischen Zentrums und Meisters, der die Erinnerungen von einem Leben auf das andere überträgt, ferner von dem Grad unserer psychischen Entwicklung. Blieb unsere Seele während eines ganzen Lebens unter mentalen, vitalen und physischen Aktivitäten begraben, so hat es keinerlei Erfahrungen, die es mitnehmen könnte. Es kehrt wieder und wieder zur Erde zurück, um an die Oberfläche unseres Wesens zu gelangen und offen bewußt zu werden. Für die Erinnerung ist es also offensichtlich unabdingbar, den Narkosezustand zu verlassen. Deswegen ist es auch schwer möglich, unterhalb eines bestimmten Entwicklungsstadiums von Reinkarnation zu sprechen. Denn was nützt es zu wissen, daß das Psychische sich reinkarniert hat, wenn es nicht bewußt ist? Das Bewußt-Werden ist der eigentliche Sinn der Evolution.

Leben auf Leben wächst das Psychische schweigend hinter der Oberflächen-Person, durch die Tausenden von Wahrnehmungen unseres Körpers, durch die Abertausenden von Reizen auf unsere Sinne und Gefühle und durch die zahllosen Gedanken, die sich in uns regen. Es wächst mit unseren Erfolgen und wächst gleichwohl in unseren Niederlagen, durch unsere Freuden und durch unsere Leiden, unser Gutes wie unser Böses – all das sind seine Antennen, die Welt auszuloten. Wenn sich die äußere Apparatur auflöst, behält es lediglich das Wesentlichste, die Essenz von allen Erfahrungen; einige allgemeine Tendenzen, die sich besonders ausgeprägt entwickelt haben, bilden das erste Embryo einer *psychischen Persönlichkeit* hinter der Oberflächen-Person*. Es bewahrt verschiedene Folgen des gerade gelebten Lebens, da jede unserer Handlungen eine Art Eigendynamik in sich trägt, die sich zu verewigen sucht – das, was man in Indien *Karma* nennt. Bestimmte Eindrücke werden in ein anderes Leben übernommen als besondere Begabung, besondere Schwierigkeiten, angeborene Neigungen, unerklärliche Phobien, unwiderstehliche Anziehungskräfte und unter Umständen sogar bestimmte Bedingungen, die sich geradezu mechanisch wiederholen, als würden wir zur endlichen Lösung wieder und wieder vor das gleiche, alte, ungelöste Problem gestellt. So repräsentiert jedes Leben eine Form von Erfahrung – wir bilden uns zwar ein, viele verschiedene Erfahrungen zu machen, doch tatsächlich ist es immer dieselbe –, und durch die Anhäufung von unzähligen Erfahrungsformen eignet sich das psychische Wesen langsam eine immer stärkere, immer bewußtere, immer umfassendere Individualität an, als gelänge es ihm nicht wirklich zu sein, bevor es die ganze Skala menschlicher Erfahrungen durchlaufen hat. Je mehr es wächst und sich weitet, desto mehr individualisiert sich die Bewußtseins-Kraft in uns und desto mehr intensiviert sich die psychische Spannung, nimmt sie zu und drängt, bis zu dem Augenblick, an dem es die äußere

---

* Die psychische oder wahre Persönlichkeit drückt die einzigartige Bestimmung jeder einzelnen Person aus – vielleicht sollten wir sagen, den ihr eigenen Aspekt – unter ihren kulturell, sozial und religiös bedingten Schichten. So könnte eine bestimmte Person durchaus nacheinander Seefahrer, Musiker, Revolutionär, Christ, Moslem und Atheist sein, doch würde sie in jedem Leben denselben Aspekt z.B. der Liebe, des Forschungs- und Eroberungsgeistes, der Freude oder der Reinheit ausdrücken, welcher allem, was sie sich zu tun unterfängt, eine charakteristische Note verleiht. Und jedesmal wird dieser charakterisierende Aspekt weiter, präziser und klarer definiert.

Verpuppung nicht mehr braucht und das psychische Wesen ans Tageslicht durchbrechen kann. Dann wird es der Welt um sich herum unmittelbar gewahr; es wird zum Meister der Natur, anstatt ihr verschlafener Gefangener zu sein; das Bewußtsein wird zum Meister seiner Kraft, anstatt davon im doppelten Wortsinn „geleimt" zu werden. Yoga ist der Augenblick unserer Entwicklung, an dem wir die unendlich langen Umwege und Irrwege der natürlichen Evolution zugunsten einer bewußten und gezielten Entwicklung hinter uns lassen: *ein Prozeß der konzentrierten Evolution.*

Es gibt also die verschiedensten Ebenen, vom durchschnittlichen Menschen, in dem das Psychische gerade erst eine latente Möglichkeit ist, bis zum erwachten Wesen. Wie läßt sich ohne Reinkarnation der gewaltige Niveau-Unterschied zwischen Seelen, sagen wir der eines Zuhälters und der von Dante oder von Franz von Assisi begründen, oder schlichter gefragt, der zwischen dem *pfennigfuchsenden Philister*, wie Sri Aurobindo sagt, und einem Menschen, der sucht? Es sei denn, man vertritt die Meinung, spirituelle Entwicklung sei eine Frage der Erziehung, des sozialen und geistigen Umfeldes oder der Erbanlage oder Herkunft, was offensichtlich nicht der Fall ist; oder sollten wir annehmen, daß nur höhere Töchter und Söhne aus gutem Hause eine Seele ihr eigen nennen dürfen und das Dreiviertel der unaufgeklärten Menschheit der ewigen Verdammnis geweiht ist? *Die eigentliche Natur unserer Menschheit setzt voraus, daß der Beschaffenheit der Seelen eine unterschiedliche Vergangenheit zugrundeliegt und daß sie eine dementsprechende irdische Zukunft haben werden.*[6] Beharrt man trotz allem darauf, daß dem Menschen nicht mehr als ein Leben zur Verfügung steht, stößt man auf Absurditäten: *Platon und der Hottentotte, das glückliche Kind eines Heiligen oder Rishis* und der abgebrühte Kriminelle, der von Anfang bis Ende in die niederträchtigste und widerlichste Korruption einer modernen Großstadt getaucht ist, müssen sich gleichermaßen durch ihre Taten oder ihren Glauben in diesem einen ungleichen Leben die gesamte Ewigkeit ihrer Zukunft schaffen? Dies ist ein Paradox, welches sowohl die Seele als auch die Vernunft, das moralische Empfinden und die spirituelle Intuition beleidigt.*[7] Aber selbst unter den erwachten Wesen gibt es noch enorme Unterschiede. Einige Seelen, einige Bewußtseins-Kräfte sind

---

* Weise des vedischen Zeitalters, zugleich Seher und Dichter, die den Veda verfaßten.

gerade geboren, während andere bereits eine sehr bestimmte und weit ausgebildete Persönlichkeit haben. Einige Seelen sind inmitten ihrer ersten strahlenden Selbstentdeckung begriffen, ohne dabei viel über ihr eigenes Freudestrahlen hinaus wahrzunehmen oder auch nur eine genaue Erinnnerung an ihre Vergangenheit zu besitzen oder sich der Welt bewußt zu sein, welche sie in sich tragen; während andere seltene Ausnahmen durch ein Bewußtsein belastet scheinen, das die Erde umfaßt. Denn man kann erleuchteter Yogin oder Heiliger sein, der in seiner Seele lebt, und doch einen relativ stumpfen Verstand, ein Vital voller verdrängter Triebe und einen Körper haben, der geringgeschätzt oder wie ein Tier behandelt wird, dazu ein Überbewußtsein voller jungfräulicher Leere. „Erlösung" mag in diesem Falle erlangt sein, nicht aber die Fülle eines integralen Lebens.

Auf die Entdeckung des Psychischen muß deshalb etwas folgen, das man als „psychische Besiedlung" oder nüchterner als *psychische Integration* bezeichnen könnte. Auch die moderne Psychologie benutzt den Begriff „Integration", aber man fragt sich, um was da eigentlich integriert werden soll; denn zum Integrieren ist ein Zentrum notwendig. Oder soll um die Grillen des Egos oder die Salti mortali des Vitals integriert werden? Genauso gut könnte man versuchen, eine Yacht am Schwanz eines Zitteraals festzumachen. Hat man das innere Königreich entdeckt, bleibt nun, langsam und mit viel Geduld das äußere Reich zu besiedeln und anzugliedern; dabei ist es notwendig, daß all unsere mentalen und vitalen Aktivitäten und, zumindest solange es uns um eine irdische Verwirklichung geht, auch unsere physische Natur sich um das neue Zentrum integrieren. Das ist die einzige Voraussetzung für ihr Überleben: Allein jene Aktivitäten, die „psychisiert" oder „beseelt" sind, wenn man so sagen darf, haben Anteil an der psychischen Unsterblichkeit. All das, was außerhalb des psychischen Bereiches geschieht, passiert tatsächlich außerhalb von uns und ist deshalb nicht von längerer Dauer als der Körper selbst. Es gibt ganze Leben, in denen niemand da ist. Unsere Seele muß am äußeren Leben teilnehmen, um sich der äußeren Angelegenheiten erinnern zu können, andernfalls gleicht sie einem blinden König. Dann – und nur dann – läßt sich von Reinkarnation und von der Erinnerung an vergangene Leben sprechen. Diese Erinnerungen sind nicht unbedingt Erinnerungen an Rang und Namen, Prunk, Pracht, Heldentat und Herrlichkeit (denn wieviele Napoleone oder Julius Cäsars hätte es gegeben, wenn man den Wiedergeburts-Feuilletonisten Glauben schenken wollte), es sind Erinnerungen an *Seelen-Momente*[8]; denn für das Psychische gibt es keine Herrlichkeit oder deren Abwesenheit, nichts ist ihm erhaben oder niedrig, die Besteigung des Everest ist nicht mehr oder weniger großartig als der tägliche Gang in die U-Bahn – solange er nur bewußt geschieht. Das Psychische ist die Herrlichkeit an und für sich.

Diese „Seelen-Momente" können die Eindrücke der physischen Umstände aufbewahren, die mit ihnen einhergingen. Es mag sich dabei um eine besondere Umgebung handeln oder einen bestimmten Ort, um eine Kleidung, welche man in dieser Zeit getragen hat, um ein unbedeutendes Detail, die alle in dem Augenblick, in dem die innere Offenbarung sich vollzieht, sozusagen das Siegel der Ewigkeit erhalten. Jeder von uns kennt selbst in diesem Leben Augenblicke reiner Transparenz oder Momente plötzlichen Aufblühens, und zwanzig oder vierzig Jahre später bleibt uns diese Momentaufnahme absolut unangetastet in Erinnerung, mit der genauen Blaustufe des Himmels im Hintergrund, mit dem kleinen Kieselstein, der sich am Wegesrand befand, und der absurden Alltäglichkeit, die sich an diesem Tage abspielte, als ob all das für die Ewigkeit geschehen sei. Und es ist nicht einmal ein „als ob", es *ist* in Wahrheit für die Ewigkeit. Es sind die wenigen Augenblicke, die wir gelebt haben, in denen aus all den Tausenden von Stunden der Nicht-Existenz ein wahres Ich an die Oberfläche tritt. Auch unter tragischen Umständen kann das Psychische hervortreten, wenn sich das gesamte Wesen auf einmal zu einer bestechenden Intensität sammelt und etwas in uns zerreißt. Wir spüren dann eine Präsenz, eine Gegenwart aus dem Hintergrund, die uns zu Dingen befähigt, die unser normales Vermögen gänzlich übersteigen. Hierbei erscheint das andere Gesicht des Psychischen, nicht nur das der Freude und Anmut, sondern das der überlegenen Stärke, als stände es gleich einem unverwundbaren Meister für alle Zeiten über jeder möglichen Tragödie. Auch hier können sich die Einzelheiten der Begebenheit unauslöschlich einprägen. Was sich allerdings auf das nächste Leben überträgt, sind nicht so sehr die Details, sondern es ist eher das Wesentliche von dem, was geschehen ist. Ein bestimmtes Muster, ein bestimmtes Zusammentreffen von Umständen, von Situationen der Ausweglosigkeit, die von einer Atmosphäre des déjà vu und einer Aura von Fatalität begleitet werden, machen uns betroffen: Das, was wir in der Vergangenheit nicht überwunden haben, begegnet uns wieder und wieder, jedesmal in einer leicht veränderten Form, jedoch als im wesentlichen dasselbe, bis wir uns dem alten Knoten stellen und ihn lösen. Denn das ist das Gesetz inneren Fortschritts.

Im allgemeinen neigen präzise Erinnerungen physischer Umstände aber nicht dazu, sich zu verewigen, da sie schließlich nur von geringer Bedeutung sind, gleich wieviel unser kleines Oberflächenbewußtsein auch davon hermacht. Es gibt sogar einen spontanen Mechanismus, der die überflüssige Vielfalt früherer Erinnerungen auslöscht, so wie auch diejenigen der Gegenwart langsam verblassen. Schauen wir mit einem einzigen umfassenden Blick zurück, ohne nachzudenken, was bleibt von unserem gegenwärtigen Leben? Eine graue Masse mit zwei, drei hervorstechenden Eindrücken; alles übrige verlischt. Ebenso verhält es sich mit der Seele und ihren früheren Leben. Ein immenser Ausleseprozeß findet statt. Und dieser Mechanismus des Vergessens ist über lange Zeiträume hinaus durchaus weise, denn würden wir uns zurückliegender Leben verfrüht erinnern, würden uns diese Erinnerungen höchst wahrscheinlich ständig hemmen. Schon in unserem jetzigen Leben gibt es eine solche Fülle nutzloser Erinnerungen, die uns gleich einer Mauer an unserem Fortschritt hindern, da sie uns in der gleichen inneren Haltung, der gleichen Erstarrung, der gleichen Verweigerung oder Revolte, das heißt in der gleichen inneren Tendenz fixieren. Wir müssen vergessen, um zu wachsen. Sollten wir uns mit unserem hoffnungslos kindischen äußeren Bewußtsein daran erinnern, zum Beispiel einmal ein tugendhafter Bankier gewesen zu sein, während wir uns nun in der Haut eines abgerissenen Landstreichers befinden, so wären wir verständlicherweise verwirrt. Denn vielleicht sind wir noch zu jung, um zu verstehen, daß unsere Seele die Erfahrung des Gegenteils der Tugend machen mußte, oder besser gesagt, daß sich jetzt der Abszeß öffnet, den unsere Tugend verbarg. Evolution hat nichts damit zu tun, immer heiliger oder immer intelligenter zu werden, sie hat damit zu tun, immer bewußter zu werden. Es gehören viele Menschenalter dazu, die Wahrheit vergangener Leben konstruktiv auszuhalten.

Alles hängt also ab von dem Grad unserer Entwicklung und dem Maß, in dem unser psychisches Wesen an unserem äußeren Leben teilgenommen hat. Je mehr wir das Äußere „besiedelt" haben, desto mehr an Erinnerung nehmen wir mit uns. Unglücklicherweise geben wir uns häufig mit einem sogenannten „Innenleben" zufrieden, während wir äußerlich aus Gewohnheit auf irgendeine beliebige Weise weiterleben. Das ist das Gegenteil eines integralen Yoga. Haben wir allerdings von Anfang an alles mit in unsere Suche aufgenommen, auf allen Ebenen und jeden Aspekt des Lebens betreffend, anstatt alles weltbezogene Treiben zugunsten einer ausschließlichen Erforschung der Seele aufzugeben, dann können wir ein integrales und integriertes Leben erreichen, in dem wir außen genauso wie innen sind. Schließen wir andererseits alles aus, um unseren sogenannten „spirituellen" Zwecken zu dienen, wird es sehr schwierig sein, hinterher die notwendigen Schritte zurückzuverfolgen, von unseren ge- und zerbrechlichen Höhen herabzusteigen, um das Mental zu erweitern und zu universalisieren, um das Vital zu befreien und zu universalisieren, um das Unterbewußte zu klären und schließlich an der physischen Schlacke zu arbeiten, um sie zu vergöttlichen. Auf diesen einsamen Höhen sitzt man viel zu bequem, als daß man sich noch einmal herablassen möchte, all diesen Morast aufzuwühlen, und, um die Wahrheit zu sagen, man ist dann auch *nicht mehr dazu in der Lage*. Das heißt, um genau zu sein, wir denken überhaupt nicht mehr daran, denn wie könnten wir solch eine ungeheure Aufgabe auf uns nehmen, wenn wir das Denken, das Leben und den Körper für vergänglich halten und auf nichts weiter abzielen als auf Lebensflucht und Erlösung?

Die psychische Verwirklichung oder die Entdeckung der Seele ist damit nicht das Ende der Reise für den integral Suchenden, sondern der winzige Anfang einer anderen Reise, die er diesmal bewußt und nicht unbewußt antritt – sogar mit zunehmend weiterem Bewußtsein. Denn je mehr das psychische Wesen wächst und an unseren äußeren Aktivitäten teilhat, desto klarer, präziser und von Leben zu Leben beständiger werden die mentalen, vitalen und physischen Erinnerungen – damit beginnen wir erst zu verstehen, was Unsterblichkeit heißt – und umso zusammenhängender, absichtsvoller und wirksamer werden seine Geburten. Wir sind frei und für immer wach. Der Tod ist nicht mehr diese grimassierende Maske, die uns daran erinnert, daß wir uns selbst noch immer nicht gefunden haben, sondern er ist der bruchlose Übergang von einer Art und Weise der Erfahrung in eine andere. Wir haben ein für allemal den Leitfaden des Bewußtseins gefunden, und wir gehen hierhin und dorthin, wie man die Grenze zwischen zwei Ländern überschreitet, und zur alten Erde zurück, bis auf den Tag, an dem wir, wie Sri Aurobindo ankündigte, ausreichend gewachsen sind, um nicht nur die Kontinuität unserer mentalen und vitalen Existenz zu verwirklichen, sondern auch dem Körper in hinreichendem Maße Bewußtsein eingeben zu können, damit er an der psychischen Unsterblichkeit teilhaben kann. Denn alles ist immer eine Frage des Bewußtseins, für unser mentales, vitales und physisches Leben ebenso wie für unseren Schlaf, unseren Tod und unsere Unsterblichkeit. Bewußtsein ist das Mittel. Bewußtsein ist der Schlüssel. Bewußtsein ist das Ziel.

8. Kapitel

Die Unabhängigkeit vom Physischen

Nach dem Mental und dem Vital spielt in Sri Aurobindos Yoga das Physische als drittes Instrument des Geistes in uns eine besondere Rolle, denn ohne es ist kein *göttliches Leben* auf der Erde möglich. Wir beschreiben jetzt lediglich einige Punkte vorbereitender Erfahrung, eben jene, die Sri Aurobindo zu Beginn seines Yoga entdeckte. Der Yoga des Körpers erfordert eine weit größere Bewußtseinsentwicklung, als wir bis jetzt in Betracht zogen. Je mehr man sich der Materie nähert, desto höherer Bewußtseinskräfte bedarf es, denn der Widerstand wächst in dem Maße unseres Absteigens. Die Materie ist der Ort größter spiritueller Schwierigkeiten, aber auch *der Ort des Sieges*. So übersteigt der Yoga des Körpers den Bereich unserer mentalen und vitalen Kräfte, ein *supramentaler Yoga*, von dem wir später sprechen werden, ist erforderlich.

Unabhängigkeit von den Sinnen

Die Materie ist der Ausgangspunkt unserer evolutionären Entwicklung. In die Materie eingeschlossen, hat sich das Bewußtsein nach und nach entwickelt. Deshalb sollte das Bewußtsein in dem Maße seine Souveränität wiedererlangen und seine Unabhängigkeit behaupten, in dem es aus der Materie hervortritt. Dies ist der erste Schritt und wohlbemerkt nicht das Ende. Gegenwärtig steht der Körper in einer beinahe vollständigen Abhängigkeit zu seinen Grundbedürfnissen, um zu überleben, und gegenüber seinen Sinnesorganen, um die Welt wahrnehmen zu können. Wir sind mit Fug und Recht sehr stolz auf unsere Maschinen und doch genügt es, daß unsere eigene Maschine ein wenig von Kopfschmerzen geplagt wird, damit alles sich trübt, und wenn uns der Zugang zu dem gewohnten Arsenal von Fernschreibern, Fernsehern und Fernsprechern verwehrt wird, erweisen wir uns als unfähig, auch nur festzustellen, was nebenan passiert, oder über das Ende der Straße hinauszusehen. Wir sind Überzivilisierte, ohne physisch das Stadium des Höhlenmenschen überschritten zu haben. Es mag wohl sein, daß unsere Maschinerie schlußendlich nicht so sehr Symbol einer Meisterschaft ist als vielmehr eines erschreckenden Unvermögens. Die Schuld daran obliegt sowohl den Materialisten in ihrem Unglauben gegenüber den Kräften des Geistes als auch den Spiritualisten für ihren Unglauben an die Wahrheit der Materie. Dieses Unvermögen ist jedoch nicht unabänderlich, es basiert vor allem auf unserem Glauben, unvermögend zu sein. Wir finden uns ein wenig in der Lage desjenigen, der von seinen Vorfahren ein Paar Krücken erbte und deshalb den Glauben an die Gehfähigkeit seiner Beine verloren hat. Es geht also darum, an unsere Beine zu glauben, an unser eigenes Bewußtsein, das nicht nur Beine sondern auch Tausende von Augen und Armen, ja sogar Flügel hat.

Gerade durch den Verlauf unserer Evolution hat sich das in die Materie versenkte Bewußtsein an die Abhängigkeit von einer bestimmten Anzahl äußerer Organe gewöhnt, durch die es die Welt wahrnimmt, und da wir die Antennen vor dem Meister der Antennen auftreten sahen, haben wir den etwas voreiligen und kindischen Schluß gezogen, die Antennen hätten den Meister geschaffen, und ferner, daß es ohne Antennen weder einen Meister noch eine Wahrnehmung der Welt gäbe. Das jedoch ist eine Illusion. Unsere Abhängigkeit von den Sinnesorganen ist *lediglich eine Gewohnheit*, Jahrtausende alt, das ist richtig, aber um keinen Deut unausweichlicher als die von den Steinzeitmenschen verwendeten Feuersteine: *Es ist dem Mental durchaus möglich – und es wäre sogar natürlich, könnte es nur dazu gebracht werden, sich von seiner Zustimmung zur Dominanz der Materie zu befreien –, ohne Rückgriff auf die Sinnesorgane direkte Kenntnis der Wahrnehmungsgegenstände zu erlangen.*[1] Es ist möglich, über Kontinente hinweg zu sehen und zu fühlen, als gäbe es keine Distanzen, denn Distanz ist nur für den Körper und seine Organe ein Hindernis, es ist kein Hindernis für das Bewußtsein, welches sich augenblicklich überall hin begeben kann, wo es will, wenn es nur gelernt hat, sich auszuweiten – es gibt einen anderen, leichteren Raum, in dem alles in einem Blitz versammelt ist. Vielleicht erwarten wir hier ein „Rezept" für Hellsehen oder Allgegenwart, aber auch Rezepte sind noch Mechanismen zweiten Grades; das ist wohl auch der Grund, warum sie uns anziehen. Sicher, Hatha-Yoga kann genau wie andere Arten von yogischen Übungen sehr wirkungsvoll sein, wie sich auf ein Kerzenlicht zu konzentrieren *(Tratak)*, eine unfehlbare Diät zu entwickeln, Atemübungen und methodische Selbsterstickungsversuche zu machen *(Pranayama)*. Alles ist nützlich, alles kann seinen Nutzen zeitigen. Dabei haben all diese Methoden den Nachteil, daß sie langwierig und von begrenzter Reichweite sind. Darüber hinaus sind sie immer unsicher und sogar gefährlich, wenn sie von Individuen ausgeübt werden, die ungenügend auf ihre Wirkung vorbereitet oder für sie geläutert sind. Es genügt nicht allein, Kraft zu wollen; wenn die Kraft kommt, muß die Maschine sie auch aushalten können, ohne zu kollabieren. Es reicht nicht aus zu „sehen", man muß auch bereit sein, das zu verstehen, was man sieht. In der Praxis vereinfacht sich unsere Aufgabe beträchtlich, sobald wir verstehen, daß es *das Bewußtsein* ist, welches sich all dieser Methoden bedient und durch alle diese Methoden handelt, und daß, wenn wir uns nur unmittelbar in Bewußtsein begeben, wir uns nicht nur eine Menge Zeit ersparen, sondern auch den zentralen Hebel direkt erreichen. Das hat noch dazu den Vorteil, daß Bewußtsein nicht trügt. Und sollte das Instrument aus nichts weiterem bestehen als aus einem unbehauenen Stück Holz, das Bewußtsein würde es nach und nach in einen Zauberstab verwandeln – dabei kommt das Verdienst weder dem Stück Holz noch der verwendeten Methode zu. Selbst wenn man es auf dem Grunde einer Höhle einsperrt, und es handelt sich hier nicht nur um die gleichnishafte Höhle Platons, würde das Bewußtsein einen Weg finden, nach außen zu blicken – und gerade das ist die ganze Geschichte der Evolution des Bewußtseins in der Materie.

Für den integral Suchenden schließt sich die Arbeit am Körper ganz natürlich an seine Arbeit an Mental und Vital an. Aus Bequemlichkeit haben wir die verschiedenen Ebenen des Seins eine nach der anderen beschrieben, und doch schreiten sie alle gemeinsam fort, und jeder Sieg, jede Entdeckung auf einer Ebene hat automatisch seine Rückwirkung auf alle anderen Ebenen. Als wir daran arbeiteten, mentales Schweigen zu erreichen, war zu beobachten, daß verschiedene Schichten des Mentals nacheinander zum Schweigen gebracht werden mußten: ein *denkendes Mental*, welches unsere gewöhnlichen Verstandesabläufe bestimmt, ein *vitales Mental*, welches unsere Wünsche, Gefühle und Impulse rechtfertigt, und weiter noch ein sehr viel problematischeres *physisches Mental*, dessen Überwindung so wesentlich für die physische Beherrschung ist, wie die des denkenden und vitalen Mentals wesentlich für mentale und vitale Meisterschaft ist. Es sieht so aus, als hätten wir mit dem Mental den Sündenbock des integralen Yoga gefunden, denn wir scheuchen es ja überall, an allen möglichen und unmöglichen Orten auf. Nebenbei muß man allerdings bemerken, daß es auch eine durchaus substantielle Hilfe

Die Unabhängigkeit vom Physischen 111

im Verlauf unserer Entwicklung gewesen ist und daß es für viele immer noch ein unabdingbares Werkzeug darstellt. Aber alle Hilfen, ganz gleich wie erhaben oder göttlich, werden eines Tages zum Hindernis, denn sie taugen nur für einen Schritt, doch wir haben viele Schritte vor uns und auch mehr als eine Wahrheit zu erobern. Könnten wir diesen einfachen Satz annehmen und auf unsere gesamte Werteskala anwenden, ohne eben jenes Ideal auszulassen, das uns gegenwärtig lieb und teuer ist, so würden wir sehr schnell auf dem Weg der Evolution fortschreiten können. Das physische Mental ist das stumpfsinnigste von allen. Es ist ein Überrest in uns vom ersten Auftreten des Mentals in der Materie. Es ist mikroskopisch, starrköpfig, angstversessen, engstirnig, konservativ (und das war seine evolutionäre Funktion), es veranlaßt uns x-mal, uns genau zu versichern, daß wir eine bestimmte Tür auch wirklich abgeschlossen haben, obwohl wir genau wissen, daß wir dies längst getan haben. Es gerät über den kleinsten Kratzer in vollkommene Panik und sieht sich den schlimmsten eingebildeten Krankheiten preisgegeben, sobald auch nur die geringste Kleinigkeit schief geht. Es schöpft ein unerschütterliches Mißtrauen vor allem Neuen, konstruiert ganze Gebirge von Schwierigkeiten, um seine im Laufe der Zeit liebgewonnene Routine nicht auch nur um ein geringes Nichts verändern zu müssen. Es wiederholt sich unaufhörlich in uns wie eine endlos vor sich hin murmelnde alte Jungfer. Jeder von uns hat das eine oder andere Mal seine Bekanntschaft gemacht, und da es uns nur Peinlichkeiten bereitet, haben wir ihm rigoros den Laufpass gegeben, doch sitzt es noch tief in uns und murmelt allein vor sich hin. Nur die monotone Geräuschkulisse unseres alltäglichen Treibens verhindert, daß man es hört. Hat man nun das denkende Mental und das vitale Mental zum Schweigen gebracht, wird man nicht nur gewahr, daß es durchaus noch reichlich zugegen ist, sondern auch, mit welcher Hartnäckigkeit es an einem klebt. Man kann nicht einmal mit ihm diskutieren, dazu ist es zu töricht. Und doch bleibt nichts anderes, als daß es klein beigibt; denn so wie das denkende Mental einen Filter gegen die Ausweitung unseres mentalen Bewußtseins darstellt und das vitale Mental eine Schranke zur Universalisierung unseres vitalen Bewußtseins darstellt, so stellt das physische Mental der Erweiterung unseres physischen Bewußtseins, die doch eine Grundlage für die physische Meisterschaft ist, eine ernstzunehmende Mauer entgegen. Und damit nicht genug, es trübt und blockiert jede Vermittlung und beschwört alle Katastrophen der Welt herauf. Es genügt – und hier handelt es sich um ein

Phänomen, dessen Bedeutung man nicht genug unterstreichen kann –, an etwas oder an jemanden zu denken, um sich *augenblicklich* in Kommunikation mit dieser Person oder dieser Sache zu befinden (in den meisten Fällen unbewußt) und damit alle Schwingungen, die diese besondere Sache oder diesen Jemand darstellen, mit all ihren Konsequenzen aufzunehmen. Und da sich das physische Mental immerwährend in einem Zustand von Angst und Beklemmung befindet, bringt es uns ständig in Kontakt mit den greulichsten Möglichkeiten. Es erwartet allzeit das Schlimmste. Dieser Obsession kommt im Alltag keine besondere Bedeutung zu, weil sich die Tätigkeit des physischen Mentals in dem allgemeinen Getöse der anderen Ebenen und Schichten verliert und wir gerade durch unseren Mangel an Empfänglichkeit geschützt sind. Arbeiten wir allerdings systematisch daran, Transparenz in uns herzustellen und unsere Aufnahmefähigkeit zu steigern, so kann die Verwirrung des physischen Mentals zu einem ernsthaften und sogar gefährlichen Hindernis werden. Diese mentale, vitale und physische Transparenz ist der Schlüssel einer doppelten Unabhängigkeit: einer Unabhängigkeit von den Empfindungen, denn die Bewußtseinskraft ist nicht mehr zerstreut und über alle Ebenen des Seins ausgebreitet, sondern sie ist in einem manövrierbaren Strahl gebündelt und läßt sich jetzt willentlich und beliebig von jedem beliebigen Punkt der Hitze-, Kälte- oder Schmerzempfindung absondern; einer Unabhängigkeit von den Sinnen auch insofern, als sie, von der unmittelbaren Beschäftigung mit unseren mentalen, vitalen und physischen Handlungen befreit, sich über den körperlichen Rahmen hinaus ausdehnen kann, um durch eine Art Projektion mit entfernten Dingen, Wesen und Begebenheiten in Kontakt zu treten. Normalerweise ist ein Zustand von Schlaf oder Hypnose notwendig, um sich von den unmittelbaren Sinneseindrücken zu distanzieren und etwas aus einiger Entfernung im Raum oder in der Zeit aufnehmen zu können, aber ist der Lärm des Mentals einmal zum Schweigen gebracht und sind wir Meister unseres Bewußtseins geworden, sind diese primitiven und umständlichen Mittel vollkommen überflüssig. Das Bewußtsein ist das *einzige Organ*[2]. Es allein empfindet, sieht und versteht. Schlaf und Hypnose sind lediglich sehr grobe und vorzeitliche Methoden, den Schleier des Oberflächen-Mentals zu lüften. Und das ist durchaus sinnvoll so: denn, sind wir voll von dem Lärm unserer Begierden und Befürchtungen, was können wir dann in Wahrheit anderes sehen als die zahllosen Abbilder unserer Begierden und Befürchtungen? Genauso wie das befriedete Mental und das beruhigte Vital sich universalisieren, universalisiert sich spontan das geklärte Physische. Wir sind der Gefangene von niemand anderem als uns selbst; die ganze weite Welt wartet an unseren Pforten darauf, daß wir die Schranken unserer kleinen Strukturen zerbrechen. Dieser Fähigkeit der Ausweitung des Bewußtseins muß sich natürlich die Fähigkeit der Konzentration zur Seite stellen, damit sich das ausgeweitete Bewußtsein ruhig und schweigend auf das gewünschte Objekt richten und *es werden* kann. Konzentration und Ausweitung aber sind die spontanen Konsequenzen des inneren Schweigens. Im inneren Schweigen sieht das Bewußtsein.

Unabhängigkeit von Krankheiten

Sind wir einmal frei von der Spannung und dem Summen des denkenden Mentals, frei von der Tyrannei und Fieberhaftigkeit des vitalen Mentals, seinen unersättlichen Anforderungen, frei von der Torheit und Beklemmung des physischen Mentals, so beginnen wir zu verstehen, was der Körper eigentlich ist, ohne diese störenden Überlagerungen, und wir entdecken, was für ein großartiges Instrument er ist – offen, rezeptiv, ausdauernd, voll von einem unerschöpflichen guten Willen. Er ist von allen das am meisten verkannte und mißhandelte Instrument. In der neu gewonnenen Klarheit unseres Wesens beobachten wir zuerst, daß der Körper nie krank ist, sondern lediglich abgenutzt wird; aber selbst diese Abnutzung ist nicht unvermeidbar, wie wir im supramentalen Yoga sehen werden. Denn es ist nicht der Körper, der krank ist, es ist das Bewußtsein, das fehlgeht oder versagt. Im Laufe des Yoga sehen wir, daß jedesmal, wenn wir krank werden oder ein äußerer „Unfall" passiert, dies *in jedem Fall* das Ergebnis eines Mangels an Bewußtsein, einer falschen inneren Einstellung oder einer psychologischen Verwirrung ist. Diese Beobachtungen sind umso faszinierender, als etwas in uns *geweckt* worden ist, sobald wir uns auf den Pfad des Yoga begeben haben, das uns auf jeden Fehler aufmerksam macht und uns in greifbarer Weise die wahre Ursache von allem, was uns geschieht oder zustößt, zeigt, ganz als nehme „jemand" unser Forschen ernst – alles zeigt sich im vollsten Tageslicht. Nicht ohne einige Verblüffung stellen wir mehr und mehr einen vollkommenen Zusammenhang zwischen unserem jeweiligen inneren Zustand und den äußeren Umständen fest (seien es Krankheiten, „zufällige"

Begebenheiten oder „Unfälle"), als würde sich das Leben nicht von außen nach innen entfalten sondern von innen nach außen, indem das Innere das Äußere gestaltet und zwar bis in die unerheblichsten und nichtssagenden Einzelheiten hinein – tatsächlich ist nichts mehr unerheblich oder nichtssagend, das ganz alltägliche Leben erscheint gleich einem Netzwerk geladen mit Zeichen, die auf unsere Beachtung warten. Alles hängt miteinander zusammen, die Welt ist ein Wunder. Man begeht einen kindischen Irrtum anzunehmen, daß das spirituelle Leben daraus besteht, Visionen zu haben, von „Erscheinungen" heimgesucht zu werden und sich kontemplativ in „übernatürliche" Phänomene versenken zu müssen. Das Göttliche ist uns näher, als wir denken, das „Wunder" weniger marktschreierisch aufdringlich und um einiges tiefgründiger als all diese entschieden zu kurz veranschlagten Vorstellungen. Haben wir nur ein einziges Mal eines dieser kleinen Zeichen, die unseren Weg kreuzen, entschlüsselt, ein einziges Mal eine Ahnung erhalten von dem unmerklichen Bindeglied, welches alle Dinge zusammenhält, sind wir dem Großen Wunder näher, als wenn wir himmlisches Manna berührten. Denn vielleicht ist das Wunder gerade, daß das Göttliche auch das Natürliche ist. Nur geben wir nicht darauf acht.

So erfährt der Suchende die Umkehrung des Lebensstroms, von innen nach außen (und das, seit der psychische Meister seiner Gefangenschaft ledig ist). Er unterscheidet jetzt alltägliche Zeichen und sieht, daß seine innere Einstellung die Kraft hat, äußere Umstände zu beeinflussen, zum Besseren oder zum Schlechteren. Befindet er sich in einem Zustand der Harmonie und befinden sich seine Handlungen in Übereinstimmung mit einer tieferen Wahrheit seines Wesens, scheint nichts widerstehen zu können, selbst „Unmöglichkeiten" lösen sich auf, als würde eine andere Gesetzmäßigkeit die „natürliche" außer Kraft setzen (tatsächlich ist es die wahre Natur, die sich von ihren vitalen und mentalen Verwicklungen löst), und er beginnt eine königliche Freiheit zu genießen. Besteht allerdings ein innerer Aufruhr, gleich ob mental oder vital, wird er sehen, daß dieser Aufruhr, diese Verwirrung unweigerlich negative äußere Umstände *einleitet*, sei es in Form eines Unfalls oder einer Krankheit. Der Grund dafür ist einfach: Wenn etwas in uns nicht stimmt, entsenden wir eine Art Schwingung, die automatisch alle anderen Schwingungen der gleichen Art hervorruft und auf jeder Ebene unseres Wesens mit ihnen in Verbindung tritt; überall entsteht ein vollständiges Chaos, das gleichermaßen die äußeren Umstände stört und alles aus dem Gleichgewicht bringt.

Die Unabhängigkeit vom Physischen

Dieser innere Zustand schafft nicht nur ein Chaos um uns, er schwächt auch die schützende Hülle des peripheren Bewußtseins, von der wir früher gesprochen haben, was bedeutet, daß wir nicht mehr durch eine bestimmte Intensität der Schwingung beschützt werden, sondern vollkommen offen und verletzbar sind – nichts kann so leicht ein *Loch* in unsere unsichtbare Schutzhülle reißen oder sie auflösen wie eine Schwingung von Aufruhr –, und dann kann alles mögliche eintreten. Es bleibt noch, daran zu erinnern, daß jeder negative innere Zustand ansteckend ist: Die Gesellschaft bestimmter Menschen hat eine Tendenz, Unfälle und Scherereien hervorzurufen. Nachdem wir die gleiche Erfahrung zehnfach oder hundertfach durchgestanden haben – gleich ob es sich um eine normale Erkältung, um einen Treppensturz oder um etwas noch Ernsthafteres handelt – werden wir je nach dem inneren Zustand feststellen, daß weder unser Körper noch der sogenannte „Zufall" irgend etwas mit der Ursache zu tun haben, und damit erkennen wir auch, daß die Lösung nicht in irgendeiner Droge oder Wunderdroge liegt, sondern darin, die innere Ordnung, die richtige innere Einstellung wiederzuerlangen; mit anderen Worten, die Lösung liegt im Bewußtsein. Ist der Suchende bewußt, kann er inmitten der schwersten Seuche überleben und nach Belieben tieftrübes Gangeswasser trinken; nichts kann ihm etwas anhaben, denn was kann dem erwachten Meister etwas anhaben? Wir haben Bakterien und Viren isoliert, aber wir haben nicht verstanden, daß es sich hier lediglich um äußere Träger handelt. Nicht das Virus macht die Krankheit aus, sondern die dahinterstehende Kraft, welche das Virus benutzt. Sind wir klar, so können alle Virenhorden der Welt uns nichts anhaben, denn unsere innere Kraft übersteigt diese störende Kraft, oder, um es anders zu sagen, die Schwingung unseres Seins hat eine zu hohe Intensität, als daß es für die niedrigere Schwingung möglich wäre einzudringen. Nur Gleiches kann in Gleiches eindringen. Vielleicht wird Krebs eines Tages kuriert und verschwinden, wie andere mittelalterliche Krankheiten verschwunden sind, und doch werden wir nicht die eigentlichen *Kräfte* der Krankheit ausgerottet haben. Diese werden einfach, nachdem das ihnen gegenwärtig dienende Instrument ausfindig und unschädlich gemacht worden ist, etwas anderes verwenden, sich einen anderen Träger, ein anderes Virus suchen. Unsere Medizin berührt nur die Oberfläche der Dinge und nicht ihre Ursache. Die einzige Krankheit, die es gibt, ist Unbewußtheit. In einem späteren Stadium, nachdem das innere Schweigen wohl gefestigt ist und wir uns in der Lage befinden, mentale und vitale Schwingungen am Rand unseres peripheren Bewußtseins wahrzunehmen, werden wir entsprechend fähig sein, krankheitserzeugende Schwingungen wahrzunehmen und sie zu verjagen, bevor sie in uns eindringen können: *Könnt ihr des euch umgebenden Selbstes bewußt werden,* schrieb Sri Aurobindo einem Schüler, *dann könnt ihr den Gedanken, die Leidenschaft, die Suggestion oder Kraft der Krankheit auffangen und verhindern, daß sie in euch eintreten.*[3]

Es gibt zwei andere Kategorien von Krankheit, die sich nicht direkt auf einen Fehler unsererseits zurückführen lassen: solche, die aus einem unbewußten Widerstand erwachsen (darauf kommen wir später im Zusammenhang mit der Klärung des Unterbewußtseins zurück), und solche, die man auch „yogische Krankheiten" nennen könnte, die sich aus einer Diskrepanz in der Entwicklung zwischen den höheren Bewußtseinsebenen und unserem physischen Bewußtsein ergeben. Unser mentales oder vitales Bewußtsein, zum Beispiel, mag sich wesentlich erweitern, es mag neue Arten von Intensitäten erfassen, während unser physisches Bewußtsein noch in alten vibratorischen Bewegungen nachhängt und diesen Zuwachs an Intensität noch nicht aushält. Das führt zu einer Unausgewogenheit, die Krankheiten mitsichbringen kann, nicht etwa durch das Eindringen eines äußeren Trägers, einer Mikrobe oder eines Virus, sondern durch den Zusammenbruch der üblichen Beziehung zwischen den Teilen unseres inneren Wesens. So kann es zu Krankheiten wie Allergien, kolloidalen Störungen im Blut sowie nervlichen und mentalen Störungen kommen. Wir stoßen hier auf das Problem der Empfänglichkeit der Materie für höhere Bewußtseinskräfte, eines der Hauptprobleme im supramentalen Yoga. Das ist auch einer der Gründe, warum Sri Aurobindo und die Mutter so viel Wert auf die Kultivierung unserer physischen Grundlage, unseres Körpers, legten. Ohne diese kann man vielleicht in tiefste Ekstasen entrücken oder sich in höchsten Höhen des Absoluten verlieren, aber es gelingt einem nicht, diese Intensitäten und Weiten des Geistes in unser „inferiores" Königreich zu bringen – in Mental, Vital und Körper –, um dort ein göttliches Leben zu schaffen.

Unabhängigkeit vom Körper

Das Bewußtsein kann sich von den Sinnesorganen ebenso unabhängig machen wie von Krankheiten, und das gilt in einem beträchtlichen

Die Unabhängigkeit vom Physischen 117

Ausmaß auch für Nahrung und Schlaf, hat es einmal das unerschöpfliche Reservoir der Großen Lebenskraft entdeckt. Sogar Unabhängigkeit vom Körper ist jetzt möglich. Ist der Strom der Bewußtseins-Kraft in uns ausreichend individualisiert, stellen wir fest, daß wir ihn nicht nur von den Sinnen und den Sinnesobjekten loslösen können sondern auch vom Körper. In unseren Meditationen, die eine Art Trockenübung für uns darstellen, bevor wir eine spontane Meisterung erreicht haben, beobachten wir, daß die Bewußtseins-Kraft besonders homogen und kompakt wird. Nachdem sie sich von Mental und Vital freigemacht hat, zieht sie sich langsam von dem Rauschen des Körpers zurück, der dann, gleich einer transparenten und schwerelosen Masse, die keinen Raum beansprucht, ganz still wird, etwas, das beinahe nicht existiert. Die Atmung läßt sich immer weniger wahrnehmen, und der Herzschlag wird schwächer und schwächer; plötzlich gibt es einen befreienden Ruck, und wir befinden uns „anderswo", außerhalb unseres Körpers. Sehr technisch gesprochen, nennt man das „Exteriorisation".

Es gibt alle möglichen Arten von „Anderswo", ebenso viele, wie es Ebenen des Bewußtseins gibt. Wir können von verschiedenen Schichten aus ausgehen, je nachdem, wo wir gerade unser Bewußtsein konzentrieren (wir haben schon das universelle Mental und das universelle Vital erwähnt). Das unmittelbare „Anderswo" aber, welches direkt an unsere physische Welt angrenzt und ihr bis auf ein Mehr an Intensität stark ähnelt, ist das, was Sri Aurobindo das *Subtil-Physische* genannt hat. Das Wissen darum ist so alt wie die Welt und nicht allein Sri Aurobindos Yoga eigen. Es ist ein Teil unserer integralen Entwicklung, der uns auf den Tag vorbereitet, an dem wir unseren Körper für eine längere Zeitspanne verlassen, welche man unwissend „Tod" nennt. Um eine klarere Darstellung zu erhalten, führen wir hier die Beschreibung des Subtil-Physischen eines jungen Ashramschülers an. Es geht um seine Erfahrung, als er zum erstenmal bewußt seinen Körper verließ: „Ich lag in Konzentration ausgestreckt auf meiner Couch, als ich mich plötzlich im Haus eines Freundes befand; er musizierte mit einigen Freunden. Ich hatte eine klare Wahrnehmung der Dinge, klarer noch als in der physischen Welt, und ich bewegte mich ungehindert und mit großer Geschwindigkeit. Ich blieb eine ganze Weile als Zuschauer dort; ich versuchte sogar ihre Aufmerksamkeit zu erregen, aber sie waren nicht bewußt. Plötzlich zog etwas gleich einem Instinkt an mir: ‚Ich muß zurück!' Ich hatte das Gefühl, Halsschmerzen zu haben. Ich erinnere mich, um den Raum, der bis auf eine schmale Deckenöffnung verschlossen war, verlassen zu können, schien sich meine äußere Form zu verflüchtigen (ich hatte noch eine Form, aber es war keine Form materieller Art, sondern leuchtender und weniger undurchlässig), und ich verließ den Raum gleich einer Spur von Rauch durch das offene Fenster. Danach befand ich mich wieder in meinem Zimmer, nahe meinem Körper, und ich bemerkte, daß mein Kopf verdreht war, steif gegen das Kissen gedrückt, und ich große Atemschwierigkeiten hatte. Ich versuchte, wieder in meinen Körper einzudringen, aber es war unmöglich. Mir wurde angst und bange. Ich versuchte, durch meine Beine einzudringen, aber kaum daß ich bis an die Knie vorgedrungen war, rutschte ich wieder heraus. Das passierte zwei- oder dreimal: das Bewußtsein stieg und rutschte dann wieder herab wie ein Gummiband. Ich dachte mir: ‚Wenn es mir nur gelänge, die kleine Fußbank umzustoßen (meine Füße lagen auf einer kleinen Fußbank), würde das Lärm machen und mich aufwecken!' Aber es war nichts zu machen. Dazu fiel mir das Atmen schwerer und schwerer. Ich verspürte unheimliche Angst. Plötzlich erinnerte ich mich an die Mutter und rief aus: ‚Mutter! Mutter!' Und ich landete wieder in meinem Körper, wach und mit einem steifen Hals." *

* Drei Beobachtungen lassen sich hier anschließen. Erstens versuchte der Junge durch einen beinahe rührenden Mangel an Erfahrung, „durch die Beine" wieder in seinen Körper zu gelangen. Kein Wunder, daß ihm dies Schwierigkeiten bereitete. Im allgemeinen kann man durch das Herzzentrum den Körper verlassen und wieder in ihn zurückkehren. Es geht auch durch die Mitte der Schädeldecke, aber das ist kaum empfehlenswert. Wenn Yogins ihren Körper auf immer verlassen (das, was man in Indien *iccha-mrityu* oder willentlichen Tod nennt), gehen sie durch die Spitze der Schädeldecke. Zweitens kühlt der Körper während der Exteriorisation stark ab, und der Kreislauf reduziert sich auf ein Minimum. Diese Abkühlung kann sogar, mit allen äußeren Zeichen des Todes, bis zur vollständigen Katalepsie gehen, entsprechend der „Entfernung" des Bewußtseins von der physischen Ebene. Das ist eine Gelegenheit, konkret zu belegen, daß, wenn sich das Bewußtsein zurückzieht, die Kraft sich gleichfalls zurückzieht, denn sie sind identisch. Werden wir zum Beispiel ohnmächtig, zieht sich das Bewußtsein ebenfalls zurück, weil wir unfähig sind, ein bestimmtes erhöhtes Maß an Intensität auszuhalten, aber da wir nicht gelernt haben, eine Bewußtseinsbrücke zwischen unseren verschiedenen Seinszuständen herzustellen, vermittelt sich uns unser unfreiwilliger Rückzug als Gedächtnislücke oder Blackout. Schließlich läßt sich noch bemerken, daß allein die Tatsache, daß der Schüler sich seines Meisters erinnerte, in diesem Falle die Mutter, ausreichte, um die Verwirrung der Angst zu entwirren und es dem Jungen ermöglichte, die richtige Bewegung zum Wiedereintritt in seinen Körper zu finden. Durch seinen Gedanken an die Mutter stellte er sich augenblicklich auf die korrekte Schwingung ein, die alles wieder richtigstellte. Das ist, grob gesprochen, einer der Schutzmechanismen oder Hilfen des Meisters gegenüber dem Schüler.

Die Unabhängigkeit vom Physischen

Nach vielen Zyklen des Verschüttetseins und Erwachens, nach unzähligen Erschütterungen, die einen dazu zwingen, sich seiner selbst zu erinnern und sich zu beherrschen, oder auch sich zu verschließen, um in der Verborgenheit zu wachsen, wird das Bewußtsein schließlich zu einer wohlgeformten Einheit; es durchbricht seine äußere Schale und behauptet seine Unabhängigkeit. Diese Unabhängigkeit, schreibt Sri Aurobindo, *wird so sehr zur normalen Haltung des ganzen Wesens innerhalb seines körperlichen Rahmens, daß letzterer uns das Gefühl von etwas Äußerem und Loslösbarem gibt, gleich einer Kleidung, die wir tragen, oder einem Werkzeug, das wir zufällig in unserer Hand halten. Es mag sogar dazu kommen, daß wir unseren Körper in einem gewissen Sinne für nichtexistent erachten, höchstens als eine Art unvollständigen Ausdruck unserer Vitalkraft und Mentalität. Diese Erfahrungen sind Zeichen dafür, daß das Mental zur richtigen Einstellung bezüglich des Körpers findet, daß es den falschen Standpunkt einer von physischen Sinneseindrücken gefangenen und besessenen Mentalität zugunsten der Wahrheit der Dinge verabschiedet*[4]. Der wahre Standpunkt ist immer der des Meisters, also der des Psychischen, des Geistes in uns. Jeden Falles, den wir als Unmöglichkeit, Begrenzung oder Barriere empfinden, können wir uns als des Sieges von morgen versichern, denn ohne das Hindernis zu spüren, könnten wir es nicht überwinden. Wir sind geschaffen, alles zu erobern und alle unsere Träume zu verwirklichen, denn es ist der Geist, der in uns träumt. In einer Welt, in der Verbote und Reglements sich mehr und mehr zu einem eisernen Netzwerk zusammenschließen, ist vielleicht der vordringlichste Traum, fähig zu sein, auf die offene See, in den offenen Raum hinauszusegeln, ungehindert von Körper und Grenzen. Wir brauchen keine Pässe oder Personalausweise mehr, wir sind staatenlos, Erben aller Nationen der Welt, ohne Visum, ohne Stempel, wir genießen eine köstliche Ausdehnung von Leben und Freiheit: „O Weite..." sagt der Rig-Veda.

9. Kapitel

Schlaf und Tod

Die Bewußtseinsebenen

Nicht jeder ist in der Lage, bewußt seinen Körper zu verlassen oder sein Mental oder Vital bewußt auszuweiten, doch viele tun dies unbewußt im Schlaf, das heißt genau in dem Augenblick, in dem die kleinen „Ichs" der Oberflächen-Person nicht so beschränkt und kleinlich von ihren äußeren Sorgen und Voreingenommenheiten in Beschlag genommen werden. Diese verschiedenen „Ichs" sind Ausdruck eines Bruchteils der Realität, genau des Teiles, den man mit dem bloßen Auge wahrzunehmen vermag, doch unübersehbare Bereiche erstrecken sich darüber hinaus. Wir haben schon von einem universellen Mental gesprochen, von einem universellen Vital und einem Subtil-Physischen unmittelbar hinter der Folie des Physischen. Es geht also darum, die Integrität unserer universellen Realität wiederzufinden. Um dies zu erreichen, kann man drei Methoden anwenden, drei Stadien durchlaufen: die erste, der Schlaf, steht aller Welt zur Verfügung; die zweite ist seltener und beruht auf dem bewußten Verlassen oder „Exteriorisieren" des Körpers und auf tiefen Meditationen; und die dritte stellt bereits eine fortgeschrittene Stufe der Entwicklung dar, in welcher alles einen höheren Grad von Einfachheit erreicht hat: hier ist es möglich, auf jede Art und Weise zu sehen, ohne auf Schlaf oder meditative Versenkung zurückgreifen zu müssen, mit weit offenen Augen inmitten von anderweitiger Geschäftigkeit, als würden alle Ebenen des universellen Daseins vor uns stehen, sich vor unserem inneren Auge eröffnen und durch einfache Verlagerung des Bewußtseins zugänglich werden, etwa so, wie sich das Auge von einem näheren auf einen weiter entfernten Gegenstand einstellt. Schlaf ist also das nächstliegende Instrument, er kann bewußt und zunehmend bewußter werden, bis wir hier und im Schlaf eine fortdauernde Bewußtheit erreichen und sowohl Schlaf als auch Tod nicht mehr die Rückkehr in ein vegetatives Dasein oder in ein Stadium der Auflösung unserer natürlichen Bestandteile bedeuten, sondern einfach den Übergang von einer Art und Weise des Bewußtseins in eine andere. Denn obwohl die Demarkationslinie, die wir zwischen Schlafen und Wachen, zwischen Leben und Tod gezogen haben, mit den äußeren Phänomenen übereinstimmt, entspricht sie so wenig einer essentiellen Realität, wie unsere nationalen Grenzen für die tatsächliche physische Geographie eine Rolle spielen oder die Außenfarbe oder feste Form eines beliebigen Gegenstandes auf die wirkliche Beschaffenheit seiner Atomkerne Einfluß haben. Es gibt in der Tat keine Trennung, *außer für unsere Unbewußtheit.* Die zwei Welten, oder besser diese eine und zahllose andere, bestehen andauernd nebeneinander und greifen ständig ineinander über. Einzig die unterschiedlichen Arten, *die gleiche Sache* wahrzunehmen, lassen uns in einem Fall sagen, „ich lebe", und in einem anderen, „ich schlafe", oder in einem dritten, „ich bin tot" (vorausgesetzt, wir sind bewußt genug, uns dies zu vergegenwärtigen), so wie es eben möglich ist, den gleichen Untersuchungsgegenstand verschieden zu erfahren, je nach der Ebene, auf der man ihn betrachtet – subatomar, atomar, molekular oder rein äußerlich. Das „Anderswo" befindet sich überall hier. Wir haben den verschiedenen Symbolen, die unser äußeres, physisches Leben ausmachen, jeweils einen besonderen und ausschließlichen Wert beigemessen, denn sie liegen ja unmittelbar vor unseren Augen; deshalb sind sie aber nicht mehr oder weniger wertvoll als die anderen Symbole, welche unser nicht-physisches Leben ausmachen. Die atomare Wirklichkeit eines Gegenstandes annulliert weder seine äußere Wirklichkeit, noch ist sie von ihr getrennt, und umgekehrt. Die anderen Symbole sind nicht nur ebenso gültig wie unsere physischen Symbole, sondern wir können darüber hinaus unsere eigenen Symbole nicht wirklich verstehen, wenn wir nicht auch *alle* anderen Symbole verstehen. Um eine Sprache lesen zu können, muß man ihr ganzes Alphabet kennen, und ohne Kenntnis der anderen Grade des Daseins bliebe unsere Kenntnis der gewohnten menschlichen Welt so unvollständig und falsch, wie es eine physikalische Studie bliebe, die die Kenntnis von Molekülen, Atomen und Partikeln auszuklammern suchte. Nichts kann erkannt werden, wenn nicht alles erkannt wird.

Es gibt also eine unendliche Stufenfolge von gleichzeitig nebeneinander bestehenden Wirklichkeiten, zu denen der Schlaf ein natürliches Fenster bildet. Lassen wir die oberflächliche Einteilung Leben-Schlaf-Tod für eine wesentlichere und treffendere Klassifikation des Universums beiseite, so sehen wir, daß von den höchsten Höhen bis in die tiefsten Tiefen (wenn es so etwas gibt wie Höhen und Tiefen) dieses Universum nichts als ein Kontinuum von Bewußtseins-Kraft oder, wie Sri Aurobindo es nennt, eine Abstufung von *Bewußtseinsebenen* ist, die ohne Unterbrechung von der reinen Materie bis zu reinem Geist reichen – das Subtil-Physische, das Vital, das Mental, das Supramental (es lassen sich beliebige andere Worte verwenden oder eine andere Terminologie aufstellen, aber diese Tatsache bleibt gleich) –, und alles findet auf diesen Ebenen statt, unser Leben, unser Schlaf und unser Tod. Man kann sich nirgendwohin außerhalb dieses Kontinuums begeben; dort ist nicht nur alles zugegen, sondern dort besteht alles nebeneinander und ohne Trennung. Leben, Schlaf und Tod sind lediglich unterschiedliche *Stellungen* des Bewußtseins innerhalb der gleichen Stufenfolge. Befinden wir uns im Wachzustand, empfangen wir mentale oder vitale Schwingungen, welche sich durch bestimmte Symbole ausdrücken oder durch eine bestimmte Art und Weise zu sehen, zu verstehen oder zu leben. Sind wir im Zustand des Schlafes oder „Todes", empfangen wir *dieselben* mentalen, vitalen oder andersartigen Schwingungen, die sich durch andere Symbole, einen anderen Blickwinkel, einen anderen Verständnismodus und eine andere Lebensweise innerhalb *derselben Realität* ausdrücken. In jedem Falle ist der Schlüssel unserer Existenz – hier oder anderswo – unsere Bewußtseinskapazität. Sind wir in unserer Lebensweise unbewußt, sind wir damit in jeder Weise unbewußt. Der Tod ist dann tatsächlich ein Tod und der Schlaf eine Betäubung. Sich dieser verschiedenen Grade der Realität bewußt zu werden, ist deshalb unsere grundlegende Aufgabe. Haben wir diese Arbeit einmal in umfassender und integraler Weise geleistet, brechen die künstlichen Grenzen, die die verschiedenen Arten unseres Daseins trennen, ganz von allein zusammen. Wir können dann ohne Unterbrechung, ohne Lücke im Bewußtsein, von Leben zu Schlaf und Tod übertreten. Genauer gesagt, wird es Schlaf und Tod nicht mehr in der Weise geben, wie wir sie verstehen, sondern man wird auf unterschiedliche Arten ununterbrochen die gleiche totale Realität wahrnehmen und vielleicht schließlich zu einem integralen Bewußtsein gelangen, das alles auf einmal wahrnimmt. Unsere Entwicklungsgeschichte ist weit davon entfernt, abgeschlossen zu sein. *Der Tod ist nicht die Verneinung des Lebens sondern ein Prozeß des Lebens.*[1]

   Das physische Leben im physischen Körper erhält folgerichtig eine besondere Bedeutung unter all den anderen Daseinsarten, denn es ist der Ort, an dem wir bewußt werden können – *dort findet die Arbeit statt*, wie die Mutter sagt. Es ist der Berührungspunkt, an dem alle Ebenen aufeinandertreffen. Dort findet die Arbeit statt, weil es der Ausgangspunkt oder beinahe der Ausgangspunkt der Evolution ist. Durch diesen Körper

Schlaf und Tod 123

entwickelt sich allmählich und über unzählige, noch nicht ausdifferenzierte Leben hinweg ein „Wir", nimmt Individualität, eine Persönlichkeit an, indem es mit immer höheren Ebenen in Berührung kommt und auf jeder Ebene mit immer weiterreichenden Bewußtseinsbereichen. Es existieren somit genauso viele verschiedene Arten von Schlaf und Tod, wie es verschiedene Leben gibt, denn es handelt sich um dasselbe. Alles hängt von unserer evolutionären Entwicklung ab. Es gibt wie im Leben alle möglichen Abstufungen, von der völligen Nichtigkeit bis zu dem vollkommen wachen und individualisierten Bewußtsein. Deshalb kann man bezüglich Schlaf oder Tod keine allgemeingültigen Regeln aufstellen, denn genau wie hier ist dort alles möglich. Man kann allenfalls einige Entwicklungslinien andeuten.

Wie schon erwähnt, bestehen wir aus verschiedenen Bewußtseinszentren, welche angefangen oberhalb des Kopfes in abwärtslaufender Folge lokalisiert sind. Jedes dieser Zentren ist, einem Radioempfänger ähnlich, auf eine andere Wellenlänge eingestellt und dadurch mit verschiedenen Bewußtseinsebenen verbunden, von denen wir beständig, wenn auch meistens unterschwellig, alle möglichen Schwingungen empfangen – subtil-physische, vitale oder mentale, von hoher oder niedriger Frequenz –, die unsere Art zu denken, zu fühlen oder zu leben ausmachen. Das individuelle Bewußtsein wirkt als Filter, indem es manche Schwingungen eher aufnimmt als andere, gemäß seinem gesellschaftlichen Rahmen, der Tradition, in der es steht, und der Erziehung, welcher es ausgesetzt war. Ganz allgemein läßt sich sagen, daß wir uns im Schlaf oder Todeszustand aus Neigung in eben die Regionen oder Ebenen begeben, mit denen wir schon eine Verbindung hergestellt haben. Aber in diesem elementaren Stadium ist das Bewußtsein noch nicht wirklich individualisiert. Obwohl es mental sehr kultiviert und verfeinert sein kann, denkt es letztlich wie alle anderen, fühlt wie alle anderen, lebt wie alle anderen; es ist nur ein zeitlich begrenztes Aggregat, dessen Kontinuität sich nicht jenseits des Körpers erstreckt, um den es sich angesammelt hat. Wenn dieses körperliche Zentrum abstirbt, zerstreut sich alles in kleine vitale, mentale und andere Teile, welche sich wieder zurück in ihre betreffenden Bereiche begeben, da ihnen jetzt der integrierende Mittelpunkt fehlt. Schläft dieses Zentrum, so befindet sich alles andere ebenfalls mehr oder weniger im Schlaf, denn die nicht-körperlichen mentalen und vitalen Bestandteile existieren nur in Funktion des körperlichen Lebens. In diesem Primärstadium gleitet das Bewußtsein einfach zurück in das Unterbewußtsein, wenn der Körper einschläft (wir verwenden den Begriff „unterbewußt", wie Sri Aurobindo ihn gebraucht, in seinem etymologischen Sinn, welcher eben das bezeichnet, was historisch unterbewußt ist, also nicht das, was sich unter unserem Wachbewußtsein befindet, sondern das, was im evolutionären Sinn unterhalb des bewußten Stadiums ist, wie etwa im Tier- oder Pflanzenbereich[2]). Mit anderen Worten, das Bewußtsein kehrt zu seiner entwicklungsgeschichtlichen Vergangenheit zurück, die es mit allen möglichen chaotischen Bildern bestürmt, die sich aus zufälligen Assoziationsketten vieler Erinnerungs- und Eindrucksfragmente ergeben, es sei denn, es führt seine Aktivitäten aus dem Wachzustand in mehr oder weniger zusammenhangsloser Weise fort. Von da sinkt das Bewußtsein weiter in seine vegetative oder larvenartige Vergangenheit zurück, die seinen eigentlichen Schlaf ausmachen, ähnlich dem der Tiere und Pflanzen. Ein Individuum hat viele Stadien zu durchlaufen, bevor das wahre Zentrum, das Psychische und dessen Bewußtseins-Kraft, sich formt und der ganzen flüchtigen Mischung etwas Zusammenhalt und Kontinuität verleihen kann. Von dem Augenblick an, in dem der Körper aufhört, Hauptzentrum zu sein, und man ein Innenleben unabhängig von den physischen Umständen und dem physischen Leben zu führen beginnt – und besonders wenn man Yoga, das heißt beschleunigte Evolution praktiziert –, ändert sich das Leben wirklich, ebenso wie Tod und Schlaf. Man fängt an zu existieren. Im Schlaf bemerkt man es sogar zuerst, ganz als würden die äußeren Veränderungen durch innere Wechsel im subtilen Bereich vorweggenommen, die sich insbesondere durch Träume bestimmter Art ausdrükken. Wir gehen vom animalischen Schlaf über in bewußten Schlaf oder in einen *Schlaf der Erfahrung,* und von einem verwesenden Tod in einen Tod, der lebt. Die Trennwände, die unser integrales Leben fragmentiert hatten, bröckeln ab. Anstatt aus Mangel eines Zentrums vollkommen zerstreut zu sein, haben wir den Meister gefunden und halten einen Leitfaden von Bewußtseinskraft in den Händen, der alle Ebenen der universellen Realität miteinander verbindet.

Erfahrender Schlaf

Gemäß dem Entwicklungsstand unseres Bewußtseins gibt es viele Grade und Stufen in dieser neuen Art Schlaf, angefangen von den

Mutters Agenda Band 7
Der Mensch ist nicht die letzte Stufe der irdischen Schöpfung. Die Evolution schreitet voran, und der Mensch wird übertroffen werden. Jedem steht die Entscheidung offen, ob er am Abenteuer der neuen Spezies teilnehmen will.
1966 ist das Jahr der Kulturrevolution in China. Eine tiefergehende Revolution vollzog sich in einem Körper, der für alle die kleinen irdischen Körper die eine Revolution suchte, die alles verändern würde: *Wir suchen den Schlüssel zur Macht, die den Tod auflösen kann ... das Mental der Zellen wird den Schlüssel liefern.* Der gefahrvolle Übergang von einem menschlichen Körper, der von den Gesetzen des Mentals bewegt wird, zu einem nächsten Körper, den ein namenloses Gesetz bewegt, im Herzen der Zelle: *Der Körper ist nicht mehr den physischen Gesetzen unterworfen.* Mußte nicht ein erstes Wirbeltier ähnliches verspüren, als es sein gewohntes aquatisches Milieu verließ und in ein namenloses anderes drang, in dem wir heute atmen? Achtzig Jahre früher hatte ein kleines Mädchen ihre erste Revolution in der Materie erlebt: *Als man mir sagte, alles bestehe „aus Atomen", geschah eine Art Revolution in meinem Kopf: Aber dann ist überhaupt nichts wahr!* Eine zweite Revolution in der Materie vollzieht sich auf der Ebene des Zellbewußtseins: Die alte Materie und ihre scheinbaren Gesetze verwandeln sich in eine neue Welt und eine neue Seinsart in einem Körper. 332 Seiten, 39 DM

Der Veda und die Bestimmung des Menschen
In vielen seiner Werke hat Satprem die Thematik der vedischen Seher und ihres ganzheitlichen, auch auf die Materie konzentrierten Yoga-Weges angesprochen. In den Rishis erkennt er seelenverwandte Sucher, die sein Anliegen einer durchgreifenden Entwicklung und Evolution des Menschen teilen.
Der Veda selbst galt den Hindus traditionell als göttliche Offenbarung, doch wurden die Interpretationen und Übersetzungen der alten Texte diesem hohen Anspruch selten gerecht. Eine Wende leitete Sri Aurobindo mit seinem umfassenden Werk *Das Geheimnis des Veda* ein, dessen Kerninhalt Satprem im vorliegenden kurzen Essay erschließt und mit eigenen Gedanken ergänzt.
Weniger im Stil eines Gelehrten, eher als persönlich bewegter und engagierter Betrachter führt Satprem den Leser in die Urzeit spirituell erwachter Menschen und erläutert deren verschlüsselte Sprache, „die geheimen Worte, Seher-Weisheiten, die dem *Seher* ihre innere Bedeutung offenbaren" (Rig Veda). 28 Seiten, DM 7,50

Sri Aurobindo Über sich selbst
Trotz seines umfangreichen Schriftwerks bestehen nur wenige Aussagen Sri Aurobindos zu seiner eigenen Person. Sie liegen nun erstmals deutschsprachig in gesammelter Form vor. Sri Aurobindo hat nach seiner Studienzeit in England und seiner politisch-revolutionären Tätigkeit in Indien zum Zwecke der Befreiung seiner Heimat vom kolonialen Joch um 1904 den Durchbruch zu seiner eigentlichen Bestimmung erfahren. Sie gipfelte in einer Erweiterung des Erdbewußtseins über alle mentalen Stufen hinaus, seiner Arbeit in Pondicherry. Deren Unverwechselbarkeit mit dem Sinnauftrag spiritueller „Vorgänger" brachte ihn zu der Überzeugung, daß sein Leben nicht an der Oberfläche lag und deshalb sorgsamer biographischer Erfassung bedurfte. Aus vorliegender Kompilation von Aufzeichnungen und Briefen erwächst für den Leser darum so etwas wie eine Autobiographie besonderer Art. Sie vermittelt zugleich die Umrisse eines integralen Yogas, dessen Schlüsselbegriffe „Transformation" und „Supramental" heißen. 445 Seiten, 45 DM

Sri Aurobindo: DM

– Über sich selbst	445 S., Pb.	45,–
– Das Göttliche Leben	3 Bände, zus. 1213 S., Leinen	120,–
– Die Synthese des Yoga	907 S., Leinen	89,–
– Savitri	743 S., Leinen	69,–
– Das Geheimnis des Veda	556 S., Leinen	69,–
– Die Grundlagen der indischen Kultur	410 S., Leinen	48,–
– Bhagavadgita	117 S., Pb.	18,–
– Essays über die Gita	580 S., Leinen	69,–
– Das Ideal einer geeinten Menschheit	362 S., Pb.	36,–
– Licht auf Yoga	63 S., Pb.	12,–
– Verzeichnis der Sanskrit-Ausdrücke	55 S., Pb.	6,80

Die Mutter:

– Über sich selbst	56 S., Pb.	12,–
Mutters Agenda 1951–1973, 13 Bände		
– Band 1: 1951–1960	496 S., Pb.	39,–
– Band 2: 1961	468 S., Pb.	39,–
– Band 3: 1962	510 S., Pb.	39,–
– Band 4: 1963	480 S., Pb.	39,–
– Band 5: 1964	350 S., Pb.	39,–
– Band 6: 1965	350 S., Pb.	39,–
– Band 7: 1966 *(weitere Bände in Vorbereitung)*	332 S., Pb.	39,–

Satprem:

– Sri Aurobindo oder Das Abenteuer des Bewußtseins	348 S., Pb.	36,–
– Mutter oder Der Göttliche Materialismus (Bd. 1)	354 S., Pb.	36,–
– Mutter oder Die Neue Spezies (Bd. 2)	436 S., Pb.	42,–
– Mutter oder Die Mutation des Todes (Bd. 3)	268 S., Pb.	30,–
– Evolution II	128 S., Pb.	17,–
– Der Aufstand der Erde	80 S., Pb.	17,–
– Notizen aus dem Labor	240 S., Pb.	24,–
– Das Mental der Zellen	230 S., Pb.	24,–
– Der Sonnenweg zum großen Selbst	186 S., Tb.	9,80
– Der kommende Atem	210 S., Pb.	24,–
– Vom Körper der Erde oder Der Sannyasin	400 S., Pb.	39,–
– Der Veda und die Bestimmung des Menschen	28 S., Pb.	7,50
– *Püschel*, Selbsttransformation	187 S., Pb.	24,–
– *Knipper*, Anthroposophie im Lichte indischer Weisheit	270 S., Pb.	28,–
– *Huchzermeyer*, Der Übermensch	122 S., Pb.	18,–

Zu beziehen durch:

Datum:

Unterschrift:

Anschrift in Druckbuchstaben:

Verlag Hinder + Deelmann · Postf. 1206 · D-35068 Gladenbach
Tel.: (06462) 1301 Fax: (06462) 3307

sporadischen Erleuchtungen auf dieser oder jener Ebene bis zu der anhaltenden Vision, die, in voller Beherrschung ihrer selbst, in der Lage ist, sich nach freiem Willen und Belieben von oben nach unten auf allen Ebenen zu bewegen.* Auch hier hängt alles von unserem Wachbewußtsein ab. Normalerweise begeben wir uns in einer Art Wahlverwandtschaft auf eben jene Ebenen, mit denen wir schon eine Verbindung hergestellt haben. Die mentalen, vitalen und anderen Schwingungen, welche wir angenommen haben und die sich als Sehnsucht, Ideale, Wünsche, Niederträchtigkeit oder Nobilität ausdrücken, stellen diese Verbindung dar, und wenn wir unseren Körper verlassen, folgen wir diesen Schwingungen zu ihrem Ursprung. Dieser Ursprung ist außergewöhnlich verblüffend und lebendig; daneben machen sich unsere mentalen und vitalen Übertragungen in der physischen Welt blaß und geradezu abstrakt aus. Nun beginnen wir, uns der ungeheuren und unzähligen Welten bewußt zu werden, welche unseren kleinen irdischen Planeten durchdringen, umhüllen und überschatten und die sein Schicksal ebenso bestimmen wie das unsrige. Es ist offensichtlich nicht möglich, diese Welten auf ein paar Seiten oder selbst in vielen Bänden zu beschreiben – das wäre, als wollte man die Erde aufgrund einiger flüchtiger Bemerkungen über Helgoland umfassend charakterisieren. Also werden wir keine Beschreibung versuchen, sondern lediglich einige Anhaltspunkte geben, die der Interessierte anhand seiner eigenen Erfahrungen nachprüfen kann. Die wesentliche Eigenschaft für eine solche innere Forschungsreise, darauf hat Sir Aurobindo häufig bestanden, ist eine *klare Nüchternheit* und ein Freisein von allen Begierden, ein mentales Schweigen, da wir sonst zum Spielball aller möglichen Illusionen werden. Langsam aber sicher lernen wir kraft wiederholter Erfahrungen zuerst, auf welcher Ebene unsere Erfahrung stattfindet, danach, in welcher Schicht innerhalb dieser Ebene. Der Vorgang des Ortens ist in unserer Suche von gleicher Wichtigkeit wie auf der Erde die Kenntnis der Beschaffenheit unserer Umgebung oder des Landes, das man bereist. Danach lernen wir den Sinn unserer Erfahrung verstehen; sie gleicht einer Fremdsprache oder auch verschiedenen Fremdsprachen auf ein-

* Wir verwenden hier eine dreidimensionale Sprache, die keinen wirklichen Sinn ergibt, denn es gibt weder ein Drinnen noch ein Draußen, weder ein Oben noch ein Unten. Unsere vom Verstand beherrschte Sprache ist eine flache Sprache – sie ist photographischer Art, sagt aber nicht viel über die Weltwirklichkeit aus, aber was kann man machen!

mal, die wir uns aneignen müssen, ohne Störung durch unsere eigene mentale Sprache. Und das ist eine der Hauptschwierigkeiten, daß die Sprache im mentalen Bereich die einzige Sprache ist, welche wir verstehen. Das heißt, im Augenblick des Erwachens wird unsere mentale Übertragung unbewußt darauf hinauslaufen, die Reinheit und Klarheit der Erfahrung zu verwischen und zu verdrehen. In Abwesenheit einer wissenden Führung, welche in der Lage ist, diesen Wirrwarr zu entwirren, kommt es darauf an, sich beim Aufwachen mental so still wie möglich zu verhalten und den Sinn dieser anderen Sprachen intuitiv zu erspüren. Diese Haltung spielt sich durch die Entwicklung des Bewußtseins und die zunehmende Häufigkeit der Erfahrung schnell ein. Zunächst gleicht alles einem chinesischen Jahrmarkt oder einem Dschungel: alles sieht gleich aus. Danach, über Monate und Jahre hinweg, gelingt es, verschiedene Pfade und Gesichter auszumachen, sowie Orte und Zeichen und eine bewegtere Vielfalt als auf der Erde.

Aber wie sich seines Schlafes erinnern? Für die meisten Menschen ist er ein unbeschriebenes Blatt, es fehlt ihnen das Bindeglied. In der Tat gibt es eine ganze Anzahl von Bindegliedern oder *Brücken*, wie die Mutter sagt, als wären wir aus einer Reihe von Ländern gemacht, die jeweils durch eine Brücke miteinander verbunden sind. Es ist deshalb leicht möglich, daß wir die Erinnerung an bestimmte Teile unseres Wesens gut bewahren können und uns die Reisen darin gegenwärtig sind, während andere aus Mangel einer Brücke, die sie mit unserem übrigen Wesen verbindet, in Vergessenheit geraten. Überquert man diese Leere, das heißt den noch ungeschulten Teil unseres Bewußtseins, so vergißt man sie (genau das passiert im allgemeinen auch mit jenen, die in „Ekstase" geraten; doch darauf kommen wir später zurück). Im Prinzip durchläuft ein ausreichend evolviertes Lebewesen im Schlaf die gesamte Skala der Bewußtseinsebenen, und es erreicht das höchste Licht des Geistes – *Sat-Chit-Ananda* –, wenn es das auch meist unbewußt tut, und die wenigen Minuten in diesem Zustand machen den wahren Schlaf, die eigentliche Erholung in der vollkommenen Entspannung der Freude und des Lichtes aus. Sri Aurobindo sagte, daß der wahre Grund des Schlafes diese spontane Rückverbindung mit dem Ursprung und das darinliegende Schöpfen frischer Kräfte sei. Von dort kommen wir langsam wieder herab durch alle Ebenen des Mentals, des Vitals, des Subtil-Physischen und des Unterbewußten (dies ist die letzte, deshalb drängen sich die Erinnerungen der unterbewußten Ebene eilfertiger auf als die aller übri-

Schlaf und Tod

gen), in denen jeder Teil unseres Wesens entsprechende Erfahrungen macht. Innerhalb jeder Ebene befinden sich soundso viele Schichten, jede einzelne mit ihrer eigenen Brücke. Hauptschwierigkeit bereitet es, die allererste Brücke zum Wachbewußtsein zu schlagen, und das läßt sich nur auf eine einzige Art bewerkstelligen: durch vollständige Unbewegtheit und restloses Schweigen beim Aufwachen. Bewegt man sich oder dreht sich um, so entflieht jeder Eindruck, oder besser gesagt, die Oberfläche des großen Sees unseres Schlafes wird von vielen kleinen Wellen bedeckt, und nichts bleibt mehr sichtbar. Beginnt man nun darüber nachzudenken, so bildet das keine kleinen Wellen, sondern schlammige Strudel, in denen alles verschwindet. Das Denken hat mit dem Prozeß des Brückenschlagens nichts zu tun. Man darf sich nicht mental um die Erinnerung bemühen. Man muß sich mit ruhiger, anhaltender Aufmerksamkeit auf den großen stillen See konzentrieren, wie in einer gegenstandslosen, aber sehr intensiven Kontemplation, als ließe sich die dunkelblaue Tiefe allein durch die Kraft unseres Blicks durchdringen. Und ist man genügend beharrlich gewesen, erscheint plötzlich ein Bild vor unserem inneren Auge, oder vielleicht nur eine Spur, ein flüchtiger Eindruck, der gleich einem fernen Land mit einem vertrauten und doch ungreifbaren Fluidum befrachtet ist. Es ist wichtig, sich nicht wie ein Wilder auf diese flüchtige Spur zu stürzen, denn sie vergeht augenblicklich, sondern ihr zu erlauben, sich langsam genauer abzuzeichnen und zu formen, bis man schließlich eine ganze Erinnerungsszene erkennt. Haben wir einmal den Leitfaden erhascht, genügt es im Prinzip, langsam und ohne zu denken oder verstehen zu wollen, daran zu ziehen (denn das Verständnis stellt sich später ein, nachdem sich alles innerlich abgewickelt hat; versuchen wir uns während des Reiseverlaufes im Interpretieren und Auslegen, schneiden wir damit jede weitere Vermittlung ab), und dieser Leitfaden führt uns weiter von Land zu Land, von Erinnerung zu Erinnerung. Mitunter bleiben wir an einem Punkt der Wegstrecke über Jahre hinaus stecken, als gäbe es dort über einige Kabellängen eine Gedächtnislücke. Um die Verbindung herzustellen, gibt es keinen anderen Weg, als geduldig zu sein und es wieder und immer wieder zu wollen. Vermögen wir beharrlich zu bleiben, läßt sich der Weg schließlich ebenso finden wie in einem Urwald. Sich beim Aufwachen die Geschehnisse des Schlafes wieder zu vergegenwärtigen, ist jedoch nicht die einzige Methode. Man kann sich auch abends vor dem Einschlafen willentlich auf das Erinnern konzentrieren und darauf, in festgelegten Intervallen wieder aufzuwachen, ein- oder zweimal in der Nacht, um die einzelnen Fäden der verschiedenen Ebenen bewußt aufgreifen zu können. Diese Methode ist besonders wirkungsvoll. Jeder hat schon einmal die Erfahrung gemacht, daß man sich nur vornehmen muß, zu einer bestimmten Stunde aufzuwachen, um wie von einer inneren Uhr tatsächlich beinahe auf die Minute genau dann geweckt zu werden; man nennt das „eine Formation bilden". Diese Formationen sind wie kleine vibrierende Knoten, die vom Willen gebildet werden, dann ein Eigenleben annehmen und schließlich unabhängig und mit größter Genauigkeit ihre Arbeit leisten.* Formationen lassen sich mehr oder weniger stark und mehr oder weniger dauerhaft bilden (man kann sie auch von Zeit zu Zeit wieder erneuern). Sie lassen sich auf alle möglichen Zwecke anwenden, insbesondere auch dafür, sich zu bestimmten Zeiten an etwas zu erinnern oder nach festgelegten Schlafperioden in regelmäßigen Abständen zu erwachen. Beharren wir darauf über Monate, oder wenn nötig Jahre, so werden wir schließlich automatisch in innere Hab-Acht-Stellung versetzt, sobald sich auf egal welcher Ebene unseres Schlafes ein wichtiges Ereignis abspielt. Dann kommt es darauf an, im Schlaf selbst einzuhalten, sich die Sache, an die man sich erinnern will, zwei- oder dreimal zu vergegenwärtigen, um sie gut aufzunehmen, bevor wir wieder aufbrechen.

Innerhalb dieses gewaltigen Erfahrungsfeldes können wir den Leser lediglich auf einige praktische Orientierungspunkte hinweisen, auf die er zu Beginn seiner Forschung stoßen mag. Zunächst kommt es darauf an, gewöhnliche Träume aus dem Unterbewußten klar zu unterscheiden von tatsächlichen *Erfahrungen*. Erfahrungen sind keine Träume, obwohl wir gewohnt sind, beides zu verwechseln. Erfahrungen sind wirkliche Ereig-

* Jeder von uns bildet Formationen auf unwillkürliche Weise, durch unsere Begierden, unsere Gedanken (gleich ob gut oder schlecht), und dann vergessen wir sie. Die Formationen aber vergessen nicht, sie kehren zwei oder zehn Jahre später wieder zurück, nachdem die Arbeit getan ist und dieser oder jener Gedanke oder Wunsch, diese oder jene Anordnung von Umständen in einer Weise verwirklicht sind, von der wir uns nicht haben träumen lassen. Wir erkennen nach all dieser Zeit die Früchte der Gedanken oder Wünsche nicht einmal mehr als die unsrigen an. Wir werden somit von allen möglichen kleinen Wesenheiten belagert, die darin fortfahren, ihre Verwirklichung zu suchen, obwohl sie längst nicht mehr erwünscht sind. Goethes „Zauberlehrling" gibt in verschlüsselter Form eine berühmte Beschreibung dieses Tatbestandes wieder.

nisse, an denen wir auf dieser oder jener Ebene teilgenommen haben. Sie unterscheiden sich von gewöhnlichen Träumen durch ihre außergewöhnliche Intensität: Alle Ereignisse der äußeren, physischen Welt, wie außergewöhnlich sie auch sein mögen, nehmen sich gegenüber diesen Ereignissen *fahl* aus. Sie hinterlassen einen tiefergehenden Eindruck und eine *lebhaftere* Erinnerung als ganz gleich welche unserer irdischen Erinnerungen, als hätten wir plötzlich eine reichere Art zu leben berührt – nicht notwendigerweise reichhaltiger in ihrer äußeren Gestaltung oder in der Intensität ihrer Farben, obwohl diese besonders im vitalen Bereich von unglaublichem Glanz sein können, vielmehr durch ihren Gehalt. Hat der Suchende beim Erwachen diesen überwältigenden Eindruck, als würde er in eine Welt voller Symbole getaucht, die gleichzeitig mehr als nur eine Bedeutung besitzen (die Ereignisse unserer physischen Welt haben nur selten mehr als eine Bedeutung), welche so mit unsichtbaren Verästelungen und stufenförmigen Vertiefungen geladen sind, daß man lange Zeit über sie nachsinnen könnte, ohne ihre Bedeutung zu erschöpfen, oder wenn er sich in Mitwirkung an bestimmten Geschehnissen findet, die unendlich realer erscheinen als jedes physische Geschehen (das immer so flach ist, als würde es sich unmittelbar an einem harten, eher photographischen Hintergrund stoßen), in diesem Augenblick weiß er, daß er eine wirkliche Erfahrung erlebt hat und keinen Traum.

Unwirklich-scheinend, und doch wirklicher als das Leben,
... wahrer als wahre Dinge.
Wenn das Träume wären oder Einbildung,
Strafte des Traumes Wahrheit der Erde eitle Wirklichkeiten Lügen.[3]

Ein weiteres bemerkenswertes Phänomen wird deutlich: Je höher wir die Bewußtseinsskala erklimmen, umso stärker verändert sich die Beschaffenheit des Lichtes – Unterschiede in der Helligkeit sind ein *sicheres* Anzeichen dessen, wo wir uns befinden und auch welche Bedeutung das betreffende Geschehen hat. Es gibt ein ganzes Farbspektrum, angefangen von den trüben Schattierungen des Unterbewußten – grau, braun, schwarz – über die vibrierenden Töne des Subtil-Physischen, die auffallenden, kräftigen Farben des Vitals, die, genau betrachtet, immer etwas von Künstlichkeit und falschem Glanz an sich haben, sogar etwas Hartes (es handelt sich hier um eine der trügerischsten Regionen, die es gibt), bis zu den Lichtern des Mentals, welche umso kraftvoller und reiner werden, je weiter sie zum Ursprung hin ansteigen. Vom Übermental aufwärts, von dem wir später sprechen werden, gibt es eine radikale Änderung des Sehens: Die betrachteten Gegenstände, Wesen oder Dinge erscheinen nicht mehr von außen beleuchtet, flach angestrahlt, wie man von der Sonne angestrahlt wird, sie sind *in sich* leuchtend. Und schließlich gibt es keine „Exteriorisation" mehr, nur noch eine Ekstase im reglosen und strahlenden Licht, vollkommen bar all des wirbelnden Spektakels und der sensationellen Vorfälle auf den unteren Ebenen. Kann man mit diesem Licht in Verbindung treten, ist man in wenigen Minuten so ausgeruht wie sonst nach einem guten achtstündigen Schlaf. Auf diese Weise ist es Yogins möglich, ohne Schlaf auszukommen, und auf diese Weise können wenige Minuten der Konzentration am Tag so erfrischend sein wie ein tüchtiger Spaziergang an der frischen Luft. Der Körper verfügt über eine unglaubliche Ausdauer, allein die psychologische Erregung ermüdet ihn.

Abgesehen von Ereignissen universeller Natur, an denen wir mitunter beteiligt werden, zeigt sich, daß der Schlaf eine wahre Goldmine an Informationen über unsere eigene individuelle Lage darstellt. Alle Etagen unseres Wesens treten im Schlaf deutlich hervor, geradeso, als wären wir im Wachzustand Taub-Stummen gleich oder Gipsköpfen und erwachten erst jetzt in ein Leben, das wahrer als das Leben ist. Die verschiedenen inneren Schichten unseres Wesens mögen im Schlaf als Räume oder Häuser erscheinen, in welchen die kleinste Einzelheit von Bedeutung ist: *Geht man daran, sein inneres Wesen, sowie die verschiedenen Teile, die es ausmachen, zu erforschen,* bemerkt die Mutter, *hat man sehr oft den Eindruck, einen Saal oder ein Zimmer zu betreten, und entsprechend dem Farbton, der Atmosphäre und der Dinge, die es enthält, hat man eine klare Empfindung, welchen Teil des Wesens man gerade aufsucht. Man vermag sich sogar in tiefer und tiefer gelegene Räume zu begeben, die alle ihren eigenen Charakter haben.* Manchmal treffen wir auch, anstelle von Räumen, auf alle möglichen Wesen – eine richtige kleine Familie, unter Umständen einen ganzen Haushalt –, welche Ausdruck der verschiedenen Kräfte und Schwingungen sind, die wir gewohnt sind, in uns aufzunehmen, und die „unsere" Natur ausmachen. Es handelt sich nicht um „Traumwesen", es sind wirkliche Geschöpfe, die wir in uns beherbergen: Kräfte sind bewußt, Schwingungen sind bewußt – Geschöpfe oder Kräfte, Bewußtsein oder Kraft sind der Januskopf der gleichen Realität. Wir erkennen jetzt auf schlagende Weise, welche Kräfte wir weiter in uns tolerieren wollen und welche nicht.

Eine weitere Beobachtung frappiert den Suchenden jetzt durch ihre beinahe tägliche Wiederkehr. Er wird im nachhinein feststellen, daß er nachts eine genaue Vorahnung von allen wichtigen *psychologischen* Ereignissen des folgenden Tages erhält. Zuerst wird er das für eine zufällige Übereinstimmung halten, ohne die tieferen Zusammenhänge zu verstehen. Hat sich diese Tatsache aber einige hundert Male wiederholt, wird er dem schon ein beträchtliches Mehr an Beachtung schenken. Schließlich, wenn er sich dessen vollkommen bewußt geworden ist, wird er dieses Wissen dazu benutzen, die Dinge klar kommen zu sehen, und, wenn notwendig, bestimmte Vorsichtsmaßnahmen treffen, die einer eventuell auftretenden Gefahr im voraus den Wind aus den Segeln nehmen. Wir mögen beispielsweise an diesem Tag einen Anfall von Schwermut haben, einen Ausbruch von Jähzorn, einen Impuls der Auflehnung, eine sexuelle Besessenheit. Oder, um uns einer anderen Gruppe von Beispielen zuzuwenden, vielleicht haben wir mehrmals hintereinander um Haaresbreite einen Treppensturz vermieden und uns beinahe ein Bein gebrochen oder werden von einem starken Fieber befallen – und wir stellen fest, daß all diese kleinen alltäglichen Vorfälle präzise mit einem anderen, in den meisten Fällen symbolischen Vorfall verbunden sind (symbolisch deshalb, weil es sich beim Aufwachen nicht um den genauen Fakt handelt, sondern lediglich um eine mentale Übertragung desselben), den wir in der Nacht zuvor erfahren haben: sei es, daß wir im „Traum" von einem Feind angegriffen werden, sei es, daß wir uns in eine unglückliche Verkettung von Umständen verwickelt sehen, oder sei es, daß uns, mitunter in großer Genauigkeit, die Einzelheiten vor Augen treten, welche das psychologische Geschehen des nächsten Tages begleiten. Es sieht ganz so aus, als gäbe es in uns „jemanden", der vollkommen aufgeweckt und gegenwärtig besondere Sorge dafür trägt, uns dabei zu helfen, all der Warums und versteckten Mechnismen unseres psychologischen Lebens und all der Gründe unseres Fortschrittes wie unserer Rückschläge gewahr zu werden. Andererseits mögen wir eine Vorahnung von all den glücklichen psychologischen Regungen haben, welche sich am nächsten Tag als entscheidender Fortschritt, als eine Öffnung des Bewußtseins oder als Gefühl von Leichtigkeit und innerer Weite ausdrücken. Und wir werden merken, daß wir in der vorhergehenden Nacht ein Licht sahen, einen Aufstieg verspürten oder den Zusammenbruch einer Mauer oder eines Gebäudes beobachten konnten (Symbol eines Widerstandes oder mentaler Konstruktionen, die uns einengten). Eine frappierende Erfahrung, welche in diesem Zusammenhang aufkommen wird, ist die Tatsache, daß sich diese Vorahnungen im allgemeinen nicht an Ereignisse knüpfen, denen wir auf der physischen Ebene Bedeutung beimessen, also zum Beispiel der Tod eines Verwandten oder ein weltlicher Erfolg (obwohl auch solche Fälle von Vorahnungen begleitet werden können), sondern besonders an Einzelheiten banalsten Charakters, denen keinerlei äußere Bedeutung zukommt, die jedoch immer außergewöhnliche Aussagekraft für unseren inneren Fortschritt vermitteln. Dies ist ein Zeichen, daß sich unser Bewußtsein entwickelt. Anstatt unbewußt mentale, vitale oder andere Schwingungen naiverweise als die eigenen anzunehmen (wir erklären: das ist *mein* Zorn, *meine* Schwermut, *meine* sexuelle Obsession, *mein* Fieber), die dann unterschwellig unser Leben bestimmen werden, sehen wir sie auf uns zukommen. Dies ist sichtbarer Beweis, erhärtet durch Hunderte von Nacht für Nacht gemachten Erfahrungen, daß das gesamte Spiel unserer Oberflächennatur außerhalb unserer selbst entspringt, im universellen Mental, im universellen Vital oder auch in noch höheren Bereichen, wenn wir in der Lage sind, uns auf sie einzustimmen. Hier liegt der Grundstein zur Meisterschaft: Hat man einmal die Sicht oder sogar Voraussicht, so läßt sich der Verlauf der Umstände beeinflussen. Das irdische Leben ist sowohl der Ort des schärfsten und blindesten Determinismus als auch jener der errungenen Freiheit – alles hängt von unserem Bewußtsein ab. Ein Schüler schrieb einmal an Sri Aurobindo und berichtete von seinen „Träumen", eben jener seltsamen Übereinstimmung von Ereignissen des Tages und der vorhergehenden Nacht. Sri Aurobindo antwortete folgendes: *Versuche zu verstehen, daß diese Erfahrungen nicht einfach Phantasievorstellungen oder Träume sind sondern tatsächliche Ereignisse... Es ist ein Irrtum anzunehmen, daß wir nur physisch leben, nur mit einem äußeren Verstand und Leben. Ständig leben und handeln wir auf anderen Bewußtseinsebenen, treffen uns dort mit anderen und wirken auf sie ein, und das, was wir dort tun und fühlen und denken, die Kräfte, die wir sammeln, die Ergebnisse, welche wir vorbereiten, haben in uns unbekannter Weise eine unberechenbare Wichtigkeit und Wirkung auf unser äußeres Leben. Nicht alles kommt durch, und das, was durchkommt, nimmt im Physischen eine andere Form an – obwohl manchmal eine genaue Entsprechung besteht; aber dies Wenige ist die Basis unserer äußeren Existenz. Alles das, was wir im physischen Leben werden und tun und tragen, wird hinter dem Schleier in uns vorbereitet. Es ist deshalb von immenser Bedeutung für einen Yoga, der auf die Transformation des Lebens abzielt, sich dessen bewußt zu werden, was innerhalb dieser Sphäre vorgeht, dort Herr und Meister zu sein und sich als fähig zu erweisen, die geheimen Kräfte, die unsere Bestimmung leiten und unser äußeres oder inneres Wachstum oder unseren Niedergang ausmachen, wahrzunehmen, zu erkennen und mit ihnen umzugehen.*[4]

Aktiver Schlaf

Wir sind vom animalischen Schlaf übergegangen auf den bewußten Schlaf, den Schlaf der Erfahrung. Jetzt können wir eine dritte Art von Schlaf erreichen, den Schlaf des Handelns. Über einen langen Zeitraum hinweg wird unser Schlaf, gleich wie bewußt, in einem passiven Zustand verbleiben. Wir sind lediglich die Zeugen der Geschehnisse, machtlose Zuschauer gegenüber dem, was sich mit diesem oder jenem Teil unseres Wesens abspielt, denn es handelt sich nur um einen *Teil* unseres Wesens, welcher eine bestimmte Erfahrung durchläuft, obwohl wir währenddessen durchaus den Eindruck haben können, daß unser ganzes Wesen leidet, kämpft oder reist usw. Desgleichen mögen wir vielleicht den Eindruck haben, daß in einer politischen oder philosophischen Diskussion mit Freunden unser ganzes Selbst beteiligt ist, obwohl es sich nur um einen mentalen oder vitalen Bruchteil desselben handelt. In dem Maße, in dem unser Schlaf bewußt wird, werden aus Eindrücken schlagende Tatsachen (man muß sich fragen, wo das „Konkrete" und welche Seite „objektiv" ist). Wir sehen, daß wir aus den unterschiedlichsten Fragmenten mentaler, vitaler und anderer Art bestehen, welche alle ein unabhängiges Dasein mit unabhängigen Erfahrungen führen, jedes auf der ihm eigenen Ebene. Nachts, wenn die Verbindung mit dem Körper sowie die Diktatur des mentalen Mentors nicht mehr bestehen, wird diese Unabhängigkeit lebendig. Jene kleinen Schwingungen, die sich im Laufe der Zeit um uns angesammelt haben und die „unsere" Natur ausmachen, zerstreuen sich in kleinen und kleinsten Einheiten und schwärmen überall hin aus. Wir entdecken alle möglichen Unbekannten in uns, von deren Existenz wir bis dahin nicht die nebulöseste Ahnung hatten. Das bedeutet, daß diese Fragmente nicht um das wahre psychische Zentrum angelegt sind und wir deshalb nicht in der Lage sind, auf sie einzuwirken, um den Lauf der

Umstände zu ändern. Wir bleiben passiv, denn das wirkliche „Wir" ist das Psychische, und die meisten dieser Bruchteile haben keine Verbindung mit dem Psychischen. Damit wird die Notwendigkeit der Integration sehr schnell deutlich, wollen wir nicht nur hier sondern auch im Schlaf und überall die Meisterschaft erlangen. Haben wir zum Beispiel unseren Körper nachts verlassen und uns in bestimmte Regionen im niederen Vital begeben (welche dem Nabelbereich und dem Geschlechtszentrum entsprechen), ist der Teil unseres Wesens, der sich in dieses Gebiet begeben hat, meistens sehr unangenehmen Erfahrungen ausgesetzt. Er wird von allen möglichen unersättlichen Kräften angegriffen, und wir haben das, was man landläufig einen „Albtraum" nennt, vor dem wir uns retten können, indem wir – das heißt der entsprechende Teil von uns – so schnell wie möglich wieder in den Schutz unseres Körpers zurückfinden. Läßt dieser Teil unseres Wesens sich aber in das psychische Zentrum integrieren, so kann er sich gefahrlos in dieselben ziemlich infernalen Regionen begeben, da ihm jetzt das psychische Licht eigen ist. Das Psychische ist ein Licht und damit Teil des großen ursprünglichen Lichtes. Wird es angegriffen, muß es sich nur dieses Lichtes (oder des Meisters, was auf das gleiche hinausläuft) erinnern, damit alle feindlichen Kräfte verschwinden. Durch den Akt des Erinnerns ruft es die wahre Schwingung hervor, welche die Kraft hat, alle Schwingungen geringerer Intensität aufzulösen oder zu zerstreuen. Es gibt ein lehrreiches Übergangsstadium, in dem wir zum Beispiel hilflos als Opfer an wilden Verfolgungsjagden teilhaben, bis sich plötzlich das betreffende Fragment unserer selbst an das Licht (oder den Meister) erinnert und die Situation sich abrupt umkehrt. Auf diesen Ebenen treffen wir vielleicht auch alle Arten von Menschen, bekannt oder unbekannt, nah oder fern, tot oder lebendig – *die Ewig-Lebenden, die wir tot heißen*[5], wie Sri Aurobindo sagt – und die sich auf der gleichen Wellenlänge mit uns befinden. Wir können Zeugen oder hilflose Teilhaber an ihrem Mißgeschick sein (von dem wir wissen, daß es sich auf ärgerliche irdische Geschehnisse übertragen kann – jeder der empfangenen Schläge dort entspricht einem Schlag hier, jedes Ereignis dort bereitet ein Ereignis hier vor). Gelingt es nun aber dem bestimmten Teil unserer selbst, der mit dem entsprechenden Teil des Freundes, Fremden oder „Toten" die angesprochene Erfahrung hat, sich des Lichtes zu erinnern, das heißt sofern er um das Psychische angelegt ist, dann kann er den Lauf der Dinge umkehren, dem Freund oder Fremden in Not

Schlaf und Tod

helfen, einem entkörperten Wesen in einem schwierigen Übergang Beistand leisten oder ihm das Entkommen von einem gefährlichen Ort ermöglichen oder sich selbst von einer ungesunden Verbindung befreien (es gibt so viele Orte, an denen wir schlicht Gefangene sind). Wir geben ein Beispiel, das wir bewußt negativ und so alltäglich wie möglich gewählt haben: X „träumt", daß sie mit einer Freundin am Rand eines scheinbar glasklaren Teiches spazierengeht, als plötzlich eine Schlange vom Grund des Teiches auffährt und ihrer Freundin in den Hals beißt. Sie unternimmt verschiedene Versuche, ihre Freundin zu beschützen, bekommt aber Angst und wird ihrerseits von der Schlange verfolgt und flieht „nach Hause" (in ihren Körper). Am folgenden Tag erfährt sie, daß ihre Freundin erkrankt ist und ihre Stimme völlig verloren hat; sie selbst entgeht den ganzen Tag knapp mehreren kleinen Unfällen innerer und äußerer Art. Wäre sie aktiv bewußt und zentriert geblieben, hätte nichts geschehen können, und die feindliche Kraft wäre geflohen. Es gibt viele Beispiele, in denen Unfälle „auf wunderbare Weise" vermieden wurden, indem sie die Nacht zuvor von einem gewissenhaften Freund, wenn nicht gar von uns selbst, gemeistert wurden. Wir können wirksam an einer Vielzahl von Ereignissen teilnehmen, die unsere eigenen Morgen oder, entsprechend unserer Kapazität, auch umfassendere Morgen vorbereiten: „Ein bewußtes Wesen, nicht größer als eines Menschen Daumen, steht in unserem Zentrum. Er ist Meister über die Vergangenheit und die Gegenwart... er ist heute, und er ist morgen," sagt die Katha Upanishad (IV.12,13). Wir brauchen eine Vielzahl von Erfahrungen, wann immer möglich, mit der Bestätigung durch die Übereinstimmung der korrespondierenden Umstände, bevor wir verstehen können, in welchem Ausmaß unsere Träume keine Träume sind. Bestimmte Gefangenschaften können hier erst aufgehoben werden, wenn wir sie dort aufgelöst haben. Das Problem der Tat ist damit unmittelbar mit dem Problem der Integration verbunden.

Diese Integration oder Vereinigung mit dem psychischen Zentrum ist umso unabdingbarer, als in dem Augenblick, in dem wir nicht mehr über den Körper verfügen, also dann, wenn wir angeblich tot sind, die einzelnen Fragmente nicht mehr auf den Schutz des Körpers zurückfallen können. Sind sie nicht integriert, mögen sie ein gutes Maß an Unannehmlichkeiten durchmachen. Das ist wahrscheinlich der Ursprung unserer Geschichten von einer Hölle, die – und das kann nicht oft genug wiederholt werden – allein einige niedere *Fragmente* unserer Natur betreffen kann. Denn diese unteren Ebenen (vor allem das niedere Vital, dem Nabel und Geschlechtszentrum entsprechend und naturgemäß am schwierigsten zu integrieren) sind von raubgierigen Kräften bevölkert. Ein junger Schüler, der früh verstorben war, sagte folgendes, als er einem Freund im Schlaf seine Reise beschrieb: „Direkt hinter eurer Welt gibt es weder Recht noch Ordnung" – eine lakonisch-britische Umschreibung für Hölle. Dann fügte er noch hinzu: „Das Licht von der Mutter (dem Meister) war mit mir, und so bin ich durchgekommen." Da diese Erfahrung typisch für viele Tode ist, muß vielleicht gesagt werden, daß das Zusammentreffen der beiden Freunde in den außergewöhnlich farbenprächtigen Gärten stattfand, die man gewöhnlich in den höheren Vital-Bereichen (die dem Herz-Zentrum entsprechen) antrifft und die einige der unzähligen sogenannten Paradiese des Jenseits ausmachen (aber es sind recht beschränkte Paradiese). Im allgemeinen verbleibt die entkörperte Person dort, solange es ihr beliebt. Wenn sie genug davon hat, begibt sie sich mit ihrer Seele an den Ort wahrer Ruhe, in das ursprüngliche Licht, und wartet dort auf die Zeit, zur Erde zurückzukehren. Zu sagen, daß eine Person in eine „ewige Hölle" eingeht, ist ein grausamer Unsinn; denn wie kann die Seele als reines Licht jemals Gefangener dieser niedrigen Schwingungen werden? Genauso könnte man behaupten, Infrarot sei Herr über Ultraviolett. Das Gleiche geht mit dem Gleichen, immer und überall, ob hier oder auf der anderen Seite. Und was könnte wirklich „ewig" sein außer der Seele, außer der Freude? *Gäbe es eine immerwährende Hölle, könnte sie nur der Ort immerwährender Verzückung sein,* sagt Sri Aurobindo, *denn Gott ist Freude, Ananda, und es gibt keine andere Ewigkeit als die Ewigkeit seiner Wonne.*[6]

Mit zunehmender Integration in das Psychische schreitet unser Wesen vom passiven zum aktiven Schlaf, wenn man dann überhaupt noch von Schlaf reden kann, und von einem schwierigen Tod zu einer interessanten Reise oder einer anderen Form von Arbeit. Aber auch dort gibt es Abstufungen aller Art gemäß der Weite unseres Bewußtseins, angefangen von dem kleinen Aktionsradius, der sich auf lebende oder tote Bekannte beschränkt oder auf Welten, mit denen wir vertraut sind, bis zum universellen Wirken einiger großer Wesen, deren Seele in gewissem Sinne weite Bewußtseins-Steppen besiedelt hat und die die Welt in den Schutz ihres schweigenden Lichtes stellen.

Um diese knappen, hinweisartigen Verallgemeinerungen abzuschließen, führen wir eine letzte Beobachtung an. Es geht um Vorahnungen.

Vielleicht ist es notwendig zu betonen, daß schon die Tatsache, Vorahnungen in Bezug auf eine bestimmte Angelegenheit zu haben, ein Zeichen dafür ist, daß dieses „Etwas" *bereits auf einer bestimmten Ebene* existiert, bevor es hier stattfindet – es besteht nicht einfach nur aus Schall und Rauch. Wir, die wir so besonders exakt mit materiellen Realitäten umgehen, stellen den weniger materiellen Ebenen ohne weiteres einen Freibrief der Inkohärenz aus, vielleicht in unbewußter Projektion der Inkohärenz, in der sich unser eigener Geist befindet. Erfahrung lehrt uns jedoch, daß alles einen vollkommenen Sinn ergibt, auch wenn es nicht auf Anhieb als folgerichtig erscheint: Nicht allein, daß die Leuchtkraft umso intensiver wird, je höher wir auf der Stufenleiter des Bewußtseins emporklimmen, auch Zeit nimmt an Geschwindigkeit zu, umfaßt sozusagen eine weitere Spanne oder begreift entferntere Geschehnisse in sich (sowohl in der Zukunft als auch in der Vergangenheit). Und schließlich erreichen wir ein Reich steten Lichtes, in dem alles bereits *besteht*. In Konsequenz oder Bestätigung davon können wir feststellen, daß sich die Vision, je nach der Ebene, auf der sie sich als unsere Vorahnung abgespielt hat, in früherer oder späterer zeitlicher Anordnung erfüllt. Ein Ereignis, dessen wir zum Beispiel im Subtil-Physischen, also einer Ebene, die sich unmittelbar an unsere physische Welt anschließt, gewahr werden, überträgt sich beinahe ohne zeitliche Verzögerung auf die Erde, das heißt also innerhalb einiger Stunden oder eines einzigen Tages. Wir nehmen dort ein Mißgeschick wahr und haben dieses Mißgeschick hier einen Tag später. Die Vision ist oft bis auf die kleinste Einzelheit genau. Je weiter wir in der Skala des Bewußtseins aufsteigen, desto weiter weg rückt die Fälligkeit der Vision und desto universeller wird ihre Spannweite, aber umso weniger genau zeichnen sich auch die Einzelheiten ihrer Verwirklichung ab, als sei ihr Eintreffen zwar unabdingbar (vorausgesetzt, unsere Vision ist genügend frei von jeglicher Selbstsucht), doch eine gewisse „Unschärfe-Relation" in den Einzelheiten ihrer Verwirklichung auch nicht zu umgehen. Diese Unschärfe entspricht in gewisser Weise den Abwandlungen und Entstellungen, die die Wahrheit von oben während ihres Abstiegs zur irdischen Verwirklichung erfährt. Eine Anzahl von wichtigen Schlußfolgerungen lassen sich aus dieser Beobachtung ziehen, vor allem aber diese: Je bewußter man auf der Erde ist, das heißt, je weiter man auf der Bewußtseinsskala aufsteigt und sich dem Ursprung nähert, desto näher führt man gleichzeitig die Erde an diesen Ursprung zurück und annulliert die deformierenden Determinismen und Mechanismen der Ebenen in den Zwischenbereichen. Dies hat nicht nur beträchtliche individuelle Konsequenzen für die Meisterung und Transformation unseres eigenen Lebens, sondern auch in globaler Weise für die Transformation der Welt. Es ist viel über Willensfreiheit contra Determinismus diskutiert worden, aber man hat das Problem selten anders als in schlechtem Licht betrachtet. Es geht nicht entweder um Willensfreiheit oder Determinismus, sondern es gibt *sowohl* Willensfreiheit *als auch* eine Menge von Determinismen. Wir sind, wie Sri Aurobindo sagt, einer Reihe von *überlagerten Determinismen* unterworfen – Determinismen physischer, vitaler, mentaler und weiterreichender Natur –, und der Determinismus jeder Ebene ist in der Lage, den Determinismus der jeweils nächstniederen Ebene außer Kraft zu setzen. Zum Beispiel kann im Mikrokosmos einer Person gute Gesundheit und ein gegebenes langes Leben durch den vitalen Determinismus „ihrer" Leidenschaften und eventuellen psychologischen Unregelmäßigkeiten modifiziert oder außer Kraft gesetzt werden, welcher wiederum durch den mentalen Determinismus ihrer Willenskraft und ihrer Ideale modifiziert oder außer Kraft gesetzt werden kann, welcher seinerseits wieder durch das größere Gesetz des Psychischen modifiziert und aufgehoben werden kann, und so fort. Die Freiheit besteht darin, sich auf eine höhere Ebene zu begeben. Das Gleiche gilt für die Erde, denn dieselben Kräfte, die das Individuum bewegen, bestimmen auch das Ganze. Nachdem wir als Menschen vorrangiger Schnittpunkt all dieser Determinismen in der Materie sind, verhelfen wir niederen Determinismen automatisch zu Fortschritt und Veränderung, sofern wir fähig sind, uns zu einer höheren Ebene emporzuschwingen. Damit erhält die Erde Zugang zu einer größeren Freiheit; bis auf den Tag, an dem wir durch das Werk der Pioniere der Evolution zur Ebene des *Supramentals* aufsteigen können, welche die gegenwärtige Bestimmung der Welt genauso verändern wird, wie das Mental ihre Bestimmung irgendwann während der Ära des Tertiärs veränderte. Und schließlich – wenn es hierbei je einen Schluß gibt – wird die Erde vielleicht den höchsten Determinismus erreichen, der die höchste Freiheit und vollkommene Erfüllung bedeutet. Durch seine Arbeit am Bewußtsein trägt jeder einzelne von uns dazu bei, den Verhängnissen, die die Welt belasten, Widerstand zu leisten. Wir sind ein Gärstoff der Freiheit der Erde und ihrer Vergöttlichung. Denn die Evolution des Bewußtseins hat eine Bedeutung für die Erde.

10. Kapitel

Der Revolutionäre Yogin

Dergestalt mögen die mentalen, vitalen, physischen und psychischen Entdeckungen sein, denen Sri Aurobindo zwischen dem zwanzigsten und dreißigsten Lebensjahr Schritt für Schritt und alleine nachging, einfach indem er dem Leitfaden des Bewußtseins folgte. Bemerkenswerterweise praktizierte er Yoga unter allen möglichen Umständen, in denen man sich normalerweise nicht mit Yoga abgibt: während er am staatlichen College von Baroda Englisch- oder Französisch-Vorlesungen hielt, während seiner Arbeit am Hof des Maharaja und zunehmend inmitten seiner geheimen Tätigkeiten als Revolutionär. Jene Stunden der Nacht, die nicht dem Studium seiner Muttersprache oder dem Sanskrit oder seiner politischen Arbeit gewidmet waren, vergingen mit dem Verfassen von Gedichten: „Aurobindo hatte die Angewohnheit, bis spät in die Nacht Gedichte zu schreiben", erinnert sich sein Bengali Professor, „und folglich erhob er sich nicht besonders früh am nächsten Morgen... Zu Beginn konzentrierte er sich eine Minute, dann floß die Poesie aus seiner Feder wie ein Strom." Von der Dichtung sollte Sri Aurobindo zu seinem experimentellen Schlaf übergehen. 1901, mit 29 Jahren, hatte er Mrinalini Devi geheiratet und wollte sein spirituelles Leben mit ihr teilen: *Ich mache die Erfahrung von allen Zeichen und Symptomen,* schrieb er ihr in einem Brief, der in den Archiven der britischen Polizei gefunden wurde. *Ich würde Dich gerne auf diesem Weg mitnehmen.* Aber Mrinalini verstand ihn nicht. Sri Aurobindo blieb allein. Wir würden in Sri Aurobindos Leben vergeblich nach den rührenden und wunderbaren Anekdoten suchen, die das Leben von großen Weisen und Mystikern zu schmücken pflegen. Genauso vergeblich wäre es, nach sensationellen Yoga-Methoden zu fragen. Alles bewegt sich dem Augenschein nach so sehr im Gewöhnlichen, daß einem nichts weiter auffällt, ganz wie im Leben. Vielleicht fand er mehr Wunder im Gewöhnlichen als im Außergewöhnlichen: *Für mich ist alles anders, alles ist ungewöhnlich,* schrieb er Mrinalini. *Alles ist tief und ohnegleichen für Augen, die sehen.*[1] Und vielleicht ist es das, was er uns entdecken lassen möchte, durch sein Beispiel, seine Arbeit, seinen Yoga – all die unbekannten Reichtümer hinter der äußeren Kruste: *Unsere Leben sind größere Geheimnisse, als wir uns haben träumen lassen.*[2]

Wüßten wir nur, wie leer unsere sogenannten Wunder sind, ohne wirklichen Wert, eine Art Zauberkunststück für Erwachsene – hat man sich auch nur für fünf Pfennig Verstand angeeignet, sieht man, wie gesucht und gekünstelt sie sind – und wie unendlich einfacher die Wahrheit ist als all dieser übernatürliche Hokuspokus. Im weiteren Verlauf seines Yogas ließ Sri Aurobindo all diesen phänomenalen Zauber hinter sich, für etwas, das er *spirituellen Realismus*[3] nannte, nicht etwa, weil er etwas gegen schöne oder interessante Phänomene und Bilder gehabt hätte – er war ein Dichter –, sondern weil er sah, daß diese Bilder weit herrlicher wären, wenn sie hier auf der Erde physische Realität annehmen könnten, wenn unser Supraphysisches zum gewöhnlichen Physischen werden könnte, dem bloßen Auge sichtbar. Dieses Naturalisieren des Jenseits und die ruhige und verhaltene Lebensmeisterschaft, die Sri Aurobindo erreichte, war nur möglich, weil er die zwei Welten niemals trennte: *Mein eigenes Leben und mein Yoga sind seit meiner Ankunft in Indien immer sowohl diesseitig als auch jenseitig gewesen, ohne Ausschließlichkeit einer der beiden Seiten,* schrieb er in einem Brief an einen Schüler. *Alle menschlichen Interessen sind, nehme ich an, diesseitig, und die meisten von ihnen sind in das Feld meiner Gedanken eingetreten und manche, wie Politik, in mein Leben. Doch gleichzeitig, seit ich meine Füße auf den Apollo Bunder in Bombay gesetzt habe, begann ich spirituelle Erfahrungen zu haben, aber diese waren nicht von der Welt geschieden, sondern hatten eine innere und unendliche Relevanz für sie, wie ein Gefühl des Unendlichen, das den materiellen Raum durchdringt, und des Immanenten, das materiellen Gegenständen und Körpern innewohnt. Gleichzeitig sah ich mich in supraphysische Welten und Ebenen eintreten, mit Einflüssen und Auswirkung auf die materielle Ebene, deshalb konnte ich keine scharfe Trennung, keinen unvereinbaren Gegensatz sehen zwischen dem, was ich die beiden Enden der Existenz genannt habe, und allem, was dazwischen liegt. Für mich ist alles Brahman, und ich finde das Göttliche überall.*[4]

Das Problem der Tat

In seiner revolutionären Tätigkeit begegnet uns der spirituelle Realismus von Sri Aurobindo zum ersten Mal. Ein Programm für die Revolution war bald ausgearbeitet, es bestand aus vier Punkten: Indien zu einem

Begriff von Unabhängigkeit zu erwecken, dafür würden ein politischer Journalismus und politische Reden genügen; den Geist der Inder in einen Zustand permanenter Revolte zu versetzen, und zu Beginn des Jahrhunderts war Sri Aurobindo ohne Zweifel einer der ersten, sich für vollkommene Befreiung, passiven Widerstand und Nonkooperation auszusprechen, zusammen mit Tilak, einem anderen großen Helden des indischen Freiheitskampfes (Gandhi sollte die politische Bühne Indiens erst fünfzehn Jahre später betreten); den indischen Kongress und dessen schüchterne Forderungen in eine *extremistische Bewegung* umzuformen und unzweideutig das Ideal absoluter Unabhängigkeit zu proklamieren; und letztlich aus dem Untergrund insgeheim einen bewaffneten Aufstand zu organisieren. Mit seinem jüngeren Bruder Barin begann er in Bengalen, unter dem Deckmantel von Sportvereinen und Kulturprogrammen Guerillagruppen aufzubauen. Er schickte sogar auf eigene Kosten einen Gesandten nach Europa, um das Herstellen von Bomben zu erlernen. Wenn Sri Aurobindo sagt, *ich bin weder ein unfähiger Moralist noch ein schwächlicher Pazifist*[5], so ergeben diese Worte durchaus einen Sinn. Er hatte die Geschichte Frankreichs und die der italienischen und amerikanischen Revolutionen ausreichend studiert, um zu wissen, daß eine bewaffnete Revolte gerechtfertigt sein kann. Weder die Jungfrau von Orléans noch Mazzini noch Washington waren Apostel der „Gewaltlosigkeit". Als Gandhis Sohn ihn 1920 in Pondicherry besuchte, um die Frage der Gewaltlosigkeit zu erörtern, antwortete Sri Aurobindo mit dieser einfachen und noch immer relevanten Frage: *Was würden Sie tun, wenn morgen die nördlichen Grenzen Indiens angegriffen werden sollten?* Zwanzig Jahre später, im Jahr 1940, ergriffen Sri Aurobindo und die Mutter öffentlich Partei auf Seiten der Alliierten, während Gandhi in einem unzweifelhaft lobenswerten Ausbruch von Edelmut einen offenen Brief an das englische Volk schrieb und es drängte, keine Waffen gegen Hitler zu ergreifen, sondern stattdessen allein „spirituelle Kraft" zu verwenden. Es erscheint also angebracht, Sri Aurobindos spirituelle Haltung gegenüber Gewalt und gewalttätiger Handlung klarzustellen.

Krieg und Zerstörung, schrieb er, *sind nicht nur ein universelles Prinzip unseres Lebens hier in seinen rein materiellen Aspekten, sondern ebenso eines unserer mentalen und moralischen Existenz. Es ist selbstverständlich, daß der Mensch in seinem tatsächlichen intellektuellen, gesellschaftlichen, politischen und moralischen Leben keinen wirklichen Schritt vorwärts machen kann ohne einen Kampf, eine Schlacht zwischen dem,* *was existiert und lebt, und dem, was zu existieren und zu leben sucht, und zwischen alldem, was hinter beiden steht. Es ist unmöglich, wenigstens so, wie die Menschen und Dinge jetzt sind, Fortschritte zu machen, zu wachsen, sich zu erfüllen, und gleichzeitig wirklich und gänzlich jenes Prinzip der Harmlosigkeit zu beachten, welches als höchste und beste Verhaltensmaßregel vor uns hingestellt wird. Werden wir allein Seelenkraft verwenden und niemals durch Krieg oder durch selbst einen defensiven Gebrauch von physischer Gewalt zerstören? Schön, doch bis Seelenkraft wirksam wird, zertrampelt, bricht, erschlägt, brandschatzt, verdirbt die asurische [dämonische] Kraft in Menschen und Nationen so, wie wir es heute sehen können, aber dann eben mit aller Gelassenheit und ungehindert, und man hat vielleicht mit seiner Abstinenz ebensoviel Zerstörung von Leben verursacht, wie andere mit ihrem Rückgriff auf Gewalt.... Es reicht nicht aus, daß unsere eigenen Hände sauber bleiben und unsere Seelen unbefleckt, damit das Prinzip von Streit und Zerstörung auf der Welt ausstirbt. Das, was ihm zugrunde liegt, muß zuerst aus der Menschheit verschwinden.** Noch weniger werden reine Unbeweglichkeit und Trägheit, unwillig oder unfähig, jedwede Art von Widerstand gegen Übel zu gebrauchen, dieses Prinzip aufheben. In der Tat schädigt Trägheit, tamas, weit mehr, als es das rajasische [dynamische] Prinzip des Streitens kann, das wenigstens mehr erschafft, als es zerstört. Was also das Problem individueller Tat angeht, kann die Abstinenz von Gewalt in ihrer gröberen und physischeren Form und die unvermeidlich mit ihr einhergehende Zerstörung zwar dazu beitragen, das eigene moralische Wesen zu unterstützen, aber es hinterläßt den Schlächter der Geschöpfe unangetastet.*[6]

Die gesamte Entwicklung von Sri Aurobindos Denken und seiner praktischen Haltung gegenüber dem Krieg, von seiner geheimen Aktivität in Bengalen bis zu seinem Rückzug aus dem öffentlichen Leben 1910, dreht sich um die Frage der *Mittel:* Wie am sichersten diesen „Schlächter der Geschöpfe", den „Verschlinger", wie ihn die vedischen Rishis nannten, schlagen? Und von der Unabhängigkeit Indiens schritt Sri Aurobindo weiter zur Unabhängigkeit der Welt. Im weiteren Verlauf seines Yogas erfuhr er in zunehmendem Maße, daß unoffenbare Kräfte nicht allein hinter unseren psychologischen Störungen stehen, sondern auch hinter dem gegenwärtigen weltweiten Chaos. Alles nimmt seinen Ursprung

---

* Vom Verfasser hervorgehoben.

anderswo, wie wir gesehen haben. Und wenn unser Gewaltverzicht den Schlächter der Geschöpfe unangetastet läßt, sind unsere Kriege sicherlich nicht in der Lage, ihn unschädlich zu machen, auch wenn praktisch unter Umständen noch die Notwendigkeit bestehen mag, uns im Krieg die Hände schmutzig zu machen. Inmitten des Ersten Weltkrieges bemerkte Sri Aurobindo mit prophetischer Kraft: *Das Niederschlagen Deutschlands... genügte nicht, um den Geist, der sich damals in Deutschland inkarniert hatte, zu vernichten. Es kann leicht zu einer neuen Verkörperung dieses Geistes kommen, vielleicht in einer anderen Rasse oder in einem anderen Reich, und die ganze Schlacht müßte in diesem Fall erneut gefochten werden. Solange die alten Götter am Leben sind, nützt das Brechen oder das Niederschlagen des Körpers, den sie beleben, nicht viel, denn sie wissen wohl zu transmigrieren. Deutschland unterwarf den napoleonischen Geist 1813 in Frankreich und brach 1870 die Überreste der französischen Vorherrschaft in Europa. Dasselbe Deutschland wurde zur Inkarnation dessen, was es unterworfen hatte. Das Phänomen kann sich leicht in einem furchtbareren Ausmaß wiederholen.*[7] Heute wissen wir, daß die alten Götter durchaus zur Seelenwanderung fähig sind. Nachdem er all die Jahre der Gewaltlosigkeit in die furchtbare Gewalttätigkeit münden sah, welche die Teilung Indiens 1947 kennzeichnete, sagte selbst Gandhi kurz vor seinem Tode mit Trauer in der Stimme: „Die Haltung der Gewalttätigkeit, welche wir insgeheim in uns beherbergt haben, fällt auf uns zurück, und wir fliegen einander an die Gurgel, sobald die Frage der Machtverteilung aufkommt... Nachdem jetzt das Joch der Unterdrückung aufgehoben ist, kommen alle Kräfte des Bösen an die Oberfläche." Denn weder Gewalt noch Gewaltlosigkeit gehen dem Übel an die Wurzel. Auf der Höhe des Zweiten Weltkrieges, während Sri Aurobindo öffentlich Stellung zugunsten der Alliierten nahm*, da es das einzige war, was es *praktisch* zu tun gab, schrieb er einem Schüler: *Du schreibst, als sei das, was in Europa vorgeht, ein Krieg zwischen Kräften des Lichtes und jenen der Dunkelheit – aber das ist jetzt nicht cher der Fall, als es das während des Großen Krieges war. Es ist ein Kampf zwischen zwei Arten von Unwissenheit... Das Auge des Yogins sieht nicht nur äußere Umstände, Personen und Ursachen, sondern auch*

---

* selbst auf die Gefahr hin, die Mißbilligung seiner Landsleute aufsichzuziehen (man muß sich vergegenwärtigen, daß Indien genügend unter der britischen Unterdrückung gelitten hatte, um nicht uninteressiert an Englands Schicksal unter den deutschen Angriffen zu sein).

die gewaltigen Kräfte, welche sie in die Tat stürzen. Wenn die kämpfenden Menschen Werkzeuge in den Händen von Herrschern und Finanzmännern usw. sind, sind diese ihrerseits lediglich Marionetten im Griff dieser Kräfte. Ist man gewohnt, hinter die Dinge zu sehen, verfällt man nicht mehr dem Einfluß äußeren Scheins – und erwartet die Lösung nicht von politischen, institutionellen oder gesellschaftlichen Veränderungen.[8] Sri Aurobindo war dieser „gewaltigen Kräfte" im Hintergrund, der andauernden Infiltration des Supraphysischen in das Physische, gewahr geworden. Seine Energien konzentrierte er nicht mehr auf ein moralisches Problem – Gewalt contra Gewaltlosigkeit –, das schließlich ziemlich oberflächlich war, sondern richtete sie auf die Frage der Wirksamkeit. Und er sah deutlich, wiederum durch Erfahrung, daß, um die Übel der Welt heilen zu können, es zuerst notwendig sei, das „was an ihren Wurzeln im Menschen ist" zu heilen, und daß man nichts außen heilen kann, wenn man es nicht zuerst im Inneren geheilt hat, denn es ist in beiden Fällen das Gleiche. Man kann nicht das Äußere beherrschen, wenn man nicht zuvor das Innere zu beherrschen gelernt hat, denn es ist das Gleiche. Man kann nicht die äußere Materie verwandeln, wenn man nicht zuvor die Fähigkeit erworben hat, seine eigene innere Materie zu verwandeln, denn das ist wiederum und in jedem Fall das Gleiche. Es gibt nur eine Natur, nur eine Welt, nur eine Materie, und wenn wir das Pferd vom falschen Ende aus aufzuzäumen versuchen, so führt uns das bei aller Anstrengung zu nichts. Ist uns diese Lösung zu problematisch, gibt es weder für den Menschen noch für die Welt weitere Hoffnung, denn all unsere äußeren Allheilmittel und unsere Sacharin-süßen Moralvorstellungen sind letztlich zur Vernichtung und dem Verderben durch jene unoffenbaren Kräfte verdammt: *Der einzige Ausweg,* schrieb Sri Aurobindo, *liegt in der Herabkunft eines Bewußtseins, das nicht Marionette dieser Kräfte ist, sondern sich größer zeigt als sie und das sie zwingen kann, sich entweder zu ändern oder zu vergehen.*[8] Diesem neuen supramentalen Bewußtsein schritt Sri Aurobindo inmitten seiner revolutionären Arbeit entgegen.

> *... Vielleicht finden wir, wenn alles sonst vergeblich war,*
> *Verborgen in uns selbst den Schlüssel zur vollkommenen Veränderung.*[9]

Nirvana

1906 verließ Sri Aurobindo das Land Baroda, um sich in das Zentrum politischen Aufruhrs in Kalkutta zu stürzen. Die Fehlhandlungen des Lord Curzon, dem Gouverneur von Bengalen, führten zu Studentenunruhen. Der Moment zum Handeln war gekommen. Mit einem anderen großen Nationalisten, Bepin Pal, begann Sri Aurobindo, eine englische Tageszeitung herauszugeben, *Bande Mataram* [„Gruß an die Mutter Indien"], die als erste öffentlich das Ziel vollkommener Unabhängigkeit erklärte und maßgeblich an der Erweckung von Indiens Selbstbewußtsein beteiligt war. Er gründete eine *extremistische Partei* und stellte ein nationales Aktionsprogramm auf: Boykott britischer Güter, Boykott britischer Gerichtshöfe, Boykott britischer Schulen und Universitäten. Er wurde Präsident des ersten „National College" in Kalkutta, und seine konsequente Agitation erzeugte einen solchen Aufruhr, daß weniger als ein Jahr später ein Haftbefehl gegen ihn ausgestellt wurde. Bedauerlicherweise für die englische Gerichtsbarkeit waren seine Artikel vom rechtlichen Standpunkt aus unangreifbar. Er predigte weder Rassenhaß, noch attackierte er die Regierung ihrer Majestät, sondern er erklärte schlicht das Recht der Nationen auf Unabhängigkeit. Die Anklage gegen ihn wurde aus Mangel an Beweismaterial aufgehoben; nur der Drucker der Zeitung, welcher nicht ein Wort Englisch verstand, wurde zu sechs Monaten Gefängnis verurteilt. Dieser vergebliche Verhaftungsversuch machte Sri Aurobindo berühmt. Künftig war er der anerkannte Führer der nationalistischen Bewegung, er gab seine Stellung im Hintergrund auf, in der er es nichtsdestoweniger vorgezogen hätte zu verbleiben: *Es kümmert mich keinen Heller, meinen Namen an irgendeinem gesegneten Ort zu sehen,* schrieb er später. *Ich war selbst in meiner politischen Zeit nie auf Ruhm versessen. Ich zog es vor, im Hintergrund zu bleiben, Menschen ohne ihr Wissen zu bewegen und die gesetzten Ziele zu erreichen.*[10] Es wäre jedoch falsch anzunehmen, Sri Aurobindo sei ein Fanatiker. Alle seine Zeitgenossen waren beeindruckt von diesem „ruhigen, jungen Mann, der mit einem Wort eine lärmende Versammlung zum Schweigen bringen konnte". Inmitten dieses äußeren Aufruhrs zwischen politischen Versammlungen und der Zeitung, die jeden Morgen, unter dauernder Beobachtung und Bedrohung der Geheimpolizei, herauskam, hatte Sri Aurobindo schließlich am 30. Dezember 1907 eine Begegnung mit einem Yogin namens Vishnu Bhaskar Lele, der ihm in seinem schon ausreichend paradoxen Leben zu einer weiteren paradoxen Erfahrung verhalf. Nach dreizehn Jahren in Indien war es das erste Mal, daß Sri Aurobindo aus eigener Initiative einen Yogin treffen sollte. Das zeigt deutlich genug, daß er Spiritualisten und Asketentum mißtraute. Typisch ist auch die erste Frage, die er Lele stellte: *Ich will Yoga machen, aber für die Arbeit, für die Tat, nicht für Sannyasa [Weltentsagung] oder Nirvana.*[11] Leles Antwort war merkwürdig genug und verdient Aufmerksamkeit: „Für Sie wäre das leicht, Sie sind ja Dichter." Die beiden Herren zogen sich für drei Tage in ruhige Gemächer zurück. Von diesem Augenblick an nahm Sri Aurobindos Yoga eine unvorhergesehene Wendung, welche ihn von der Tat zu entfernen schien, aber nur, um ihn zum Geheimnis der Tat und der Veränderung der Welt zu führen. *Das erste Ergebnis,* schrieb Sri Aurobindo, *waren eine Reihe von außergewöhnlich mächtigen Erfahrungen und radikalen Bewußtseinsveränderungen, welche Lele nie beabsichtigt hatte... und die im Gegensatz zu meinen eigenen Vorstellungen standen, denn sie ließen mich die Welt mit betäubender Intensität als kinematographisches Schauspiel leerer Formen in der unpersönlichen Universalität des absoluten Brahman ansehen.*[12]

In den gewaltigen Räumen des Selbst
Schien der Körper jetzt nichts als eine wandelnde Schale...[13]

Der gesamte integrale Yoga Sri Aurobindos fiel auf einen Schlag in sich zusammen. All seine Bemühungen um mentale, vitale und physische Transformation und sein Glaube an ein erfülltes Leben auf Erden wurden weggefegt, von einer ungeheuren Illusion geschluckt – nichts außer leeren Formen verblieb. *Es warf mich plötzlich in einen höheren, gedankenlosen Zustand, unberührt durch irgendeine mentale oder vitale Regung. Es gab kein Ego, keine wirkliche Welt – nur mit unbewegten Sinnen wurde etwas erkenntlich oder übertrug eine Welt leerer Formen und materialisierter Schatten ohne eigentliche Substanz auf dieses bloße Schweigen. Es gab weder Einen noch viele, einzig und allein Das – eigenschaftslos, beziehungslos, lauter, unbeschreiblich, undenkbar, uneingeschränkt und doch im höchsten und einzigartigsten Sinne real. Dies war keine mentale Vorstellung noch das flüchtige Erhaschen eines Schimmers von etwas Höherem – keine Abstraktion – es war positiv, die einzig positive Realität –, wenngleich es keine räumlich physische Welt war, sondern diesen Anschein einer physischen Welt durchdrang und einnahm oder eher durchflutete und überschwemmte, ohne Platz oder Raum für eine andere Realität als die seine zu lassen, nichts anderem zuzugestehen, auch nur real, positiv oder substantiell zu erscheinen.... Was diese Erfahrung mit sich brachte, war ein unsäglicher Frieden, eine Unendlichkeit des Entbundenseins und der Freiheit.*[14] Im ersten Anlauf war Sri Aurobindo unmittelbar in das eingetreten, was die Buddhisten Nirvana nennen, die Hindus als den schweigenden Brahman oder als Das ansprechen, die Chinesen als Tao, der Abendländer als das Absolute, das Unbedingte, Unpersönliche. Er hatte die berühmte „Erlösung" *(mukti)* erreicht, welche gemeinhin als „Gipfel" des spirituellen Lebens angesehen wird – was also könnte noch jenseits dieser Transzendenz existieren? Und Sri Aurobindo konnte auf greifbare Weise die Worte des großen indischen Mystikers Sri Ramakrishna bestätigen: „Leben wir in Gott, entschwindet die Welt, leben wir dagegen in der Welt, gibt es Gott nicht mehr." Die Kluft zwischen Geist und Materie, welche er zu überbrükken gesucht hatte, brach vor seinen entschleierten Augen wieder auf. Jene Vertreter des Geistes in Ost und West, welche in einem jenseitigen Leben – Paradies, Nirvana oder Befreiung vom Irdischen – die einzige Bestimmung des Menschen sahen, hatten also recht: nichts als heraus aus diesem Tal des Jammers und der Trugbilder! Sri Aurobindo hatte die Erfahrung gemacht, sie stand unwiderruflich vor seinen eigenen Augen.

Aber diese Erfahrung, welche allgemein als Abschluß der spirituellen Entwicklung gilt, wurde für Sri Aurobindo der Ausgangspunkt für neue, *höhere* Erfahrungen, welche die Wahrheit der Welt und die Wahrheit des Jenseits in eine vollständige, andauernde und göttliche Realität reintegrieren. Dies ist eine zentrale Erkenntnis, deren Verständnis von fundamentaler Bedeutung für den eigentlichen Sinn unseres Daseins ist, denn es gibt prinzipiell allein zwei Alternativen: Entweder ist die höchste Wahrheit nicht von dieser Welt – einen Anspruch, den alle Weltreligionen für sich reklamieren – und dies zugestanden, würden wir also unsere Zeit mit Nichtigkeiten vergeuden, oder es gibt neben all dem, was uns erzählt wurde, noch etwas anderes. Und diese Frage ist umso bedeutungsvoller, als es sich nicht um Theorie handelt sondern um Erfahrung. Hier folgt, was Sri Aurobindo berichtet: *Ich lebte in diesem Nirvana Tag und Nacht, bevor es etwas anderes in sich selbst zuzulassen begann oder sich überhaupt in irgendeiner Weise veränderte... schließlich begann es, in ein größeres, höheres Über-Bewußtsein zu entschwinden... Der Ge-*

sichtspunkt einer illusionären Welt gab einem anderen nach, in welchem die Illusion lediglich ein kleines Oberflächenphänomen darstellte mit einer unermeßlichen göttlichen Realität hinter sich und einer höchsten göttlichen Realität über sich und einer intensiven göttlichen Realität im Herzen aller Dinge, welche zunächst nur als kinematische Formen oder Schatten erschienen waren. Und hierbei handelte es sich nicht um ein Wiedereingefangen-Werden durch die Sinne, um keine Verminderung, keinen Fall aus der höchsten Erfahrung, es kam eher als eine andauernde Steigerung und Ausweitung der Wahrheit... Nirvana hat sich in meinem befreiten Bewußtsein als der Anfang meiner Verwirklichung erwiesen, als ein erster Schritt in Richtung auf die vollständige Sache, und nicht als die einzig mögliche wahre Errungenschaft oder gar als ein kulminierendes Finale.[15]

Was also ist diese Transzendenz, die sich keinesfalls auf dem Gipfel befindet, sondern in durchaus mittlerer Höhe? Um eine schlichte, aber korrekte Analogie zu ziehen, läßt sich sagen, daß Schlaf in Beziehung zum Wachzustand ein transzendentes Stadium darstellt, dabei ist es weder ein höheres noch ein wahreres Stadium als das des Wachseins, allerdings ist es auch nicht weniger wahr. Es ist einfach ein anderer Bewußtseinszustand. In dem Augenblick, in dem man sich von den mentalen und vitalen Regionen zurückzieht, löst sich selbstverständlich alles auf, ebenso wie eine Narkose einem das Gespür betäubt. Wir unterliegen der verständlichen Neigung, den unpersönlichen, unbewegten Frieden unserem gewohnten Tumult qualitativ überzuordnen, aber wir vergessen dabei, daß allein wir es sind, die diesen Tumult erzeugen. Über- oder Unterordnung hat nichts mit einem Wechsel des Zustandes zu tun, sondern mit der Beschaffenheit oder Stellung unseres Bewußtseins innerhalb eines gegebenen Zustandes. Insofern ist Nirvana sowenig oberste Sprosse der Leiter, wie es Schlaf oder Tod sind. Es läßt sich *auf jeder beliebigen Bewußtseinsebene* erreichen: durch Konzentration im Mental, durch Konzentration im Vital, selbst durch Konzentration im physischen Bewußtsein. Der Hatha-Yogin, der sich auf sein Nabelzentrum konzentriert, ebenso wie der Basuto, der ekstatisch um seinen Totempfahl tanzt, kann plötzlich anderswohin vorstossen, wenn das seine Bestimmung sein sollte, in eine andere, transzendentale Dimension, in welcher sich diese Welt in ein Nichts auflöst. Das gleiche mag dem Mystiker geschehen, der in Meditation seines Herzens versunken ist, oder dem Yogin, der in Konzentration seines Verstandes vertieft ist.

Man *steigt* nicht wirklich in das Nirvana *hinauf,* sondern man geht darin über, indem man ein Loch bohrt und hinaustritt. Sri Aurobindo hatte die Mentalebene nicht überschritten, als er seine Nirvana-Erfahrung machte: *Ich hatte meine Erfahrung des Nirvana und des Schweigenden Brahman lange vor dem Wissen um die höheren spirituellen Ebenen über dem Kopf.*[16] Es war genau nach dem Aufstieg in höhere, überbewußte Ebenen, daß er dem Nirvana übergeordnete Erfahrungen machte, in denen der illusionistische, unbewegte und unpersönliche Aspekt in einer neuen Wirklichkeit zerschmolz, welche sowohl diese Welt als auch das Jenseits umfaßt. Von dieser Art war Sri Aurobindos erste Entdeckung. *Nirvana ist nicht das Ende des Weges, über das hinaus nichts zu erforschen bleibt, und kann es auch nicht sein... Es ist das Ende des unteren Pfades durch die untere Natur und der Beginn der höheren Evolution.*[17]

Von einem anderen Standpunkt aus läßt sich auch fragen, ob es tatsächlich das Ziel der Evolution ist, diese zu verlassen, wie es die Anhänger des Nirvana und all jener Religionen glauben, die das Jenseits als Ziel unserer Bemühungen anvisiert haben. Vergessen wir nämlich die emotionalen Gründe für unseren Glauben oder Unglauben und beachten lediglich den evolutionären Verlauf, mögen wir gezwungen sein zuzugestehen, daß die Natur leicht diesen „Ausstieg" zu einem Zeitpunkt hätte vollbringen können, zu dem wir uns noch in einem rudimentären mentalen Stadium befanden und als offene, geschmeidige und ihr gefügige Geschöpfe von instinktiver Intuition lebten. Das Menschengeschlecht im vedischen Zeitalter, zu Zeiten der antiken Mysterien oder selbst noch während unseres Mittelalters wäre für diesen „Ausstieg" noch besser geeignet gewesen als wir. Wenn dies also tatsächlich das wirkliche Ziel der evolutionären Natur sein sollte – vorausgesetzt die Evolution schreitet nicht zufällig voran, sondern folgt einem bestimmten Plan –, dann hätte sie diesen Menschentypus bevorzugen sollen. Und es wäre ein Leichtes gewesen, *den Intellekt zu überspringen,* wie Sri Aurobindo in seinem *Zyklus der Menschlichen Entwicklung*[18] schreibt, und von einer instinktiv-intuitiven Phase in einen außer-weltlichen Spiritualismus überzugehen. Der Intellekt wäre ein vollkommen unnützer Auswuchs, wenn man glaubt, das Ziel der Evolution sei nichts weiter, als ihr eben zu entkommen. Aber das Gegenteil scheint der Fall zu sein. Es sieht so aus, als habe die Natur gerade gegen diese primitive Intuition gearbeitet und sie bewußt mit immer dichteren mentalen Schichten überlagert, immer komplexer und universeller und immer nutzloser in Bezug auf den

„Ausstieg". Wir alle wissen, wie die wunderbare Blüte intuitiven Geistes im upanischadischen Indien während der Anfänge der Geschichtsschreibung oder jene des neu-platonischen Griechenlands zu Beginn unseres Zeitalters zugunsten eines menschlichen Intellekts eingeebnet wurde, der zwar seinen Mangel an Erhabenheit nicht durch seine relative Schwerfälligkeit wettmachen konnte, dafür aber einen höheren Grad an Allgemeinheit erreichte. Wir können also die Frage nur aufwerfen, ohne zu versuchen, sie zu beantworten. Wir fragen uns, ob der Sinn der Evolution darin liegt, dem Luxus des Verstandes zu frönen, nur um ihn später wieder zu zerstören und auf ein submentales oder nicht-mentales religiöses Stadium zurückzufallen, oder ob es nicht im Gegenteil darum geht, den Verstand bis zum Äußersten zu entwickeln* – und dahin scheint uns die derzeitige Evolution zu treiben –, bis er seine eigene Engstirnigkeit und seine lärmende Oberflächlichkeit erschöpft hat und in höhere, überbewußte Regionen aufsteigt, zu einer spirituellen und supramentalen Ebene, auf der der Widerspruch zwischen Geist und Materie gleich einer Fata Morgana verschwindet und auf der wir keinen „Ausstieg" mehr suchen müssen, da wir uns überall gleichermaßen im Inneren befinden.

Es wäre allerdings falsch zu denken, die Erfahrung des Nirvana sei eine falsche Erfahrung, eine Art Illusion der Illusion, erstens weil es keine falschen Erfahrungen gibt, sondern höchstens unvollständige, und zweitens weil Nirvana uns wirklich von einer Illusion befreit. Die uns geläufige Sichtweise der Welt ist unzulänglich, sie ist eine Art realistische optische Illusion, nicht weniger realistisch aber auch nicht weniger irrig als die versetzte Erscheinung eines Stabes, den man teilweise unter Wasser taucht. Wir müssen „die Pforten der Wahrnehmung reinigen," wie William Blake sagte, und Nirvana hilft uns, dies zu tun, wenn auch auf drastische Weise. Normalerweise sieht man eine flache, drei-dimensionale Welt mit einer Menge *voneinander getrennter* Gegenstände und Geschöpfe, so wie die beiden Teile des Stabes im Wasser als getrennt erscheinen, und doch ist die Wirklichkeit eine vollkommen andere, wenn sie von einer

---

* Zu beachten ist noch einmal, daß Sri Aurobindos Yoga, der das Mental zu überschreiten, zu transzendieren sucht, erst beginnen kann, nachdem *das Ende* der Kurve des Intellekts erreicht ist, und unmöglich wäre, solange die Zwischenzonen nicht durchlaufen sind. Einen Eingeborenen der Fidji-Inseln oder einen ostfriesischen Fischer über „mentales Schweigen" belehren zu wollen, ergibt offensichtlich keinen Sinn.

höheren Warte, aus der Perspektive des Überbewußtseins, gesehen wird, ebenso wie sie eine andere ist, wenn sie von einer niedrigeren Warte, also zum Beispiel aus atomarer Ebene betrachtet wird. Der einzige Unterschied zwischen dem gebrochenen Stab und der uns geläufigen Sichtweise ist, daß es sich im ersten Fall nur um eine optische Täuschung handelt, während es sich andernfalls um eine folgenschwere Täuschung handelt. Wir beharren darauf, einen Stab als gebrochen anzusehen, der es nicht ist. Daß diese bedenkliche Täuschung sich unbeschadet auf unser gegenwärtiges praktisches Leben und auf das äußere oberflächliche Niveau übertragen läßt, auf dem sich unsere Existenz abspielt, mag eine Rechtfertigung dieser Täuschung abgeben, ist aber auch der Grund, warum wir unfähig sind, unser Leben zu meistern, denn falsch zu sehen bedeutet, falsch zu leben. Der Wissenschaftler, welcher sich nicht von Erscheinungen beeinflussen läßt, sieht besser und meistert die Dinge folglich besser, aber auch seine Sichtweise ist unvollständig und sein Meistern ein unsicheres; er hat nicht das Leben gemeistert, nicht einmal die physikalischen Kräfte hat er wirklich gemeistert, er hat sich lediglich einiger ihrer offensichtlichsten Effekte bedient. Das Problem der Sichtweise ist also nicht allein eines der persönlichen Befriedigung oder der gegenseitigen Übereinkunft. Es geht nicht darum, besser wahrzunehmen, um die schönsten Visionen in Rosa oder zartem Blau zu haben, die sowieso keine bemerkenswert hohe Ebene erreichen, sondern um eine wirkliche Meisterung der Welt und der Umstände und unserer selbst zu erlangen, wobei es sich in allen drei Fällen um das Gleiche handelt, denn nichts ist voneinander getrennt. Bis heute haben diejenigen, welche Zugang zu diesen höheren Formen von Vision hatten (es gibt viele Stufen davon), diese vorwiegend für ihre eigenen Zwecke verwendet oder waren nicht fähig, das zu *verkörpern,* was sie sahen, denn all ihre Bemühungen waren ja auf die Flucht aus dieser Inkarnation gerichtet. Eine solch nebulöse Haltung ist allerdings nicht unvermeidlich, wie Sri Aurobindo zeigen sollte. Er hatte die ganze physische, vitale, mentale und psychische Basis nicht umsonst vorbereitet.

So ist Nirvana eine brauchbare, aber keineswegs unabdingliche Zwischenstufe im Übergang von der normalen Sichtweise zu einer anderen Art zu sehen. Es befreit uns von der vollständigen Illusion, in der wir leben: „Wie durch eine Verzauberung sehen sie das Falsche als das Wahre," sagt die Maitri Upanishad (VII.10). Sri Aurobindo verwendet nicht das Wort Illusion, er sagt schlicht, daß wir in *Unwissenheit* leben. Das Nirvana entledigt uns dieser Unwissenheit, allerdings fallen wir danach einer anderen Art von Unwissenheit zum Opfer, denn es ist die ewige Schwierigkeit mit den Menschen, daß sie von einem Extrem ins andere fallen; sie fühlen sich ständig bemüßigt, eine Sache zu verneinen, um eine andere zu bejahen; man hält somit ein Zwischenstadium für einen Endzustand, wie man schon viele große spirituelle Erfahrungen als letztes Ziel aller Bestrebungen akzeptiert hat. Dahingegen gibt es tatsächlich kein Ende, sondern lediglich *eine fortwährende Steigerung und Erweiterung der Wahrheit*[19]. Wir können also sagen, daß das nirvanische oder religiöse Stadium im allgemeinen, insofern als es sich zu etwas jenseits öffnet, eine erste Stufe der Evolution bedeutet, die uns über eine falsche Sichtweise der Welt hinaushilft, und damit ist sein Sinn im wesentlichen pädagogisch. Jemand, der hingegen durch und durch wach und wirklich *geboren* ist, muß sich auf das nächste evolutionäre Stadium vorbereiten und von dem auf das Jenseits gerichteten Religiösen zu der auf die Totalität gerichteten Spiritualität weiterschreiten. Dann wird nichts ausgeschlossen sondern alles erweitert. Der integral Suchende muß somit auf der Hut sein, denn alle inneren Erfahrungen berühren die intimste Substanz unseres Wesens und sind immer unwiderlegbar und endgültig, während sie sich ereignen; sie sind blendend auf gleich welcher Ebene – wir mögen uns an Vivekanandas Worte über das Nirvana erinnern: „Ein Meer des unendlichen Friedens, ohne ein Kräuseln, ohne einen Atem" –, und es besteht die große Versuchung, darin auszuharren, als wäre es die letzte Zuflucht. Wir erwähnen hier nur diesen Rat, den die Mutter an alle Suchenden richtet: *Von welcher Natur, Macht oder Beispiellosigkeit eine Erfahrung auch immer sein mag, man darf sich nicht in einem solchen Ausmaß von ihr dominieren lassen, daß sie unser ganzes Wesen überwältigt... Wann immer ihr auf irgendeine Weise mit einer Kraft oder einem Bewußtsein in Berührung kommt, welches das eure übersteigt, müßt ihr euch, anstatt euch vollständig diesem Bewußtsein oder dieser Kraft unterzuordnen, immer vergegenwärtigen, daß dies nur eine Erfahrung unter Tausenden und Abertausenden von anderen ist und daß sie somit unter gar keinen Umständen einen unbedingten Charakter hat. Wie schön auch immer sie sein mag, ihr könnt und müßt bessere machen. Ganz gleich wie außergewöhnlich sie ist, es gibt andere, welche noch weit herrlicher sind. Und egal wie hoch oder erhaben sie ist, ihr könnt in Zukunft höher aufsteigen.*

Sri Aurobindo lebte über Monate in diesem Nirvana, bevor er anderwärts auftauchte. Das Merkwürdige an der Sache war, daß er, obwohl noch ganz in diesem Zustand, in der Lage war, eine Tageszeitung herauszugeben, geheimen Versammlungen beizuwohnen und sogar noch politische Reden zu halten. Das erste Mal, als er in Bombay öffentlich reden mußte, gab er seiner Verlegenheit Lele gegenüber Ausdruck: *Er forderte mich auf zu beten. Ich war jedoch so in das schweigende Brahman-Bewußtsein versunken, daß ich nicht beten konnte... Er antwortete, daß dies nichts ausmache; er und einige andere würden beten, und ich hätte nichts anderes zu tun, als zu der Versammlung zu gehen und ein Namaskar [eine Verbeugung] zum Publikum zu machen, als wäre es Narayan*, und zu warten, die Rede würde aus einer anderen Quelle als dem Mental zu mir kommen.*[20] Sri Aurobindo tat genau, wie ihm geheißen wurde, und *die Rede kam, als wäre sie diktiert worden. Und seither sind alle Reden, Schriften, Gedanken und äußere Tätigkeiten von derselben Quelle oberhalb des Mentals zu mir gekommen.*[21] Sri Aurobindo war mit dem Überbewußten in Berührung gekommen. Der Inhalt der in Bombay gegebenen Rede ist in der Tat der Wiederholung wert. *Versucht diese Kraft in euch zu verwirklichen,* sagte er zu den militanten Nationalisten, *versucht, sie hervorzubringen; auf daß alles, was ihr tut, nicht euer eigenes Tun sein möge, sondern das Tun dieser Wahrheit in euch. Denn nicht ihr, sondern etwas in euch handelt. Was können all die Tribunale, was können all die Mächte der Welt Dem anhaben, das in euch ist, dieses Unsterbliche, dieses Nicht-Geborene und Unzerstörbare, das das Schwert nicht durchdringen kann, das das Feuer nicht verbrennen kann? Das Gefängnis kann Ihn nicht zurückhalten, und die Galgen können Ihm kein Ende bereiten. Was gibt es, das ihr fürchten müßt, wenn ihr euch Dessen bewußt seid, Der in euch wohnt?*[22]
Am 4. Mai 1908 kam die britische Polizei im Morgengrauen, mit gezogenem Revolver, und holte ihn aus dem Bett. Sri Aurobindo war sechsunddreißig. Ein Anschlag auf das Leben eines britischen Verwaltungsbeamten von Kalkutta war gerade vereitelt worden. Die verwendete Bombe war in dem gleichen Garten hergestellt worden, in dem Barin, sein jüngerer Bruder, „Schüler" trainierte.

---

* Einer der Namen des Höchsten.

11. Kapitel

Die Einheit

In Erwartung seines Urteils verbrachte Sri Aurobindo ein Jahr im Gefängnis von Alipore. Mit dem fehlgeschlagenen Attentat hatte er nichts zu tun; die Rebellion zu organisieren, hatte mit individuellen Terroranschlägen nichts zu tun. *Als ich verhaftet und überstürzt auf das Lal Bazar Polizeirevier gebracht wurde, war ich eine Weile im Glauben erschüttert, denn ich konnte das Ziel Seiner Absichten nicht erkennen. Bestürzt rief ich Ihn aus vollstem Herzen heraus an: „Was ist mir zugestoßen? Ich war im Glauben, die Mission zu haben, für die Menschen meines Landes zu arbeiten, und mich auf Deinen Schutz verlassen zu können, bis diese Arbeit getan sein würde. Weshalb bin ich dann hier und stehe unter solch einer Anklage?" Ein Tag verging und ein zweiter und ein dritter; dann kam mir von innen eine Stimme: „Gedulde dich und gib acht!" Darauf wurde ich ruhig und wartete. Ich wurde von Lal Bazar nach Alipore überführt und über einen Monat in Einzelhaft verwahrt. Dort wartete ich Tag und Nacht auf die Stimme Gottes, um zu hören, was Er mir zu sagen hatte, um zu erfahren, was ich nach Seinem Willen tun solle... Dann kam mir die Erinnerung, daß ich einen Monat vor dem Arrest einen Ruf verspürt hatte, alle Tätigkeiten aufzugeben, mich in Abgeschiedenheit zu begeben und in mich zu schauen, um in innigere Kommunion mit Ihm treten zu können. Ich war zu schwach und konnte dem Ruf nicht folgen. Meine Arbeit** war mir zu wichtig, und im Hochmut meines Herzens hatte ich angenommen, daß sie ohne mich Schaden nehmen oder sogar fehlgehen könnte oder ganz eingestellt würde; deshalb wollte ich sie nicht verlassen. Es schien mir, als würde er wiederum zu mir sprechen, und er sagte: „Die Bindungen, welche du nicht aus eigener Stärke brechen konntest, habe ich für dich gebrochen, denn es ist nicht mein Wille, noch war es jemals meine Absicht, daß du so fortfahren solltest. Ich hatte etwas anderes für dich zu tun, und dafür habe ich dich hierher gebracht, um dich zu lehren, was du nicht von selbst lernen konntest, und um dich auf meine Arbeit vorzubereiten."*[1] Diese „Arbeit" bestand darin, kosmisches Bewußtsein oder Einheit zu verwirklichen und die Bewußtseinsebenen oberhalb des ge-

---

* Für die Unabhängigkeit Indiens.

wöhnlichen Mentals, also das Überbewußte, zu erforschen. Dies sollte Sri Aurobindo dem Großen Geheimnis auf die Spur bringen. *Zu erzählen, was mir in dieser Zeitspanne widerfuhr, dazu verspüre ich keine Notwendigkeit, nur soviel, daß Er mir Tag für Tag Seine Wunder enthüllte... Während der zwölf Monate meiner Gefangenschaft gab er mir Tag für Tag Das Wissen.*²

Kosmisches Bewußtsein

Sri Aurobindo hatte über Monate in einer Art phantasmagorischem und leerem Traum gelebt, der sich gegen den alleinigen Hintergrund der statischen Realität des Transzendenten abhob. Merkwürdigerweise erschien die Welt inmitten dieser Leere jedoch mit einem neuen Gesicht, als müsse man jedesmal alles verlieren, um es auf höherer Ebene wiederfinden zu können: *Überwältigt und gebannt, beruhigt, von sich selbst befreit, hält das Mental das Schweigen allein für das Höchste. Danach allerdings entdeckt der Suchende, daß alles in diesem Schweigen enthalten ist oder neu erschaffen wurde... dann beginnt sich die Leere zu füllen, aus ihr heraus oder in sie hinein stürzt sich die mannigfaltige Wahrheit des Göttlichen, all die Aspekte und Manifestationen und vielen Ebenen eines dynamischen Unendlichen.*³ Sehen wir nur das statisch Unendliche, so haben wir nur eines der Gesichter Gottes gesehen und haben ihn von der Welt ausgeschlossen (eine Welt, die wir Gottes „ledig" nennen, ist vielleicht immer noch erträglicher und lebenswerter als eine Welt, die von einem feierlichen und selbstgerechten Gott erfüllt ist). Hat das Schweigen aber einmal unsere diversen feierlichen Anmaßungen getilgt und uns eine Zeitlang vom reinen Weiß kosten lassen, finden sich Welt und Gott auf allen Ebenen und überall, als hätte es nie eine Trennung gegeben, außer durch einen Exzeß an Materialismus oder Spiritualismus. Während der Übungsstunden trug sich im Innenhof von Alipore die folgende erneute Bewußtseinsveränderung zu: *Ich sah auf die Kerkermauern, die mich von den Menschen absonderten, und ich verstand, daß ich nicht mehr durch diese hohen Mauern gefangengehalten wurde; nein, es war Vasudeva*, der mich umgab. Ich schritt unter den*

---

* Einer der Namen des Göttlichen.

Ästen der Bäume vor meiner Zelle, aber es war kein Baum, ich wußte, es war Vasudeva, *es war* Sri Krishna*, *den ich dort stehen sah, wie er seinen Schatten über mich hielt. Ich betrachtete die Stäbe meiner Zelle, selbst das Gitter, das als Tür diente, und wieder sah ich* Vasudeva. *Es war* Narayana*, *der über mich wachte. Oder ich lag in den rauhen Decken, welche mir als Lager gegeben waren, und ich fühlte die Arme* Sri Krishnas *um mich, die Arme meines Freundes und Geliebten... Ich schaute auf die Gefangenen im Kerker, die Diebe, die Mörder, die Schwindler, und während ich so auf sie schaute, sah ich* Vasudeva, *es war* Narayana, *den ich in diesen verdunkelten Seelen und mißbrauchten Körpern vorfand.*[4] Diese Erfahrung sollte Sri Aurobindo nie wieder verlassen. Während der sechs Monate Verhandlungsdauer, mit einigen 200 Zeugen und 4000 Beweisdokumenten, wurde Sri Aurobindo jeden Tag in einem eisernen Käfig in der Mitte des Gerichtssaals eingeschlossen, doch es waren keine feindliche Menge oder ihm feindlich gesinnte Richter mehr, die er sah: *Als der Fall verhandelt wurde... stand ich unter derselben Einsicht. Er sprach zu mir: „Als du ins Gefängnis geworfen wurdest, hat dich nicht dein Mut verlassen und hast du nicht entrüstet nach mir ausgerufen, wo ist Dein Schutz? Jetzt sieh auf den Richter, betrachte den Ankläger!" Ich blickte hin: es war nicht der Richter, den ich sah, es war* Vasudeva, *es war* Narayana, *der dort den Vorsitz hielt. Ich betrachtete den Staatsanwalt, und es war nicht der Staatsanwalt, den ich sah, es war* Sri Krishna, *der dort saß und lächelte. „Nun, was fürchtest du?" fragte er, „Ich bin in allen Menschen und leite ihre Worte und Taten."*[5] Denn in Wahrheit befindet sich Gott nicht außerhalb Seiner Welt, Er hat die Welt nicht „erschaffen" – Er ist die Welt *geworden,* wie die Upanischade sagt: „Er wurde das Wissen und das Nicht-Wissen, Er wurde die Wahrheit und die Falschheit... Er wurde all das, was da ist" (Taittiriya Upanishad II.6). „Die ganze Welt ist erfüllt von Wesen, die seine Glieder sind," sagt die Swetaswatara Upanishad (IV.10). *Alles ist eins für das Auge, das sieht, für eine göttliche Erfahrung ist alles ein Massiv des Göttlichen.*[6]

Wir mögen annehmen, daß es sich hier um eine vollkommen mystische Vision des Universums handelt, die sehr wenig gemein hat mit unserer alltäglichen Realität. Auf jedem Schritt begegnen wir Häßlichkeit und Übel. Die Welt ist voller Leiden, voller Schmerz, sie wird überwältigt durch Hilferufe aus dem Dunkel. Wo in all dem ist das Göttliche? Ist diese

---

* Einer der Namen des Göttlichen.

Die Einheit 157

Barbarei, die allzeit bereit ist, ihre Folterkammern, ihre Konzentrationslager zu öffnen, göttlich? Ist dieser grassierende, krasse Egoismus göttlich? Diese offene oder versteckte Bösartigkeit? Gott ist all dieser Verbrechen ledig. Er ist vollkommen. Er kann nichts von alledem sein – *neti, neti*. Gott ist so rein, daß er nicht von dieser Welt ist, es gibt einfach keinen Platz für Ihn in diesem erstickenden Dreck! *Wir müssen der Existenz ins Gesicht sehen, wenn es unser Ziel ist, eine wahre Lösung zu finden, wie auch immer diese Lösung aussehen mag. Und dieser Existenz ins Gesicht sehen bedeutet, Gott ins Gesicht zu sehen; denn die beiden lassen sich nicht trennen... Die Welt unseres Kampfes und unserer Mühe ist eine grimmige, gefährliche, zerstörerische, vernichtende Welt, in welcher das Leben in einer prekären Balance existiert und die Seele und der Körper des Menschen sich unter ungeheuren Gefahren bewegen, eine Welt, in der mit jedem Schritt vorwärts etwas zermalmt und gebrochen wird, ob wir es wollen oder nicht, eine Welt, in der jeder Atem des Lebens auch ein Atem des Todes ist. Die Verantwortung für alles, was uns böse oder schrecklich erscheint, einem halb-allmächtigen Teufel anzulasten oder sie als Teil der Natur beiseite zu legen und damit einen unüberbrückbaren Gegensatz zwischen Welt-Natur und Gott-Natur herzustellen, als wäre die Natur von Gott unabhängig oder die Verantwortung dem Menschen und seinen Sünden zuzuschanzen, als hätte er etwas in der Schöpfung der Welt zu sagen oder könne irgend etwas gegen den Willen Gottes erschaffen, sind linkische Notbehelfe... Wir errichten einen Gott der Liebe und des Mitleids, einen Gott des Guten, einen Gott gerecht, rechtschaffen und tugendhaft im Einklang mit unseren eigenen Moralvorstellungen von Gerechtigkeit, Rechtschaffenheit und Tugend, und von dem ganzen Rest sagen wir, das ist nicht Er oder das ist nicht das Seine sondern die Machenschaft irgendeiner diabolischen Macht, die Er aus irgendeinem Grund erleidet und der er gestattet, ihren bösen Willen zu vollziehen, oder von irgendeinem finsteren Ahriman, der unserem gnädigen Ormuzd die Waage hält, oder man sagt sogar, es war die Schuld des selbstsüchtigen und sündigen Menschen, der verdarb, was Gott ursprünglich so vollkommen geschaffen hat... Wir müssen der Realität mutig ins Gesicht sehen und erkennen, daß es Gott und niemand anders ist, der diese Welt in seinem Wesen geschaffen hat, und daß Er sie so geschaffen hat. Wir müssen erkennen, daß die Natur, die ihre Kinder verschlingt, die Zeit, die das Leben der Geschöpfe aufzehrt, der universelle und unentrinnbare Tod und die Gewalttätigkeit der Energien des* Rudra* *in Mensch und Natur ebenfalls die höchste Gottheit in einer ihrer kosmischen Formen sind. Wir müssen erkennen, daß Gott der gütige und verschwenderische Schöpfer, Gott der hilfreiche, starke und wohlwollende Retter auch Gott der Vernichter und Zerstörer ist. Die Qual auf der Lagerstätte des Schmerzes und des Bösen, auf die wir gespannt sind, ist ebenso von seiner Hand wie Glück, Süße und Genuß. Erst wenn wir mit den Augen vollkommener Einheit sehen können und diese Wahrheit bis in die Tiefe unseres Wesens verspüren, entdecken wir ganz und gar, auch hinter dieser Maske, das ruhige und schöne Gesicht der all-seligen Gottheit, und in dieser Berührung, die unsere Unvollkommenheit prüft, die Berührung des Freundes und Erbauers des Geistes im Menschen. Die Dissonanzen der Welt sind die Dissonanzen Gottes, und nur indem man sie akzeptiert und durch sie vorankommt, können wir zu den größeren Harmonien Seiner höchsten Eintracht fortschreiten, zu den Gipfeln und der vibrierenden Unermeßlichkeit seines transzendenten und kosmischen Ananda [göttliche Freude]... Denn Wahrheit ist die Basis wirklicher Spiritualität, und Mut ist ihre Seele.*[7]

Damit ist die Wunde geheilt, die die Welt immerfort zwischen Satan und Himmel zu spalten schien, als gäbe es nichts anderes als Gut und Böse, und wieder Böse und Gut, mit uns dazwischen, gleich *Kindern, die mit Zuckerbrot und Peitsche auf den Pfad der Tugend gebracht werden sollten*[8]. Alle Dualität besteht allein aus der Sicht der Unwissenheit. Überall gibt es nichts als das *unzählbare Eine*[9], und die „Dissonanzen Gottes", um dem Göttlichen in uns zum Wachsen zu verhelfen. Trotz allem verbleibt noch eine Kluft zwischen dieser möglicherweise göttlichen Unvollkommenheit und der höchsten Vollkommenheit. Ist das kosmische Göttliche nicht ein vermindertes Göttliches? Müssen wir nicht anderswohin drängen, zu einem ungetrübten, transzendenten und vollkommenen Göttlichen? *Wenn es einen Gegensatz gibt zwischen dem spirituellen Leben und dem Leben in der Welt, dann ist der integral Suchende hier, um diese Kluft zu überbrücken, um diesen Gegensatz in Harmonie zu verwandeln. Wird die Welt von Fleisch und Teufel regiert? Um so mehr Grund, daß die Kinder der Unsterblichkeit hier sein sollten, um sie für Gott und Geist zu erobern. Ist das Leben ein Wahnsinn, dann gibt es so viele Millionen Seelen, denen das Licht der göttlichen Vernunft*

---

* Eine der Formen des Göttlichen.

gebracht werden muß. Ist es ein Traum, so ist er doch wirklich, solange man darin steckt, wirklich für so viele Träumer, denen man noblere Träume zeigen oder sie erwecken muß. Ist es eine Lüge, muß den Betrogenen die Wahrheit gegeben werden.[10]

Aber wir sind nicht ganz befriedigt. Vielleicht akzeptieren wir, Gott in all diesem Übel und diesem Leiden zu sehen, vielleicht verstehen wir, daß der finstere Feind, der uns quält, in Wahrheit der Baumeister unserer Kraft ist, der geheime Schmied unseres Bewußtseins. Vielleicht sind wir „Krieger des Lichtes" in dieser verdunkelten Welt wie die Rishis von damals, warum aber ist diese Finsternis überhaupt notwendig? Warum ist Er, den wir uns bis in die Ewigkeit lauter und vollkommen vorstellen, zu dieser Welt geworden, dieser offensichtlich so wenig göttlichen Welt. Warum benötigte er den Tod, die Lüge und das Leiden? Wenn es eine Maske ist, warum diese Maske? Wenn es eine Illusion ist, warum dieses grausame Spiel?... Vielleicht ist es letzten Endes ein Segen, daß der Herr die Welt nicht nach unserer Vorstellung von Vollkommenheit geschaffen hat, denn wir haben so viele Vorstellungen von dem, was „perfekt" ist, und davon, wie Gott zu sein habe, und vor allem, wie er nicht zu sein habe, daß, nachdem wir alles ausgemerzt haben, was nicht in den Rahmen fällt, nichts übrig bliebe von unserer Welt außer einer bodenlosen Null, die nicht einmal die Getrübtheit unserer eigenen Existenz tolerieren könnte – oder eine Kaserne. *Tugend,* bemerkte die Mutter, *trachtete immer danach, bestimmte Aspekte des Lebens zu unterdrücken. Würde man alle Tugenden aller Länder der Welt zusammen nehmen, würde vom Dasein äußerst wenig übrigbleiben.* Denn bisher kennen wir nur eine Art der Vollkommenheit, nämlich jene, die ausklammert und eliminiert, wir kennen nicht jene andere, die alles versteht und in sich einschließt, denn Vollkommenheit ist *Gesamtheit.* Da wir nichts weiter sehen als eine Sekunde der Ewigkeit und diese Sekunde nicht all das enthält, was wir uns ersehnten und verlangten, beklagen wir uns und kommen zu dem Schluß, daß die Welt wirklich schlecht gemacht ist. Gelingt es uns allerdings, von dieser unserer Sekunde Abstand zu nehmen, um in die Totalität einzudringen, so ändert sich alles, und wir stehen vor der Werkstatt der Vollkommenheit. Diese Welt ist nicht vollendet, sie *wird,* sie ist eine fortschreitende Eroberung des Göttlichen durch das Göttliche für das Göttliche, auf dem Weg zum *unendlichen Mehr, das wir sein müssen*[11]. Unsere Welt befindet sich in Evolution, und die Evolution hat eine spirituelle Bedeutung:

Die Einheit

Der Erden Millionen Wege rangen um die Göttlichkeit.[12]

Aber was wissen wir wirklich von der großen irdischen Reise? Uns erscheint sie verschlungen, grausam, befleckt, doch sind wir gerade erst geboren! Wir sind kaum aus unserer Materie heraus, noch verschleimt, winzig und schmerzgekrümmt, gleich einem Gott in einem Grab der Vergessenheit, der links und rechts sucht und überall anstößt. Aber welche andere Geburt, welche wiederentdeckte Erinnerung, welche wiedererlangte Macht erwartet uns weiter vorne auf diesem Weg? Die Welt ist in vollem Gang. Wir kennen bei weitem nicht die ganze Geschichte.

Suchet Ihn auf Erden...
Denn Ihr seid Er, o König. Allein die Nacht
  Lastet auf Eurer Seele
Kraft Eures eigenen Willens. Entfernt sie und erlangt
  Das erhabene Ganze zurück,
Das Ihr in Wahrheit seid...[13]

Das zentrale Wesen. Die universelle Person

„Ihr seid Er", das ist die ewige Wahrheit – *Tat tvam asi,* ihr seid Das. Dies ist die Wahrheit, welche die alten Mysterien lehrten und die von den späteren Religionen vergessen wurde. Nachdem sie das zentrale Geheimnis vergessen hatten, fielen sie erratischen Dualismen zum Opfer und setzten obskure Mysterien an die Stelle des Großen, Einfachen Mysteriums. „Ich und mein Vater sind eins," sagt Jesus Christus (Johannes 10, 30), „Ich bin Er," sagen die Weisen Indiens – *so'ham* –, denn dies ist die Wahrheit, die *alle* freien Menschen entdecken, sei es im Osten oder Westen, in der Vergangenheit oder der Gegenwart. Das ist die ewige Tatsache, die es uns allen zu entdecken gilt. Und dieses „Selbst", dieses „Ich", das seine Identität mit Gott erklärt, ist nicht das einer privilegierten Person – als wäre es wirklich möglich zu glauben, ein kleines persönliches und ausschließliches Ich hätte noch Platz in dieser triumphalen und kosmischen Ouvertüre oder die upanischadischen Weisen, die vedischen Seher oder Christus hätten ein für allemal alle göttlichen Beziehungen monopolisiert und für sich vereinnahmt. – In Wahrheit ist es die Stimme aller Menschen, die sich mit dem einzigen kosmischen Bewußtsein verschmolzen haben, und wir sind alle Sohn Gottes. Es gibt zwei Arten, diese Entdeckung weiterzuverfolgen, oder besser gesagt zwei Schritte. Der erste ist die Entdeckung der Seele, des psychischen Wesens, das immer mit dem Göttlichen vereint ist, ein kleines Licht des Großen Lichtes: „Der Geist, welcher hier im Menschen weilt, und der Geist, welcher dort in der Sonne weilt, sind wirklich ein Geist, und es gibt keinen anderen," sagt die Upanishad*; „Wer auch immer denkt ‚Anders ist er, und ich bin anders,' der weiß nichts"**. Vor einigen sechs- oder siebentausend Jahren nannte der Veda diese Entdeckung des inneren Geistes „die Geburt des Sohnes": „Seine rotglühende Masse ist zu sehen – ein großer Gott ist aus der Dunkelheit entbunden worden" (Rig-Veda V.1.2), und in einer Sprache voller leuchtender Kraft bestätigten sie die ewige Einheit des Sohnes und des Vaters und die göttliche Verwandlung des Menschen: „Befreie deinen Vater! Bewahre ihn sicher in deinem Heim – deinen Vater, der dein Sohn wird und dich trägt" (Rig-Veda V.3.9).

Und sobald wir *geboren* sind, sehen wir, daß diese Seele in uns dieselbe Seele in allen menschlichen Wesen ist und daß sie nicht nur in den Wesen existiert, sondern auch latent und ungeoffenbart in den Dingen: „Er ist das Kind der Wasser, das Kind der Wälder, das Kind der Dinge, die beständig sind, und das Kind der Dinge, die sich bewegen. Selbst im Stein ist Er gegenwärtig" (Rig-Veda I.70.2). Alles ist eins, denn alles ist das Eine. Hat Christus nicht gesagt: „Dies ist mein Körper, dies ist mein Blut," und bediente sich dieser stofflichsten, erdverbundenen Symbole – Brot und Wein –, um damit zu verstehen zu geben, daß auch der physische Stoff, die Materie, ein Körper des Einen ist, das Blut von Gott?*** Wäre Er nicht schon im Stein vorhanden, wie hätte Er dann je in den Menschen kommen können, durch einen wundersamen Fall aus dem Himmel vielleicht? Wir sind das Ergebnis einer Evolution und nicht einer Abfolge willkürlicher Wundertaten: *Die gesamte Erd-Vergangenheit ist in unserer menschlichen Natur gegenwärtig... die eigentliche Natur des menschlichen Wesens setzt ein materielles und ein vitales Stadium voraus, die das Hervortreten seines Mentals vorbereiten, sowie eine animalische Vergangenheit, die die ersten Elemente seiner komplexen*

---
* Taittiriya Upanishad X.
** Brihadaranyaka Upanishad I.4.10.
*** Vgl. Sri Aurobindo, *Eight Upanishads*, X, XI.

Menschlichkeit bildete. Und wir können schwerlich sagen, die materielle Natur habe durch Evolution unser Leben und unseren Körper und unser animalisches Bewußtsein entwickelt, und die Seele wäre erst später in die so geschaffene Form herabgestiegen... denn das setzt eine Kluft zwischen Seele und Körper, zwischen Seele und Leben, zwischen Seele und Denken voraus, die nicht existiert. Es gibt keinen Körper ohne Seele, keinen Körper, der nicht selbst eine Form von Seele wäre. Die Materie selbst ist Substanz und Kraft des Geistes und könnte sonst nicht existieren, denn nichts kann existieren, das nicht Substanz und Kraft des Ewigen ist.[14]*... Das Stumme und Blinde und Grobe ist Jenes, und nicht allein das verfeinerte, mental bewußte menschliche oder das animalische Dasein. All dies unendliche Werden ist eine Geburt des Geistes in die Form.*[15]

Haben wir die Tore des Psychischen geöffnet, offenbart sich eine erste Phase kosmischen Bewußtseins. Aber die wachsende Seele, die zunehmend differenziertere, dichtere und innerlich stärkere Bewußtseins-Kraft gibt sich nicht mehr allein mit dieser engen individuellen Form zufrieden. Dadurch, daß sie sich mit Jenem eins fühlt, möchte sie so unermeßlich, so universell wie Jenes werden und möchte die ihm angeborene Ganzheit zurückerlangen. *Zu sein und völlig zu sein ist das Ziel der Natur in uns... und völlig zu sein, heißt alles sein, was ist.*[16] Wir brauchen Ganzheit, denn wir *sind* die Ganzheit. Das Ideal, das uns ruft, das Ziel, das unsere Schritte lenkt, liegt nicht wirklich voraus; es zieht uns nicht, es drängt uns, es befindet sich in unserem Rücken – und vor uns und in uns. Evolution ist das ewige Erblühen einer Blume, die schon immer Blume gewesen ist. Ohne den Samen in der Tiefe würde sich nichts bewegen, denn nichts hätte das Bedürfnis nach irgend etwas anderem — das ist das Bedürfnis der Welt. Es ist unser *zentrales Wesen*. Es ist der Bruder des Lichtes, der manchmal aufwallt, wenn alles hoffnungslos scheint, die sonnige Erinnerung, die uns bearbeitet, immer wieder bearbeitet und keine Ruhe läßt, bis wir die Ganzheit unserer Sonne zurückerlangt haben. Es ist unser kosmisches Zentrum, so wie das Psychische unser individuelles Zentrum bildet. Aber dieses zentrale Wesen befindet sich nicht irgendwo in einem Punkt. Es ist in allen Punkten. Es befindet sich unvorstellbarerweise im Herzen aller Dinge und umfaßt alle Dinge gleichermaßen. Es ist in höchstem Maße innen und über allem und allem unterliegend und überall – es ist ein *gigantischer Punkt*[17]. Und wenn wir das gefunden haben, haben wir alles gefunden, ist alles gegenwärtig. Die entwickelte Seele findet zu ihrem Ursprung zurück, der Sohn wird wieder zum Vater; oder besser, der Vater, der zum Sohn geworden war, wird wieder zu sich selbst: *Ein Umstoßen oder Zerbrechen jener Mauern findet statt, die unser bewußtes Wesen gefangen hielten. Man verliert allen Sinn für Individualität und Persönlichkeit, man verliert das Gefühl eines Plaziertseins in Raum oder Zeit oder innerhalb von Handlungen oder Naturgesetzen. Es gibt kein Ego mehr, keine definierte oder definierbare Person, sondern nur Bewußtsein, nur Dasein, nur Friede und Wonne. Man wird Unsterblichkeit, wird Unendlichkeit, wird Ewigkeit. Alles, was von der persönlichen Seele noch verbleibt, ist eine Hymne von Frieden und Freiheit und Seligkeit, die irgendwo im Ewigen schwingt.*[18]

Wir hielten uns für gering und voneinander getrennt, eine Person und noch eine Person und noch eine Person inmitten von getrennten Dingen. Diese Trennung war nötig für uns, um unter unserem Panzer wachsen zu können, ansonsten wären wir ein undifferenzierter Teil des universellen Plasmas geblieben, ein Mitglied der Herde ohne Eigenleben. Durch die Trennung sind wir bewußt geworden. Wegen der Trennung sind wir in unvollständiger Weise bewußt. Und wir leiden, wir leiden am Getrenntsein – am Getrenntsein von anderen, am Getrenntsein von uns selbst, am Getrenntsein von den Dingen und von allem, denn wir stehen außerhalb des Punktes, an dem alles zusammenfließt.

Die einzige Art, alles richtigzustellen, ist es,
Bewußtsein wiederzuerlangen;
und das ist sehr einfach.
Es gibt nur einen Ursprung.
Dieser Ursprung ist die Vollendung der Wahrheit,
denn er ist das einzig wirklich Existierende.
Durch das äußere Manifestieren, durch die Projektion
und Dispersion seiner selbst
hat er hervorgebracht, was wir sehen
und eine Menge sehr nette, brillante kleine Gehirne dazu,
die nach dem suchen, was sie noch nicht gefunden haben,
aber finden können,
denn was sie suchen, ist in ihnen.
Das Heilmittel liegt im Zentrum des Übels.*

---

* Die Mutter in einer Unterhaltung mit Kindern.

Haben wir nach unzähligen Leben in dieser langen Evolution genug gelitten, sind wir genügend gewachsen, zu erkennen, daß alles von außerhalb zu uns stößt, von einem Leben, das größer ist als das unsrige, von einem Mental, von einer Materie, universell und unermeßlicher als die unsrige, dann ist die Zeit gekommen, bewußt zurückzuerlangen, was wir unbewußt immer gewesen sind – eine universelle Person: *Warum solltet Ihr euch beschränken? Empfindet euch auch in dem Schwert, das euch schlägt, und in den Armen, die euch umschlingen, im Lodern der Sonne und im Tanzen der Erde... in allem, was gewesen ist, in allem, was gegenwärtig ist, und in allem, das zu werden vorwärts drängt. Denn ihr seid unendlich, und all diese Freude steht euch offen.*[19]

Erkenntnis durch Identität

Wir mögen annehmen, daß dieses kosmische Bewußtsein eine Art poetische oder mystische Superphantasie ist, rein subjektiv und ohne praktische Konsequenzen. Dabei wäre zuerst zu klären, was „objektiv" und „subjektiv" bedeuten, denn lassen wir das sogenannte Objektive als einziges Kriterium der Wahrheit zu, so riskieren wir, daß uns die ganze Welt durch die Finger rinnt, wie unsere Kunst, unsere Malerei und selbst unsere Wissenschaft der letzten fünfzig Jahre nicht müde wurden zu bestätigen. Es blieben an Gewißheit kaum einige Krümel übrig. Es ist wahr, daß ein Rinderbraten allgemeiner erweislich und damit objektiver ist als die Freude in Beethovens späten Streichquartetten; das ist allerdings eine Minderung der Welt und keine Bereicherung. Tatsächlich ist diese Gegenüberstellung falsch: Das Subjektive ist eigentlich eine fortgeschrittene oder vorbereitende Stufe der Objektivität. Hat einmal jeder das kosmische Bewußtsein genossen, oder schlichter, die Freude an Beethovens Quartetten, werden wir vielleicht ein objektiv weniger barbarisches Universum vor uns haben.

Aber Sri Aurobindo war nicht der Mann, sich mit kosmischen Schwärmereien zufrieden zu geben. Die Authentizität der Erfahrung und ihre praktische Wirkung lassen sich an einem sehr einfachen Vorgang überprüfen. Es ist das Auftreten einer neuen Art von Erkenntnis: Erkenntnis durch Identität – wir erkennen ein Ding, denn wir *sind* dieses Ding. Das Bewußtsein kann sich auf jeden beliebigen Punkt in *seiner* universellen Realität begeben, es kann sich auf jedes Wesen oder jedes Geschehen richten und es alsdann so intim erkennen, wie man seinen eigenen Herzschlag kennt, denn alles geschieht innen, nichts ist außen oder gar getrennt. Die Upanischaden sagten es bereits: „Wenn Jenes erkannt wird, ist alles erkannt."* Die ersten Anzeichen dieses neuen Bewußtseins sind durchaus greifbar: *Man beginnt andere als Teil seiner selbst oder als differierende Wiederholung seiner selbst zu empfinden – das gleiche Selbst, von der Natur in andere Körper abgeändert – oder wenigstens, daß sie in einem weiteren, universellen Selbst leben, welches künftig unsere eigene größere Realität ist. Alle Dinge verändern in der Tat ihre Natur und Erscheinung. Unsere ganze Erfahrung der Welt ist radikal anders als die jener, die in ihrem persönlichen Selbst eingeschlossen sind. Man beginnt, die Dinge auf andere Weise zu erfahren, viel direkter und ohne vom äußeren Mental und den Sinnen abhängig zu sein. Nicht daß die Möglichkeit des Irrtums verschwindet, denn das ist nicht möglich, solange das Mental noch in irgendeiner Weise Instrument der Erkenntnis bleibt. Dennoch besteht nun eine neue, weite und tiefe Art, die Dinge zu erfahren, zu sehen, zu erkennen und mit ihnen in Berührung zu kommen. Und die Grenzen der Erkenntnis lassen sich in einem beinahe unermeßlichen Grad zurückdrängen.*[20]

Die neue Art von Erkenntnis ist in Wahrheit nicht von der unsrigen verschieden. Jede Erfahrung, jede Erkenntnis von gleich welcher Ordnung, angefangen von dem rein physischen Bereich bis in die höchsten Höhen der Metaphysik, ist insgeheim Erkenntnis durch Identität – wir erkennen, weil wir *sind*, was wir erkennen. *Wahre Erkenntnis,* sagt Sri Aurobindo, *wird nicht durch Denken erlangt. Erkenntnis ist das, was du bist, es ist das, was du wirst.*[21] Ohne diese geheime Identität, diese vollkommene, allem zugrundeliegende Einheit, können wir nichts von der Welt oder von anderen Wesen verstehen. Ramakrishna, der vor Schmerz aufschrie und von den Peitschenhieben zu bluten anfing, welche dem Ochsen an seiner Seite verabreicht wurden, oder der Seher, der weiß, daß ein bestimmter Gegenstand an einer bestimmten Stelle versteckt ist, oder der Yogin, der einen Schüler über Hunderte Meilen Entfernung heilt, oder Sri Aurobindo, als er den Zyklon davon abhielt, in seine Räume zu dringen, sind lediglich ein paar schlagende Beispiele eines natürlichen Phänomens: Das Natürliche ist nicht die Trennung oder die Unterscheidung sondern die unteilbare Einheit aller Dinge. Wären die anderen

---

* Shandilya Upanishad II.2.

Wesen und Gegenstände tatsächlich getrennt und verschieden von uns, wären wir nicht essentiell dieser Zyklon oder jener Ochse, dieser verborgene Schatz oder jener kranke Schüler, so wären wir nicht nur nicht in der Lage, auf sie einzuwirken, sie zu empfinden, sie zu erkennen, sondern sie wären schlicht unsichtbar und inexistent für uns. Nur Gleiches erkennt und empfindet Gleiches, nur Gleiches kann auf Gleiches einwirken. Wir erkennen nur das, was wir sind: *Nichts kann einem Mental beigebracht werden, das nicht bereits als potentielles Wissen in der sich entfaltenden Seele des Geschöpfes angelegt ist. Gleichfalls ist alle Vollkommenheit, zu der der äußere Mensch fähig ist, lediglich ein Verwirklichen der ewigen Vollkommenheit des Geistes in ihm. Wir kennen das Göttliche und werden zum Göttlichen, denn wir sind es bereits in unserer innersten Natur. Alles Lehren ist ein Aufdecken, alles Werden ein Sich-Entfalten. Das Erreichen und Entdecken seiner selbst ist das Geheimnis; Selbsterkenntnis und ein wachsendes Bewußtsein sind die Mittel und das Verfahren.*[22]

Durch die Jahrtausende unserer Entwicklungsgeschichte haben wir uns von der Welt und anderen Wesen getrennt. Wir haben Egos gebildet, einige Atome des Großen Körpers verhärtet und „uns-mir-ich" gegen alle anderen gleichermaßen Verhärteten verkündet. Derart abgetrennt, konnten wir nichts mehr von dem erkennen, was vormals *wir selbst* in der Einheit der Großen Mutter gewesen sind. So haben wir Augen, Hände, Sinne und einen Intellekt erfunden, um uns wieder mit dem in Verbindung zu bringen, was wir aus unserem Großen Wesen ausgeschlossen hatten. Nun denken wir, daß ohne diese Augen, Finger und diesen Kopf keine Erkenntnis möglich ist, aber das ist nichts als unsere separatistische Täuschung. Unsere gegenwärtige indirekte Methode der Erkennung verbrämt und verdeckt vor uns die unmittelbare Wiedererkennung, ohne die unsere Augen, unsere Finger, unser Kopf und selbst unsere Mikroskope nicht in der Lage wären, irgend etwas wahrzunehmen, zu verstehen oder überhaupt zu funktionieren. Unsere Augen sind keine visionellen Organe, sondern „divisionale" Organe. Wenn sich das Auge der Wahrheit in uns öffnet, gibt es keine weitere Notwendigkeit mehr für diese Fernrohre und Krücken. Unsere evolutionäre Reise ist letztlich ein langsames Zurückerobern von dem, was wir ins Exil gesandt haben, ein Wiederaufleben der Erinnerung. Unser Fortschritt bemißt sich nicht an der Menge unserer Erfindungen, die bloß künstliche Mittel sind, um das wieder herbeizubringen, von dem wir uns entfremdet haben, sondern an der Menge der in uns reintegrierten Welt, die wir als uns selbst anerkennen.

Und das ist die Freude – *Ananda* –, denn alles zu sein, was ist, bedeutet, die Freude an allem zu haben, was ist.

Die Wonne von einer Myriade Myriaden, die eins sind.[23]

„Woraus soll dem Schaden entstehen, wie soll der getäuscht werden, der überall die Einheit sieht?"*

---

* Isha Upanishad 7.

12. Kapitel

Das Überbewußtsein

Das Rätsel

Eine dreifache Bewußtseinsveränderung kennzeichnet somit unsere irdische Reise: die Entdeckung des psychischen Wesens oder immanenten Geistes, die Entdeckung des Nirvana oder transzendenten Geistes und die Entdeckung des zentralen Wesens oder kosmischen Geistes. Das ist wahrscheinlich auch die wahre Bedeutung der christlichen Dreieinigkeit Vater-Sohn-Heiliger-Geist. Es geht nicht darum, die verschiedenen Erfahrungen zu werten, sondern sie selbst zu überprüfen: *Philosophien und Religionen bestreiten die Rangordnung verschiedener Aspekte Gottes, und die einzelnen Yogins, Rishis oder Heiligen haben dieser oder jener Philosophie den Vorzug gegeben. Es ist nicht unsere Sache, über irgendeine von ihnen zu disputieren, sondern sie alle zu verwirklichen und zu werden, nicht einen Aspekt unter Ausschluß aller anderen Aspekte zu verfolgen, sondern uns Gott in all Seinen Aspekten und jenseits aller Aspekte zu eigen zu machen.*[1] – Das ist die eigentliche Bedeutung eines integralen Yogas. Wir können uns allerdings fragen, ob es nicht etwas jenseits dieser dreifachen Entdeckung gibt, denn, ganz gleich wie großartig jede für sich genommen erscheint, während man sie erfährt, keine von ihnen gibt uns die integrale Erfüllung, die wir anstreben, jedenfalls nicht, wenn wir auch die Erde und das Individuum in diese Erfüllung mit einbeziehen wollen. Tatsächlich ist die Entdeckung des psychischen Wesens eine entscheidende Verwirklichung, wir werden uns unserer Göttlichkeit bewußt, diese beschränkt sich aber auf das Individuum und durchbricht nicht die persönlichen Grenzen, die uns einschließen. Entdecken wir das zentrale Wesen, ist das eine sehr umfassende Verwirklichung, die Welt wird unser Wesen, doch verlieren wir gleichzeitig unsere Individualität, denn es ist ganz und gar irrig anzunehmen, daß es Herr Soundso oder Herr Soundnichtanders ist, der inmitten seines kosmischen Bewußtseins sitzt und die schöne Aussicht genießt – die Herren Soundso oder Soundnichtanders existieren nicht mehr. Und entdecken wir das Transzendente, so ist das eine außergewöhnlich hohe Verwirklichung, jedoch verlieren wir damit gleichzeitig

Das Überbewußtsein 169

sowohl Individualität als auch Welt – es verbleibt nichts als ein großes Das für immer außerhalb des manifesten Spiels. Theoretisch sind Vater-Sohn-Heiliger-Geist eins – doch theoretisch kann man sagen, was man will – praktisch allerdings, von der Erfahrung aus betrachtet, ist jede dieser Bewußtseinsveränderungen himmelweit und abgrundtief von den anderen entfernt. Solange wir nicht den Weg der Erfahrung gefunden haben, diese dreifache Kluft zwischen dem Pantheisten, dem Individualisten und dem Monisten zu schließen, wird es weder für die Welt noch für das Individuum irgendeine Erfüllung geben. Es reicht nicht aus, unser individuelles Zentrum zu finden und dabei die Totalität der Welt auszulassen, oder die Totalität der Welt zu finden und dabei das Individuum zu verlieren, und noch viel weniger, den allerhöchsten Frieden zu finden, wenn sowohl Welt als auch Individuum sich darin auflösen. „Ich möchte nicht Zucker sein," rief der große Ramakrishna aus, „ich möchte Zucker essen!" In dieser chaotischen und gestreßten Welt, in der wir werden, agieren und mit den Dingen konfrontiert werden, ist es notwendig, zu sein. Ohne dieses Sein wird unser Werden durch das vorherrschende Chaos in alle Winde zerstreut. Ohne das Werden löst sich unser Sein in eine *selige Null*[2] auf. Und ohne Individualität – was bedeuten uns die wunderbarsten Verwirklichungen, wenn wir nicht mehr existieren? Eben dieser Widerspruch muß gelöst werden, allerdings nicht in philosophischen Begriffen, sondern im Begreifen des Lebens und der Kraft zu handeln. Bis jetzt scheint dieser Weg der Versöhnung nicht existent oder unbekannt zu sein, aus diesem Grunde stellten alle religiösen oder spirituellen Richtungen den transzendenten Vater auf den Gipfel der Hierarchie, außerhalb dieser ärgerlichen Geschichte, und heißen uns die Vollständigkeit, nach der wir streben, anderswo zu suchen. Die Intuition sagt uns jedoch, wenn wir als Wesen, die mit einem Körper ausgestattet sind, nach Vollständigkeit streben, so *gibt es* diese Vollständigkeit oder Totalität auch, sie muß im Körper möglich sein, denn sonst könnten wir nicht nach ihr streben. Das, was wir „Einbildung" nennen, existiert nicht, es gibt lediglich zurückgestellte Realitäten und Wahrheiten, die warten, bis ihre Stunde schlägt. Auf seine Weise liefert Jules Verne den Beweis dafür. Gibt es also nicht noch eine andere Entdeckung zu machen, eine vierte Bewußtseinsveränderung, die alles verändern wird?

In seinem eisernen Käfig inmitten des Gerichtssaales hatte Sri Aurobindo das Ende des Weges erreicht. Nacheinander hatte er das Immanente, das Transzendente und das Kosmische verwirklicht – der Käfig beschränkte kaum mehr als den Körper; in seinem Bewußtsein war er überall, wo er sein wollte. Vielleicht erinnerte er sich dort eines jungen Mannes namens Aurobindo, der seit Cambridge und den Jahren im Westen unermüdlich Bewußtsein in seinem Körper akkumuliert hatte, der jetzt sogar über unendliches Bewußtsein verfügte, und doch sah er, daß sein Körper Millionen von anderen Körpern gleich blieb, denselben Naturgesetzen unterworfen war, Hunger und Durst hatte, manchmal krank war wie alle anderen Körper auch und langsam aber sicher seinem Zerfall entgegenschritt. Das Bewußtsein ist unermeßlich, leuchtend, unsterblich, aber darunter in der Materie bleibt sich alles gleich. Und da er die Dinge so sah, wie sie waren, da er nicht mehr von all den Masken der Moral und des Anstandes getäuscht wurde, sah er vielleicht auch im Unterbewußtsein, unter all dem unendlichen Bewußtsein, das alte Tier die Zähne fletschen und den materiellen Unrat intakt unter dem schönen Heiligenschein – unten geht alles wie gewohnt seiner Wege, und nichts hat sich geändert. Vielleicht sah er auch all die anderen seiner selbst, hinter dem Käfig, noch immer urteilen, noch immer hassen – noch immer leiden. Wer ist erlöst? Niemand ist erlöst, bis nicht alles erlöst ist! Was tut das unendliche Bewußtsein für die ganze Welt, für seine Welt? Es sieht, es weiß, aber was kann es *tun*? Hatte er nicht Baroda verlassen, um zu handeln, um etwas Konkretes zu bewirken? Hier war er nun, sah alles aus seinem unendlichen Bewußtsein, in unermeßlicher Freude über den Dingen stehend – *das Lachen nackter Freude auf den Gipfeln des Absoluten*[3]. Was aber konnte seine Freude wirklich ausrichten, wenn das Hohe nicht auch überall unten war? Denn unten läuft alles weiter, leidet alles, stirbt alles. Er hörte nicht einmal auf die Richter, antwortete nicht auf die Fragen, von denen doch sein Leben abhing. Er hörte nur Die Stimme wiederholen: *Ich führe, deshalb fürchte dich nicht. Wende dich deiner eigenen Arbeit zu, um derentwillen ich dich ins Gefängnis gebracht habe.* Und Sri Aurobindo schloß in diesem Käfig seine Augen und suchte innen. Gab es nicht eine Ganzheit oben, die auch unten eine Ganzheit sein konnte? Endete sein Weg tatsächlich in dieser *goldenen Machtlosigkeit*[4]? Welchen Sinn hatte diese ganze Reise?

Aus irgendeinem unerfindlichen Grund steigt die Seele in die Materie herab, oder besser sie wird zur Materie. Im Verlauf der Zeiten entwickelt sie sich langsam, wächst und individualisiert sich durch ihre Sinne, ihr Mental und ihre Erfahrungen. Mehr und mehr erinnert sie sich ihrer verlorenen oder verschütteten Göttlichkeit, des Bewußtseins im Zentrum ihrer Kraft. Schließlich findet sie sich wieder und kehrt je nach ihrer Bestimmung und Neigung zu ihrem transzendenten, immanenten oder kosmischen Ursprung zurück. Ist diese ganze Geschichte also nichts weiter als ein langer und beschwerlicher Transit vom Göttlichen zum Göttlichen durch das finstere Fegefeuer der Materie? Warum aber dann dieses Fegefeuer, warum diese Materie? Warum jemals in sie eintreten, wenn es doch nur darum geht, wieder aus ihr zu fliehen? Man kann sagen, das Erlangen der kosmischen oder nirvanischen Seligkeiten sei sehr wohl alle Schikanen der Reise wert. Das mag sein, aber in der Zwischenzeit leidet die Erde. Wir mögen oben in den sublimsten Wonnen schwelgen, während Tortur, Krankheit und Tod hier unten grassieren und wuchern. Unser kosmisches Bewußtsein macht keinen Deut Unterschied in der Evolution der Erde und unser Nirvana noch weniger. Man mag sagen, daß die anderen doch nur auf die gleiche Weise zu handeln brauchen, um von ihrem Irrtum zu erwachen – schön und gut, aber warum dann diese Erde, wenn es nur darum geht, von diesem Irrtum der Erde wieder zu erwachen? Wir reden vom „Sündenfall", von Adam und Eva und irgendeiner absurden Erbsünde, die das zerstört habe, was Gott ursprünglich so vollkommen geschaffen habe – aber alles ist Gott. Die Schlange im Paradies, wenn es sie jemals gab, war Gott und ebenso Satan und sein Gefolge und seine Werke. Es gibt nichts als ihn. Wäre er denn so ungeschickt, unwissentlich zu fallen, so ohnmächtig, ohne es zu wollen zu leiden, so sadistisch, sich selbst einen Irrtum vorzuspielen, nur um dann in den Genuß zu kommen, daraus wieder hervorzutreten? Ist die Erde denn nichts weiter als ein Irrtum? Wenn diese Erde keinen Sinn *für die Erde* hat, wenn das Leiden der Welt keinen Sinn *für die Welt* hat, wenn sie nur eine Transitstrecke mit Todesstreifen ist, um uns von einem absurden Irrtum zu läutern, dann bietet nichts und niemand, keine äußerste Seligkeit, keine finale Ekstase jemals Entschuldigung für dieses vergebliche Zwischenspiel. Gott hätte es niemals nötig gehabt, sich in die Materie zu versenken, wenn es nur darauf ankommt, ihr zu entkommen. Gott hätte niemals Tod, Leid oder Unwissenheit nötig gehabt, wenn dieses Leiden, dieser Tod und diese Unwissenheit nicht *in sich* ihre Bedeutung hätten, wenn diese Erde und dieser Körper, anstatt Instrumente einer ins Blaue zielenden Läuterung und Weltflucht zu sein, schlußendlich nicht der Ort eines Geheimnisses wären, das alles verändert:

Ich ersteige nicht die Höhen eures immerwährenden Tages,
Gleichwie ich eure ewige Nacht gemieden habe...
Eure Dienstbarkeiten auf der Erde sind größer, König,
Denn all die herrlichen Freiheiten des Himmels...
Zu weit für mich sind eure Himmel von leidenden Menschen.
Unvollkommen die Freude, die nicht alle teilen... [5]

Sehen wir uns dieses Rätsel, dieses psychische Zentrum, um das sich das ganze Mysterium dreht, näher an, so sind wir gezwungen festzustellen, daß die Seele keineswegs „erlöst" werden muß, wie man sagt, denn sie ist für immer frei und lauter, in ihrem eigenen Licht erlöst. Sobald wir uns mit weitgeöffneten Augen in unsere Seele versenken, sehen wir, wie wunderbar leicht und göttlich sie ist, unberührt von all dem Morast, mit dem man sie überhäuft. Nein, es ist die Erde, die erlöst werden muß, denn sie wiegt schwer. Es ist das Leben, das erlöst werden muß, denn es liegt im Sterben. Wo also findet sich der Samen dieser Befreiung, wo die Kraft, die befreien wird, wo das wahre Heil der Welt? Die Spiritualisten haben recht, wenn sie uns die wohltuende Anmut der Seele kosten lassen wollen, gleichermaßen sind die Materialisten im Recht, wenn sie die Materie durchpflügen und Wunder aus ihrer Dichte hervorzubringen suchen. Aber sie kennen das Geheimnis nicht. Niemand kennt das Geheimnis. Die Wunder der einen haben keinen Körper, die Wunder der anderen haben keine Seele.

Der Körper, gerade dieser Körper, der zu Beginn nichts als ein verstocktes Instrument für die Befreiung des Geistes gewesen zu sein schien, ist vielleicht paradoxerweise genau der Ort einer ungeahnten Ganzheit des Geistes: *Diese scheinbaren Instrumentalien sind der Schlüssel zu einem Geheimnis, ohne das die Fundamentalien nicht ihr ganzes Mysterium preisgeben würden.*[6]

„Wende dich deiner eigenen Arbeit zu!" hatte die Stimme gesagt. Diese Arbeit bestand sicherlich nicht darin, sich in kosmischen Wonnen zu sielen, sondern hier in diesem Körper und für diese Erde einen neuen Weg zu finden, der in einem einzigen Bewußtsein die Freiheit der Transzendenz, die lebendige Unermeßlichkeit des Kosmischen und die Freude einer individuellen Seele auf einer erfüllten Erde und in einem wahrhaftigeren Dasein integrieren würde. Denn *die wahre Bewußtseinsveränderung ist,* wie die Mutter sagt, *jene, welche die physischen*

Bedingungen der Welt verändern und daraus eine neue Schöpfung machen wird.

Die Bedingungen für die Entdeckung

Wollen wir „die physischen Bedingungen der Welt verändern", das heißt, die sogenannten Naturgesetze, die unser Leben und die Welt beherrschen, und wollen wir diese Veränderung kraft des Bewußtseins bewirken, so müssen wir dafür zwei Vorbedingungen erfüllen: einerseits, ohne ins Jenseits zu entfliehen, am eigenen Körper arbeiten, da dies der Ort ist, an dem das Bewußtsein unmittelbar in die Materie eindringt, andererseits das Bewußtseinsprinzip finden, das über die Kraft verfügt, die Materie zu transformieren. Es ist offensichtlich, daß bis heute noch keine von den der Menschheit bekannten Bewußtseinsformen oder Bewußtseinsebenen es vermocht hat, eine solche Veränderung herbeizuführen, das mentale Bewußtsein ebensowenig wie das vitale oder das physische. Es ist wahr, daß einige Individuen fähig waren, sich durch strenge Disziplin den Naturgesetzen zu widersetzen und über Schwerkraft, Kälte, Hunger und Krankheiten zu triumphieren, jedoch handelt es sich hier erstens um individuelle Leistungen, die sich nie übertragen ließen, zweitens bewirken sie keine tatsächliche Veränderung der Materie: Die Gesetze, denen der Körper unterworfen ist, bleiben im wesentlichen dieselben. Es handelt sich lediglich um einige Effekte aus der Trickkiste, die übernatürlich erscheinen, ansonsten aber den natürlichen Vorgängen nur mehr oder weniger zeitweilig aufgesetzt werden. Hier läßt sich das Beispiel eines anderen revolutionären Yogins, eines Kampfgenossen von Sri Aurobindo, anführen, der eines Tages von einem tollwütigen Hund gebissen wurde. Kraft seines Bewußtseins brachte er die Wirkung des Virus unter Kontrolle und fuhr, als sei nichts geschehen, in seiner Lebensweise fort, ohne weiter an den Vorfall zu denken (man beachte nebenbei: wäre dieser Yogin in einem vollkommenen Bewußtseinszustand gewesen, hätte ihm der kranke Hund erst gar nichts anhaben können). Um vieles später, im Verlauf einer besonders stürmischen politischen Versammlung, verlor er seine Geduld und geriet dem Redner gegenüber in heftige Rage. Einige Stunden später starb er unter großen Schmerzen an Tollwut. Seine Fähigkeit, die Krankheit in einem frühen Stadium außer Kraft zu setzen, rührte her von der *Beherrschung* seines

Bewußtseins. In dem Moment, in dem dieses Bewußtsein nachließ, wendete sich alles wieder zum alten, denn die natürlichen Bedingungen, denen sein Körper unterworfen war, hatte er nicht permanent aufgehoben, sondern lediglich für eine gewisse Zeit unterdrückt. Somit geht es in der von Sri Aurobindo und der Mutter vorhergesehenen Veränderung nicht darum, sich mehr oder weniger zeitbedingte „übernatürliche" Kräfte anzueignen, um unsere natürlichen Schwächen darunter zu verbergen, sondern darum, die eigentliche Natur des Menschen und die physischen Bedingtheiten, denen er unterworfen ist, zu verändern. Es geht hier nicht um eine Beherrschung sondern um eine tatsächliche Transformation. Erstreben wir des weiteren eine globale Verwirklichung, dann muß das neue Existenzprinzip, das Sri Aurobindo das supramentale nennt, definitiv unter uns *begründet* werden, zuerst in einigen wenigen Individuen, dann, durch Ausstrahlung, in allen, die dafür bereit sind, in der gleichen Weise, in der sich das mentale Prinzip und das Lebensprinzip natürlich und definitiv auf der Erde verwirklicht haben. Mit anderen Worten bedeutet das, eine göttliche Übermenschlichkeit zu schaffen, die nicht mehr den Gesetzen von Unwissenheit, Leiden und Verfall unterworfen ist.

Dieses Unterfangen mag sich grandios und phantastisch ausnehmen, jedoch allein deshalb, weil wir die Dinge im Rahmen von wenigen Dekaden betrachten. Tatsächlich entspricht es vollkommen dem evolutionären Verlauf. Sehen wir die irdische Entwicklung als eine Entwicklung des Geistes in Formen und Gestalten, alle menschlichen Geburten als Wachstum von Seele und Geist im Menschen, mögen wir uns fragen, ob der Geist sich für immer mit der menschlichen Beschränktheit zufrieden geben wird, ebenso wie wir fragen könnten, warum Er am Ende seines irdischen Transits nur zu Seiner überirdischen Herrlichkeit und Freude zurückkehren will, die er dann von Anfang an nicht hätte zu verlassen brauchen. Schließlich besteht das Licht dort ewig und unveränderlich, ist für ihn also schwerlich eine besondere Errungenschaft! In der Materie allerdings gibt es einen Himmel zu erbauen. Vielleicht will Er die gleiche Herrlichkeit und Freude gerade unter Bedingungen erfahren, die den Seinen scheinbar entgegengesetzt sind, in einem von Tod, Unwissenheit und Dunkelheit belagerten Leben, in der unzähligen Vielfalt der Welt anstelle einer weißen Einheit? Dann hätten dieses Leben und diese Materie einen Sinn; nicht mehr als Fegefeuer oder trostloser Transit ins Jenseits, sondern als *Versuchslabor*, in dem der Geist mittels der Materie, der Pflanze, dem Tier und dem zunehmend bewußteren Menschen

Schritt für Schritt den Übermenschen oder den Gott herausarbeitet: *Indem sie menschlich geworden ist, hat sich die Seele noch nicht erfüllt. Sie muß dieses Menschsein noch in seinen höheren Möglichkeiten entwickeln. Offensichtlich hat die Seele, die in einem Kariben, in einem unzivilisierten Eingeborenen, in einem Pariser Ganoven oder in einem amerikanischen Gangster weilt, noch nicht die Notwendigkeit menschlicher Geburt erschöpft, noch nicht all ihre Möglichkeiten oder die ganze Bedeutung der menschlichen Existenz entwickelt, hat noch nicht den ganzen Sinn des* Sat-Chit-Ananda *im universellen Menschen ausgearbeitet. Ebensowenig könnte dies die Seele, die ein vitalistischer Europäer beherbergt, der ganz von dynamischer Produktion und vitalen Genüssen in Anspruch genommen wird, oder jene eines asiatischen Kleinbauern, der verstrickt ist in die beschränkten Kreisläufe seines häuslichen und wirtschaftlichen Lebens. Wir können sogar begründete Zweifel daran anmelden, ob selbst ein Platon oder ein Shankara die Krönung und damit das Ende der Blüte des Geistes im Menschen darstellen. Wir sind geneigt, sie für das Äußerste zu halten, denn sie und andere ihnen Ebenbürtige erscheinen uns als der höchste Gipfel, den der menschliche Geist erreichen kann. Aber das ist vielleicht eine Täuschung unter dem Eindruck unserer gegenwärtigen Möglichkeiten... Die Seele hat eine vormenschliche Vergangenheit, und sie hat eine übermenschliche Zukunft.*[7]

Sri Aurobindo ist kein Theoretiker der Evolution, sondern ein Praktiker der Evolution. Was immer er über die Evolution sagen oder schreiben konnte, kam *nach* seinen Erfahrungen. Wir haben hier vorgegriffen, nur um sein tastendes Suchen im Gefängnis von Alipore klarer darstellen zu können. Er sah sehr deutlich, daß die seligsten, kosmischen Weiten nicht das eigentliche Arbeitsfeld waren, daß es erforderlich war, in aller Bescheidenheit wieder auf den Boden, den Körper zu kommen, um dort zu forschen. Jetzt liegt die Frage nahe: Wenn die „Transformation" kraft des Bewußtseins stattfinden soll und nicht durch Gentechnik oder anderweitige äußere Hilfsmittel, welches höhere Bewußtsein kann es jenseits des kosmischen noch geben? Ist nicht das Ende der Stufenfolge und damit die äußerste Grenze der Kräfte erreicht? Die Frage ist bedeutsam, wenn es uns darum geht, das praktische Vorgehen der Entdeckung zu ermessen, um gegebenenfalls selbst die Erfahrung zu machen. Als Antwort lassen sich zwei Beobachtungen anführen. Zunächst ist es nicht genug, höhere Bewußtseinskräfte zu erlangen. Es muß auch *jemand* präsent sein, der sie verkörpert, andernfalls geht es uns wie dem Sonntagsjäger, der die herrlichsten Schätze erobert, allerdings nur durch die Okulare seines Feldstechers. Wo findet sich dieser „jemand" im kosmischen Bewußtsein? Es ist ja niemand mehr übrig geblieben... Ein aktueller Vergleich mag das besser erläutern: Wir können eine Raumsonde zur Sonne schicken und damit vielleicht den Gipfel der Welt erreichen, ohne aber dadurch dem Gipfel des Menschen auch nur um einen Schritt näher gekommen zu sein. Unsere Sonde hat die Erdatmosphäre *verlassen*. In ähnlicher Weise konzentriert sich der Yogin auf *einen Punkt* seines Wesens, er sammelt all seine Energien wie die Kegelspitze einer Rakete, durchbricht seine äußere Schale und kommt anderswo, in einer anderen kosmischen oder nirvanischen Dimension zum Vorschein:

Gleich einem Feuerkegel schoß er brennend in die Höhe.[8]

Wer aber hat das kosmische Bewußtsein verwirklicht? Nicht der Yogin – dieser fährt fort zu essen und zu trinken, zu schlafen und gelegentlich krank zu werden wie alle menschlichen Säugetiere und schließlich zu sterben – nicht er, sondern ein winziger Punkt seines Wesens hat das kosmische Bewußtsein verwirklicht, eben jener, auf den er sich so hartnäckig konzentriert hatte, um seine physische Hülle zu verlassen. Alles übrige in seinem Wesen, die ganze menschliche und terrestrische Natur, die er ausgeschlossen, unterdrückt oder gegeißelt hatte, um sich auf diesen einzigen Fluchtpunkt zu konzentrieren, all das hat, außer durch indirekte Einwirkungen, keinen Anteil an seinem kosmischen Bewußtsein. Sri Aurobindo trifft in diesem Zusammenhang eine Feststellung von erheblicher Bedeutung, und zwar die, daß eine lineare, von einem Punkt ausgehende Verwirklichung nicht ausreicht, sondern daß eine *globale Verwirklichung* in allen Punkten notwendig ist, welche die Totalität des Individuums miteinbezieht: *Möchtet ihr eure Natur und euer Wesen verändern*, sagt die Mutter, *und wollt ihr an der Gestaltung einer neuen Welt mitwirken, so ist dieses Streben, dieser punktförmige und lineare Vorstoß nicht mehr ausreichend. Ihr müßt alles umfassen und alles in eurem Bewußtsein aufnehmen!* Von daher heißt es auch Integraler Yoga oder „ganzheitlicher" Yoga, *purna yoga*. Um unsere Schmetterlingsflüge in spirituellen Räumen und kosmischen Weiten vollführen zu können, haben wir versucht, uns der Individualität zu entledigen, wie man sich eines Klotzes am Bein entledigt. Ohne diese können wir allerdings nichts für die Erde tun, können unsere Schätze aus den höheren Reichen nicht auf die Erde herunterbringen und sie für diese fruchtbar machen: *Es gibt noch etwas anderes, das über das bloße Zerbersten einer illusorischen Schale von Individualität ins Unendliche hinausgeht.*[9] Und Sri Aurobindo gelangt zu einer ersten Schlußfolgerung: *Das Ersticken des Individuums mag sehr wohl auch das Ersticken des Gottes im Menschen sein.*[10]

Eine zweite und wichtigere Beobachtung drängt sich auf. Um den Vergleich mit der Raumsonde wieder aufzunehmen: sie kann die Erdatmosphäre an jedem beliebigen Punkt durchbrechen; ob sie von Südamerika oder Zentralafrika aus startet, macht für ihr Ziel, die Sonne zu erreichen, keinen Unterschied. Es ist nicht notwendig, auf den Mount Everest zu klettern, um dort Startrampen aufzustellen. Desgleichen kann der Yogin sein kosmisches Bewußtsein an gleich welchem Punkt seines Wesens verwirklichen und auf gleich welcher Ebene, im Bereich seines Mentals, in seinem Herzen und selbst in seinem Körper, denn der kosmische Geist ist überall, an allen Punkten des Universums. Die Erfahrung kann allerorts und auf jeder Stufe beginnen, indem man sich auf einen Stein oder eine Schwalbe konzentriert, auf eine Idee oder auf ein Gebet, auf eine Empfindung oder auf das, was Leute abschätzig ein Idol nennen. Das kosmische Bewußtsein ist nicht der höchste Punkt des menschlichen Bewußtseins, wir überschreiten das Individuum nicht einen Schritt, um dorthin zu gelangen, sondern wir treten einen Schritt aus ihm heraus. Es ist kaum notwendig, ein gesteigertes oder besonders kultiviertes Bewußtsein zu besitzen oder ein Plotinus zu sein, um in Anschauung des universellen Geistes zu treten, im Gegenteil, je weniger mental man entwickelt ist, desto leichter ist es, diese Erfahrung zu machen. Ein Schafhirte unter dem nächtlichen Sternenhimmel oder ein einfacher Fischer aus Galiläa sind dafür oft besser geeignet als alle großen Denker und Philosophen der Welt zusammengenommen. Was hat es dann aber für einen Nutzen, das menschliche Bewußtsein so extrem zu entwickeln, wenn schlichte Volksmystik dies nicht nur auch leistet, sondern darüberhinaus oft noch bessere Voraussetzungen mitbringt? Wir sind also entweder gezwungen zuzugestehen, daß wir uns alle auf einer vollkommen falschen Fährte befinden, oder aber, daß diese mystischen Eskapaden nicht den ganzen Sinn der Evolution ausmachen. Nehmen wir dennoch an, daß der zu verfolgende entwicklungsgeschichtliche Kurs jener in die höchsten Gipfel des irdischen Bewußtseins ist – also zum Beispiel der eines Leonardo da Vinci, eines Beethoven, Alexander des Großen, eines Dante –, sind wir gehalten zu konstatieren, daß keiner dieser Höhenflüge in der Lage war, das Leben von Grund auf zu verändern. Somit liefern uns die Gipfel menschlichen Genies oder Gemütes ebensowenig wie die Gipfel kosmischer Erfahrungen die Lösung des Rätsels und die Fähigkeit, die Welt zu verändern: das erfordert ein anderes Bewußtseinsprinzip. Dieses andere Prinzip darf allerdings *keinen Bruch in der Kontinuität* mit dem Vorhergehenden darstellen, denn wird die Entwicklungslinie unterbrochen oder geht die Individualität verloren, erleiden wir einen Rückfall in mystische oder kosmische Zerstreuung und verlieren unser kostbares Bindeglied zur Erde. Das Bewußtsein der Einheit und das Bewußtsein der Transzendenz sind zweifellos unabdingbare Grundlagen für jede Art von Verwirklichung (ohne sie könnten wir ebensogut versuchen, ein Haus ohne Fundamente zu bauen), sie müssen aber unter Berücksichtigung der evolutionären Kontinuität erreicht werden. Evolution und nicht Revolution tut Not. Anders gesagt, geht es darum auszubrechen, ohne auszubrechen. Anstatt ein Raumschiff zu haben, das in der Sonne zerglüht, brauchen wir ein Raumschiff, das die Sonne des höchsten Bewußtseins harpuniert und ferner über die Kraft verfügt, sie in alle Punkte unseres terrestrischen Bewußtseins zurückzubringen: *Äußerste Erkenntnis ist es, Gott sowohl im Universum als auch jenseits des Universums wahrzunehmen und zu akzeptieren, und Integraler Yoga bedeutet, nachdem man das Transzendente gefunden hat, wieder ins Universum zurückzukehren und es sich anzueignen, sich die Macht zu bewahren, die große Leiter der Existenz nach Belieben hinauf- und herunterzusteigen.*[11] Diese doppelte Bewegung vom Aufsteigen und Herabkommen des individuellen Bewußtseins ist das Grundprinzip der supramentalen Entdeckung. Auf dem Weg dorthin konnte Sri Aurobindo auf eine unbekannte Sprungfeder treffen, die alles umwälzen sollte.

Das Aufsteigen des Bewußtseins

Es genügt nicht zu beschreiben, worin Sri Aurobindos Entdeckung besteht, es kommt darauf an zu wissen, wie sie *uns* zugänglich wird. Es ist jedoch schwierig, ein Diagramm zu zeichnen und zu erklären: „So sieht es aus, hier geht es lang." Denn die spirituelle Entwicklung paßt sich der Natur der einzelnen Individuen an – und das hat guten Grund, wir erlernen nichts Fremdes, sondern wir erlernen uns selbst, und keine zwei Individuen sind sich vollkommen gleich: *Das Ideal, das ich unserem Yoga vorangestellt habe, bindet nicht alles spirituelle Leben oder alle spirituellen Bestrebungen. Das spirituelle Leben ist keine Angelegenheit, die in eine starre Definition gefaßt oder durch eine rigide logische Regel gebunden werden kann. Es ist ein unermeßliches Feld der Evolution, ein immenses Königreich, potentiell umfassender als die anderen Reiche unter ihm, mit Hunderten von Provinzen, Tausenden von Typen, Stadien, Formen, Wegen, Varianten des spirituellen Ideals, Graden des spirituellen Fortschritts.*[12] Aus diesem Grunde können wir kaum mehr als einige Anhaltspunkte geben, in der Hoffnung, daß jeder Einzelne den ihm gemäßen Hinweis finde, durch den *sein eigener Weg* erkenntlich wird. Man sollte immer in Erinnnerung behalten, daß ein wahrer Yoga immer darin besteht, den Leitfaden seines *eigenen* Bewußtseins zu erheischen, den „leuchtenden Faden", von dem die Rishis sprachen (Rig-Veda, X.53), sich an ihn zu halten und ihn durch alle Widrigkeiten hindurch zu verfolgen.

Nachdem das kosmische Bewußtsein und die Erfahrung des Nirvana uns nicht den gesuchten evolutionären Schlüssel liefern, nehmen wir unsere Suche mit Sri Aurobindo an dem Punkt wieder auf, an dem er sie in Baroda verlassen hatte, vor seinen beiden großen Erfahrungen. Der erste Schritt ist der Aufstieg ins Überbewußte. In dem Maße, in dem der Suchende mentales Schweigen erreicht, sein Vital beruhigen kann und sich von seiner physischen Befangenheit befreit, löst sich das Bewußtsein von den Tausenden von Handlungsabläufen, in die es unausweichlich zerstreut und verstrickt war, und erreicht eine unabhängige Existenz. Es gleicht einem zweiten Wesen im Inneren, einer Kraft, die mit wachsender Intensität schwingt. Und je mehr es wächst, desto weniger gibt es sich damit zufrieden, in einem Körper eingeschlossen zu sein. Wir entdecken, daß es nach außen strahlt, zunächst im Schlaf, dann in unseren Meditationen und schließlich auch mit weit geöffneten Augen. Aber diese Bewegung nach außen ist nicht nur lateral, wenn man so sagen kann, also in Richtung des universellen Mentals, des universellen Vitals und des universellen Physischen, sondern das Bewußtsein sucht außerdem zu steigen. Dieser Drang zum Aufsteigen muß nicht notwendig das Ergebnis einer bewußten Disziplin sein, es kann sich um ein natürliches und spontanes Verlangen handeln (man darf hierbei nicht außer acht lassen, daß unser Bestreben in diesem Leben nur eine Fortsetzung vieler anderer Bestrebungen vieler anderer Leben ist, woraus die ungleiche Entwicklung verschiedener Individuen resultiert, sowie die Unmöglichkeit, Regeln zu fixieren). Spontan verspürt man vielleicht etwas über dem Kopf, das uns anzieht, etwas wie eine Weite, ein Licht, ein magnetischer Pol, der Quell all unserer Handlungen und Gedanken ist, eine Art Kraftfeld oder Konzentrationsbereich direkt über unserem Kopf. Der Suchende hat sein Mental nicht deswegen zum Schweigen gebracht, um einem Sack Bohnenstroh nachzueifern, das Schweigen im Mental ist kein totes sondern ein lebendiges Schweigen. Er ist mit dem Feld oberhalb verbunden, da er verspürt, daß dort etwas lebendig ist. Das Schweigen ist kein Endziel in sich, sondern ein Mittel zum Zweck, so wie beispielsweise die Tonleiter das Musizieren vereinfacht – und es gibt viele Arten von Musik. Mit fortschreitender Festigung seines Bewußtseins erlebt der Suchende Tag für Tag Hunderte von beiläufigen, beinahe unmerklichen Erfahrungen, die aus dem Schweigen oben entspringen: Er mag an nichts denken, und plötzlich durchfährt ihn ein Gedanke – es ist eigentlich gar kein Gedanke, mehr ein kleiner Funke –, und er weiß mit minutiöser Präzision, was es zu tun gilt und wie er es zu tun hat, als würden alle Teile eines komplizierten Puzzle-Spiels in einem einzigen Augenblick und mit frappanter Treffsicherheit an ihren Platz fallen (unten hingegen unterliegt man einer totalen Unsicherheit, denn es kann immer auch etwas anderes richtig sein). Oder er folgt einer plötzlichen Eingebung: „Geh und suche Den-und-den auf!" Er geht, und „wie der Zufall so spielt" braucht ihn die betreffende Person gerade. Oder etwas sagt ihm: „Unterlaß das auf alle Fälle!" Er besteht aber auf dem Betreffenden und hat einen schweren Sturz. Oder aus keinem besonderen Grund treibt ihn etwas zu einem bestimmten Ort, und er trifft unterwegs auf genau die Umstände, die notwendig sind, ihm weiterzuhelfen. Oder ein besonderes Problem bedarf einer dringenden Lösung, und wenn er sich vollkommen unbewegt verhält, still und nach oben konzentriert, stellt sich die Antwort ein – klar und unwiderlegbar. Während er spricht oder schreibt, spürt er vielleicht ganz konkret die Weite über seinem Kopf. Von dort bezieht er seine Gedanken wie über den Faden eines leuchtenden Kokons – er bewegt sich in keiner Weise, hält sich im Strom und überträgt ihn angemessen. Dabei bleibt sein Kopf vollkommen ruhig. Gestattet er seinem eigenen Mental die geringste Einmischung, verflüchtigt sich alles, oder vielmehr, es wird entstellt, da das Mental die Andeutungen von oben zu imitieren versucht (es ist unverbesserlich im Nachäffen), und er hält jedes seiner

Das Überbewußtsein

Irrlichter für wahrhaftige Erleuchtungen. Je mehr der Suchende lernt, nach oben zu horchen, den Andeutungen zu vertrauen (die keinen lautstarken oder zwingenden Charakter haben, sondern kaum wahrnehmbar sind, mit einem Atemzug vergleichbar, nicht einmal denkbar, sondern gerade noch im Bereich des Spürbaren, aber von unglaublicher Geschwindigkeit), desto zahlreicher, präziser und unwiderstehlicher werden sie. Nach und nach merkt er, daß all seine Unternehmen, und seien es die bedeutungslosesten, auf souveräne Weise von dem schweigenden Quell oben geleitet werden können, daß all seine Gedanken, leuchtend und ohne Diskussion, von dort stammen und daß eine Art von *spontanem Wissen* in ihm aufkommt. Ein Leben anhaltender, kleiner Wunder beginnt. *Könnte die Menschheit nur einen Schimmer erheischen von den unendlichen Freuden, den vollendeten Kräften, den leuchtenden Horizonten des spontanen Wissens und den weiten Friedensreichen unseres Wesens, die in jenen Gegenden auf uns warten, die unsere animalische Evolution bis jetzt noch nicht erobert hat, sie würde alles zurücklassen und keine Ruhe finden, bis sie diese Schätze gewonnen hätte. Aber der Weg ist schmal, die Tore sind schwer aufzuzwingen, und Furcht, Mißtrauen und Skeptizismus sind als Wächter der Natur gegenwärtig, uns zu verbieten, ihren gewöhnlichen Weidegründen den Rücken zu kehren.*[13]

Ist diese Weite über dem Kopf einmal konkret und lebendig geworden, einem sonnenbeschienenen Strand gleich, verspürt der Suchende das Bedürfnis, in unmittelbare Verbindung damit zu treten, in die „offene See", den offenen Raum vorzustoßen, denn ihm wird mit wachsender Dringlichkeit klar, wie beengt und falsch, wie sehr einer Karikatur gleich, sich sein Denken und Leben unten abspielen. Er gerät zu allem in Widerspruch und findet sich nirgends mehr zurecht oder zuhause. Alles – Worte, Ideen, Gefühle – wird unecht und knirscht wie Sand in einem Getriebe. Er sucht, und es ist nie das Richtige, niemals *das*, alles ist irgendwie neben der Spur, alles nur eine ungefähre Annäherung, nichts trifft ins Schwarze. Manchmal werden wir im Schlaf, wie als Vorboten, von einem großen blendenden Licht ergriffen, so blendend, daß man instinktiv den Blick abzuwenden sucht – *die Sonne erscheint dunkel im Vergleich dazu*, bemerkt die Mutter. Es geht einzig darum, diese Kraft innen wachsen zu lassen, diese aufwärts tastende Bewußtseins-Kraft, die von unserem Verlangen nach etwas anderem genährt wird, unserem Verlangen nach einem wahreren Leben, unserem Verlangen nach einer wahreren Erkenntnis, unserem Verlangen nach einer wahreren Beziehung mit der Welt und ihren Bewohnern: *Unser größter Fortschritt ist ein sich vertiefendes Verlangen.*[14] Es geht darum, auf alle Gedankengebäude zu verzichten, da diese jeden Augenblick versuchen, den leuchtenden Faden zu stehlen, sich in einem beständigen *Zustand der Offenheit* bereitzuhalten und zu weit für Ideen zu sein. Denn es sind nicht Ideen, die wir brauchen, sondern Raum. *Wir müssen nicht allein die Schlinge des Mentals und der Sinne sprengen, sondern uns auch jenseits der Schlinge des Denkers, der Schlinge des Theologen und des Kirchengründers flüchten sowie jenseits der Maschen des Wortes und der Hörigkeit gegenüber der Idee. All das ist in uns und wartet darauf, den Geist mit Formen einzumauern. Aber wir müssen immer darüber hinausgehen, immer das Geringere für das Größere, das Endliche für das Unendliche aufgeben. Wir müssen darauf vorbereitet sein, von Erleuchtung zu Erleuchtung voranzuschreiten, von Erfahrung zu Erfahrung, von Seelenzustand zu Seelenzustand... Wir dürfen an nichts festhalten, auch nicht an den Wahrheiten, die uns am teuersten sind, denn auch sie sind nichts als Gestalten und Ausdrucksformen des Unaussprechlichen, und das Unaussprechliche weigert sich, sich auf irgendeine Gestalt oder Ausdrucksform zu beschränken. Immer müssen wir uns für das höhere Wort von oben offen halten, das sich nicht auf seine eigene Bedeutung einschränkt, und für das Licht des Gedankens, der seine eigenen Gegensätze in sich trägt.*[15] Schließlich, kraft unserer brennenden Not, kraft unseres gebündelten Drucks, öffnet sich eines Tages eine Tür: *Das Bewußtsein erhebt sich,* sagt die Mutter, *es zerbricht diesen harten Panzer am Scheitelpunkt des Kopfes, und man taucht in das Licht auf.*

Oben fand sich eine weißglühende Gelassenheit.[16]

Diese Erfahrung ist der Ausgangspunkt von Sri Aurobindos Yoga. Es ist der Durchbruch ins Überbewußtsein, die Passage von der Vergangenheit, die uns fesselt, in eine Zukunft, die sieht. Anstatt immer unterlegen zu sein und unter bleiernen Gewichten, findet man sich oben und atmet frei: *Das Bewußtsein befindet sich nicht mehr im Körper, wird durch ihn nicht mehr behindert. Es empfindet sich selbst nicht nur über dem Körper, sondern auch im Raum ausgedehnt. Der Körper ist unter seinem hohen Stand, eingehüllt in das ausgeweitete Bewußtsein... er wird zu einem Element unter anderen in der Weite des Wesens, dessen instrumentaler Teil... In der definitiven Verwirklichung dieses höheren Standes gibt es tatsächlich kein eigentliches Herabkommen mehr, außer mit einem Teil des Bewußtseins, der herabsteigen möchte, um im Körper und auf den unteren Ebenen zu arbeiten, während das permanent darüber stehende Wesen all das dirigiert, was erfahren und getan wird.*[17]

Ekstase?

Ist dieses Abheben einmal geglückt, kommt es darauf an, langsam und systematisch weiter vorzugehen. Erster Impuls des Bewußtseins ist es, wie aufgesogen senkrecht in den Raum zu schießen, mit dem Gefühl unendlichen Aufsteigens und der schließlichen Stabilisierung in einer Art leuchtendem Nirvana. Die Seligkeit, die mit diesem Aufblühen am „Gipfel" einhergeht (zumindest erscheint es uns als Gipfel) oder mit dieser Auflösung, ist so unwiderstehlich, daß es widersinnig schiene, auf die Zwischenebenen zurückzukehren, um dort noch weiter zu forschen – das käme einem Fall gleich. Man hat im Gegenteil kein größeres Verlangen, als so unbewegt wie möglich zu bleiben und nicht die geringste Turbulenz zu verursachen, die diesen all-einträchtigen Frieden stören könnte. Es ist sogar wahrscheinlich, daß man die Existenz von Ebenen zwischen dem Austrittspunkt auf der Höhe des Scheitels und dem Verschmelzen mit dem weißen Frieden „ganz oben" gar nicht bemerkt hat. Ähnlich einem Neugeborenen, das zum erstenmal die Augen öffnet, ist der Suchende unfähig, irgend etwas zu erkennen, er verwechselt alles in einer Art blaßblauem oder reinem Weiß, er verliert seinen Halt, das heißt, er verfällt in Trance oder „Ekstase", wie man im Westen sagt, oder in *samadhi,* wie man es in Indien nennt. Kommt er aus diesem Zustand wieder zu sich, ist er keinen Schritt weiter gekommen als zuvor. *In seiner Hast anzukommen... nimmt der Suchende an, es gäbe nichts zwischen dem denkenden Mental und dem Höchsten. So verschließt er seine Augen im samadhi und versucht, all die Zwischenbereiche zu durcheilen, ohne dieser großartigen und leuchtenden Königreiche des Geistes überhaupt gewahr zu werden. Vielleicht erreicht er sein Ziel, aber nur um im Unendlichen in Tiefschlaf zu verfallen.*[18]

Selbstverständlich wird der Suchende nach seiner Rückkehr berichten, daß es sich hier um einen schier unbeschreiblichen herrlichen und höchsten Zustand handelt. Und damit hat er recht, aber wie die Mutter bemerkte: *Man kann darüber sagen, was einem beliebt, denn man* erinnert sich ja an nichts... Ja, ihr erreicht samadhi, wenn ihr euer bewußtes Wesen verlaßt und in einen Bereich eures Wesens eintretet, der vollkommen unbewußt ist, oder eher in ein Gebiet, in dem ihr kein entsprechendes Bewußtsein habt... Ihr seid in einem unpersönlichen Zustand, das heißt, in einem Zustand, in dem ihr unbewußt seid, und folglich erinnert ihr euch natürlich an nichts, denn ihr seid euch nichts bewußt. Sri Aurobindo nannte die Ekstase einfach eine höhere Form von Bewußtlosigkeit. Es mag also sein, daß das, was wir das Transzendente, das Absolute, Unbedingte oder Höchste nennen, nicht, wie man uns häufig weismachen wollte, die ekstatische Auflösung ist, sondern lediglich das Limit unseres *gegenwärtigen* Bewußtseins. Vielleicht ist es absurd zu sagen: „Hier hört die Welt auf, und dort beginnt die Transzendenz", als gäbe es ein Loch zwischen beiden, denn zum Beispiel mag die Transzendenz für einen Pygmäen mit dem kleinen Einmaleins und den ersten Anfängen des Verstandes beginnen und die Welt ihm auf einer Ebene unerklärlich werden, die nicht höher liegt als die unseres Intellektes. Es gibt keine Löcher, außer in unserem Bewußtsein. Vielleicht besteht der Fortschritt der Evolution präzise darin, immer weiterreichende Zonen des Bewußtseins innerhalb einer unerschöpflichen Transzendenz zu erforschen, die nicht wirklich irgendwo „da oben" oder anderswo außerhalb dieser Welt befindlich sind sondern überall hier unter uns, und die sich langsam unserer Sicht offenbaren. Daß das prähistorisch Transzendente sich eines Tages kurz über dem Protoplasma, dann nicht weit über der Amphibie, später über dem Schimpansen und heute über dem Menschen befand, bedeutet nicht, daß es selbst die Welt des Protoplasmas, des Schimpansen, des Menschen verließ, um sich in einer bemerkenswert hartnäckigen Bemühung nach und nach selbst vom Leben auszuschließen, in höheren Regionen anzusiedeln, sondern es bedeutet, daß *wir* einen rudimentären Zustand von Unbewußtheit verlassen haben, um ein Stück weiter in einem überall gegenwärtigen Transzendenten zu leben."*

Anstatt auf der Höhe des Bewußtseins in Ohnmacht zu fallen, das heißt auf dem, was wir für die Höhe des Bewußtseins halten, und diese Ekstase als ein Zeichen des gemachten Fortschritts zu verbuchen, gilt es daher für den Suchenden, verstehen zu lernen, daß es sich hier im

* In diesem Stadium unseres Forschens läßt sich hier nichts weiter sagen. Es ist nötig, die supramentale Erfahrung abzuwarten, um den Schlüssel zur Auflösung dieser falschen Gegenüberstellung zu erhalten.

Das Überbewußtsein

Gegenteil um ein Zeichen von Unbewußtheit handelt und daß er danach streben sollte, jene lebendige Existenz zu entdecken, die sich unter seiner Blendung verbirgt: *Bemüht euch, eure innere Individualität zu entwickeln, sagt die Mutter, und ihr werdet fähig sein, in denselben Bereich bei vollem Bewußtsein einzutreten und die Freude der Verbindung mit diesen höchsten Bereichen auskosten zu können, ohne das Bewußtsein zu verlieren und mit einer Null anstelle einer Erfahrung zurückzukehren.** Und Sri Aurobindo bestand darauf, daß *die Verwirklichung im Wachzustand kommen und andauern muß, um eine Realität des Lebens zu werden... Erfahrung und Trance haben ihre Nutzen, um das Wesen zu öffnen und vorzubereiten. Aber erst wenn die Verwirklichung im Wachzustand permanent geworden ist, hat man sie wirklich inne.*[19] Das Ziel, das wir zu erreichen suchen, ist ein Zustand integraler Meisterschaft und nicht der eines spirituellen Murmeltieres, und diese Meisterschaft ist nicht anders zu implementieren als durch die Kontinuität des Bewußtseins. Wenn wir in Ekstase fallen, verlieren wir eben den „Jemand", der die Brücke zwischen den Mächten oben und der Ohnmächtigkeit unten bilden könnte.

Nachdem er im Gefängnis von Alipore die Verpanzerung auf seiner Scheitelhöhe durchbrochen hatte, begann Sri Aurobindo die Bewußtseinsebenen jenseits des gewöhnlichen Mentals so methodisch zu erforschen, wie er in Baroda die Bewußtseinsebenen darunter erforscht hatte. Er nahm seine Forschung an dem Punkt wieder auf, an dem er den Aufstieg auf der großen Leiter des Bewußtseins verlassen hatte, jener Treppe, die sich ohne Hiatus oder ekstatischen Bruch von der Materie bis zu dem unbekannten Punkt erstreckt, an dem er wirklich etwas Neues entdecken sollte. Denn *die höchste Wahrheit, die integrale Selbst-Erkenntnis, wird nicht durch einen blinden Sprung ins Absolute gewonnen, sondern durch ein geduldiges Hinübergehen in die Bereiche jenseits des Mentals.*[20]

---

* Man hat geglaubt, „Ekstase" besser zu definieren, indem man von „Enstase" spricht. Ist man also erst dann ganz „bei sich" oder „in sich", wenn man außer sich ist? Denn Ekstase – *ex-stare* – bedeutet, per Definition, außer sich sein, außerhalb seines Körpers sein oder außerhalb der Wahrnehmung der Welt sein. Uns gefiele, einfach gesagt, ein Insichsein, das nicht außerhalb von uns wäre. Wir können aber erst dann tatsächlich von Enstase sprechen, wenn die höchsten Erfahrungen in unserem Körper inmitten unseres alltäglichen Lebens stattfinden; ansonsten ist es ein Mißbrauch der Sprache, selbst wenn es genau den Abgrund bezeichnet, den wir zwischen Leben und Geist geschaffen haben.

Wesen und Kräfte

Wir alle empfangen beständig und ohne es wahrzunehmen Einflüsse und Inspirationen aus diesen höheren, überbewußten Bereichen, die sich in uns als Ideen, Ideale, Bestrebungen oder als Kunstwerke ausdrücken. Sie sind es, die insgeheim unser Leben und unsere Zukunft gestalten. Desgleichen empfangen wir beständig und ohne es zu wissen vitale und subtil-physische Schwingungen, die Augenblick für Augenblick unsere Gefühlswelt und unseren Austausch mit der Umgebung bestimmen. Lediglich aufgrund einer hartnäckigen visuellen Entfremdung finden wir uns in einem individuellen und persönlichen Körper eingeschlossen; tatsächlich sind wir ganz und gar durchlässig und baden in universellen Kräften wie Anemonen im Meer: *Der Mensch ereifert sich intellektuell (=töricht) über oberflächliche Ergebnisse und führt diese auf sein „edles Selbst" zurück, in Verkennung der Tatsache, daß sein edles Selbst weit entfernt von seiner Anschauung hinter dem Schleier seines schwach flackernden Intellekts und dem dichten Nebel seiner vitalen Gefühle, Empfindungen, Impulse, Sinneswahrnehmungen und Eindrücke verborgen liegt.*[21] Unsere einzige Freiheit besteht darin, uns durch individuelle Evolution auf zunehmend höhere Ebenen zu erheben. Unsere einzige Aufgabe besteht entsprechend darin, die Wahrheiten der Ebene, der wir angehören, nach außen zu übertragen und zu verkörpern. Zwei Punkte, die von der höchsten bis zur niedrigsten für alle Ebenen des Bewußtseins Gültigkeit haben, verdienen besondere Aufmerksamkeit, um die eigentlichen Abläufe des Universums besser verstehen zu können. Zunächst sind diese Ebenen sowenig von uns oder von dem, was wir über sie denken, abhängig, wie zum Beispiel die See von den Anemonen abhängig ist; sie bestehen *unabhängig* vom Menschen. Die moderne Psychologie, die alle Seinsebenen in einem sogenannten „kollektiven Unbewußten" durcheinanderbringt, als handele es sich hier um den gewaltigen Hut eines Gauklers, aus dem man in einer Art Lotterieverfahren Neurosen und Archetypen hervorziehen kann, zeigt in dieser Hinsicht einen bemerkenswerten Mangel an Einsicht: erstens weil die Kräfte auf diesen Ebenen überhaupt nicht unbewußt sind, es sei denn aus unserer Sicht; sie sind im Gegenteil sehr bewußt, entschieden bewußter, als wir es sind; und zweitens sind diese Kräfte nicht „kollektiv", in dem Sinne, daß sie um nichts mehr Produkt einer menschlichen Sekretion sind, als die See Erzeugnis der Anemonen ist, eher ist die äußere Person ein Produkt jener hinter ihr stehenden Unermeßlichkeit. *Die Abstufungen des Bewußtseins sind universelle Zustände, die nicht durch die Einstellung subjektiver Persönlichkeit bedingt werden. Eher ist die Einstellung der subjektiven Persönlichkeit durch die Bewußtseinsebene bestimmt, in der sie, gemäß dem ihrer Natur entsprechenden Typus oder ihrem evolutionären Stadium, organisiert ist.*[22] Es ist allerdings nur menschlich, die Werteskala umzukehren und sich selbst in die Mitte der Welt zu stellen. Darüberhinaus ist das keine Frage der Theorie, die immer anfechtbar ist, sondern läßt sich durch Erfahrung, die allen zugänglich ist, bestätigen: Wenn man sich exteriorisiert, das heißt seinen Körper verläßt und bewußt in diese Ebenen eintritt, entdeckt man, daß sie durchaus unabhängig von uns existieren – so wie die materielle Welt selbstverständlich über, zum Beispiel, die Rotenbaumchaussee hinaus existiert – mit Kräften und Wesen, ja selbst Orten, die nichts mit unserer irdischen Welt gemein haben. Ganze Zivilisationen haben das bezeugt, in Stein gehauen oder auf ihre Wände oder ihre Tempel gemalt, Zivilisationen, die vielleicht weniger technisch versiert waren als die unsrige, aber sicherlich nicht weniger intelligent.

Der zweite wichtige Punkt betrifft die bewußten Kräfte und Wesen, die diese Ebenen bevölkern. Hier gilt es, deutlich den Aberglauben oder sogar Schwindel, der aus unserem „kollektiven" Beitrag erwächst, von der Wahrheit zu unterscheiden. Wie immer sind beide eng miteinander verquickt. Aus diesem Grunde muß sich der integral Suchende, mehr als jeder andere, mit jener *klaren Nüchternheit* wappnen, auf der Sri Aurobindo so häufig beharrte. Er darf auf keinen Fall die Übervernunft mit Unvernunft verwechseln. Praktisch gesprochen heißt das, wenn man sich bewußt auf diese Ebenen begibt, sei es im Schlaf, sei es in Meditation, sei es in willentlicher Exteriorisierung, lassen sich zwei Arten von Phänomenen beobachten: Ströme von mehr oder weniger leuchtenden, unpersönlichen Kräften und persönliche Wesen. Hierbei handelt es sich jedoch nur um zwei verschieden Arten, *die gleiche Sache* wahrzunehmen: *Die Mauer zwischen Bewußtsein und Kraft, Persönlichkeit und Unpersönlichkeit wird um vieles dünner, wenn man hinter den Schleier der Materie tritt. Betrachtet man einen Arbeitsablauf vom Gesichtspunkt unpersönlicher Kraft, sieht man eine Kraft oder Energie bei der Arbeit, die für einen bestimmten Zweck oder ein bestimmtes Ergebnis agiert. Betrachtet man es hingegen vom Standpunkt der Wesen, so sieht man ein Wesen, das eine bewußte Kraft besitzt, diese führt und verwendet oder* eine Kraft verkörpert, die sich seiner als ihr Werkzeug für besondere Tätigkeiten und Ausdrucksformen bedient... In der modernen Wissenschaft hat sich herausgestellt, daß, wenn man die Bewegung von Energie beobachtet, sie einerseits in Wellenform auftritt und sich auch als Welle verhält, andererseits aber auch als Masse von Partikeln erscheint und als Masse von Partikeln agiert, jeder der beiden Aspekte verhält sich entsprechend seiner Art. Hier handelt es sich in etwa um das gleiche Prinzip.[23]

Einige der Suchenden mögen nie Wesen sondern ausschließlich leuchtende Kräfte wahrnehmen. Andere sehen ausschließlich Wesen und niemals Kräfte; alles hängt hierbei von ihrer inneren Haltung ab, von der Art ihres Strebens, von ihrem religiösen, spirituellen und selbst kulturellen Hintergrund. Hier beginnen der subjektive Bereich und mit ihm die Risiken des Irrtums und des Aberglaubens. Dabei ist Subjektivität keine Disqualifizierung der Erfahrung, sie ist einfach ein Zeichen dafür, daß dieselbe Sache, gemäß dem jeweiligen Naturell und der jeweiligen Bildung, verschiedentlich gesehen und übersetzt werden kann – man wird schwerlich zwei Maler finden, welche dieselbe Landschaft genau gleich darstellen, um nur von unseren „konkreten" Realitäten zu sprechen. Den Experten natürlicher oder übernatürlicher Phänomene zufolge, sollte das Kriterium der Wahrheit eine unveränderliche Regelmäßigkeit sein, aber das ist möglicherweise nichts weiter als ein Kriterium unserer eigenen Dickfelligkeit; die Vielfalt der Erfahrungen belegt, daß wir uns einer *lebendigen* Wahrheit nähern und nicht einem verkrusteten Rückstand wie im Falle unserer mentalen und physischen Wahrheiten. Andererseits können diese bewußten – sehr bewußten – Kräfte nach Belieben jede gewünschte Gestalt annehmen, und das nicht um eines Schwindels willen, sondern um sich dem Bewußtsein jener zugänglich zu machen, die sich ihnen gegenüber öffnen oder die sie anrufen. Ein christlicher Heiliger zum Beispiel, der eine Vision der Jungfrau hat, und ein Inder, der eine Vision der Durga hat, sehen beide vielleicht das Gleiche, sie sind vielleicht mit derselben Bewußtseinsebene und denselben Kräften in Verbindung getreten. Aber es ist offensichtlich, daß der Christ mit einer Vision der Durga nichts anzufangen wüßte; und offenbarte sich diese Kraft in reiner Form, also in Gestalt von unpersönlichen leuchtenden Schwingungen, so wäre sie weder dem Marien-Verehrer noch dem Verehrer Durgas zugänglich, sie würde jedenfalls nicht zu ihren Herzen sprechen. Auch Hingabe hat ihren Platz; nicht jeder ist auf einem solchen Entwicklungsstande, die Intensität der Liebe zu verstehen, die in einem kleinen, einfachen, goldenen und formlosen Licht enthalten sein kann. Interessanter noch, käme ein Dichter wie zum Beispiel Rimbaud oder Shelley mit *denselben* Bewußtseinsebenen in Berührung, würde dieser wiederum etwas anderes sehen, was nichtsdestoweniger doch das Gleiche ist. Es ist evident, daß weder Durga noch Maria die Phantasie des Dichters auf besondere Weise fesseln, also mag er stattdessen eine große Schwingung, ein leuchtendes Pulsieren oder regenbogenfarbene Wellen wahrnehmen, die sich in ihm durch eine intensive poetische Empfindung übertragen – wir erinnern an die Zeilen Rimbauds: „O bonheur, ô raison, j'écartai du ciel l'azur, qui est du noir, et je vécus, étincelle d'or de la lumière *nature.*"* Diese Empfindung entspringt vielleicht derselben Bewußtseinsebene oder derselben Frequenz, wenn man so will, wie jene des indischen oder christlichen Mystikers, auch wenn die poetische Übertragung das Gegenteil religiösen Glaubens zu repräsentieren scheint. Und der Mathematiker, der in einem plötzlichen Geistesblitz eine neue Konfiguration der Welt entdeckt, die ihn vor Freude aus der Fassung bringt, auch er berührt möglicherweise die gleiche Höhe des Bewußtseins, die gleiche Offenbarungsqualität dieser Schwingungsfrequenz. Denn nichts geschieht im Nichts, alles *befindet* sich an einer bestimmten Stelle, auf einer bestimmten Ebene, und jede Ebene hat ihre eigene Wellenlänge, ihre besondere leuchtende Intensität, die ihr eigene Schwingungsfrequenz, und man kann *dieselbe* Bewußtseinsebene, *dieselbe* Erleuchtung auf Tausenden von unterschiedlichen Wegen erreichen.

Jene, die das Stadium religiöser Formen überschritten haben oder dies zumindest glauben, mögen hieraus den vorschnellen Schluß ziehen, daß alle persönlichen Formen irrig sind oder einer niederen Erkenntnisform angehören und daß allein unpersönliche Kräfte wahr sind. Dies aber ist ein Fehlschluß menschlicher Logik, die immer versucht, die Welt auf ein einheitliches Konzept zu reduzieren. Die Durga-Vision ist um nichts falscher oder phantastischer als ein Gedicht Shelleys oder die Gleichungen Einsteins, die zehn Jahre später ihre experimentelle Bestätigung erfuhren. Der Irrtum oder Aberglaube entsteht in dem Augenblick, in dem die Jungfrau als alleinig wahr, Durga als einzig anbetungswürdig oder

---

* Prosaübertragung: „O Glück, o Vernunft, ich zerstreute das Azurblau des Himmels, das schwarz war, und ich lebte, ein goldener Funke reinen Lichtes."

Dichtung als allein gültiger Ausdruck von Offenbarungen gesetzt wird. Eine alles einbeziehende Wahrheit würde *sehen*, daß alle Formen in unterschiedlichen Graden von ein und demselben göttlichen Licht herrühren.

Es wäre jedoch ein weiterer Irrtum, die sogenannten unpersönlichen Kräfte lediglich für erweiterte mechanische Kräfte zu halten. Sie besitzen die gleiche Intensität, Wärme und leuchtende Freude wie die Gegenwart einer Person, deren Antlitz man nicht sieht. Für den, der jemals die Erfahrung einer Flut goldenen Lichtes, eines saphirblauen Aufblühens oder von sprühenden Funken weißen Lichtes gemacht hat, besteht kein Zweifel, daß mit diesem Goldregen ein spontanes Wissen voller Freude, mit dem blauen Aufblühen eine massive Kraft und mit dem leuchtenden Weiß eine unaussprechliche Präsenz einhergeht. Es gibt Kräfte, die sich wie ein Lächeln manifestieren. Nun versteht man wirklich, daß die Mauer zwischen Persönlichem und Unpersönlichem, zwischen Bewußtsein und Kraft, eine praktische Unterscheidung aus der Sicht menschlicher Logik ist, die aber in weiter keinem Zusammenhang mit der Realität steht, und daß es nicht notwendig ist, einzelne Personen zu sehen, um in die Gegenwart *der* Person zu gelangen.

Praktisch ist das einzig Wesentliche, sich diesen höheren Ebenen zu öffnen. Tritt man in sie ein, empfängt jeder entsprechend seines Fassungsvermögens, seiner Bedürfnisse oder seiner Aspiration. Der Streit zwischen materialistischen und religiösen Menschen, zwischen Philosophen, Dichtern, Malern und Musikern ist die Kinderei einer debütierenden Menschheit, von der jeder einzelne alle anderen in seine Privat-Façon von Seligkeit einzupassen versucht. Berührt man einmal die leuchtende Wahrheit, erfährt man, daß Sie alles unstrittig in sich aufnehmen kann und daß alle Ihre Kinder sind. Der Mystiker empfängt die Freude seines Geliebten, der Dichter empfängt eine poetische Freude, der Mathematiker die Freude der Entdeckung einer neuen Formel, und der Maler empfängt farbenprächtige Offenbarungen – alle sind Formen spiritueller Freude.

In jedem Fall ist die genannte „klare Nüchternheit" ein mächtiger Schutz, denn unglücklicherweise vermag nicht jeder in die hohen Bereiche aufzusteigen, in denen sich die Kräfte unvermischt finden. Es ist bei weitem leichter, sich auf der Vitalebene zu öffnen, der Welt der großen Lebenskräfte, Begierden und Leidenschaften (sie ist Medien und Okkultisten wohl vertraut), und dort verbergen sich die inferioren Kräfte eilfertig hinter göttlichen Masken mit blendenden Farben oder furchterregenden Formen. Ist der Suchende aufrichtig, wird er den Schwindel in beiden Fällen entlarven, furchterregend oder blendend, und sein kleines psychisches Licht wird alle Bedrohungen und die grellen Trugbilder des vitalen Melodramas stoppen und auflösen. Wer aber ist sich je seiner Aufrichtigkeit vollkommen gewiß? Klammern wir uns nicht an persönliche Formen, sondern streben wir nach einer zunehmend höheren Wahrheit und überlassen es ihr, sich uns unter der von ihr gewollten Gestalt zu offenbaren, sind wir vor Aberglauben und Irrtümern geschützt.

Wir können nun versuchen, einen Umriß der überbewußten Ebenen zu zeichnen, so wie sie erscheinen, wenn man sich nicht einer ekstatischen Bewußtlosigkeit ergibt, und so, wie Sri Aurobindo sie erfahren hat. Man kann sicher sein, daß das, was der universalen Wahrheit am nächsten kommt, nicht Formen sind, da diese in jedem Fall einer Begrenzung durch die jeweilige Tradition oder das jeweilige Zeitalter unterliegen – obwohl diese Formen ihren Platz und ihre Wahrheit haben –, sondern leuchtende Schwingungen. Sagen wir „Schwingungen", meinen wir damit keine leblose Mechanik, sondern Bewegungen von Licht, die auf unbeschreibliche Weise mit Freude, Liebe, Wissen, Schönheit und all den Qualitäten erfüllt sind, die auf verschiedene Weise und in verschiedenem Ausmaß eine Verkleidung für die hohen Offenbarungen des menschlichen Bewußtseins, gleich ob religiös oder nicht, abgeben:

Ein Licht, nicht von Sonne, Mond und Feuer geboren,
Ein Licht, das innen wohnt und innen sieht,
Verbreitet eine innige Sicht...[24]

Ebenen des Mentals

Vor dem Erreichen der supramentalen Ebene, die der Anfang der *höheren Hemisphäre* der Existenz ist, durchläuft der Suchende verschiedene mentale Schichten oder Welten, die Sri Aurobindo in folgender, aufsteigender Reihenfolge benannt hat: das höhere Mental, das illuminierte oder erleuchtete Mental, das intuitive Mental und das Übermental. Selbstverständlich läßt sich, wenn es uns beliebt, ebenso eine andere Terminologie verwenden, aber diese vier Zonen entsprechen bestimmten, deutlich unterschiedenen Erfahrungstatsachen, die von jedem bestätigt werden können, der fähig ist, den erforderlichen Aufstieg bewußt zu unternehmen.

Theoretisch sind diese vier Bewußtseinszonen dem Überbewußten zuzuschreiben. Theoretisch deshalb, weil die Schwelle zum Überbewußten den Individuen entsprechenden Schwankungen unterworfen ist. Für manche ist das höhere oder auch das erleuchtete Mental kaum überbewußt, sondern es bildet einen Teil ihres gewöhnlichen Wachbewußtseins, während für andere der einfache rationale Verstand noch fern der inneren Entwicklung liegt. Mit anderen Worten, die Trennlinie zum Überbewußten hat die Tendenz, gemäß unserer Fortschritte in der Entwicklung nach oben zurückzuweichen. Ist das Unterbewußte unsere evolutionäre Vergangenheit, so ist das Überbewußte unsere evolutionäre Zukunft, es wird nach und nach zu unserem gewohnten Wachbewußtsein.

Wir wollen hier nicht beschreiben, was diese höheren Bewußtseinsebenen an und für sich, unabhängig vom Menschen, bedeuten. Jede von ihnen ist eine ganze Welt, ausgedehnter und durchaus belebter als die Erde, und unsere mentale Sprache ist schlecht geeignet, sie uns auszumalen, wir brauchten die Sprache eines Visionärs oder Dichters – „eine andere Sprache", wie Rimbaud forderte. Sri Aurobindo tat dies in seiner epischen Dichtung *Savitri*, auf die wir den Leser verweisen.

Millionen Lotosblüten schwingen auf einem Stiel,
Welten über Welten voller Farben und Ekstasen
Steigen einer fernen niegesehenen Epiphanie entgegen.[25]

Doch wir können darüber sprechen, was diese Ebenen für den Menschen mit sich bringen und wie sie unsere Anschauung der Welt verändern, wenn wir uns in sie erheben.

Das gewöhnliche Mental, das wir alle kennen, betrachtet die Dinge linear, Schritt für Schritt und eins nach dem anderen. Es kann keine Sprünge vollführen, denn dann entstünden Löcher in seiner Logik, und es würde die Orientierung verlieren, alles zusammenhanglos, irrational und „schleierhaft" finden. Es ist nicht imstande, mehr als eine Sache auf einmal zu betrachten. Wird es mit mehreren gleichzeitig konfrontiert, erscheinen sie ihm widersprüchlich. Es kann keine Wahrheit, keine Tatsache in seinem Bewußtseinsfeld zulassen, ohne nicht automatisch alles zu verwerfen, was dieser Wahrheit oder diesem Faktum nicht entspricht. Es gleicht einem Kameraverschluß, der nur ein einziges Bild auf einmal belichten kann. Alles, was nicht auf seinem augenblicklichen Bildausschnitt erscheint, gehört dem Niemandsland von Irrtum, Lüge und Nacht an. Aus seiner Sicht gehört alles einem unerbittlichen System von Gegensätzen an: Weiß-Schwarz, Wahrheit-Irrtum, Gott-Satan, und es geht wie ein Esel auf seinem Weg, der ein Grasbüschel nach dem anderen vor sich sieht. Kurz, das gewöhnliche Mental stanzt unermüdlich kleine Stücke Raum und Zeit aus dem großen Ganzen. Je weiter man auf der Leiter des Bewußtseins herabsteigt, desto kleingestanzter die Stücke. Für einen Käfer kommt vielleicht alles, was seinen Weg kreuzt, von rechts aus der Zukunft, übertritt die Linie seiner Gegenwart und verschwindet nach links in die Vergangenheit. Ein Mensch, der mit gespreizten Beinen über ihm steht, befindet sich für den Käfer nun sowohl rechts als auch links, eine Angelegenheit, die schlicht wunderbar und irrational ist, es sei denn, der Mensch steht mit einem Bein in Wahrheit und mit dem anderen Bein im Irrtum, was nicht möglich ist, und damit existiert der Mann nicht – er ist streng genommen also käferhaft ausgeschlossen. Der Verschluß unseres geistigen Objektivs ist etwas weiter geworden. Zukunft und Vergangenheit liegen nicht mehr rechts und links im Raum, sie sind zum Morgen und Gestern in der Zeit geworden. Wir haben gegenüber dem Käfer Zeit gewonnen. Aber es gibt ein anderes supramentales Bewußtsein, das unseren Verschluß noch weiter öffnen, noch mehr Zeit für uns gewinnen und rittlings über gestern und morgen stehen kann. Es ist simultan fähig, Gegenwart, Vergangenheit und Zukunft zu sehen, gleichzeitig schwarz und weiß, die Wahrheit und den sogenannten Irrtum, das Gute und das sogenannte Böse, Ja und gleichzeitig Nein – denn alle Gegensätze sind das Ergebnis davon, die Zeit in kleine Stücke gestanzt zu haben. Wir sprechen entrüstet vom „Irrtum", da wir noch nicht das Gute sehen können, was er vorbereitet oder dessen sichtbare Hälfte er ist. Wir sprechen von „Lüge", weil wir nicht die Zeit gehabt haben, den Lotos aus dem Morast wachsen zu sehen. Wir sprechen von „schwarz", jedoch ist unser Tageslicht finster für den, der das Licht sieht. Unser Irrtum war der notwendige Begleiter des Guten; das Nein ist die untrennbare andere Hälfte des Ja; Weiß und Schwarz und der ganze Regenbogen sind die verschiedenen Schattierungen von einem Licht, das sich langsam enthüllt. Es gibt keine Gegensätze, sondern lediglich Ergänzungen. Die ganze Geschichte des Bewußtseinsaufstiegs ist die Geschichte einer Öffnung und Erweiterung des Verschlusses, der Übergang von einem linearen und widersprüchlichen Bewußtsein in ein *globales Bewußtsein*.

Aber Sri Aurobindo sagt deutlich „global", er nennt es absichtlich die höhere *Hemi*sphäre des Bewußtseins, wenn er vom Supramental spricht, denn die sogenannte höhere Wahrheit ist nicht von der Erde abgeschnitten, sie ist nicht vollständig ohne ihre niedere Hälfte. Was oben ist, annulliert nicht das, was sich unten befindet, sondern es komplettiert es, das Außerzeitliche steht sowenig im Widerspruch zur Zeit, wie zwei Arme dem widersprechen, den sie umarmen. Das Geheimnis liegt darin, das Außerzeitliche im Schoß der Zeit zu entdecken, das Unendliche im Endlichen und die umfassende Totalität der Dinge in ihren obskursten Fragmenten. Sonst wird niemand umarmt, und niemand umarmt etwas.

Dieser Aufstieg des Bewußtseins ist nicht allein die Geschichte von der Eroberung der Zeit, es ist zudem die Eroberung der Freude, die Eroberung der Liebe und die Eroberung der Weite des Seins. Die unteren evolutionären Stufen stanzen nicht nur Raum und Zeit in Stücke, sie zerstanzen alles. Ein fortschreitendes *Gesetz der Fragmentierung*[26] herrscht über den Herabstieg des Bewußtseins, vom Geist bis zum Atom – Fragmentierung der Freude, Fragmentierung von Liebe und Macht und natürlich auch Fragmentierung von Erkenntnis und Vision. Alles zerfällt letztlich in ein Gewimmel winziger Reizbewegungen, in Staubwolken eines *somnambulen Bewußtseins*[27], die bereits ein Suchen nach dem Licht oder vielleicht eine Erinnerung an die Freude sind. *Das allgemeine Anzeichen dieses Herabstiegs ist eine immer geringer werdende Macht der Intensität, Intensität des Seins, Intensität des Bewußtseins, Intensität der Kraft, Intensität der Freude in den Dingen und der Freude am Dasein. Gleichermaßen nehmen diese Intensitäten zu, sowie wir zu der höchsten Ebene hin aufsteigen.*[28]

a) Das gewöhnliche Mental

Die Qualität des Lichtes und die Qualität der Schwingungen sind es im wesentlichen, die erlauben, eine Bewußtseinsebene von einer anderen zu unterscheiden. Verlassen wir das uns eigene evolutionäre Niveau und betrachten das Bewußtsein unter dem Aspekt des Lichtes, von dem alle anderen Aspekte sich herleiten, dann erscheint das gewöhnliche Mental dem sehenden Auge als ein Grau-in-Grau mit vielen kleinen dunklen Punkten oder kleinen, ziemlich dunklen Schwingungsknoten gleich einem Schwarm von Fliegen, die den Kopf der Leute umkreisen und ihre tausendundeinen Gedanken repräsentieren; sie kommen und gehen, schwirren unaufhörlich im Kreis und wechseln von einem zum anderen.

Gelegentlich, von Zeit zu Zeit, gibt es einen kleinen Lichtblitz, der von oben herabkommt, eine kleine Freude, ein Flämmchen der Liebe, die in diesem Grau-in-Grau umhertanzen. Aber dieser *Hintergrund der Neutralität*, wie Sri Aurobindo es nannte, ist so schwerfällig und zähflüssig, daß er alles absorbiert, alles verblassen läßt, alles in den Umkreis seiner obskuren Schwerkraft herabzieht. Hier lassen sich weder Freude noch Schmerz lange aushalten, auch alles Licht wird schnell zuviel; alles erscheint klein-klein, spasmodisch und schnell verloschen. Und alles, alles ist tausend Wenn-und-Aber-Klauseln unterworfen.

b) Das höhere Mental

Diese weitere Ebene findet sich vielfach bei Denkern und Philosophen. Sie ist weniger undurchsichtig und genießt bereits ein freieres Spiel. Ihr Grund ist nicht vollkommen grau, oder das Grau sticht ins Blaue, die kleinen Lichtblitze, die von oben eindringen, werden weniger schnell absorbiert; sie sind intensiver, ergiebiger und häufiger. Die Freude neigt dazu, länger anzuhalten, die Liebe wird weiter und macht sich weniger von den zahllosen Bedingtheiten der unteren Ebenen abhängig. Man beginnt zu verstehen, daß Freude und Liebe an sich existieren und keinen Grund oder Anlaß brauchen. Doch das Licht ist noch immer kalt und ein wenig hart. Noch immer ist es eine schwere mentale Substanz, die das Licht von oben einfängt und es seiner eigenen Beschaffenheit beimischt, es unmerklich mit Gedankenschichten bedeckt, erst dann fähig, das empfangene Licht wirklich zu verstehen, nachdem es entsprechend behandelt, verwässert, systematisiert und in soundsoviele Seiten, Begriffe und Ideen fragmentiert worden ist. Darüberhinaus entstammen diese Seiten und Paragraphen des höheren Mentals einem einzigen aufgefangenen Lichtpunkt oder einer geringen Anzahl dieser Punkte (seinen Schlußfolgerungen, die schon im voraus feststehen: ein kleiner Tropfen von Intuition, der überstürzt verdaut wird), und so gibt es sich Mühe, in seinem Gedankenverlauf alles zu eliminieren, was seiner Schlußfolgerung zuwiderlaufen könnte. Zweifellos kann es sich höheren Ebenen öffnen und von dort Blitze empfangen, aber das ist nicht seine gewohnte Aktionshöhe. Seine mentale Substanz ist darauf angelegt, das Licht zu zersetzen. Es versteht nichts ohne vorherige Erklärung.

c) Das erleuchtete Mental

Das erleuchtete Mental ist von anderer Natur. In dem Maße, in dem das höhere Mental das Schweigen akzeptiert, erhält es Zugang zu dieser Sphäre. Seine Substanz wird geläutert, und was früher nur in einzelnen Tropfen empfangen werden konnte, fließt jetzt in Strömen: *Der Grund ist nicht mehr der einer allgemeinen Neutralität, sondern er ist von spiritueller Ungezwungenheit und reiner Freude, auf ihm treten die besonderen Töne des ästhetischen Bewußtseins hervor oder heben sich von ihm ab. Das ist die erste fundamentale Veränderung.*[29] Das Bewußtsein wird von einer oft goldenen Lichtflut erfüllt, je nach der eigenen inneren Verfassung von unterschiedlichen Farben begleitet; man erfährt eine *leuchtende Invasion*. Gleichzeitig besteht ein Zustand von Enthusiasmus im griechischen Sinn des Wortes, ein Zustand des plötzlichen Erwachens, als sei das ganze Wesen vollkommen auf dem Quivive, plötzlich an einen ganz neuen Rhythmus einer neuen Welt angeschlossen, mit unverbrauchten Werten, noch neuen Gesichtspunkten und unerwarteten Zusammenhängen. Der Dunstschleier der Welt ist definitiv gefallen, alles ist in einer großen, freudigen Schwingung miteinander verbunden. Das Leben wird weiter, wahrer und lebendiger. Kleine Wahrheiten zwinkern einem überall zu, ohne ein Wort, jedes Ding birgt sein Geheimnis, seinen besonderen Sinn, sein ganz anderes Leben. Man badet in einem unbeschreiblichen *Zustand der Wahrheit,* ohne irgend etwas davon zu verstehen. Das *ist* einfach, und es ist auf wunderbare Weise. Es ist licht und leicht, es lebt und liebt.

In verschiedenen Menschen drückt sich diese leuchtende Flut auf unterschiedliche Weise aus (man bemüht sich vorschnell, ihr immer sofort eine Form zu geben, anstatt sich in aller Ruhe von ihr durchströmen zu lassen und ihre Funktion, uns zu läutern, nicht zu stören). Manche versetzt es in eine unerwartete poetische Blüte, andere haben Visionen gewagter architektonischer Formen, wieder andere entdecken die Wissenschaft revolutionierende, mathematische Gleichungen, und noch einmal andere verehren ihren Gott. Im allgemeinen wird der Zugang zu diesem neuen Bewußtsein von einem spontanen Aufblühen kreativer Energien begleitet, insbesondere im Bereich der Dichtung. Es ist erstaunlich, die Anzahl von Dichtern aller Sprachen – Englisch, Indisch, Chinesisch usw. – unter den Schülern Sri Aurobindos zu konstatieren, als wären Dichtung und Kunst die ersten praktischen Resultate seines Yoga: *Ich habe sowohl in mir selbst als auch in anderen,* schrieb er an einen von ihnen, *eine unerwartete Blüte von Fähigkeiten jeder Art beobachtet, die durch die Öffnung des Bewußtseins herbeigeführt wurde, – derart kann jemand, der sich lange Zeit vollkommen erfolglos um rhythmischen Ausdruck bemüht hat, innerhalb eines Tages zu einem Meister poetischer Sprache und Kadenz werden. Es ist eine Frage des richtigen mentalen Schweigens und der richtigen Offenheit gegenüber dem Wort, das sich auszudrücken sucht – denn das Wort hat in den inneren Bereichen, in denen jede Art künstlerischen Ausdrucks geboren wird, bereits Gestalt, das vermittelnde Mental aber muß sich dahingehend ändern, daß es zu einem vollkommenen Übermittlungskanal wird, anstatt ein Hindernis zu sein.*[30]

Dichtung ist das nächstliegende Mittel zum besseren Verständnis dieser höheren Bewußtseinsebenen. In dem Rhythmus eines Gedichtes lassen sich Schwingungen leicht erfassen. Wir wenden uns deshalb im folgenden der Dichtung zu, auch wenn das Überbewußtsein kein alleiniges Privileg der Poeten ist. In seiner umfangreichen, die Dichtung betreffenden Korrespondenz sowie in seinem diesbezüglichen Werk *The Future Poetry* führt Sri Aurobindo zahlreiche poetische Passagen an als Beispiel für Dichtung, die dem erleuchteten Mental entstammt. Da aber die meisten seiner Schüler englischsprachig waren, spricht er fast ausschließlich über Dichtung im Englischen. Im Französischen hingegen liefert Rimbaud, insbesondere sein *Bateau Ivre*, das beste Beispiel. Es ist allerdings nötig, von der äußeren Bedeutung abzusehen und zu versuchen, auf das zu achten, was im Hintergrund mitschwingt. Denn Dichtung und alle anderen Künste sind letztlich nur Mittel, jenen unscheinbaren, unaussprechlichen Ton zu erheischen, der an sich nichts ist und der doch das Eigentliche des Lebens liefert:

Je sais les cieux crevant en éclairs, et les trombes
Et les ressacs et les courants; je sais le soir,
L'Aube exaltée ainsi qu'un peuple de colombes,
*Et j'ai vu quelquefois ce que l'homme a cru voir.**

Dichtung wird jedoch nicht wegen ihrer besonderen Sinnträchtigkeit „erleuchtet" genannt; sie ist erleuchtet kraft des diese Ebene charakterisierenden Tones, kraft der ihr eigenen Note. Diese ließe sich gleichermaßen in einem Gemälde von Rembrandt oder in einer Komposition von

---

* Ich weiß um Himmel, die von Blitzen bersten, weiß um die Wirbelwinde
Und die windgepeitschte Brandung, weiß um den Abend,
Die Morgenröte, begeistert wie ein Volk von Tauben,
Und manchmal sah ich, was der Mensch zu sehen wähnte.

César Franck wiederfinden – oder einfach in den Worten eines Freundes. Es ist die Spur der Wahrheit dahinter, die feine Schwingung, die unmittelbar ihren Kern trifft und für welche die Dichtung, die Leinwand des Malers oder eine Sonate nur mehr oder weniger adäquate Übertragungen sind. Je höher man aufsteigt, desto reiner, weiter, leuchtender und machtvoller ist die Schwingung. Wenn Rimbaud ferner sagt:

> *O saisons, ô châteaux*
> *Quelle âme est sans défauts?* *

wird die Schwingung beinahe sichtbar, so stark ist sie gegenwärtig. Und doch ist es keine erleuchtete Schwingung, man kann es spüren. Sie kommt nicht von oberhalb des Kopfes, sondern vom Herzzentrum, und es hat nichts mit der Bedeutung der Zeilen zu tun, die Worte sind nur eine Verkleidung der Schwingung. Dagegen entstammt die folgende Zeile von Mallarmé dem erleuchteten Mental:

> *Le transparent glacier des vols qui n'ont pas fui!* **

Das, was im wesentlichen die Werke, die von dieser Ebene kommen, von anderen unterscheidet, ist, was Sri Aurobindo *a luminous sweep*, eine plötzliche Lichtflut, genannt hat. Diese Schwingung ist mit keiner anderen vergleichbar: Eine momentane Erschütterung entsteht, die dann einer Stimmgabel ähnlich nachschwingt. Selten erhält sie sich jedoch über ein ganzes Werk hindurch in ungetrübtem Zustand, denn der Rhythmus des Werkes folgt dem Rhythmus des Bewußtseins und – wenn dies nicht durch eine besondere Disziplin stabilisiert wird – all dessen Höhen und Tiefen. *Le Bateau Ivre* enthält Züge des illuminierten Mentals, aber auch viel von vitalem und ganz gewöhnlichem Mental, jedoch auch Funken des Übermentals, wie wir gleich sehen werden.

Gleichzeitig mit seiner Schönheit werden wir uns auch der Grenzen des illuminierten Mentals bewußt: Erleuchtete Dichtung überträgt sich durch eine Flut von Bildern und offenbarenden Worten (der Gesichts- und der Gehörsinn öffnen sich häufig auf dieser Ebene), geradezu eine Lawine von üppigen, oft zusammenhanglosen Bildern, als wäre das Bewußtsein überfordert, die Lichtflut und die ungewohnte Steigerung der Intensität aufzunehmen – sie ist zu umfassend, das Bewußtsein fließt

---

* O Zeiten, o Schlösser / Welche Seele ist ohne Makel?
** Der transparente Gletscher der Flüge, die nicht geflohen sind!

über. Die Begeisterung geht leicht in Überspanntheit über, und wenn das übrige Wesen nicht hinreichend klar ist, kann sich irgendeiner der darunterliegenden Teile oder Mechanismen des herabkommenden Lichtes oder der herabkommenden Kraft bemächtigen und sie für seine Zwecke verwenden – das ist eine häufig auftretende Klippe.

Wenn diese inferioren Teile der Natur, insbesondere das Vital, die leuchtende Flut an sich reißen, bekommt sie dadurch ein hartes, melodramatisches, gar ein gequältes Gesicht – die Macht ist noch die gleiche, sie erhält nur eine forcierte und verhärtete Form –, während doch das tragende Element des erleuchteten Mentals ureigentlich die Freude ist. An dieser Stelle ließen sich ganze Kompendien von Biographien genialischer Dichter und Schriftsteller anführen.* Darüberhinaus ist die Substanz des erleuchteten Mentals nicht wirklich transparent, sondern lediglich semi-transparent oder transluzent; sein Licht ist diffus – ein wenig, als würde es der Wahrheit überall sehr nahe kommen, ohne sie je ganz zu treffen – daher die Zusammenhanglosigkeit und die Verschwommenheit, das Unbestimmte daran. Es ist nur der Beginn einer neuen Geburt. Bevor man weiter aufsteigen kann, ist eine größere Klarheit notwendig und vor allem mehr innerer Friede, spontane Ausgeglichenheit und Schweigen. Je höher man im Bewußtsein aufsteigt, desto erforderlicher ist ein felsenfestes Gleichgewicht.

d) Das intuitive Mental

Das intuitive Mental unterscheidet sich vom erleuchteten Mental durch seine klare Transparenz. Es ist geschwinde und springt barfuß von Fels zu Fels übers Wasser. Es wird nicht mehr gehemmt durch die mentale Orthopädie, die uns an den Boden nagelt, als stamme Erkenntnis von der gewichtigen Masse unserer Reflexionen. Erkenntnis ist ein Funke, welcher der Stille entspringt. Alles findet sich unmittelbar vor unseren Augen, weder höher noch tiefer, und wartet nur darauf, daß wir einmal ein wenig

---

* Es mag nützlich sein, noch einmal zu betonen, daß ein ominenter Unterschied besteht zwischen einer Person, die gelegentlich Inspirationen oder Illuminationen hat, die aufgrund ihrer Unregelmäßigkeit unzuverlässig sind, und einer anderen, die ihr Bewußtsein systematisch, Grad um Grad, entwickelt hat, so daß es ihr möglich ist, sich jeder gewählten Ebene des Bewußtseins anzuschließen, dort einen beliebigen Zeitraum zu verweilen und ohne Deformation die entsprechenden Inspirationen und Illuminationen zu erhalten. Darin besteht die Aufgabe des Integralen Yoga.

klar sind. Es geht nicht so sehr darum, in die Höhen abzuheben, als vielmehr darum, die Hindernisse in uns zu beseitigen. Im indischen Frühling erstrecken sich die Reisfelder unter schwerem Himmel voller süßer Düfte unbewegt und grün, soweit das Auge reicht. Plötzlich mit einem Schrei erheben sich Tausende von Papageien in die Luft. Und wir haben nichts gesehen. Es geht blitzschnell, auf einen Schlag – das erhellte Bewußtsein bewegt sich mit unglaublicher Geschwindigkeit. Ein Detail, ein Laut, ein Tropfen Licht, und es erscheint eine einzigartige, überfließende Welt, die darin verborgen war: Tausende von ungreifbaren Vögeln in einem Blitz. Intuition wiederholt, unserem Fassungsvermögen angepaßt, das ursprüngliche Mysterium des Uraugenblicks, des einen umfassenden Blicks, der alles gesehen, alles erkannt hat und der sich daran erfreut, langsam, sukzessiv, temporell, von einer Myriade von Gesichtspunkten aus das zu sehen, was Er bereits einmal im Bruchteil der Ewigkeit ganz umfaßt hatte.

Ein ewiger Augenblick ist der Grund aller Jahre.[31]

Mit der Intuition geht eine besondere Freude einher, die sich, wie es scheint, von der illuminierten Freude unterscheidet. Es ist keine Flut mehr, keine Invasion von außen, sondern etwas wie ein Erkennen, Wiedererkennen, als wohnten „zwei Seelen", zwei Brüder in unserer Brust, ein Bruder des Lichtes, der im Licht lebt, und ein Schattenbruder, wir selbst, der unten lebt, mißlich im Dunkeln herumtastet, alle Gesten und Bewegungen des lichten Bruders wiederholt, sein Wissen und sein großes Abenteuer imitiert, dies jedoch auf engherzige, verkümmerte, unbeholfene Weise tut. Und plötzlich entsteht eine Deckungsgleichheit: man ist eins. Man ist eins in einem Lichtpunkt. Für ein Mal gibt es keinen Unterschied mehr sondern allein Freude.

Sind wir in allen Punkten eins, wird es das göttliche Leben sein.

Und dieser Punkt von Deckungsgleichheit ist die Erkenntnis. Sie mag sich entsprechend der augenblicklichen Beschäftigung des Einzelnen auf die eine oder andere Art ausdrücken, immer ist es aber im wesentlichen ein Schock der Übereinstimmung, der Begegnung – man weiß, weil man erkennt. Sri Aurobindo pflegte zu sagen, daß Intuition *eine Erinnerung an die Wahrheit*[32] ist. In einem intuitiven Aufblitzen merkt man sehr wohl, daß Erkenntnis nicht das Entdecken von Unbekanntem ist – man entdeckt nichts anderes als sich selbst, es gibt nichts anderes zu entdecken – sondern ein allmähliches Wiedererkennen dieser Lichtsekunde, die wir *alle gesehen* haben. Wer hat nicht wenigstens einmal gesehen? Wer hat nicht diese Erinnerung in seinem Leben? Wie auch immer geartet unsere Glaubensbekenntnisse, unsere Unglaubensbekenntnisse, unsere Fähigkeiten oder unsere Unfähigkeiten, unsere mehr oder weniger geringen Höhen, immer gibt es einen Augenblick im Leben, der *unser* Augenblick ist. Manche Leben dauern nicht länger als eine Sekunde, und der Rest gehört der Vergessenheit.

Die Sprache der Intuition ist knapp gefaßt, ohne ein Wort zuviel und ganz im Gegensatz zu der opulenten Sprache des erleuchteten Mentals (das indes auch durch seine eigene Fülle einen leuchtenden Rhythmus und eine vielleicht weniger präzise, aber glühendere Wahrheit überträgt). Als Plotin den gesamten Zyklus menschlichen Strebens in einem Satz zusammenfaßte: „Ein Flug des Einzigen zum Einzigen", verwendete er eine im höchsten Grade intuitive Sprache, dieselbe, derer sich auch die Upanischaden bedienen. Aber diese Tugend markiert auch die Beschränkung der Intuition. Wie lebensdurchtränkt unsere Erfahrungsblitze auch immer sein mögen, enthalten sie doch nicht alle Wahrheit – eine umfassendere Glut ist dafür notwendig, eine, die der des erleuchteten Mentals nicht unähnlich ist, allerdings in größerer Transparenz. Denn *die Intuition... sieht Dinge blitzartig, Punkt für Punkt, nicht als Ganzes* [33]. Der Raum, der durch den Blitz erhellt wird, ist schlagend und unwiderlegbar, und doch ist es nicht mehr als *ein Raum der Wahrheit* [34]. Darüberhinaus bemächtigt sich das Mental der Intuition und *macht,* wie Sri Aurobindo bemerkt, *zu viel und gleichzeitig zu wenig daraus* [34]. Zu viel, weil es seine Intuition unangemessen verallgemeinert und auf den ganzen Raum angewendet sehen will; zu wenig, denn anstatt den Blitz in Ruhe seiner Funktion der Erleuchtung und der Klärung unserer Substanz nachkommen zu lassen, bemächtigt es sich seiner unmittelbar und verkleidet ihn mit einer Schicht von Gedanken (oder mit einer bildlichen, poetischen, mathematischen, religiösen Schicht), und er wird nicht mehr anders verstanden als über den Umweg der intellektuellen, künstlerischen oder religiösen Form, die ihn jetzt überlagert. Es fällt dem Verstand ausgesprochen schwer zu verstehen, daß eine Offenbarung allmächtig, ja überwältigend sein kann, ohne daß wir auch nur das geringste davon zu verstehen brauchen, und daß sie uns in ihrer ganzen Macht nur erhalten bleibt, wenn sie nicht einige Grade herabgezogen, abgeschwächt und fragmentiert wird, um damit dann vermeintlich „verstanden" zu werden. Wäre man fähig, diesem vibrierenden Blitz gegenüber unbewegt zu bleiben, gleichsam verhalten in seinem Licht schwebend, ohne sofort darüber herzufallen und es in Teile eines intellektuellen Puzzles zu zerstückeln, würden wir erkennen, daß unser *ganzes* Wesen nach gewisser Zeit seine Höhe geändert hat und daß wir anstelle eines kleinkleinen Schubladenrezeptes über eine neue Sicht verfügen. Will man alles erklären, lösen sich Dreiviertel der transformativen Kraft auf.

Hat der Suchende die notwendige Geduld, seinen Zustand des Schweigens und der Transparenz zu bewahren, anstatt sich in Schreiben, Malen oder einen Wortschwall zu ergehen, um den Überschuß an empfangenem Licht loszuwerden, wird er sehen, wie sich die Blitze allmählich vermehren, sich auf eine Weise stärker bündeln und ein anderes Bewußtsein langsam Gestalt in ihm annimmt, ein anderes Bewußtsein, das sowohl die Erfüllung als auch der Ursprung des erleuchteten Mentals und des intuitiven Mentals sowie aller anderen Formen menschlichen Mentals darstellt. Es handelt sich um das Übermental.

e) Das Übermental

Das Übermental ist der selten erreichte Gipfel des menschlichen Bewußtseins. Es ist ein kosmisches Bewußtsein, aber ohne Verlust des Individuums. Anstatt alles zu verwerfen und in himmlische Höhen auszubrechen, hat der Suchende geduldig alle Stufen seines Wesens erklommen, ohne den Boden unter den Füßen zu verlieren, so daß dieser somit bruchlos mit dem Oberen verbunden bleibt. Das Übermental ist die Welt der Götter und die Quelle der Inspiration der großen Religionsstifter. Es ist die Geburtsstätte aller uns bekannten Religionen; sie alle entsprangen einer übermentalen Erfahrung unter einer ihrer unzähligen Facetten. Denn eine Religion oder Offenbarung, eine spirituelle Erfahrung gehört einer bestimmten Ebene an, sie entstammt keinem Niemandsland oder dem Donner Gottes. Jene, die eine bestimmte Offenbarung verkörpern, haben diese nicht schlechterdings aus dem Nichts bezogen: das Übermental ist die Ebene ihres Ursprungs. Gleichermaßen ist es der Ursprung aller höchsten künstlerischen Werke. Es gilt jedoch, sich zu vergegenwärtigen, daß es sich hier, wenn auch als Gipfel, noch immer um eine Ebene des Mentals handelt.

Hat sich das Bewußtsein einmal zu dieser Ebene erhoben, verläuft seine Anschauung nicht mehr „Punkt für Punkt", sondern *gelassen, in großen Massen*[35]. Hier ist es nicht mehr das diffuse Licht des erleuchteten Mentals, noch sind es die vereinzelten Blitze des intuitiven Mentals, sondern, um den treffenden Ausdruck des Veda aufzunehmen: „ein Ozean stetiger Blitzschläge". Das Bewußtsein ist nicht mehr beschränkt auf den kärglichen Moment der Gegenwart und den begrenzten Bereich des Sichtfeldes, es ist entsiegelt, entschleiert und erfaßt mit einem einzigen Blick *weite Strecken von Raum und Zeit*[35]. Der wesentliche Unterschied zu den anderen Ebenen liegt in der Ebenmäßigkeit, der beinahe vollkommenen Einheitlichkeit in der Beschaffenheit des Lichtes. In einem besonders empfänglichen Stadium des erleuchteten Mentals würde man vielleicht eines blaßblauen Hintergrundes mit plötzlichen Lichtströmen, blitzartigen Intuitionen oder gleich Sturmwolken dahintreibenden, leuchtenden Ausbrüchen, mitunter sogar übermentaler Katarakte gewahr werden, aber das wäre ein unstet wogendes Lichtspiel ohne Kontinuität und Bestand. Das ist die geistige Verfassung der größten uns bekannten Dichter. Sie haben ein gegebenes Niveau, einen allgemeinen Rhythmus und allgemeinen poetischen Glanz erreicht, und von Zeit zu Zeit heben sie ab in höhere Bereiche und bringen von dort seltenes blendendes Verswerk (oder betörende Tonsätze) zurück, die wie ein Zauberwort von Generation zu Generation wiederholt werden. Das erleuchtete Mental ist im allgemeinen die Basis (eine bereits ungewöhnlich hohe Basis), und das Übermental ist jenes göttliche Reich, zu dem man in begnadeten Augenblicken Zutritt erlangt.

In einem vollständigen und kontinuierlichen übermentalen Bewußtsein, so wie es zum Beispiel von den vedischen Sehern verwirklicht wurde, gibt es keine Unstetigkeit und kein Schwanken mehr, das Bewußtsein ist *ein massiver Block steten Lichtes*. Es ergibt sich eine ungebrochene, universelle Vision. Man kennt universelle Freude, universelle Schönheit, universelle Liebe, denn alle Unvereinbarkeiten der unteren Ebenen kamen sozusagen von einer Defizienz, einer Eingeschränktheit des Lichtes, das nur begrenzte Felder beleuchten konnte, während hier die Gegensätze, die wie kleine Schattenräume zwischen zwei Lichtblitzen oder wie finstere Grenzen am Ende unseres Lichtkreises erschienen, durch das ebenmäßige Licht des Übermentals in einem einheitlichen visuellen Block zusammengeschmolzen werden. Und nachdem sich das Licht überall ausgebreitet hat, bestehen auch Freude, Harmonie, Schönheit notwendigerweise überall, weil Gegensätze nicht mehr als Negationen oder Lücken zwischen zwei Blitzen wahrgenommen werden sondern als Teile einer bestimmten Intensität innerhalb einer beständigen kosmischen Harmonie. Was nicht heißen will, daß all das, was wir als

Häßlichkeit, Übel oder Leiden bezeichnen, innerhalb des übermentalen Bewußtseins nicht bemerkt wird, sondern daß alles innerhalb eines alleseinbegreifenden universellen Themas miteinander verbunden ist, in dem jedes Ding seinen Platz und seinen Zweck hat. Es handelt sich um ein einigendes Bewußtsein, nicht um eines, das trennt. Der Grad von Einheit liefert das genaue Ausmaß der übermentalen Vollkommenheit.

Ferner mit der Vision der Einheit begabt, die notwendigerweise göttlich ist (das Göttliche ist keine Annahme oder Vorstellung mehr, sondern sichtbar, greifbar, etwas, zu dem wir geworden sind, so wie unser Bewußtsein Licht geworden ist), nimmt das übermentale Wesen überall dasselbe Licht wahr, in allen Dingen, in allen Wesen, allem Sein, so wie es dies in sich selbst wahrnimmt. Es gibt keine trennende Leere mehr, keine Kluft der Entfremdung. Alles badet kontinuierlich in einer einzigen Substanz. Es kennt universelle Liebe, universelles Verständnis, universelles Mitgefühl für all die anderen Wesen „seiner selbst", die sich alle gleichfalls auf ihre Göttlichkeit zubewegen, oder eher Funken um Funken zu dem Licht werden, das sie bereits sind.

Wir können deshalb dieses übermentale Bewußtsein auf allen möglichen Wegen erreichen, durch religiöse Inbrunst, durch poetische, intellektuelle, künstlerische, heroische Begeisterung, durch alles, was dem Menschen dazu verhilft, über sich selbst hinauszuwachsen. Sri Aurobindo wies der Kunst einen besonderen Platz zu. Er sah in ihr eines der Hauptmittel für spirituellen Fortschritt. Unglücklicherweise besitzen Künstler und schöpferisch Tätige im allgemeinen ein beträchtliches Ego, das ihnen den Weg verbaut und ihnen selbst zum größten Hindernis wird. Der religiöse Mensch, der an der Auflösung seines Egos arbeitet, hat es einerseits leichter, aber andererseits gelangt er selten durch sein individuelles Bemühen zur Universalität, da er eher einen Sprung aus seiner Individualität ins Jenseits vollzieht, ohne sich darum zu kümmern, alle Zwischenstufen des persönlichen Bewußtseins zu entwickeln – so verliert er nicht nur den Boden unter den Füßen, sondern versetzt darüber hinaus noch der Leiter, die ihn nach oben geführt hat, einen Tritt. Erreicht er also die „Spitze", hat er keine Leiter mehr zur Rückkehr, oder es liegt ihm nichts daran zurückzukehren, oder es verbleibt kein individuelles Selbst mehr, das Gesehene zu vermitteln, oder es ist nur sein unverändertes Selbst von früher, das mehr schlecht als recht (also vorwiegend schlecht) das neue Bewußtsein umzusetzen versucht, vorausgesetzt er verspürt überhaupt die Notwendigkeit, irgend etwas zu übermitteln. Die vedischen Rishis, die uns das wahrscheinlich einzigartige Beispiel einer systematischen und kontinuierlichen spirituellen Progression von Ebene zu Ebene gegeben haben, gehören vielleicht zu den größten Dichtern, welche die Erde beherbergt hat. Sri Aurobindo behandelt dieses Thema in seinem *The Secret of the Veda*. Der Sanskrit-Begriff *kavi* bezeichnet in einer untrennbaren Doppelbedeutung den Seher der Wahrheit und den Dichter. Die Rishis waren Dichter, denn sie waren Seher. Das ist eine evidente, leider in Vergessenheit geratene Realität. Es mag gerechtfertigt sein, hier etwas über Kunst als Mittel für das Aufsteigen des Bewußtseins zu sagen und insbesondere auf die Dichtung des übermentalen Niveaus einzugehen.

f) Mantrische Dichtung

Die Bewußtseinsebenen unterscheiden sich nicht allein durch leuchtende Schwingungen verschiedener Intensität, sondern auch durch unterschiedliche auditive Schwingungen oder Rhythmen, die man hören kann, wenn man das „Ohr der Ohren" hat, von dem der Veda spricht. Klänge oder Bilder, Lichter oder Kräfte oder Wesen sind verschiedene Aspekte des gleichen Daseins; sie manifestieren sich vielfältig und der jeweiligen Ebene entsprechend mit wechselnder Intensität. Je weiter man die Bewußtseinsskala herabsteigt, desto fragmentierter treten die Klangschwingungen auf, ebenso wie die des Lichtes, der Wesen und der Kräfte. Auf der vitalen Ebene, zum Beispiel, vernimmt man die unruhigen Schwingungen des Lebens so abgerissen und synkopiert wie manche Musikrichtungen, die dieser Ebene entstammen, oder wie bestimmte Bilder und eine bestimmte vitale Art der Dichtung, die alle diesen brüchigen, farbgewaltigen Rhythmus ihren Mitteln entsprechend übertragen. Je weiter man aufsteigt, desto harmonischer, einträchtiger und, wenn man so will, stromlinienförmiger werden die Schwingungen, gleich bestimmten Passagen in den Streichquartetten Beethovens, die uns atemlos in schwindelerregende und bezaubernde Höhen reinen Lichtes hinaufziehen. Die Kraft der Musik wird nicht mehr durch Klangvolumen oder Virtuosität übertragen, sondern durch eine hohe innere Spannung. Eine genügend hohe Schwingungsfrequenz verwandelt den Regenbogen in reines Weiß, eine so hohe Tonstufe, daß sie wie unbewegt erscheint, von Ewigkeit ergriffen, eine einzige Klang-Licht-Kraft, die sich vielleicht in der heiligen indischen Silbe OM ausdrückt – *das Wort, verborgen im höheren Feuer*[36]. „Am Anfang war das Wort", sagt die Schrift.

In Indien existiert ein Geheimwissen, das auf Lauten und den Bewußtseinsebenen gemäßen Unterschieden in der Schwingungsmodalität beruht. Sprechen wir zum Beispiel den Laut OM aus, verspüren wir deutlich seine Schwingungen um die Kopfzentren, während der Laut RAM die Nabelzentren berührt. Und da jedes unserer Bewußtseinszentren in unmittelbarer Verbindung mit einer Ebene steht, können wir durch Wiederholung bestimmter Laute *(japa)* mit der entsprechenden Ebene in Kontakt treten*. Eine ganze spirituelle Disziplin, welche die „tantrische" genannt wird, weil sie sich auf bestimmte heilige Texte gründet, die *tantra* heißen, basiert auf dieser Tatsache. Die wesentlichen Laute oder Grundlaute, kraft derer die Verbindung hergestellt wird, nennt man *mantra*. Die Mantras, immer geheim und von „Guru" an Schüler weitergegeben**, sind sehr verschiedenartig (jede Bewußtseinsebene hat eine Vielzahl von Graden) und mögen den widersprüchlichsten Zielen dienen. Durch die Verbindung verschiedener Laute kann man auf den unteren Ebenen des Bewußtseins, im allgemeinen auf der Vitalebene, den Kontakt mit entsprechenden Kräften herstellen, die einem seltsame Fähigkeiten verleihen: Einige Mantras sind tödlich (innerhalb von fünf Minuten durch heftiges Erbrechen), andere Mantras greifen mit Präzision diese oder jene Körperpartie an, wieder andere sind heilend, manche können ein Feuer entzünden, Schutz leisten oder einen Bann errichten. Diese Art von Magie oder vibratorischer Chemie entspringt einfach der bewußten Manipulation der niederen Schwingungen. Es gibt jedoch eine höhere Magie, die auch vermittels der Handhabung von Schwingungen vorgeht, aber von Schwingungen einer höheren Bewußtseinsebene. Es handelt sich hier um Dichtung, Musik, die spirituellen Mantras der Veden und der Upanischaden, die Mantras, die ein Guru seinem Schüler gibt, um ihm zu einer unmittelbaren Verbindung mit einer besonderen Bewußtseinsebene oder einer bestimmten Kraft oder einem göttlichen Wesen zu verhel-

---

* Betrachtet man sorgfältig das Diagramm der Bewußtseinszentren (S. 59), erkennt man in der Mitte jedes Zentrums einen Sanskrit-Buchstaben: *Lam, Vam, Ram, Yam, Ham, Om* in aufsteigender Folge. Diese essentiellen Laute repräsentieren die besonderen Schwingungen, welche die Kräfte der einzelnen Ebenen beherrschen. (vgl. A. Avalon, *Die Schlangenkraft*).
** Man kann Mantras in einem Buch nachlesen und beliebig oft wiederholen; sie zeigen keine Wirkung oder „aktive Kraft", wenn sie nicht von einem Meister oder Guru gegeben werden.

fen. In diesem Fall beinhaltet der Laut selbst die Macht der Erfahrung und Verwirklichung – ein Laut, der einem Sicht verleiht.

Jetzt wird einsichtig, daß Dichtung und Musik als unwillkürliche Anwendung dieser unoffenbaren Schwingungen wirksame Mittel zur Eröffnung des Bewußtseins sein können. Wären wir in der Lage, durch die bewußte Handhabung höherer Schwingungen eine bewußte Musik oder bewußte Dichtung zu empfangen, könnten wir Meisterwerke von initiatorischer Kraft schaffen. Anstelle einer Dichtung, die eine Fata Morgana des Intellekts ist und nach Sri Aurobindo eine *Bajadere des Mentals*[37], würden wir mantrische Musik oder Poesie erschaffen und durch sie *die Götter in unser Leben bringen*[38]. Denn wahre Poesie ist Tat, sie eröffnet kleine Zugänge ins Bewußtsein – wir sind so verbarrikadiert und eingemauert! –, durch welche die Wirklichkeit eindringen kann. Sie ist *ein Mantra des Wirklichen*[39], eine Einweihung. Genau das taten die vedischen Rishis und die Seher der Upanischaden mit ihren Mantras, welche die Macht haben, dem eine Erleuchtung zu übermitteln, der dazu bereit ist*. Und das hat Sri Aurobindo in seiner *Future Poetry* theoretisch ausgeführt und in *Savitri* in die Tat umgesetzt.

Mantras, große Dichtung, große Musik oder das sakrale Wort entstammen dem Übermental. Es ist der Ursprung aller kreativen und spirituellen Tätigkeit (beides läßt sich nicht trennen: die kategorischen Unterteilungen des Intellektes lösen sich in diesem so klaren Ort in nichts auf; alles ist dort sakral, sogar das Profane). Wir könnten jetzt versuchen, die besondere, unverwechselbare Schwingung oder den eigentlichen Rhythmus des Übermentals zu beschreiben. Jeder, der die Fähigkeit hat, mehr oder weniger bewußt mit den höheren Ebenen in Verbindung zu treten – Dichter, Schriftsteller oder Künstler –, weiß sehr wohl, daß es jenseits einer bestimmten Bewußtseinsebene nicht mehr Ideen sind, die man wahrnimmt und zu übersetzen sucht. Man hört. Es sind im wörtlichen Sinne Schwingungen oder Wellen, Rhythmen, die auf den Suchenden einstürmen und sich seiner bemächtigen und die sich *dann,* beim Herabkommen, in Worte, Ideen, Klänge oder Farben kleiden. Aber das jeweilige Wort, die jeweilige Idee, Melodie, Farbe sind nur das Ergebnis,

---

* Unglücklicherweise sind uns die betreffenden Texte nur in Übersetzungen zugänglich, und damit ist alle Magie des Klangs hinfällig. Es ist jedoch bemerkenswert, hört man das Sanskrit im Original von jemand intoniert, der die erforderliche Kenntnis hat, kann man durch sie eine Erleuchtung empfangen, ohne mental auch nur die leiseste Ahnung von dem zu haben, was gesagt wurde.

ein sekundärer Effekt; sie sind nur die Verkörperung dieser ursprünglichen, unabweisbaren Schwingung. Wenn also der Dichter, der wahre Dichter, sein Werk korrigiert und wieder und wieder korrigiert, geschieht das nicht, um die Form oder den Stil zu verbessern, um sich „besser auszudrücken", sondern um dieses vibrierende Etwas im Hintergrund besser zu fassen. Fehlt die wahre Schwingung, löst sich die schöne Magie in Schall und Rauch auf, so wie bei einem vedischen Priester, der das rituelle Mantra falsch ausgesprochen hat. Wenn das Bewußtsein transparent ist, wird der Klang deutlich vernehmbar. Es ist ein sehender Klang, wenn man so will, ein Klang-Bild, eine Klang-Farbe oder eine Klang-Idee, die untrennbar synästhetisch das Hören und das Sehen mit dem Denken zu einem leuchtenden Körper verbindet. Alles ist erfüllt, enthalten in einer einzigen Schwingung. Auf den Zwischenebenen (im höheren Mental, im erleuchteten oder intuitiven Mental) sind die Schwingungen im allgemeinen fragmentiert – sie strömen, drängen, pulsieren. Demgegenüber fließen sie im Übermental, den großen Partien Beethovens gleich, in weiten Amplituden, ununterbrochen, von innen leuchtend. Sie sind ohne Anfang und ohne Ende, sie scheinen *aus dem Unendlichen geboren und kehren ins Unendliche zurück* [40], sie „beginnen" nirgendwo, sie treten unter einer Art Aura der Ewigkeit, die lange voraus schwingt und lange fortfährt nachzuschwingen, in das Bewußtsein, gleich dem silbernen Kielwasser, das einer *anderen* Reise zu entstammen scheint, die hinter dieser Reise liegt:

> *Sunt lacrimae rerum et mentem mortalia tangunt*

Diese Zeile von Vergil wird von Sri Aurobindo an erster Stelle unter den Inspirationen übermentalen Ursprungs zitiert. Sie schuldet ihre übermentale Qualität nicht der Bedeutung der Worte sondern dem Rhythmus, der den Worten vorausgeht und auf sie folgt, als wäre er von einem Grund der Ewigkeit getragen oder besser noch *durch* Ewigkeit selbst. Desgleichen verhält es sich mit der folgenden Zeile von Leopardi. Sie erhält ihre Größe nicht durch ihren Sinn sondern durch ein bestimmtes Etwas, das so subtil über den Sinn hinausgeht:

> *Insano indegno mistero delle cosa*

Oder diese Zeilen von Wordsworth:

> *Voyaging through strange seas of thought, alone*

Und Sri Aurobindo zitiert Rimbaud:

Million d'oiseaux d'or, ô future Vigueur!

Die Dichtung erhält wieder ihre wahrhafte Funktion, die nicht darin besteht zu gefallen, sondern darin, die Welt wirklicher zu machen, weil sie mehr Wirklichkeit enthält.

Sind wir religiös eingestellt, werden wir vielleicht der Götter gewahr, die diese Welt bevölkern. Wesen, Kräfte, Klänge, Lichter und Rhythmen sind nichts weiter als viele wahre Ausdrucksformen dieser einen einzigen und selben undefinierbaren, aber nicht unerkennbaren Sache, die wir Gott nennen. Wir haben Gott gesagt und Tempel, Gesetze und Gedichte geschaffen, in dem Versuch, einen einzigen kleinen Pulsschlag zu erhaschen, der uns mit Sonne erfüllt, aber er ist frei wie der Wind an schaumbedeckten Ufern. Vielleicht betreten wir gleichermaßen die Welt der Musik, die sich nicht wirklich von den anderen Welten unterscheidet, sondern nur eine besondere Übertragung derselben unbeschreiblichen großen Schwingung ist. Könnten wir nur einmal, ein einziges Mal im Leben, und sei es nur für wenige Minuten, diese Musik, diese Freude hören, wie sie oben aufklingt, wüßten wir, was Bach und Beethoven hörten; wir wüßten, was Gott ist, denn wir hätten Gott gehört. Es ist nicht notwendig, darüber große Worte zu verlieren. Wir werden einfach wissen, daß das existiert und daß es alles Leiden der Welt tilgt.

An den äußersten Grenzen des Übermentals gibt es nichts als *große Wellen farbigen Lichtes,* wie die Mutter sagt, das Spiel spiritueller Kräfte, die sich später – mitunter sehr viel später – in neue Ideen, gesellschaftliche Umwälzungen oder weitreichende irdische Ereignisse umsetzen, nachdem sie der Reihe nach alle Schichten des Bewußtseins durchquert haben und dabei beträchtlich verzerrt und verdunkelt wurden. Auf der Erde existieren einige seltene und schweigende Weise, die diese Kräfte handhaben und kombinieren können und sie auf die Erde herabziehen, so wie andere Laute kombinieren und ein Gedicht schreiben. Vielleicht sind sie die wahren Poeten. Ihr Dasein ist ein lebendes Mantra, das das Wirkliche auf die Erde herabbringt.

Damit endet die Beschreibung des Aufstiegs, dem sich Sri Aurobindo allein in seiner Zelle in Alipore unterzog. Wir haben nur einige menschliche Reflexionen dieser Höhen geliefert, doch haben wir das Wesentliche nicht berührt, nichts von diesen ekstatischen Welten, wie sie in ihrem eigenen Licht, unabhängig von unseren fahlen Übersetzungen, bestehen. Jeder muß für sich selbst hören, für sich selbst *sehen!*

Ruhige Himmel unauslöschlichen Lichtes,
Erleuchtete Kontinente von violettem Frieden,
Meere und Ströme voll der Heiterkeit Gottes
Und unbesorgte Länder unter purpurroten Sonnen.[41]

Am 5. Mai 1909, nach einem Jahr Untersuchungshaft, wurde Sri Aurobindo freigesprochen. Sein Leben verdankte er zwei unerwarteten Ereignissen. Einer seiner Mitgefangenen hatte ihn verraten und als Führer der Untergrundbewegung denunziert. Vor Gericht hätte diese Zeugenaussage das sichere Todesurteil bedeutet, aber der Mann wurde mysteriöserweise in seiner Zelle erschossen. Und am Tag der Urteilsverkündung, als allgemein die Todesstrafe erwartet wurde, ergriff Sri Aurobindos Verteidiger eine plötzliche Erleuchtung, die sich auf den ganzen Saal übertrug und die Jury ins Wanken brachte: „Lange nach seinem Tod werden seine Worte widerhallen, nicht allein in Indien, sondern über ferne Meere und Länder hinaus. Deshalb sage ich euch, ein Mann seiner Position steht hier nicht allein vor der Geschworenenbank dieses Gerichtes, sondern vor den Schranken des Hohen Gerichtes der Geschichte." Sri Aurobindo war siebenunddreißig. Sein jüngerer Bruder Barin neben ihm wurde zum Tode durch den Strang verurteilt.*

Sri Aurobindo aber hörte noch immer die Stimme: *Merke dir wohl, dich niemals zu fürchten, niemals zu zögern. Merke, daß Ich es bin, der handelt, nicht du noch irgendein anderer. Was immer für Sturmwolken kommen mögen, was immer für Gefahren und Nöte, was immer für Schwierigkeiten, was immer für Unmöglichkeiten, es gibt nichts Unmögliches, keine Schwierigkeit.*
Denn Ich bin es, der handelt.[42]

---

* Später wurde die Strafe in lebenslängliche Verbannung auf die Andaman-Inseln umgewandelt.

13. Kapitel

Im Zeichen der Götter

Nach seiner Entlassung aus dem Alipore-Gefängnis fand Sri Aurobindo die politische Lage durch Hinrichtungen und Massendeportationen von seiten der britischen Regierung „bereinigt". Nichtsdestoweniger nahm er seine Arbeit unmittelbar wieder auf, begann eine bengalische Wochenzeitschrift und eine weitere in Englisch, den *Karmayogin* mit der vielsagenden symbolischen Maxime der Gita: „Yoga ist Können in der Tat." Von Neuem verkündete Sri Aurobindo, unter dem Risiko einer erneuten Verhaftung, das Ideal absoluter Unabhängigkeit und forderte zur „noncooperation" mit den Engländern auf. Nicht das Schicksal Indiens allein lag ihm am Herzen, es ging ihm jetzt um die Bestimmung der ganzen Menschheit. Er hatte das übermentale Bewußtsein erreicht, von dem aus man mit einem einzigen Blick „weite Strecken von Raum und Zeit" übersieht, und von dieser Warte aus machte er sich Gedanken über die Zukunft des Menschen. Was *kann* der Mensch?

Er hatte die äußersten Grenzen des menschlichen Bewußtseins erreicht. Darüber hinaus schien es nichts weiter zu geben als ein schwindendes Weiß, das für andere Wesen oder für einen anderen Existenzmodus geschaffen war, nicht aber für die Lungen irdischer Wesen. Begibt man sich auf den Weg des Mystikers oder auf den langsameren Weg des Dichters oder Künstlers, den Weg aller großen Schöpfer, scheint sich alles Bewußtsein gleichermaßen an dieser weißen Grenze aufzulösen, an der alles entschwindet. Der „Jemand", welcher die Brücke bilden könnte, verschwindet, jedes Pulsieren verebbt, alle Schwingung erstarrt im Frost des Lichtes. Etwas früher oder etwas später verlischt das Menschliche im Nicht-Menschlichen, als handele es sich bei dem Ziel dieses evolutionären Aufstiegs um nichts weiter, als die Beschränktheit des Menschen abzuwerfen und wieder in den großen Ursprung einzugehen, den wir dann von Anfang an nie hätten verlassen sollen. Und selbst gesetzt, es gibt noch einen weiteren unbekannten Grad des Bewußtseins jenseits des Übermentals, wäre das nicht ein noch ungreifbarer und schwindender Grad? Man klettert höher und höher, wird mehr und mehr göttlich, entfernt sich aber auch weiter und weiter von der Erde. Das Individuum mag seine Transfiguration erfahren, aber die Erde bleibt so, wie sie ist. Worin besteht dann unsere terrestrische Zukunft, wenn es wirklich nichts weiteres gibt als das übermentale Bewußtsein? Wir alle hoffen, durch die vereinigte Entwicklung des Bewußtseins und der Wissenschaft zu einer besseren menschlichen Welt und zu einem harmonischeren Leben zu gelangen. Aber das Leben wird nicht durch Wunder verändert sondern durch Instrumente, und wir haben nur ein Instrument, unser Mental. Unsere Ideen haben unsere wissenschaftlichen Entdeckungen organisiert. Wollen wir also eine sachliche und vernünftige Vorstellung unserer Zukunft erhalten, ohne uns von gegenwärtigen Umständen und äußeren Triumphen der Zivilisation in falscher Hoffnung wiegen zu lassen – auch andere vor uns hatten ihren Triumph, sei es in Theben, in Athen oder in Udjain –, sollten wir unser Instrument, das Mental, einer näheren Prüfung unterziehen: denn so, wie unser Mental beschaffen ist, wird auch unsere Zukunft aussehen. Es scheint, als würde alles – die schönsten Ideen, die kreativsten Pläne, die reinsten Beweise der Liebe – systematisch entstellt, verfälscht und verdorben, sobald sie die Ebene des Lebens erreichen. Nichts erreicht uns in Reinform. Theoretisch haben wir lange schon die vollkommensten Systeme geschaffen; im praktischen Leben aber konnten sie sich niemals durchsetzen. Was ist zwanzig Jahre nach Lenin, um nur von unserer gegenwärtigen Zivilisation zu sprechen, vom reinen Kommunismus übrig geblieben? Was, unter der Masse von Dogmen und Verboten, von Christus? Sokrates mußte den Schierlingsbecher trinken, und Rimbaud floh in die abessinische Wüste. Wir kennen das Schicksal der Sozialutopisten und jenes der Gewaltlosigkeit; die Katharer endeten auf dem Scheiterhaufen. Und die Geschichte zieht, einem Moloch ähnlich, ihre Kreise. Vielleicht ist der Mensch ein Triumph nach vielen Fehlschlägen der Geschichte, aber vor welchen weiteren Triumphen sind wir nicht ein vorhergehendes Versagen? Handelt es sich um eine Chronologie der Triumphe oder um eine der Fehlschläge? Das Leben scheint aus einem hoffnungslos entstellenden Stoff beschaffen zu sein, alles versickert wie in ägyptischen Treibsänden. Alles nivelliert sich durch einen unwiderstehlichen „Gravitationszug nach unten". *Es ist klar,* bemerkt Sri Aurobindo, *daß das menschliche Mental nicht in der Lage gewesen ist, die menschliche Natur radikal zu verändern. Man kann endlos fortfahren, die menschlichen Institutionen zu verändern, und doch wird die Unvollkommenheit all diese Institutionen durchbrechen... Es bedarf einer anderen*

Macht, die diesem Abwärtszug nicht nur zu widerstehen vermag, sondern ihn auch überwindet.[1]

Doch auch wenn unsere Ideen die Ebene des Lebens in Reinform erreichten, wären sie nicht in der Lage, etwas anderes zu schaffen als eine Kaserne – vielleicht sogar eine heilige Kaserne mit Religion und Komfort, aber es wäre nichtsdestoweniger doch eine Kaserne, denn das Mental kann nichts anderes, als Systeme zu konstruieren, und versucht alles in seine Systeme einzuschließen. *Das Mental, das das Leben in Schach zu halten versucht, wird entweder zum Empiriker oder zum Doktrinär.*[2] Es erfaßt einen Zipfel der Wahrheit, einen Tropfen göttlicher Erleuchtung und versucht, ein allgemeingültiges Gesetz daraus abzuleiten. Es verwechselt Einförmigkeit mit Einheit. Selbst wenn es fähig ist, die Notwendigkeit der Vielfalt zu begreifen, ist es doch unfähig, diese zu handhaben, denn es kann nur mit unveränderlichen und endlichen Größen umgehen, während die Welt vor unendlicher Mannigfaltigkeit überquillt: *Ideen an sich sind fragmentarisch und unzureichend; sie haben nicht nur sehr beschränkten Erfolg, selbst wenn dieser vollkommen wäre, bliebe er doch noch enttäuschend, denn Ideen sind nicht die volle Wahrheit des Lebens und können es deshalb nicht gefahrlos beherrschen und vervollkommnen. Das Leben entzieht sich den Formeln und Systemen, die unsere Vernunft ihm aufzuerlegen sucht. Es erweist sich als zu komplex, zu sehr voll unendlicher Möglichkeiten, um sich von dem willkürlichen menschlichen Intellekt tyrannisieren zu lassen... Die Wurzel der Schwierigkeit liegt darin, daß es an der Basis all unseres äußeren und inneren Lebens und Daseins etwas gibt, was der Intellekt nie in seinen beherrschenden Zugriff bekommt: das Absolute, das Unendliche. Hinter jedem Ding im Leben steht ein Absolutes, zu dem das Ding auf seine besondere Weise tendiert. Alles Endliche strebt danach, etwas Unendliches auszudrücken, das es als seine eigentliche Wahrheit empfindet. Ferner ist nicht nur jede Klasse, jeder Typus, jede Tendenz in der Natur solchermaßen getrieben, auf eigene Weise seiner eigenen heimlichen Wahrheit nachzustreben, sondern jedes Individuum bringt seine eigene Variation mit ein. So gibt es also nicht allein ein Absolutes, ein Unendliches an sich, das seinen eigenen Ausdruck in vielen Formen und Tendenzen regiert, sondern es gibt auch ein Prinzip unendlicher Potentialität und Variation, das für die logische Intelligenz verblüffend ist; denn die Logik kann erfolgreich nur mit dem Begrenzten und Feststehenden umgehen. Im Menschen erreicht diese Schwierigkeit ihren* höchsten Grad. Nicht allein, daß die Menschheit unbegrenzt in ihrer Anlage, ihren Möglichkeiten ist, nicht nur daß jede ihrer Kräfte und Tendenzen auf eigene Weise nach dem eigenen Absoluten sucht und deshalb unter jedweder strengen Kontrolle der Vernunft natürlich in zunehmendem Maße rastlos wird: in jedem Menschen variieren ihr Ausmaß, ihre Methode und ihre Kombinationsmodi, jeder Mensch gehört nicht nur der Menschheit im allgemeinen an sondern auch dem Unendlichen in ihm und ist deshalb einzigartig. Weil eben das die Realität unseres Daseins ist, kann die intellektuelle Vernunft und der intellektuelle Wille nicht Souverän des Lebens sein, obwohl sie gegenwärtig unsere höchsten Instrumente sein mögen und in unserer Evolution vielleicht höchst wichtig und hilfreich waren.[3]

Ist Evolution, und darauf beharrt Sri Aurobindo, eine Entwicklung des Bewußtseins, so können wir annehmen, daß die Menschheit nicht für immer und ewig auf dem gegenwärtigen mentalen Niveau stehen bleiben wird. Ihr Mental wird zunehmend erleuchtet, intuitiv werden und sich vielleicht schließlich dem Übermental öffnen können. Man möchte vermuten, daß eine übermentale Menschheit die Fähigkeit haben wird, mit der verworrenen Vielfalt des Lebens umzugehen. Das Übermental ist ein göttergleiches Bewußtsein, es ist eben das Bewußtsein der größten der Welt bekannten Propheten – eine Masse steten Lichtes –, so daß es scheint, alles müsse sich in diesem hohen Licht vereinen lassen. Unglücklicherweise widerlegen zwei Tatsachen diese Hoffnung. Die erste entstammt dem ungleichen Entwicklungsstand der Individuen, die zweite hängt mit der eigentlichen Natur des Übermentals zusammen. Sicher, das Übermental erscheint im Vergleich zu unserem Mental mit überwältigender Macht ausgestattet, und doch handelt es sich nur um eine graduelle Überlegenheit *innerhalb desselben Typus*. Das Prinzip des Mentals wird nicht verlassen, nur ist hier dessen Gipfel erreicht. Das Übermental kann den menschlichen Wirkungskreis ausweiten, es kann ihn nicht ändern. Es kann den Menschen vergöttlichen („eingotten" heißt es bei Meister Eckhart), aber es kann ihn ebensogut *kolossalisieren*[4], wie es Sri Aurobindo nennt, denn knüpft der Mensch diese neugewonnene Macht an sein Ego, anstatt sie an seine Seele zu binden, so wird aus ihm ein Nietzscheanischer Übermensch und keinesfalls ein Gott. Wir benötigen kein kolossaleres Bewußtsein sondern ein anderes Bewußtsein. Aber selbst wenn der Mensch akzeptierte, auf seine Seele statt auf sein Ego zu hören, würde das Übermental doch das Leben nicht ändern

Im Zeichen der Götter

können, aus den gleichen Gründen, die Christus und alle großen Propheten daran hinderten. Denn das Übermental ist kein neues Bewußtseinsprinzip, sondern es ist genau jenes, das seit Auftreten des ersten Menschen über unsere Evolution geherrscht hat. Von ihm stammen all die erhabenen Ideen, all die hohen schöpferischen Kräfte. Wir leben und stehen seit Jahrtausenden im Zeichen der Götter, mitunter durch die Stimme unserer Propheten und unserer Religionen, mitunter durch diejenige unserer Dichter und großen Künstler. Es ist offenkundig, daß sie die Welt nicht zu ändern vermochten, weder die einen noch die anderen, soviel sie auch zu ihrer Verbesserung beigetragen haben. Und sind wir auch nur in der Lage zu behaupten, unser Leben sei lebenswerter und anmutiger als das der Athener?

Das Scheitern des Übermentals hat verschiedene Ursachen. Zu allererst ist es ein Prinzip der Teilung. Wir haben soeben gesagt, das Übermental sei eine Masse steten Lichtes, es wäre mit der Vision kosmischer Harmonie und Einheit ausgestattet, da es überall das Licht so wahrnimmt, als sei es in ihm selbst. Als solches ist es nicht Prinzip der Teilung innerhalb von Geteiltem wie im gewöhnlichen Mental, sondern es ist Prinzip der Teilung innerhalb von Einheit. Das Übermental sieht deutlich, daß alles eins ist, aber durch den eigentlichen Aufbau seines Bewußtseins kann es nicht anders, als die Einheit aufzuteilen: *Es sieht alles, aber es sieht alles von seinem eigenen Standpunkt aus.*[5] Es genügt, die sich scheinbar widersprechenden Stimmen unserer Propheten zu hören, um sich zu vergegenwärtigen, daß jeder zwar die Einheit sieht, aber eben *von seinem Standpunkt aus.* Ihr Bewußtsein gleicht einem Leuchtfeuer, das über die Erde streicht und ohne Schatten alles in seinem Strahl erfaßt, und doch ist es nur ein Strahl, der in einem Punkt mündet. Wir stehen vor einer Reihe von Erfahrungen oder göttlichen Visionen, die sich allem Augenschein nach nicht miteinander vereinbaren lassen: Die einen gewahren überall das Kosmische Göttliche, andere sehen nur das Außerkosmische Transzendente und wieder andere das Immanente Göttliche; oder sie verkünden die Wahrheit des persönlichen Gottes, die Wahrheit des unpersönlichen Gottes, die Wahrheit des Nirvana, die Wahrheit der Liebe, die Wahrheit der Kraft, der Schönheit, des Intellektes – die Wahrheit all der unzähligen Weisen, Sekten, Kirchen und Visionäre, die uns Das Wort übermittelt haben. Und alles sind göttliche Wahrheiten, all diese Erfahrungen haben ihre vollkommene Gültigkeit und Wahrhaftigkeit, sind vollkommen authentisch, aber alle sind nur ein einziger Strahl des gesamten Lichtes. Selbstverständlich sind die großen Propheten weise genug, auch die Wahrheit in anderen göttlichen Ausdrucksformen erkennen zu können – sie sind diesbezüglich weiser als ihre Kirchen und ihre Gefolgschaft –, und doch sind sie gebunden durch die grundlegende Unfähigkeit eines Bewußtseins, das nicht anders kann als zu teilen, so wie ein Prisma das Licht zerlegt. Ob Mental oder Übermental, das Bewußtsein kann nicht mehr als eine einzige Wahrheit auf einmal erfahren. Alle vergangenen oder gegenwärtigen Mythologien sind Ausdruck davon: Jede Gottheit ist die Verkörperung *einer* einzigen kosmischen Kraft – Liebe, Weisheit, Zerstörung, Bewahrung... Buddha ist Ausdruck des transzendenten Nichts, und er gewahrt auch nichts weiter als sein Nichts; Christus ist Ausdruck der Nächstenliebe, und so gewahrt er überall Nächstenliebe und so fort. Gleich wie hoch jede dieser Wahrheiten steht, es ist nur *eine* Wahrheit. Und je weiter die bereits fragmentierte Wahrheit durch die einzelnen Ebenen herabsteigt, um sich im Leben auszudrücken, desto weiter wird sie zerlegt, als Teil der Teilung wird sie zur unvermeidlichen Unter-Teilung; von Buddha zu den „Fahrzeugen", von Christus zu all den christlichen Sekten, der Prozeß ist offenkundig. Das betrifft nicht allein den spirituellen oder religiösen Bereich, sondern alle Bereiche des Lebens, denn es ist eben die Funktion des Übermentals, *eine* und allein eine Möglichkeit bis zu Ende durchzuspielen: *Es gibt jeder Möglichkeit ihre vollständige, gesonderte Entwicklung und Erfüllung... Es kann dem Intellekt seine strengste Intellektualität und der Logik ihre unbeugsamste Folgerichtigkeit geben. Es kann Schönheit ihre glänzendste Leidenschaft leuchtender Form geben und dem Bewußtsein, das sie aufnimmt, höchste Höhe und Tiefe der Ekstase.*[6] So haben Millionen von Ideen-Kräften unsere Welt geteilt: Kommunismus, Individualismus; Gewaltlosigkeit, Kriegstreiberei; Hedonismus, Asketentum ... Jede ist eine Facette der Wahrheit, jede ein Strahl Gottes. Es gibt keinen absoluten Irrtum, es gibt nur verschiedene Teilstücke der Wahrheit. Sicher sind wir fähig, die Einheit, die Wahrheit der anderen zu erkennen; wir können den Versuch unternehmen, eine Synthese zu bilden, aber alle unsere Synthesen können die Wahrheit nicht wiederherstellen, denn es ist wiederum nur eine theoretische Synthese, *ein Eintopf,* wie die Mutter sagt, *keine Einheit.* Das ist dann gleich dem Prisma, das damit spielt, sich zu erzählen, daß alle Farben von einer einzigen Lichtquelle herrühren, doch in der Zwischenzeit sind *faktisch* alle Farben der Welt voneinander getrennt, und alle widerstreitenden Kräfte, die von der übermentalen Ebene emanieren, sind Ergebnis deren ursprünglicher Geteiltheit. Hier gilt es, noch einmal hervorzuheben, daß es sich dabei nicht um intellektuelle Spekulation handelt, um eine philosophische Frage, die ihrer theoretischen Lösung harrt, sondern um ein *kosmisches Faktum,* eine organische Realität, nicht weniger konkret als die Stacheln auf dem Rücken des Igels. Damit die Teilung aufgehoben werden kann, muß das Prisma verschwinden. Deshalb ist die Welt geteilt und muß es unausweichlich bleiben, solange das Prinzip mentalen Bewußtseins – gleich ob hochfliegend oder niedrig, gewöhnlich oder außergewöhnlich – die Welt regiert.

Es ist indessen vorstellbar, daß sich in einer nicht zu fernen evolutionären Zukunft ein vollkommenes übermentales Bewußtsein oder sogar mehrere gleichzeitig auf der Erde inkarnieren könnten. Der gesamte weniger evolvierte Teil der Menschheit, der sich um diese leuchtenden Zentren schart, kann damit ein harmonisches Leben führen, und in diesem Sinne wäre das Leben verändert und eine Art Einheit erreicht. Es wäre allerdings eine Einheit innerhalb eines einzigen leuchtenden Strahls; die einen würden sich beispielsweise im Strahl reiner Schönheit sonnen, während andere im Strahl eines integralen Kommunismus ständen, der auf wahrer Brüderlichkeit beruht (angesichts der gegenwärtigen entwicklungsgeschichtlichen Tendenz erscheint es leider wahrscheinlicher, daß diese Lichtquellen ein hartes Licht werfen, das sich um eine ökonomische und titanische Ideologie sammelt). Aber selbst gesetzt, diese göttlichen Leuchtfeuer könnten sich auf der Erde entfachen, nicht nur würde die von ihnen vermittelte Sorte Einheit sich nachteilig auf die ungreifbare Vielschichtigkeit des Daseins auswirken, darüber hinaus wären sie von der umgebenden Finsternis bedroht – die Menschen stehen auf ungleichen Entwicklungsstufen, eine Tatsache, die wir stets zu vergessen scheinen, ewige Schwachstelle all unserer so bemerkenswerten Zitadellen. Unsere begnadeten Leuchtfeuer wären gleich *Inseln des Lichts*[7] inmitten einer weniger evolvierten Menschheit, die naturgemäß darauf abzielen würde, sich über dieses privilegierte Licht herzumachen, es zu verdunkeln oder zu nivellieren. Das Schicksal der Hochkulturen der Antike, umgeben von einer barbarischen Welt, ist bekannt. Einer weiseren evolutionären Gesetzmäßigkeit zufolge, welche die Evolution der Welt an die Gesamtheit der Welt gebunden hat, scheint nichts vom Elend befreit werden zu können, wenn nicht alles vom Elend befreit wird. Höllen und Kirchenbann sind kindische Belege der Unwissenheit, desgleichen unsere Träume von einem diesseitigen oder jenseitigen Schlaraffenland. Es gibt kein Paradies, solange auch nur ein Mensch in der Hölle steht. Denn es gibt nur Einen Menschen. Weiter gesetzt, daß es einer dieser Inseln des Lichtes gelingt, kraft der Macht ihres Zentrums gewalttätigen Übergriffen durch die Außenwelt zu widerstehen, garantiert nichts, daß dieser Schutz die Macht im Zentrum überdauern würde. Die Geschichte aller religiösen, okkulten, initiatorischen, ritterlichen oder anderen Bewegungen legt hinreichend Zeugnis darüber ab, wie sich nach dem Tod des Meisters und seiner direkten Vertrauten alles zerstreut, vulgarisiert, nivelliert, deformiert oder schlicht abstirbt. Bis heute scheint das Gesetz abwärtsgerichteter Gravitation ungebrochen, unüberwindbar. Um dem Ziel der Evolution folgen zu können, ist deshalb eine vollständige Transformation des gesamten Lebens notwendig und nicht nur die vereinzelte Meliorierung gewisser Fragmente, die Kultivierung eines einzelnen privilegierten Strahls oder einer winzigen Insel der Seligen. Und das erfordert eine andere Art von Macht, eine Macht, die fähig ist, der abwärtsgerichteten Gravitation zu widerstehen, ein anderes, ungeteiltes oder globales Bewußtseinsprinzip, fähig, die zahllose Vielfalt des Lebens unversehrt in sich aufzunehmen.

Betrachten wir die evolutionäre Zukunft von einem individuellen anstatt von einem kollektiven Standpunkt aus, so bringt uns das Übermental ebensowenig die lebendige Fülle, die wir anstreben. Liegt der Zweck der Evolution in nichts anderem, als weitere Exemplare von Beethoven oder Rimbaud zu erzeugen, vielleicht mit einem Super-Platon hier und da, so kann man sich schwerlich des Einwandes enthalten, daß dies ein eher kläglicher Kulminationspunkt von so vielen Millionen und Abermillionen von Jahren der Bemühungen und all den Billionen von Individuen ist, die unterwegs verbraucht wurden. Weder Beethoven noch Rimbaud noch selbst der heilige Johannes können als evolutionäres Ziel fungieren, denn könnten sie das, ergäbe das Leben keinen Sinn. Keiner kann die Augen vor der Tatsache verschließen, daß ihre Werke gerade wegen ihrer Lebensferne so bewunderungswürdig sind. Im Kern ihrer Botschaft steht immer der Hinweis, wie glorreich das Jenseits – mit all seinen Paradiesvögeln und jubilierenden Engelszungen – im Gegensatz zu unserer Diesseitigkeit ist. Alles geschieht dort oben, aber was geschieht hier? Hier geht alles seinen altgewohnten Trott. Man mag uns entgegenhalten, daß diese leichtblütigen Quartette, diese divinatorisch-visionären Augenblicke mehr Wert sind als alle Stunden unseres Lebens aneinandergereiht, aber gerade darum geht es! Das ist das Eingeständnis, daß das Leben ungeheuer arm ist und daß Sinn und Ziel des Lebens doch außerhalb des Lebens liegen. Wir benötigen eine Wahrheit, die auch Wahrheit des Körpers und der Erde ist, nicht nur Wahrheit oberhalb des Kopfes. Wir brauchen nicht mehr Muße und Freizeit, sondern eine Neue Muse und eine Neue Zeit.

Bis heute sieht es so aus, als bestehe der individuelle Fortschritt der Evolution darin, die höheren Bewußtseinsebenen für sich zu entdecken, und einmal dort angelangt, sich ein warmes Nest, ein Privatissimum, eine Insel des Lichtes inmitten des ökonomischen Philistertums zu erschaffen – die einen durch Musik, die anderen durch Dichtung, wieder andere durch mathematische oder religiöse Glasperlenspiele und wieder andere durch einsame Abenteuer auf einer Segelyacht oder durch hehre Exerzitien in einer Mönchsklause, einem jeden seine Ablenkung oder seine kleine Dachluke ins Offene, ganz als dienten Leben und Körper nur dazu, aus Leben und Körper zu flüchten. Es genügt, unser eigenes Leben zu betrachten, wir sind so gut wie niemals darin zugegen. Wir schauen voraus oder hinken hinterher, versunken in Erwartungen oder Erinnerungen – es selbst bleibt währenddessen elend und dumpf, genaugenommen sind wir nicht einmal sicher, ob es tatsächlich existiert, ausgenommen in eben den Augenblicken, die gar nicht mehr dem Leben angehören. Die Kirchen sind nicht dafür verantwortlich zu machen, denn wir alle leben die ganze Zeit sozusagen im Jenseits; sie tun nichts weiter, als von einem umfassenderen Jenseits zu predigen. Selbst Rimbaud rief aus: *„La vraie vie est ailleurs"* [„Das wahre Leben ist anderswo"].

Sri Aurobindo suchte das wahre Leben hier unten: *Das Leben, und nicht nur ein schweigend-entrücktes oder hocherbauliches und ekstatisch-jenseitiges Leben, ist das Schlacht- und Arbeitsfeld unseres Yoga.*[8] Und er erkannte, daß die Gipfel des Bewußtseins nicht ausreichen, um aus dem Leben ein wahres Leben zu machen. Wir mögen das Übermental berührt haben, seine Freude und hymnische Weite in vollen Zügen genossen haben, aber nicht jene des Lebens, das mühsam weiterknirscht: *Ist man hoch oben im Bewußtsein,* konstatiert die Mutter, *gewahrt man die Dinge, weiß um sie; wenn man allerdings wieder in die Materie herabsteigt, verrinnt alles wie Wasser im Sande.* Wir haben unser Raumschiff weit in den spirituellen Himmel hineinkatapultiert, das Beste im Menschen besungen, ohne den unteren Ebenen zu viel Aufmerksamkeit zu schenken, zufrieden, solange unsere eher viehische Natur hinlänglich anästhesiert war, um unsere göttlichen Träume nicht zu stören, und aus diesem Grunde ist das Leben und wir mit ihm animalisch geblieben: *Auf eine wahre Veränderung des menschlichen Lebens zu hoffen, ohne eine Veränderung der menschlichen Natur erreicht zu haben, ist ein irrationales und unspirituelles Unterfangen. Es bedeutet, etwas Unnatürliches und Irreales, ein unmögliches Wunder zu verlangen.*[9] Aus diesem Grunde werden unsere Licht-Inseln regelmäßig von unserer eigenen inneren Barbarei und unseren latenten Karzinomen heimgesucht, ebenso wie jene anderen Inseln, Theben oder Athen genannt, davon heimgesucht wurden. Das ist der Grund, warum sie vergehen und wieder vergehen, ganz als würde der Herr der Evolution uns jedesmal mit der Nase in die Erde stoßen, um uns daran zu erinnern, daß wir noch nicht alles Licht gefunden haben, solange wir es ausschließlich oben finden. Das Leben stirbt, nicht weil es verlebt ist; es stirbt, weil es sich noch nicht gefunden hat. Über Jahrhunderte sind wir den aufsteigenden Weg entlanggezogen, haben Insel um Insel erobert und haben immer nur die eine Hälfte des Geheimnisses gefunden und sind jedesmal wieder gescheitert. Aber nicht deshalb, weil die Geschichte vielleicht ein eitles und sinnloses Unternehmen bedeutet, genausowenig um uns für unsere „Sünden" zu bestrafen oder um für eine fragwürdige Schuld oder Erbsünde zu büßen, sondern vielleicht nur, damit wir die Gelegenheit erhalten, hier in der Materie die andere Hälfte des Geheimnisses zu entdecken. Mit dem Tod und der Unbewußtheit dicht auf den Fersen, von Leiden und Übeln geplagt, verbleibt nur ein einziger Ausweg, und zwar keinesfalls davor zu fliehen, sondern auf dem Grund des Todes und der Unbewußtheit, auf dem Grund des Übels den Schlüssel zum göttlichen Leben zu finden. Das bedeutet, diese Barbarei und unsere Nacht hier unten zu transformieren, nicht sie von unserer Insel zu verbannen. Nach dem Höhenflug des Bewußtseins jetzt die Landung! Nach den Erleuchtungen oben die Freude unten und die Transformation der Materie! *Man kann wohl sagen, erst wenn sich der Kreis wirklich geschlossen hat und die beiden äußersten Enden sich berühren, wenn sich das Höchste im Materiellsten manifestiert – die Höchste Wahrheit im Kern des Atoms –, dann wird die Erfahrung abgeschlossen sein. Es scheint,* sagt die Mutter, *daß man nie wahrhaftig versteht, es sei denn, man versteht mit dem Körper.*

Denn Das Geheimnis, das, was Sri Aurobindo das Supramental genannt hat, ist nicht ein weiterer Grad jenseits des Übermentals, es ist kein Super-Mental noch ein Superaufstieg oder ein Super-Höhenflug, es ist ein Neues Zeichen, das nichts mit den Göttern und den Religionen zu tun hat und von dem die eigentliche Zukunft unserer Evolution abhängt.

Im Februar 1910, weniger als ein Jahr nach seiner Entlassung aus der Untersuchungshaft von Alipore, kam jemand in die Büroräume des *Karmayogin*, um Sri Aurobindo zu warnen, es sei geplant, ihn wieder zu verhaften, um ihn auf die Andaman-Inseln zu deportieren. Er hörte Die Stimme, die ihm deutlich drei Worte zusprach: *Geh nach Chandernagore!* Zehn Minuten später befand sich Sri Aurobindo an Bord der ersten Barkasse, die den Ganges flußabwärts schwamm. Es war das Ende seines politischen Lebens, das Ende des integralen und der Beginn des supramentalen Yoga.

14. Kapitel

Das Geheimnis

Wir werden versuchen, etwas über dieses Geheimnis zu sagen, dabei gilt es allerdings, im Auge zu behalten, daß das Experiment noch nicht abgeschlossen ist. Sri Aurobindo begann damit. Er entdeckte es 1910 in Chandernagore und arbeitete vierzig Jahre lang daran. Er gab sein Leben dafür. Und die Mutter desgleichen.

Sri Aurobindo hat uns nie die Umstände der Entdeckung mitgeteilt. Über alles, was ihn selbst betraf, war er außerordentlich schweigsam, nicht aus Reserviertheit, sondern einfach weil das „Ich" in seinem Fall nicht existierte. „Man hatte das Gefühl, wenn er sprach," berichtet sein Gastgeber in Chandernagore mit naivem Erstaunen, „daß es ein anderer war, der durch ihn sprach. Ich stellte einen Teller mit Essen vor ihn, und er warf einen Blick darauf, dann aß er ein wenig davon – rein mechanisch. Er schien selbst während des Essens versunken, und er war es gewohnt, mit offenen Augen zu meditieren"[1]. Erst viel später gelang es uns, durch seine Schriften und Fragmente von erhaltenen Gesprächsaufzeichnungen den Leitfaden seiner Erfahrung zu rekonstruieren. Der erste Hinweis entstammt einer beiläufigen Bemerkung, die er einem seiner Schüler gegenüber machte und die zeigt, daß er der Sache seit Alipore auf der Spur war: *Fünfzehn Tage lang war ich allen Arten mentaler Folter ausgesetzt. Ich mußte Bilder allen möglichen Leidens über mich ergehen lassen.*[2] Man muß sich hier vergegenwärtigen, daß diese Welten zu sehen, gleichbedeutend damit ist, sie zu erfahren. Während Sri Aurobindo also seinen Aufstieg zum Übermental vollzog, drang sein Bewußtsein gleichzeitig hinab in etwas, das man gewöhnlich als Hölle bezeichnet.

Das ist auch eines der ersten Dinge, die der Suchende in unterschiedlichen Graden entdeckt. *Dies ist kein Yoga für Schwächlinge,* wie die Mutter sagt, und damit hat sie recht. Wenn eines der ersten greifbaren Resultate von Sri Aurobindos Yoga darin besteht, ungeahnte künstlerische und poetische Fähigkeiten hervorzubringen, so ist eine weitere und vielleicht unmittelbarere Konsequenz, mitleidlos die Schattenseiten des Bewußtseins aufzudecken, jene des Individuums zunächst, später dann die des universellen Bewußtseins. Diese seltsame – und enge – Verbundenheit von Überbewußtem und Unterbewußtem war sicherlich der Ausgangspunkt für Sri Aurobindos Durchbruch.

Die Grade des Unterbewußten

Das Unterbewußte, von dem die moderne Psychologie spricht, ist nur der äußerste Rand einer Welt von beinahe gleichen Ausmaßen wie das Überbewußte, mit all seinen unterschiedlichen Graden, Kräften, Wesen (oder Wesens-Kräften, wenn man so will). Es ist unsere sowohl unmittelbare als auch entlegenere evolutionäre Vergangenheit, mit all den Eindrücken unseres gegenwärtigen Lebens sowie jenen unserer vergangenen Leben, genauso wie das Überbewußte unsere evolutionäre Zukunft ist. Alle Rückstände und Kräfte, die über unser evolutionäres Aufsteigen herrschten, angefangen von der unbelebten Materie über das Tierreich zum Menschen, sind dort nicht nur permanent eingeprägt, sondern sie leben darin auch fort und beeinflussen uns weiter. Wenn wir also in der Tat göttlicher sind, als wir annehmen, kraft der überbewußten Zukunft, die uns anzieht, so sind wir durch die unterbewußte und unbewußte Vergangenheit, die wir im Schlepptau haben, allerdings auch animalischer, als wir es wahrhaben wollen. Dieses doppelte Mysterium enthält den Schlüssel des ganzen Geheimnisses. *Niemand gewinnt den Himmel, der nicht durch die Hölle gegangen ist.*[3]

Es stimmt, daß man diese Reiche der Seligkeit auch erlangen kann, ohne diese unangenehmen Domänen zu besuchen, es sei denn durch Mißgeschick. Aber genauso wie es verschiedene Arten von Himmeln gibt, existieren auch verschiedene Arten von Höllen (jeder Bereich unseres Wesens hat seinen „Himmel" und seine „Hölle"). Im allgemeinen verlassen religiöse Menschen das Individuelle und entledigen sich damit gleichzeitig des Unterbewußten. Sie müssen lediglich eine Schwelle überschreiten, mit „Wächtern der Schwelle", die hinreichend unbequem sind, um alle „Nächte" und „Versuchungen" zu erklären, die in den Lebensbeschreibungen der Heiligen vorkommen. Aber das ist nur *ein* Übergang. Demzufolge besteht die Art von Himmel, die hierbei angestrebt wird, einfach darin, seine äußere Existenz zu verlassen und in Ekstase einzutauchen. Wie schon erwähnt, ist das Ziel des Yoga, unten genauso wenig das Bewußtsein zu verlieren wie oben, und insbesondere, unten nicht die Augen zu schließen. Der integral Suchende ist sowenig für finsterste Nacht geschaffen wie für ein Licht, das ihn blendet. Überall, wo er sich hinbegibt, muß er sehen; das ist die erste Bedingung yogischer Beherrschung. Es geht nicht darum, zu einem besseren Dasein „überzugehen", es geht darum, das gegenwärtige Dasein zu transformieren.

So wie es verschiedene Grade oder Welten des Überbewußtseins gibt, bestehen auch verschiedene Grade des Unterbewußtseins, verschiedene „dunkle Kavernen", wie es der Rig-Veda ausdrückt. Tatsächlich existiert ein Unterbewußtsein hinter jeder Ebene unseres Seins – ein mentales Unterbewußtsein, ein vitales Unterbewußtsein und ein physisches, das sich zum materiellen Unbewußten hin öffnet.* Der Reihenfolge ihres Auftretens nach begegnen wir dort allen elementaren und groben Formen oder Kräften des Mentals, die als erste in der Welt der Materie und des Lebens auftraten: all den aggressiven Impulsen, die dem Beginn des Lebens vorstanden, all seinen Angst-und Leidensreflexen; und schließlich den Kräften der Krankheit und Desintegration, des Todes, die unterbewußt über das physische Leben herrschen. Man kann sich deshalb vorstellen, daß kein wahres Leben auf der Erde möglich ist, solange diese Welten unser physisches Schicksal bestimmen. Wir sind somit das Schlachtfeld, auf dem dieser Kampf ausgetragen wird, denn all diese Welten, von der höchsten zur niedrigsten, treffen sich in uns. Es geht nicht darum zu flüchten, sich die Nase zuzuhalten oder sich zu bekreuzigen, sondern aufrecht in die innere Arena einzutreten und zu siegen:

Selbst er muß das Joch tragen, das er abzuwerfen kam,
Selbst er muß die Qual ertragen, die er heilen will... [4]

* Für Sri Aurobindo folgen die psychologischen Bereiche des Menschen seiner evolutionären Entwicklung, was einleuchtet, da in der Materie, und mit ihr beginnend, sich zunehmend höhere Grade von Bewußtsein manifestiert haben. Das Unbewußte entspricht dann unserer materiellen, körperlichen Basis (Sri Aurobindo zieht es hier vor, von „nescience", „Nicht-Wissen", zu sprechen, da dieses Unbewußte nicht wirklich unbewußt ist), während das Unterbewußte unsere irdische Vergangenheit umfaßt und das Überbewußte unsere Zukunft. Innerhalb dieser drei Bereiche bestehen verschiedene universelle Bewußtseinsebenen (die Sri Aurobindo mitunter „subliminal" oder „unterschwellig" nennt, um sie klar vom Unterbewußten unterscheiden zu können, da dies nur sehr wenig oder sehr schlecht bewußt ist, eben unter-bewußt, während die subliminalen Ebenen von höchst bewußten Kräften bevölkert sind). Unser „persönlicher" Anteil an diesen verschiedenen Bereichen betrifft lediglich eine hauchdünne Schicht, das heißt unseren eigenen Körper, zuzüglich all dessen, was wir in diesem oder früheren Leben individualisieren oder besiedeln konnten.

Grenzen der Psychoanalyse

Auch die moderne Psychologie ist auf die Bedeutung des Unterbewußtseins aufmerksam geworden und auf die Notwendigkeit, es zu klären. Doch die Psychologen sehen nur die eine Hälfte des Bildes, die unterbewußte Hälfte ohne ihr überbewußtes Pendant; sie glauben diese Diebeskaverne mit dem blassen Schein des Mentals ausleuchten zu können – ebensogut kann man, mit einer Taschenlampe bewaffnet, versuchen, einen Weg durch den dichten Dschungel zu finden. Tatsächlich erkennen sie als Unterbewußtes in den meisten Fällen nur das Gegenstück des äußeren Biedermannes, denn es gibt ein grundlegendes psychologisches Gesetz, dem niemand entgeht, und es besagt, daß der Hinabstieg dem Aufstieg proportional ist: Man kann nicht weiter hinabsteigen, als man aufgestiegen ist, weil die Kraft, die für das Hinabsteigen notwendig ist, eben jene Kraft ist, die man auch zum Aufsteigen braucht. Stiegen wir durch einen Zufall tiefer hinab, als es unsere Aufstiegskapazität zuläßt, so würde das unmittelbar zu einem Unfall, einer Besessenheit oder Wahnsinn führen, da wir nicht mehr die entsprechende Kraft besäßen. Je mehr man sich hier unten der Wahrheit nähert, desto mehr entdeckt man eine unergründliche Weisheit. Die mysteriösen Komplexe im Charakter des Herrn Soundso gehen kaum mehr als ein paar Zentimeter unter die Haut, wie sich auch sein bewußtes Leben kaum mehr als ein paar Zentimeter darüber abspielt. Sind also unsere Psychologen nicht in ganz besonderer Weise erleuchtet, gelangen sie gar nicht eigentlich in das Unterbewußtsein hinab und sind so auch nicht weiter fähig zu heilen, wenn man einmal von der Behandlung einiger subkutaner Anomalien absieht. Und selbst dann laufen sie ständig Gefahr, daß ein kuriertes Übel in anderer Gestalt an anderer Stelle wieder auftritt. Man kann nur heilen, wenn man im tiefsten Grunde heilt, und man kann den tiefsten Grund nur erreichen, wenn man die höchste Höhe berührt. Je weiter man hinabsteigen will, desto stärker muß das Licht sein, andernfalls wird man schlicht verschlungen.

Würde sich die Psychoanalyse damit begnügen, innerhalb ihrer engen Grenzen zu arbeiten, gäbe es nichts zu befürchten. Früher oder später würde sie ihre eigene Beschränktheit erkennen, und in der Zwischenzeit könnte sie gleichzeitig in der Behandlung diverser Wehwehchen eine nützliche soziale Funktion erfüllen. Stattdessen wird sie unglücklicherweise von vielen als ein neues Evangelium angesehen, und indem sie sich beharrlich auf unsere obskuren, anstelle unserer göttlichen, Möglichkeiten konzentriert, trägt sie nicht wenig zur Korruption des Geistes bei. Es besteht kein Zweifel darüber, daß im Verlauf unserer Evolution auch unsere sogenannten Fehler ihren Platz und ihren Sinn erhalten. Es war hohe Zeit, daß unserer moralischen Selbstgefälligkeit eine Erschütterung widerfuhr, und doch ist die gewählte Methode insofern gefährlich, als sie das Übel heraufbeschwört, ohne es heilen zu können: *Sie tendiert dazu,* schreibt Sri Aurobindo, *das Mental und das Vital grundsätzlich mehr und nicht weniger unklar zu machen.*⁵ ... *Moderne Psychologie ist eine Wissenschaft in den Kinderschuhen, gleichzeitig vorschnell, unbeholfen und grob. Wie jede Wissenschaft, die noch in den Kinderschuhen steckt, läuft hier die weitverbreitete Angewohnheit des menschlichen Mentals, eine beschränkt oder in Einzelfällen zutreffende Wahrheit unzulässig zu verallgemeinern und damit einen ganzen Bereich der Natur zu erklären, vollkommen Amok. Die Psychoanalyse (vor allem die von Freud)... nimmt einen bestimmten Teil, und zwar den dunkelsten, gefährlichsten, ungesundesten Teil der Natur, die unterbewußte Schicht des inferioren Vitals*, betrachtet einige seiner morbidesten Erscheinungsformen isoliert und mißt ihm Auswirkungen bei, die in keinem Verhältnis mehr zu ihrem wirklichen Stellenwert innerhalb der menschlichen Natur stehen... Es verfrüht oder in unangemessener Weise zum Zwecke der Erfahrung an die Oberfläche zu bringen, bedeutet das Risiko einzugehen, daß die bewußten Teile ebenfalls von ihrem dunklen und trüben Magma durchflutet werden und damit das ganze Vital und selbst die mentale Natur vergiften. Man sollte deshalb in jedem Fall mit einer positiven und nicht mit einer negativen Erfahrung beginnen, indem man etwas von der göttlichen Natur – Ruhe, Licht, Gleichmut, Reinheit, göttliche Stärke – herabbringt in jene Teile des bewußten Wesens, die verändert werden müssen. Erst wenn das in ausreichender Weise getan ist und so eine solide Grundlage besteht, lassen sich die verborgenen, unterbewußten widrigen Elemente gefahrlos an die Oberfläche des Bewußtseins brin-*

---

* Wie bereits gesagt, gibt es verschiedene Grade und Sub-Grade im Unterbewußtsein. Wir sind absichtlich nicht weiter auf die Beschreibung dieser inferioren Welten eingegangen; der Suchende wird, zu gegebener Zeit, die Erfahrung selber machen. Diesen niederen Kräften eine spezifische mentale Form zu geben, hilft nicht, wie manche meinen, sie loszuwerden, sondern gibt ihnen, im Gegenteil, einen größeren Zugriff auf unser Bewußtsein. Das Mental ist nicht die Instanz, mit der man heilen kann.

*gen, um sie dort durch die göttliche Ruhe, Leuchtkraft, Stärke und Weisheit auszusondern und zu zerstören.*⁶

Es gibt einen weiteren, ernsterzunehmenden Nachteil der Psychoanalyse. Besäßen nämlich die Psychologen einmal durch Zufall wirklich das Vermögen, ganz in das Unterbewußte vorzudringen, würden sie damit nicht nur nichts heilen, sondern auch riskieren, Kräfte in Bewegung zu setzen, die sie gleich dem Zauberlehrling nicht mehr kontrollieren könnten. Aber selbst gesetzt, sie verfügten über das Vermögen, diese Kräfte zu beherrschen und zu zerstören, riskierten sie im gleichen Atemzug, das Gute ebenso zu vernichten wie das Übel, und unsere Natur wäre in irreparablem Maße verstümmelt. Denn es fehlt ihnen das Wissen. Von der Höhe ihres Mentals können sie nicht weit genug in die Zukunft sehen, um zu erkennen, welches Gut das betreffende Übel gerade vorbereitet und welche dynamische Kraft sich hinter diesem Spiel der Gegensätze verbirgt. Eine andere Art von Vermögen ist notwendig, um diese seltsame Mischung zu trennen, und wichtiger noch, eine andere Art des Sehens: *Man muß das Ganze kennen, bevor man den Teil kennen kann, und das Höchste, bevor man wirklich das Niederste verstehen kann. Das ist die Verheißung der größeren Psychologie der Zukunft, die ihre Stunde erwartet und der gegenüber dieses unergiebige Im-Dunkeln-Tappen verschwinden und sich in Nichts auflösen wird.*⁶

Wir stoßen hier auf den grundlegenden Irrtum unserer Psychologie. Sie ist unfähig, wirklich zu verstehen, weil sie unten, in unserer evolutionären Vergangenheit sucht. Es ist richtig, daß die eine Hälfte des Geheimnisses dort liegt, jedoch benötigen wir die Kraft von oben, um das Tor unten öffnen zu können. Wir sind nicht dafür gemacht, beständig hinter uns zu schauen, sondern vorwärts und aufwärts in das Licht des Überbewußten, denn das ist unsere Zukunft, und allein unsere Zukunft kann unsere Vergangenheit erklären und heilen: *Ich finde es schwierig,* schrieb Sri Aurobindo ferner an einen Schüler, *Psychoanalytiker wirklich ernst zu nehmen – und doch sollte man dies vielleicht tun, denn Halb-Wissen ist eine ernstzunehmende Angelegenheit und kann ein beträchtliches Hindernis für das Auftreten der wirklichen Wahrheit sein... Sie schauen von unten nach oben und erklären die höheren Lichter durch die Unklarheiten unten; doch die Grundlage befindet sich über und nicht unter den Dingen. Das Überbewußtsein und nicht das Unterbewußtsein ist der wahre Grund der Dinge. Die Bedeutung des Lotos läßt sich nicht dadurch finden, daß man die Geheimnisse des Morastes analysiert, aus*

dem er wächst. Das Geheimnis läßt sich durch den himmlischen Archetypus des Lotos finden, der für immer im höheren Licht blüht.[6]
Dem Anschein nach schreiten wir von unten nach oben fort, von der Vergangenheit in die Zukunft, von der Nacht ins Licht des Bewußtseins, aber das ist unsere beschränkte momentane Sichtweise, die uns das Verständnis des Ganzen verstellt. Andernfalls würden wir sehen, daß nicht die Vergangenheit uns antreibt, sondern die Zukunft uns anzieht, und daß das Licht von oben allmählich in unsere Nacht eindringt – denn wie könnte die Nacht allein all das Licht erschaffen? Wären wir aus der Nacht geboren, würde unser Leben in nichts als Nacht münden. „Der Baum der Ewigkeit hat seine Wurzeln in der Höhe und seine Zweige in der Tiefe", heißt es in der Katha Upanishad (VI.1). Wir stehen unter dem Eindruck, große Wachstumsanstrengungen zu machen, um zu erkennen und zu verstehen; wir empfinden einen Zug in die Zukunft. Aber das ist der Eindruck, der durch unseren beschränkten Blickwinkel entsteht. Hätten wir einen anderen, würden wir vielleicht gewahren, wie die überbewußte Zukunft danach drängt, in unsere Gegenwart einzudringen. Und vielleicht würden wir verstehen, daß unser Gefühl von Anstrengung nur aus dem *Widerstand* unserer Dickfelligkeit und Unklarheit entsteht. Die Zukunft entwickelt sich nicht allein von unten nach oben, denn in diesem Fall bestände keine Hoffnung für die Erde, die schließlich nur im Himmel einer extremen psychischen Spannung explodieren oder in die Dunkelheit zurückfallen würde. Sie entwickelt sich ebenso von oben nach unten, dringt weiter und weiter in unseren mentalen Nebel herab, in unsere vitale Verworrenheit, in die unterbewußte und unbewußte Nacht, bis sie alles erleuchtet, alles offenbart, alles geheilt hat – und letztlich alles erfüllt. Je weiter sie herabsteigt, desto größer der Widerstand – wir befinden uns im Eisernen Zeitalter, in Hölderlins Bleierner Zeit, der Zeit großer Gefahr und Revolte, der Zeit der Hoffnung. An jenem äußersten Punkt, an dem die Zukunft auf den Felsgrund der Vergangenheit trifft, dort, wo das Licht die allerdichteste Schicht der Nacht durchbricht, werden wir, so Gott will, das Geheimnis des Todes und des Ewigen Lebens finden. Suchen wir allerdings nur unten und ausschließlich unten, so finden wir nur Morast und ausschließlich Morast.

Die Schattenhälfte der Wahrheit

Jetzt kommen wir der Sache näher. Der Suchende hat mit einer positiven Erfahrung begonnen. Er hat sich auf die Reise gemacht, weil es ihn nach etwas anderem verlangte. Er hat sich um mentales Schweigen bemüht und dabei festgestellt, daß allein die Tatsache seines Bemühens bereits eine Antwort auslöst. Er hat eine herabkommende Kraft verspürt, eine neue Schwingung in ihm, die seinem Leben größere Klarheit und Lebendigkeit verleiht. Vielleicht hat er die Erfahrung gemacht, daß Grenzen seines Bewußtseins plötzlich eingerissen sind und er eine neue Höhe erreicht hat. Das Zeichen, daß ein neuer Rhythmus einsetzt, mag auf tausend und eine Art auftreten. Nach diesem blitzartigen Beginn aber hat sich plötzlich alles verschleiert, als wäre alles nur eine Träumerei oder Traumtänzerei gewesen oder als hätte er sich durch einen eher kindischen Enthusiasmus hinreißen lassen – etwas in ihm versucht sich durch einen Anfall von Zweifel, Ekel und Revolte zu rächen. Und dies ist das zweite Zeichen, vielleicht das *wahre Zeichen*, daß er wirklich Fortschritte macht und langsam die Realitäten seiner Natur in den Griff bekommt, oder besser, daß die herabkommende Kraft damit begonnen hat, die Dinge zu bearbeiten. Letztlich ist Fortschritt nicht so sehr eine Angelegenheit des Aufsteigens als vielmehr eine Sache der Beseitigung von Hindernissen. Sind wir klar, ist alles klar, alles *gegenwärtig*. Und der Suchende entdeckt, wieviele Hindernisse vor ihm liegen. Man hat während der Praxis des integralen Yoga häufig den Eindruck, man machte sich auf den Weg zum Besten und entdeckt das Schlimmste, man war auf der Suche nach Frieden und Licht und findet den Kampf. In der Tat ist es ein Kampf, und es hat keinen Zweck, sich das nicht einzugestehen. Solange man mit dem Strom schwimmt, kann man sich gut und gerne für umgänglich, anständig und in bester Absicht befindlich halten. Sobald man jedoch die entgegengesetzte Richtung einschlägt, widerstrebt alles. Wir beginnen auf greifbare Weise die enormen Kräfte zu verstehen, die auf dem Menschen lasten und ihn abstumpfen. Man muß versucht haben auszubrechen, um das sehen zu können. Sobald der Suchende oben einen ersten entscheidenden Durchbruch erreicht hat, sobald er das Licht wahrgenommen hat, fühlt er fast gleichzeitig etwas wie einen Tritt vor das Schienbein, als hätte etwas in ihm Schmerzen. Er versteht dann, was Sri Aurobindo meinte mit *der verletzten Schwermut, die sich gegen das Licht auflehnt*[7]. Und er wird seine erste Lektion gelernt haben: Jeder Schritt aufwärts wird notwendigerweise von einem Schritt abwärts begleitet. Anstatt diese brutalen Umwege als eine Art Verhängnis aufzufassen, nimmt der Suchende sie als Grundlage für seine Arbeit. Diese zweifache Bewegung des Aufsteigens und Absteigens ist der grundlegende Prozeß des integralen Yoga: *Bei jedem Gipfel, den wir stürmen, müssen wir umkehren und seine Kraft und seine Erleuchtung unten in unsere sterblichen Bewegungen herabbringen.*[8] Das ist der Preis für die Transformation des Lebens – in jedem anderen Fall poetisieren und spiritualisieren wir lediglich auf höchsten Höhen vor uns hin, während sich unten der alte Trott in alter Unfrische dahinschleppt. Praktisch wird die abwärtsgerichtete Bewegung niemals durch eine willkürliche mentale Entscheidung ausgelöst, im Gegenteil, je weniger sich das Mental einmischt, desto besser – nebenbeibemerkt müßte man sich ansonsten fragen, wie das Mental je „herabkommen" kann von seinem kleinen, mit Schubladen überfrachteten, grauen Schreibtisch... Es ist die erwachte und individualisierte Bewußtseins-Kraft, die in uns spontan alle Arbeit verrichtet. Sobald wir eine bestimmte Intensität von Bewußtsein und Licht berührt haben, übt sie automatisch Druck auf die übrige Natur aus und bewirkt damit entsprechende Reaktionen obskurer Widerstände. Das vollzieht sich etwa so, als würde man ein Übermaß an Sauerstoff in extreme Meerestiefen pumpen: Muränen, Mondfische und Meerengel würden heftig um sich schlagen oder sogar bersten. Diese Inversion des Bewußtseins ist wirklich merkwürdig, als begäbe man sich von einem in Licht getauchten Zimmer in das *gleiche* Zimmer in abgedunkeltem Zustand, aus einem Raum mit heiterer Atmosphäre wieder in den *gleichen* Raum, in dem plötzlich alles gequält wirkt – alles ist gleich und doch ist alles anders. Wirklich als sei die Kraft die gleiche, die Intensität der Schwingungen die gleiche – vielleicht sogar mit insgesamt *identischen Schwingungen* – doch nun unter negativem Vorzeichen. Man sieht also, fast unmittelbar, wie Liebe, zum Beispiel, in Haß umschlagen kann, Reinheit in Verdorbenheit – alles ist gleich, nur auf den Kopf gestellt. Solange jeder unserer psychologischen Zustände nur die Kehrseite eines anderen ist und unsere Güte nur die Kehrseite unserer Übel (oder sollten wir besser sagen die Vorderseite unserer Übel?), bleibt das Leben gegen jede Veränderung gefeit. Etwas radikal anderes ist vonnöten – ein anderes Bewußtsein. Alle unsere Dichter, alle unsere kreativen Geister waren mit dieser Grenzsituation des Bewußtseins in hohem Maße vertraut. Selbst während seiner *Illuminationen* begab sich Rimbaud in seltsame Welten, die ihn mit „Grauen" erfüllten. Auch er, der Rebell unter den Dichtern, gehorchte dem Gesetz obskurer Inversion. Der integral Suchende allerdings, anstatt von einem Pol zum anderen geschleudert zu werden, anstatt aufzusteigen, ohne recht zu wissen, wie, und wieder herabzukommen, ohne es zu wollen, arbeitet methodisch, bewußt, ohne je sein Gleichgewicht zu verlieren, und vor allen Dingen, mit wachsendem Vertrauen in die Bewußtseins-Kraft, die *niemals* mehr Widerstand hervorruft, als er verkraften kann, und niemals mehr Licht enthüllt, als er aufnehmen kann. Haben wir lange genug zwischen den Krisen gelebt, beginnt eine Methode, sich in der Wirkungsweise der Kraft abzuzeichnen, und wir entdecken, daß wir jedesmal, wenn wir von der aufsteigenden Kurve abkommen oder etwas schon Gewonnenes wieder verlieren, am Ende dieses Gewonnene wiederfinden, allerdings auf einer höheren Stufe, erweitert und angereichert um eben jenen Teil, der sich durch unseren „Fall" dem Licht angeschlossen hat. Wären wir nicht „gefallen", könnte dieser inferiore Teil niemals in unsere Höhe integriert werden. Auf kollektiver Ebene hat vielleicht ein identisches Kräftespiel den Fall der Athener Kultur herbeigeführt, damit die sie umgebenden Barbaren auch eines Tages ein Verständnis von Platon erlangen können. Der integrale Yoga folgt keiner geraden Linie, die sich in höchsten Höhen verliert, in einem immer ferneren Punkt, sondern er ist, gemäß Sri Aurobindo, eine *Spirale*, die langsam aber sicher in einer immer weiteren Bewegung des Sich-Öffnens alle Teile unseres Wesens auf *immer tieferer* Grundlage in sich einbezieht. Hinter dieser Kraft oder besser Bewußtseins-Kraft können wir nicht nur eine Methode wahrnehmen, sondern auch regelmäßige Zyklen und Rhythmen, so wie die Phasen des Mondes oder die Gezeiten der Meere. Je größer unsere Fortschritte, desto weiter und umfassender die Zyklen und desto enger die Verbindung mit der kosmischen Bewegung selbst, bis auf den Tag, an dem wir in unseren zyklischen Niedergängen die zyklischen Niedergänge des Bewußtseins der Erde erkennen können und in unseren Schwierigkeiten den ganzen Aufruhr der Erde, die sich widersetzt und revoltiert. Nach und nach wird alles so intim miteinander verbunden, daß wir in der Lage sein werden, in den winzigsten Umständen, in den unbedeutendsten Begebenheiten des Alltags oder in naheliegenden Gegenständen die Zeichen tieferer Eindrücke und Einflüsse zu lesen, die über alle Menschen ergehen und die unweigerlich ihre Hebung und Senkung innerhalb derselben evolutionären Wellenbewegung bewirken. Hier erkennen wir, daß wir unfehlbar dem Ziel entgegengeführt werden, daß alles einen Sinn hat, selbst das scheinbar Nebensächlichste – kein Detail bewegt sich, ohne alles zu bewegen – und daß wir uns auf dem Weg zu einem weit größeren Abenteuer befinden, als wir uns hätten träumen lassen.

Bald treffen wir auf einen zweiten frappierenden Widerspruch, bei dem es sich vielleicht immer noch um den gleichen handelt. Es gibt nicht nur ein Gesetz des Aufstiegs und Niedergangs, sondern, so scheint es, eine Art immanentes Paradox. Wir alle haben ein Ziel zu erreichen, durch dieses Leben oder über all unsere Leben hinweg etwas Einzigartiges auszudrücken, denn jeder Mensch ist einzigartig. Dabei handelt es sich um die uns immanente, zentrale Wahrheit, die uns eigene evolutionäre Spannung. Das Ziel erscheint nur langsam, nach vielen Erfahrungen und aufeinanderfolgenden Erlebnissen des Erwachens, bis wir beginnen, ein innerlich ausgestalteter Mensch zu sein. Dann nehmen wir eine Art Leitfaden wahr, der unser Leben in einen Zusammenhang bringt – alle unsere Leben, falls wir uns ihrer bewußt geworden sind – und uns eine bestimmte Richtung vorgibt, als würde uns alles immer in diese Richtung drängen, eine Richtung, die sich uns proportional unserem Fortschritt mit wachsender Genauigkeit und Konturenschärfe enthüllt. Und werden wir uns unseres Zieles bewußt, stoßen wir gleichzeitig auf eine bestimmte Schwierigkeit, die sich wie die Umkehrung oder Anfechtung unseres Zieles ausnimmt. Es handelt sich um ein befremdendes Phänomen, als ständen wir genau vor dem Schattenbild unseres Lichtes. Ein bestimmter Schatten, eine bestimmte Schwierigkeit, ein bestimmtes Problem, das sich uns immer wieder in den Weg stellt und dabei eine beunruhigende Beharrlichkeit zeigt, immer das gleiche Problem hinter verschiedenen Masken und unter den verschiedensten Umständen, und das nach jeder gewonnenen Schlacht mit einer zur neuen Intensität unseres Bewußtseins proportional gewachsenen Stärke zurückkehrt, als müßten wir dieselbe Schlacht auf jedem neu eroberten Bewußtseinsterrain erneut ausfechten. Je klarer das Ziel, desto stärker der Schatten. Wir haben damit die Bekanntschaft des *Widersachers* gemacht:

Diesen Widersacher, verankert in der menschlichen Brust,
Muß der Mensch besiegen oder sein höheres Schicksal verfehlen.
Das ist der unentrinnbare innere Krieg.[9]

Sri Aurobindo spricht auch von der *persona mala*, dem finsteren Doppelgänger. Mitunter läßt sich auch aus dem Negativen erahnen, was unser Ziel sein könnte, bevor wir es positiv begreifen, allein durch das sich wiederholende Muster derselben Schwierigkeiten, derselben Niederlagen, die in eine bestimmte Richtung zu deuten scheinen, als würden wir uns endlos im selben geschlossenen und niederdrückenden Kreise drehen, näher und näher auf einen Mittelpunkt hin, der sowohl das Ziel beinhaltet als auch dessen Gegenteil. *Ein Mensch, der hervorragend für diese Arbeit geeignet ist,* schreibt Sri Aurobindo, *bringt immer oder fast immer – vielleicht sollte man keine zu rigide und allgemeine Regel von diesen Dingen aufstellen – ein an ihm hängendes Wesen mit sich, das manchmal als Teil seiner selbst erscheint und das genau das Gegenteil von dem ist, was er im wesentlichen in der zu leistenden Arbeit repräsentiert. Oder wenn es am Anfang nicht zugegen, nicht an seine Persönlichkeit gebunden ist, wird eine Kraft dieser Art in sein Umfeld eintreten, sobald er seine Aufgabe zu verwirklichen beginnt. Ihr Zweck scheint es zu sein, sich zu widersetzen, widrige Bedingungen und Fehltritte zu bewirken, mit einem Wort, das gesamte Problem der Arbeit, die er zu leisten begonnen hat, vor ihm auszubreiten. Es scheint, daß das Problem, gemäß dem okkulten Haushalt der Dinge, nicht anders gelöst werden kann, als daß das vorherbestimmte Instrument sich diese Schwierigkeit zu eigen macht. Dies würde eine Menge Dinge erklären, die sich, von der Oberfläche aus betrachtet, sehr beunruhigend ausnehmen.*[10] Die Mutter unterstreicht dasselbe Phänomen in Gesprächen mit den Schülern: *Repräsentiert ihr eine Möglichkeit des Erfolges, so bergt ihr in euch genau das, was diesem Erfolg entgegensteht, und das ist eure ewige Qual. Wenn ihr irgendwo einen sehr schwarzen Schatten seht, etwas ungewöhnlich Belastendes, könnt ihr sicher gehen, in euch die entsprechende Anlage zum Licht zu haben.* Und sie fügt folgendes hinzu: *Habt ihr ein besonderes Ziel, eine besondere Aufgabe, eine besondere, euch eigene Verwirklichung, so bergt ihr in euch all die Widerstände, die notwendig sind, um diese Verwirklichung zu vervollkommnen. In jedem Falle werdet ihr finden, daß das Licht und der Schatten in euch direkt miteinander einhergehen: Ihr habt eine bestimmte Fähigkeit, und gleichermaßen habt ihr die Negation dieser Fähigkeit. Wenn ihr also einen sehr dichten und tiefgehenden Schatten findet, so könnt ihr gewiß sein, daß irgendwo in euch ein großes Licht ist. So ist es euch anheimgestellt, das eine für die Verwirklichung des anderen einzusetzen.*

Das Geheimnis der Existenz entging uns möglicherweise deshalb, weil wir einen nur unvollkommenen Begriff dieser doppelten Gesetzmäßigkeit von Licht und Schatten und von dem Rätsel unserer doppelten, animalischen und göttlichen Natur hatten. Da wir in einer manichäischen Vorstellungswelt aufgewachsen sind, sahen wir, getreu unserer jeweiligen Moral und Religion, in der Existenz nichts weiter als einen erbarmungslosen Kampf zwischen Gut und Böse, Wahrheit und Lüge, wobei es allein darauf ankommt, auf der guten Seite, zur Rechten Gottes zu stehen. So haben wir alles in zwei Teile zerlegt, Gottes Reich gegen dasjenige des Satans, das gemeine Leben dieser Welt gegen das wahre Leben im Himmel gestellt. Wir wollten das Gegenteil des hohen Zieles unterdrücken, haben aber damit das Ziel selbst unterdrückt, denn das Ziel ist, nicht zerstückelt zu sein, weder oben noch unten. Solange wir das eine für das andere verwerfen, werden wir elendiglich scheitern und das Ziel unserer Existenz verfehlen. Alles hängt zusammen, und versuchen wir, einen Teil gewaltsam auszuschließen, fällt alles auseinander. Wie können wir uns vom „Übel" befreien, ohne damit gleich die ganze Welt in die Luft zu jagen? Würde sich auch nur ein einziger Mensch vom „Übel" befreien, bräche die Welt zusammen, denn alles ist *eins.* Die Welt ist aus einem einzigen Stoff gemacht, nicht aus zwei verschiedenen, einem guten und einem bösen. Es läßt sich weder etwas ausschließen noch etwas hinzusetzen. Aus diesem Grunde eben kann kein Wunder die Welt retten, das Wunder befindet sich *bereits* in der Welt, alle nur möglichen Lichter finden sich *bereits* in der Welt, alle nur vorstellbaren Himmel sind *bereits* gegenwärtig. Nichts Fremdes kann mehr hinzutreten, ohne die Weltformel außer Kraft zu setzen – alles ist vorhanden. Wir befinden uns mitten im Auge des Wunders, allerdings ohne Schlüssel. Denn vielleicht gilt es nicht, irgend etwas auszuschließen oder hinzuzusetzen, vielleicht nicht einmal „etwas anderes" zu entdecken, sondern eben *das Gleiche,* aber mit anderen Augen betrachtet.

Wollen wir das Ziel erreichen, gilt es von unserer manichäischen Weltanschauung Abschied zu nehmen und eine realistische Einschätzung von dem zu erlangen, was Sri Aurobindo „die Schattenhälfte der Wahrheit"[11] genannt hat. *Menschliches Wissen,* schreibt er, *wirft einen Schatten, der den halben Globus der Wahrheit vor seinem eigenen Sonnenlicht verbirgt... Das Verwerfen der Unwahrheit durch den Verstand, der die ganze Wahrheit sucht, ist einer der Hauptgründe, warum er nicht in der Lage ist, eine umfassende, solide und vollkommene Wahrheit zu erlangen.*[12] Eliminieren wir alles, was falsch ist – und Gott weiß, wieviele Irrtümer und Unlauterkeiten es auf der Welt gibt –, werden wir durchaus irgendeine Wahrheit erhalten, aber es wird dann eine leere Wahrheit sein. Man beginnt, etwas von dem Geheimnis zu begreifen, wenn man zunächst wahrnimmt, schließlich *sieht,* daß jedes Ding in der Welt, *selbst der groteskeste und abseitigste Irrtum*[13], einen Funken von Wahrheit hinter seiner Maske enthält, denn alles hier ist Gott, der sich auf sich Selbst zubewegt; außerhalb von ihm existiert nichts. *Denn der Irrtum ist in Wirklichkeit eine Halbwahrheit, die aufgrund ihrer eigenen Beschränkung strauchelt. Oft ist er die Wahrheit, die sich verstellt, um sich unbesehen ihrem Ziel zu nähern.*[13] Wäre auch nur ein Ding auf der Welt vollkommen falsch, so wäre damit die ganze Welt vollkommen falsch. Beginnt der Suchende mit dieser Arbeitshypothese – einer positiven Hypothese –, indem er Schritt für Schritt aufsteigt und jedesmal den entsprechenden Schritt abwärts akzeptiert, ohne irgend etwas auszulassen, um das *gleiche Licht*[14] freizusetzen, das unter jeder Maske versteckt ist, in jedem Element, selbst im dicksten Morast, dem offensichtlichsten Fehler, der schlimmsten Untat, so sieht er, wie sich langsam aber sicher alles deutlich vor seinen Augen erhellt, nicht theoretisch, sondern greifbar, und er wird jetzt nicht nur die Gipfel, sondern auch die *Abgründe der Wahrheit*[15] entdecken. Er wird feststellen können, daß der Widersacher sich als sein fleißigster und aufmerksamster Mitarbeiter entpuppt, als jener, der die Dauerhaftigkeit und Solidität seiner Verwirklichung am ehesten gewährleistet, erstens weil jeder Kampf die Stärke des Suchenden erhöht hat und weiters weil jeder Fall ihn dazu nötigt, die Wahrheit unten freizusetzen, anstatt sich allein zu leeren Gipfeln aufzuschwingen. Und schließlich wird er feststellen, daß seine Last genau die Last unserer Mutter, der Erde, war, die auch ihren Teil des Lichtes sucht. Die Prinzen der Nacht sind bereits gerettet. Sie sind am Werk und verlangen geschäftig und gewissenhaft nach einer alles umfassenden Wahrheit und nicht nach einer, die alles ausschließt:

Nicht allein für reine Gottheiten besteht Hoffnung;
Die gewalttätigen und dunklen Götter
Fuhren im Zorn herab von der Brust des Einen, um das zu finden,
Was den weißen Göttern entgangen war; auch sie sind sicher.[16]

Und der Suchende beginnt zu verstehen, daß allem sein unvermeidlicher Platz zukommt. *Es geht nicht nur nicht an, irgend etwas auszulassen, auch ist nichts mehr oder weniger bedeutsam,* als sei die Totalität des Problems im geringsten Vorfall, in der nebensächlichsten alltäglichen Geste ebenso mitenthalten wie in kosmischen Umwälzungen. Und vielleicht ist die Totalität von Licht und Freude im kleinsten Elementarteilchen ebenso gegenwärtig wie in überbewußten Unendlichkeiten. Die Schattenhälfte der Wahrheit beginnt sich aufzuhellen. Jeder Fall entzündet eine Flamme des Leidens, die unten etwas wie eine Lichtschneise entstehen läßt. Jede Schwäche ruft die Kraft herbei, so als wäre die Macht des Falls die eigentliche Macht des Aufstiegs, jede Unvollkommenheit das Hohlmaß einer größeren Fülle. Es gibt keine Sünden, es gibt keine Irrtümer, es gibt nur unzählige Nöte, die uns zwingen, die volle Reichweite unseres Königreiches zu erforschen und alles zu umfassen, um alles zu heilen und vollenden zu können. Durch diesen kleinen Riß in unserem Panzer sind Liebe und Mitgefühl für die Welt in uns eingedrungen, etwas, das von keiner der strahlenden Reinheiten je begriffen werden kann – denn die Reinheit ist so uneinnehmbar, so geschlossen und verbarrikadiert wie ein Hochsicherheitstrakt. Es bedarf eines Risses, damit die Wahrheit eindringen kann.

Er machte aus dem Irrtum ein Tor,
durch das die Wahrheit eintreten konnte.[17]

Es gibt eine Wahrheit der Liebe hinter allem Bösen. Je weiter man in infernalische Kreise hinabsteigt, desto mehr begegnet einem die ungeheure *Not* in den Tiefen des Bösen. Man stellt fest, daß nichts ohne eine entsprechende Intensität geheilt werden kann: Eine Flamme leuchtet im Inneren auf und brennt hell und heller unter dem erstickenden Druck. Nichts besteht außer Ihr, allein Sie besteht – als könnte allein die Liebe der Nacht trotzen und sie von ihrer lichten Hälfte überzeugen; als wäre der Schatten notwendig gewesen, um die Liebe zu gebären. Denn das Herz jedes Schattens, der Grund jedes Übels birgt das Mysterium der Umkehr. Und so wie jeder von uns seine besondere Schwierigkeit mitbringt, die zugleich als Anfechtung und als Zeichen unserer Bestimmung steht, so mögen die großen „Fehler" und tausend alten Wunden der so verletzlichen, sündigen und schmerzerfüllten Erde die Chiffre ihrer Bestimmung sein, und eines Tages wird sie die vollkommene Liebe und

Freude verkörpern können, denn sie wird alles erlitten und alles verstanden haben.

Im Maße unseres Fortschritts weicht die Demarkationslinie des Überbewußten nach oben und die des Unterbewußten nach unten zurück. Alles wird erleuchtet und ausgeweitet, aber ebenso bündelt sich alles und konzentriert sich auf einen scharfen und dunklen Punkt, der zunehmend kritischer und dringlicher wird, als hätte man über Jahre und Jahre – über ganze Leben hinweg – dasselbe Problem umkreist, ohne es jemals wirklich zu berühren. Und plötzlich ist es da, gefangen auf dem Grunde der Grube, und windet sich unter dem Licht – alles Übel der Welt in einem Punkt. Die Stunde des Geheimnisses naht. Denn die Gesetzmäßigkeit des Hinabsteigens ist sowenig eine von Unterdrückung, Sünde und Verfehlung, wie es eine Gesetzmäßigkeit von Reue oder himmlischer Ausflucht ist. Tatsächlich ist es ein Goldenes Gesetz, eine unauslotbare Vorsätzlichkeit, die uns sowohl hinan- als auch hinabzieht, in die tiefsten Gründe des Unterbewußten und Unbewußten bis *zum springenden Punkt*[18], dem gordischen Knoten von Leben und Tod, Schatten und Licht, an dem uns das Geheimnis erwartet. Je näher man dem Gipfel kommt, desto mehr berührt man den Grund.

Der große Übergang

Die letzten Schritte in die Tiefe erstrecken sich auf den Grund unserer evolutionären Vergangenheit, jenseits des Unterbewußtseins, unseres damaligen prähistorischen Bewußtseins, auf einer Ebene, die zum ersten Mal auf der Welt aus etwas scheinbar Totem Leben auftreten sah, das heißt an der Grenze zwischen materiellem Unbewußten und physischem Bewußtsein, in unserem Körper, dem Zeugen und Rückstand dieser ersten Geburt auf der Welt. Die Organe und Zellen des Körpers besitzen ein eigenes hochentwickeltes und sehr waches Bewußtsein, das fähig ist, auszuwählen, aufzunehmen oder abzuweisen, und es läßt sich beeinflussen, sobald wir eine adäquate Ebene yogischer Entwicklung erlangt haben. Ginge es allein darum, die gegenwärtigen Lebensbedingungen zu verbessern, würde dafür das gewöhnliche yogische Bewußtsein ausreichen: Willkürliche Verlängerung des Lebens, Immunität gegenüber Krankheiten und selbst immerwährende Jugend sind einige der häufig auftretenden Erscheinungen dieser Disziplin. Aber wir sind auf der Suche nach einer Veränderung des Lebens, nicht nur einer Beschönigung seiner Fassade. Unterhalb dieses physischen Bewußtseins lagert ein physisches Unterbewußtsein, das Ergebnis der Entwicklung des Lebens in der Materie. Dort sind alle vorsintflutlichen Gewohnheiten des Lebens wie eingefräst, darunter als schlimmste die zu sterben – die Reflexe des Lebens, seine Ängste, seine Abwehrmechanismen und vor allem seine Gewohnheit der Verhärtung, des Sich-Abkapselns sind dort verzeichnet, als hätte es sich die Erinnerung aller Verpanzerungen aufbewahrt, die es zu seinem Wachstum entwickeln mußte. Und ganz auf dem Grund dieses physischen Unterbewußtseins, dort, wo jede Form von Bewußtsein oder Erinnerung abzusterben droht, trifft man auf ein Felsfundament, einen Ur-Panzer, den zugrundeliegenden Tod, von dem das Leben sich losgerissen hat. Es ist etwas ungeheuer Hartes und kaum Auszulotendes, so unermeßlich, daß die vedischen Seher es den „unendlichen Fels" tauften. Es ist das Unbewußte. Es ist eine Mauer – oder vielleicht ein Tor. Es ist der Grund oder vielleicht nur eine Kruste. Und es kann weder vollkommen tot noch vollkommen unbewußt sein, denn es ist nicht in negativer Weise unbeweglich, sondern – wenn man so will – in aktiver Weise negativ, etwas, das sich weigert, das das Leben verneint:

Die beharrliche, wortlose Verweigerung in der Tiefe des Lebens,
Das unwissende Nein im Ursprung der Dinge.[19]

Wäre der tiefste Grund ein Nichts der Inexistenz, gäbe es keine Hoffnung. Darüberhinaus hätte aus Nichts nie etwas erwachsen können, und dieses Granitfundament ist wahrlich *etwas*. Gibt es ein Nein, so muß es ein Ja enthalten; gibt es den Tod, so muß er Leben enthalten. Und schlußendlich, gibt es ein Ende, so muß auf dessen anderer Seite ein Anfang stehen. Alle Negationen sind notwendigerweise eine Hälfte von etwas Positivem. All unsere tiefsten Gründe sind die Oberfläche von etwas anderem. Die Bedeutung von Sri Aurobindos Yoga liegt eben darin, in allen Negationen das Positive aufzudecken, in jedem Einzelbestandteil sowie auf jeder Bewußtseinsebene, und so Gott will, das höchste Positive (das genaugenommen weder positiv noch negativ ist, sondern das schlicht und einfach *ist*), in dem sich alle Dualitäten ein für allemal auflösen, auch die Dualitäten der Tiefe, auch die Dualitäten des Lebens, das stirbt, oder des Todes, der lebt.

Das Geheimnis 239

In Chandernagore erreichte Sri Aurobindo die letzten Stufen des physischen Unterbewußtseins. Er stand vor einer Mauer: *Nein, nicht das Empyrion beschäftigt mich – ich wünschte, das wäre der Fall – es ist vielmehr das entgegengesetzte Ende der Dinge.*[20] Jemand, der die heftigen Widerstände und Gegenreaktionen erfahren hat, die einem schon im mentalen und vitalen Unterbewußtsein (dieser Schlangengrube) begegnen, kann ermessen, was für ein Abstieg das gewesen sein muß. Und je weiter man hinabsteigt, desto höher das dafür erforderliche Bewußtsein und desto stärker das notwendige Licht, da man nicht tiefer hinabsteigen kann, als man aufgestiegen ist. Wenn wir verstehen, daß Bewußtsein eine so fühlbare und konkrete Kraft ist wie elektrischer Strom, können wir uns vorstellen, welche Traumata und Feuerproben die übermentale Kraft und ihr Licht auslösen können, wenn sie gleich einem fluoreszierenden Katarakt in die Suhle des physischen Unterbewußtseins herabstürzen: *ein Ansturm aus Äther und aus Feuer*[21]. Es gibt dort immense Schwierigkeiten und Gefahren, auf die wir zurückkommen, wenn wir über die Transformation sprechen. Solange wir es mit mentalen oder vitalen Widerständen zu tun haben – mit unseren moralischen Lügen –, genügt es, einen starken Willen und viel Geduld zu zeigen. Steigen wir aber weiter hinab, werden wir, wie die Mutter sagt, *mit den Lügen des Körpers* konfrontiert, das heißt mit Krankheit und Tod. Aus diesem Grunde bestanden Sri Aurobindo und die Mutter so nachdrücklich auf einer ausgezeichneten körperlichen Grundlage für ihre Schüler: *Arbeitet von beiden Enden ausgehend, vernachlässigt nicht das eine für das andere!*

Parallel zum Erreichen der äußersten übermentalen Randzonen, in der sich „weite, farbige Wellen" an einer weißen Grenze auflösen, stieß Sri Aurobindo auf den schwarzen Fels ganz unten:

Ich habe tief und lang gegraben
Mitten in gräßlichem Morast...

Eine Stimme rief: „Geh dorthin, wo noch niemand gegangen ist!
Grab tiefer und tiefer vor,
Bis du den grimmen Grundstein erreichst,
Und schlag an das schloßlose Tor." [22]

Dann, eines Tages 1910 in Chandernagore, geschah etwas Merkwürdiges... Bevor wir aber anfangen, die Erfahrung zu beschreiben, die das Gesicht und den Verlauf unserer Evolution verändert, erscheint es angebracht, einen Augenblick einzuhalten, um Inventur zu machen und kurz die gegenwärtige Lage der Menschheit zu betrachten. Und das zu tun, fällt nicht schwer: Wir befinden uns hier, eingeschlossen in der Materie, in diesem schwarzen Ei, das uns jede Sekunde des Tages und von allen Seiten eingrenzt. Und es gibt nicht einhundert verschiedene Arten, es zu verlassen, sondern höchstens zwei: entweder einschlafen (träumen, in Ekstase geraten oder meditieren, aber das sind alles nur mehr oder weniger edle, bewußte oder göttliche Grade des Schlafes) oder sterben. Sri Aurobindos Erfahrung liefert den dritten Schlüssel, der es uns ermöglicht, sie zu verlassen, ohne in Ekstase zu geraten, ohne zu sterben – kurz, ohne sie zu verlassen – und der den Verlauf der spirituellen Evolution des Menschen umkehrt, da nun ihr Ziel nicht mehr allein oberhalb oder außerhalb angesiedelt ist sondern mitten in ihr. Und noch dazu öffnet er dem wachen Dasein ein Tor zu allen Träumen, allen Ekstasen und besonders zu all den Kräften, die uns helfen, unsere Träume zu verkörpern, und das schwarze Ei in einen offenen, klaren und lebenswerten Ort verwandeln... An diesem Tag in Chandernagore hatte Sri Aurobindo den Grund der Grube erreicht, er hatte all die morastigen Schichten und Ebenen durchquert, aus denen das Leben wie eine unerklärliche Blume aufblüht. Es gab nichts mehr als das Licht oben, das umso intensiver aufleuchtete, je weiter er hinabstieg und mit seinem starken Strahl all den Unrat aufwarf, als würde diese ganze Nacht ein immer größeres Ausmaß an Licht anziehen, die unterbewußten Grenzlinien zurückweichen, sich in immer dichterer Konzentration immer weiter zurückziehen – Gegenbild zu der Konzentration oben – und als würde ein einziger Wall des Schattens vor dem einen Licht zurückbleiben. Bis Sri Aurobindo in den Abgründen seiner „unbewußten" materiellen Substanz, in den blinden Zellen seines Körpers, ohne Trance, ohne Verlust der Individualität, ohne Auflösung ins Kosmische und mit weit offenen Augen, plötzlich und ohne warnende Vorzeichen in das Höchste Licht geschleudert wurde:

Er stieß in einen anderen Raum und eine andere Zeit.[23]

Die Nacht, das Böse und der Tod sind nichts als eine Maske. Der äußerste Widerstand erweckt die höchste Intensität, und das Ähnliche verwandelt sich in Sich-Selbst. Es gibt nur noch Eines, *tad ekam.* Die solare Welt, das höchste, göttliche und supramentale Bewußtsein, von dem alle anderen Formen nur vereinzelte Abstrahlungen sind, war im Herzen der Materie gegenwärtig. Die Stufe jenseits des Übermentals ist kein „Jenseits", sie ist hier und in allen Dingen – das Tor unten öffnet das Tor oben und überall:

Ein unfaßbar versiegeltes Staunen im Licht.[24]

Eine großartige Umkehrung von Nacht und Tag
Alle Werte der Welt veränderten sich...[25]

Das Hohe trifft auf das Niedere, alles ist ein einziger Plan.[26]

Vorzeitliche Vergangenheit berührt den Grund der Zukunft, der sie ersann, Gott-Geist begegnet Gott-Materie, und das ist das göttliche Leben im Körper. *Sat-Chit-Ananda* oben bedeutet *Sat-Chit-Ananda* unten: Dasein-Bewußtsein-Kraft-Freude. Die Evolution verkommt nicht in einem schwarzen oder weißen Schlaf, nichts wird von der Nacht verschlungen, nichts geht himmlisch in die Luft, alles verwirklicht sich in einem vollkommenen Kreis. Die Freude ganz oben ist die Freude ganz unten:

Ein Frohlocken in den Tiefen des Schlafes,
Ein Herz der Wonne in der Tiefe einer Welt des Schmerzes.[27]

Eine tatkräftige Freude, eine mächtige Erleuchtung im Puls unserer Adern anstelle einer aseptischen Seligkeit über unseren Köpfen:

Allmächtige Gewalten liegen verschlossen in den Zellen der Natur.[28]

Denn das supramentale Bewußtsein ist kein ätherischeres Bewußtsein, sondern ein dichteres Bewußtsein, die eigentliche Schwingung, die ständig Materie bildet und Welten neu zusammensetzt; sie kann die Erde verändern.

Die Mutter berichtet:

Auf dem schroffsten Grund des Unterbewußtseins,
dort wo es am starrsten, engsten und beklemmendsten ist,
traf ich auf eine allmächtige Feder,
die mich mit einem Schlag hinausschleuderte
in eine Unermeßlichkeit ohne Form und Grenze,
wo die Samen einer neuen Welt vibrieren.

Hier liegt der Schlüssel zur Transformation, der Schlüssel zur Beherrschung der Gesetze der Materie durch das Bewußtsein in der Materie – das Bewußtsein ganz oben ist das Bewußtsein ganz unten. Das ist das Tor in die Welt der Zukunft und die neue Erde, welche die Schrift vor zweitausend Jahren ankündigte: „Eine neue Erde, in der die Wahrheit wohnt" (II Petrus 3.13). Denn die Erde ist in Wahrheit unser Heil, der Ort des Sieges und der vollkommenen Erfüllung. Es besteht keine Notwendigkeit zur himmlischen Weltflucht, alles ist im Körper vollkommen gegenwärtig – die Freude, das Bewußtsein, die höchsten Kräfte. Haben wir nur den Mut, unsere Augen dafür zu öffnen und wirklich hinabzusteigen, um einen lebendigen Traum zu leben anstatt eines Traumes, der schläft:

Sie mußten in die äußerste Begrenztheit eindringen,
um die äußerste Grenzenlosigkeit zu gewinnen.[29]

Und gleichzeitig entdeckte Sri Aurobindo damit das verlorene Geheimnis – das des Veda und das all der mehr oder weniger entstellten Überlieferungen, die vom Iran bis nach Zentralamerika und den Ufern des Rheintals, von Eleusis zu den Katharern und von den Rittern der Tafelrunde bis zu den Alchemisten weitergereicht wurden – das Geheimnis all derer, die nach Vollkommenheit suchen. Es ist die Suche nach dem Schatz auf dem Grund der Kaverne, die Schlacht gegen die unterbewußten Kräfte, Menschenfresser, Zwerge und Schlangen, von der die Mythologien berichten; die Geschichte von Apollo und der Pythonschlange, von Indra und der Schlange *Vrtra*, Thor und den Riesen, Sigurd und Fafner; dem Sonnenkult der Mayas, dem Abstieg des Orpheus, der Verwandlung. Es ist die Schlange, die in ihren eigenen Schwanz beißt. Und vor allem ist es das Geheimnis der vedischen Rishis, die höchstwahrscheinlich als erste das entdeckten, was sie den „großen Übergang" nannten, *mahas patah* (II.24.6), die Welt des „ungebrochenen Lichtes", *Swar*, tief im Felsen des Unbewußten: „Durch ihr Mantra brachen unsere Väter die gewaltigen und unzugänglichen Räume, mit ihrem Ruf zerschmetterten die Angiras-Seher* den Gebirgsfels; sie schufen in uns einen Pfad zum Großen Himmel, sie entdeckten den Tag und die Sonnenwelt" (Rig-Veda I.71.2), sie entdeckten „die Sonne, die in der Finsternis weilt" (III.39.5). Sie fanden „den Schatz des Himmels verbor-

---

* Die ersten Rishis.

gen in der geheimen Kaverne, gleich dem Jungen des Vogels – diesen Schatz innerhalb des unendlichen Felsen" (I.130.3).

Der Schatten und das Licht, das Gute und das Böse bereiteten den Weg für eine göttliche Geburt in der Materie vor: „Der Tag und die Nacht stillen beide das göttliche Kind."[30] Nichts ist verflucht, nichts eitel, die Nacht und der Tag sind „zwei unsterbliche Schwestern mit einem gemeinsamen Geliebten (der Sonne)... in Wahrheit verbunden und doch von unterschiedlicher Gestalt" (I.113.2, 3). Am Ende der „Wallfahrt" von Aufstieg und Herabkommen ist der Suchende „Sohn beider Mütter" (III.55.7), er ist der Sohn von *Aditi*, der weißen Mutter* des unendlichen Überbewußtseins, und der Sohn von *Diti*, der irdischen Mutter der „dunklen Unendlichkeit". Er besitzt „die zwei Geburten", menschlich und göttlich, „ewig und in einem Nest... wie einer, der sich seiner beiden Frauen erfreut" (I.62.7): „Der Gehalt des trächtigen Hügels** [trat hervor] zur höchsten Geburt... ein Gott öffnete die menschlichen Pforten" (V.45). „Dann, in der Tat, erwachten sie und sahen zur Gänze. Hinter sich, um sich und überall erfuhren sie die Ekstase, die im Himmel genossen wird. In allen verschlossenen Gebäuden*** fanden sich alle Götter" (Rig-Veda IV.1.18).

Des Menschen Hoffnung ist erfüllt, desgleichen der Rishi Gebet: „Mögen Himmel und Erde gleich und eins sein."[31] Das große Gleichgewicht ist wieder hergestellt.

Der Himmel in seiner Begeisterung erträumt eine vollkommene Erde,
Die Erde in ihrer Qual erträumt einen vollkommenen Himmel...
Verwunschene Ängste halten sie von ihrer Einheit ab.[32]

Und das ist die Freude – *Ananda*. Sie steht am Anfang und am Ende aller Dinge und ist überall gegenwärtig, wenn wir nur tief genug graben. Sie ist „der Honigbrunnen unter dem Fels" (Rig-Veda II.24.4).

---

* Diese vorzeitliche Überlieferung, die auch den Hebräern bekannt ist, scheint durch das Christentum in Gestalt der Jungfrau Maria und der unbefleckten Empfängnis recht genau aufgenommen worden zu sein.
** Das materielle Unbewußte.
*** In allen unseren Wesensebenen oder Bewußtseinszentren.

15. Kapitel

Das Supramentale Bewußtsein

Es ist äußerst schwierig, das supramentale Bewußtsein in mentale Begriffe zu fassen, denn es ist per Definition nicht mental und entzieht sich unseren dreidimensionalen Gesetzen und Perspektiven. Vielleicht führt uns der Begriff selbst irre, denn es handelt sich hier nicht um einen Gipfel des menschlichen Bewußtseins sondern um ein anderes Bewußtsein. Wir bemühen uns um verschiedene Annäherungen, und dabei lassen sich zwei unterschiedliche Aspekte hervorheben, der Aspekt von Bewußtsein oder Vision und der Aspekt der Kraft, doch hier fallen wir bereits wieder in die mentale Falle, denn beide sind nicht voneinander zu trennen. Es handelt sich hier um ein Bewußtsein, das sowohl Macht ist als auch aktive Vision. Es läßt sich oft beobachten, wenn die Mutter oder Sri Aurobindo ihre Erfahrung zu beschreiben versuchen, daß ihre Worte darüber in Englisch und Französisch ein gegenseitiges Echo bilden: *une autre langue – another language* – eine andere Sprache tut not.

Supramentale Sicht

Die supramentale Sicht ist eine globale Sicht. Das Mental stanzt sich kleine Fragmente aus und stellt sie einander gegenüber. Das Übermental bündelt alles in einem einzigen Strahl, doch endet sein Strahl auf einem Punkt, und es betrachtet alles von seinem eigenen Standpunkt aus. Es vereinheitlicht und verallgemeinert durch Exklusion oder Annexion aller anderen Gesichtspunkte. Das Supramental sieht nicht nur die ganze Welt aller Wesen und Dinge in einer einzigen Schau, die alle Strahlen bündelt, ohne sich irgend etwas zu widersetzen, sondern es sieht ebenso vom Standpunkt jedes Dinges, jedes Wesens, jeder Kraft. Es verfügt über eine abgerundete Sichtweise, die nicht in einem bestimmten Punkt endet sondern in Myriaden von Punkten:

Ein einziger unzählbarer Blick...[1]

Das supramentale Wesen sieht die Dinge nicht aus ebenerdiger Perspektive von einem Dschungel gegenwärtiger Fakten und Phänomene umlagert, sondern von oben, es urteilt nicht von außen und nach der Oberfläche der Dinge, sondern von innen und von der Wahrheit des ihnen eigenen Zentrums aus betrachtet.[2] Demnach läßt sich nichts vom Supramental verstehen, wenn man nicht von einer anderen Dimension ausgeht. Es läßt sich jedoch verstehen, daß es sich um die eigentliche Vision der Weisheit handelt, denn jedes Ding, jedes Wesen, jede Kraft hier strebt nach einem Absoluten, das es mehr oder weniger schlecht und oft in entstellter Weise ausdrückt, jedoch gehorcht jedes dieser Elemente trotz all seiner Fehler und Entstellungen einem inneren Gesetz, das es der einzigartigen Wahrheit seines Wesens entgegendrängt – keines der Blätter eines Baumes, das nicht einzigartig wäre. Gäbe es nicht im Zentrum von uns ein solches Absolutes, so würden wir schlicht zerfallen. Aus diesem Grunde hängen wir so stark an unserer Beschränktheit und unseren Fehlern, denn wir ahnen die Wahrheit, die sich hinter ihnen entwickelt, als wäre sie gerade durch die Beschränktheit und die Fehler *geschützt*[3], wie Sri Aurobindo sagt. Begriffen wir nun die ganze Wahrheit auf einen Schlag, so würden wir sie entsprechend unserer gegenwärtigen Vorstellung auf eine Zwergengestalt reduzieren. Wahrheit hat nichts zu tun mit Gedanken oder gutem Betragen, obwohl das Schritte auf dem Weg sein mögen, sondern es hat zu tun mit der Weite des eigenen Wesens, und der Wachstumsprozeß ist langwierig und schmerzvoll. *Irrtümer, Lügen, Fehltritte! schreien sie. Wie hell und schön sind Deine Irrtümer, o Herr! Deine Lügen retten die lebendige Wahrheit; durch Deine Fehltritte wird die Welt vollkommen.*[4] Aber das Mental, das nur die gegenwärtige Oberfläche der Dinge sieht, möchte alles, was es selbst übertrifft, auf sein eigenes Maß zurückstutzen, alles möglichst zu einem Vakuum raffinieren und die Welt auf eine gleichförmige, griffige und salbadernde Wahrheit reduzieren. Es verfügt: „Dies ist gut, und das ist böse, dies ist freundlich und das feindlich." Es mag alle Nazis oder alle Chinesen von der Erde eliminieren wollen, in der Annahme, daß es sich hier um vermeidbare Katastrophen handelt. Und es hat damit insofern recht, per Definition, weil es geschaffen ist, um folgerichtig zu funktionieren, und es tendiert zu einem moralischen und mentalen Absoluten, das seinen Platz und seinen Zweck hat. Aber es trifft nicht die ganze Wahrheit, sondern nur *einen* Standpunkt unter anderen.* Und aus diesem

---

* Man sagt, daß unsere Parteilichkeit, unser Mental und unsere Moralvorstellungen notwendige Instrumente sind, um in der bestehenden Welt zu leben und sie zu meistern, und das ist richtig. Wir bedürfen der Parteilichkeit. Aber aus eben diesem
...

Grunde sind wir machtlos, denn verfügten wir über Macht, würden wir aus Unwissenheit und Kurzsichtigkeit in allerbester Absicht ein vollkommenes Tohuwabohu damit anrichten. Unsere Schwächen sind notwendige Schwächen. Das supramentale Bewußtsein begreift nicht nur alle Gesichtspunkte in sich ein, es beinhaltet darüber hinaus die tieferen Kräfte, die hinter den Dingen arbeiten, sowie die jeder Sache innewohnende Wahrheit – es ist ein *Wahrheits-Bewußtsein.* Und weil es alles übersieht, hat es natürlicherweise auch die Macht; zwischen beidem besteht eine automatische Übereinstimmung. Wenn wir ohnmächtig sind, so liegt das daran, daß wir nicht sehen. Sehen, vollständig sehen, bedeutet notwendigerweise eine Macht. Aber die supramentale Macht gehorcht unserer Logik und unseren Moralvorstellungen keineswegs. Sie sieht weit in den Raum und die Zeit hinein. Sie versucht nicht, das Böse auszumerzen, um das Gute zu retten, sie arbeitet nicht durch Wunder. Sie setzt das Gute innerhalb des Bösen frei und richtet ihre Kraft und ihr Licht auf die Schattenhälfte der Dinge, damit diese ihren leuchtenden Widerpart annehmen können. Was immer sie durchdringt, ihre erste, unmittelbare Wirkung ist es, eine Krise auszulösen, das heißt genauer, die Schatten mit ihrem eigenen Licht zu konfrontieren. Sie löst einen gewaltigen evolutionären Gärungsprozeß aus.

Das schriftliche Werk von Sri Aurobindo, obwohl mentaler Ausdruck eines supramentalen Faktums, ist ein praktisches Beispiel dieser globalen Schau. Es ist deshalb für viele verwirrend, weil es all jene Blickwinkel vermissen läßt, die einen Gedanken so leicht verständlich machen – doktrinär zu sein, ist sehr einfach. Sri Aurobindo umkreist buchstäblich alle Gesichtspunkte, um von jedem einzelnen auf die tiefere Wahrheit zu schließen, ohne aber dem Leser seinen eigenen Gesichtspunkt aufzunötigen (vielleicht eben deshalb, weil ihm keiner oder alle gleichzeitig eigen sind), er weist lediglich darauf hin, was an jeder einzelnen Wahrheit fehlt und in welche Richtung sie erweitert werden kann. Das Supramental setzt nicht *Wahrheit gegen Wahrheit, um festzustellen, welche von beiden diese Gegenüberstellung aushält und überlebt, sondern es ergänzt Wahrheit durch Wahrheit im Licht der Einen Wahrheit, von der sich alle*

Grunde bleibt die Welt auch geteilt und unvollständig. Man darf nicht vergessen, daß es sich um vorübergehende Instrumente handelt und daß wir bestrebt sein sollten, diese *Lückenbüßer,* wie sie Sri Aurobindo nennt, durch ein Bewußtsein zu ersetzen, das sowohl Schau ist als auch Macht.

*anderen herleiten...*⁶. Und er spricht von *dem Licht des Gedankens, der seine eigenen Widersprüche enthalten kann*⁷. Die Mutter nannte das *sphärisches Denken*. Wenn man über Sri Aurobindo spricht, hat man immer das Gefühl, entsetzlich dogmatisch und mental zu sein, zweifellos erwächst dies aus dem Ungenügen unserer Sprache, die sich immer nur auf einen Punkt konzentriert, unter Vernachlässigung aller anderen, und folglich Schatten wirft, während Sri Aurobindo alles umfaßt, nicht durch „Toleranz", die ja nur ein mentales Surrogat für Einheit darstellt, sondern aufgrund einer ungeteilten Vision, die tatsächlich mit jedem betrachteten Gegenstand *eins* ist und jedem Ding auf den Grund geht. Vielleicht ist das die eigentliche Schau der Liebe.

Diese ungeteilte Schau ist so wirklich, daß sich unter ihrem Blick sogar das physische Erscheinungsbild der Welt verändert; oder besser, es nicht ändert, sondern die physische Welt so erscheinen läßt, wie sie tatsächlich ist. Die fragmentierende optische Täuschung, in der wir gewöhnlich leben, löst sich auf, der Stab erscheint nicht mehr gebrochen, Dasein und Dinge ergeben wieder Sinn – die Welt ist nicht so, wie wir sie sehen: *Nichts ist für den supramentalen Sinn endlich: Er ist auf ein Gefühl von allem in jedem und jedem in allem gegründet. Seine Sinn-Definition, obwohl genauer und umfassender als die mentale, schafft keine Mauern der Begrenzung. Es ist ein ozeanischer und subtiler Sinn, jede gesonderte sinnliche Erkenntnis und Sinneswahrnehmung in ihm ist Welle, Bewegung, Stäuben oder ein Tropfen, der wiederum eine Konzentration des ganzen Ozeans und untrennbar von diesem Ozean ist... Es ist, als hätte das Auge des Dichters oder Künstlers die ungenaue oder triviale, normale Sichtweise, die nichts sieht, ersetzt – dabei in einzigartiger Weise vergeistigt und verklärt –, als wäre es tatsächlich die Sicht des höchsten göttlichen Dichters und Künstlers, an der wir teilhaben, und als würde uns die volle Einsicht seiner Wahrheit und Absicht in seinem Entwurf des Universums und von jedem Ding im Universum gegeben. Dort besteht eine unbegrenzte Intensität, durch die alles Gesehene zur Offenbarung einer Pracht der Qualität und Idee und Gestalt und Farbe gerät. Das physische Auge scheint dann einen Geist und ein Bewußtsein in sich zu tragen, das nicht allein den physischen Anteil eines Gegenstandes wahrnimmt, sondern die Seele und Essenz der Qualität, die diesem innewohnt, das Vibrieren der Energie, das Licht und die Kraft und die spirituelle Substanz, aus der er geschaffen ist... Gleichzeitig entsteht eine subtile Veränderung, durch welche man in einer Art vierten Dimen-*

sion sehen kann, deren Charakter eine bestimmte Innigkeit aufweist, ein Sehen nicht nur der Oberfläche und der äußeren Form, sondern von dem, was diese Form in-formiert und sich subtil um sie herum erstreckt. Das materielle Objekt wird in dieser Schau zu etwas anderem als dem, was wir gegenwärtig sehen, kein separater Gegenstand vor dem Hintergrund oder in der Umgebung der übrigen Natur, sondern ein untrennbarer Teil der ganzen Einheit und selbst in subtiler Weise ein Ausdruck der Einheit von allem, was man wahrnimmt. Und diese Einheit... ist eine Einheit der Identität der Ewigkeit, die Einheit des Geistes. Denn für den supramentalen Seher hören die materielle Welt und der materielle Raum und die materiellen Objekte auf, in dem Sinne materiell zu sein, in dem wir sie gegenwärtig aus der alleinigen Evidenz unserer beschränkten physischen Sinnesorgane heraus aufnehmen... Sie erscheinen und werden wahrgenommen als Geist an und für sich in Gestalt seiner Selbst und als dessen bewußte Ausdehnung.* [8]

Globale Sicht, ungeteilte Sicht und gleichzeitig ewige Schau. Das ist der Triumph über die Zeit. Während das übermentale Bewußtsein „weite Strecken von Raum und Zeit" wahrnimmt, umfaßt das Supramental vollkommen alle drei Zeiten, es *verbindet Vergangenheit, Gegenwart und Zukunft in ihrem unteilbaren Zusammenhang, nebengeordnet in einer einzigen ununterbrochenen Landkarte von paralleler Erkenntnis.* [9]*

Alle Zeiten ein Körper, Raum ein einziges Buch. [10]

Das Bewußtsein ist nicht länger ein photographischer Verschluß, der eng sein muß, um die Überbelichtung zu verhindern. Es ist ein ruhiger, weiter Blick: „einem Auge gleich, das sich in den Himmel erstreckt", wie es im Rig-Veda heißt (I.17.21). *Das gewöhnliche individuelle Bewußtsein gleicht einer Achse,* sagt die Mutter, *und alles dreht sich um diese Achse. Bewegt sie sich ein wenig, verlieren wir die Orientierung. Es gleicht einer großen Achse (mehr oder weniger groß, manchmal ist sie winzig), die in*

---

* Hier läßt sich eine interessante Parallele zu Einsteins Relativitätstheorie ziehen. Einstein zufolge verlangsamt sich die Zeit, und Entfernungen verkürzen sich mit zunehmender Annäherung an die Lichtgeschwindigkeit. Bei Lichtgeschwindigkeit hätten unsere Chronometer keine Zeit mehr anzugeben und unsere Meßinstrumente keine Entfernung mehr zu verzeichnen. Das supramentale Bewußtsein, das eigentliche Licht, ist ebenfalls die Überwindung von Entfernung und Zeit. Zwischen dem Licht der Physiker und dem Licht der Seher besteht vielleicht weniger Unterschied, als man denkt.

Das Supramentale Bewußtsein 249

der Zeit fixiert ist und um die sich alles dreht. Das Bewußtsein kann sich mehr oder weniger weit erstrecken, mehr oder weniger hoch und mehr oder weniger stark, auf jeden Fall aber bewegt es sich um diese Achse. Für mich besteht keine Achse mehr – sie ist fort, aufgelöst. So kann das Bewußtsein nach Norden, Süden, Osten oder Westen gehen; es kann vorwärts, rückwärts und überall hingehen. Die Achse ist weg.

Vom mentalen Standpunkt aus betrachtet ist es schwer vorstellbar, wie die Schau eines derartig universellen Wesens aussehen könnte. Man ist versucht anzunehmen, daß ein solch totales Wissen der drei Zeitformen augenblicklich jede Überraschung innerhalb des Daseins ausräumt. Das hieße jedoch, dem supramentalen Bewußtsein Wesenszüge und Reaktionsweisen zuzuschreiben, die allein dem mentalen Bereich eigen sind. Die Art und Weise, die Welt zu sehen und zu *erfahren,* ist in beiden Fällen grundverschieden. Das supramentale Bewußtsein ist nicht so eifrig und unduldsam auf die Zukunft gerichtet, wie wir es sind. Vor seinen Augen ist alles ausgebreitet, aber es erlebt den Zeitfaktor göttlich: *Jede Sekunde der Zeit wird als etwas Absolutes erfahren, so voller Fülle wie alle Millennien zusammengenommen. Es ist im Gegenteil die äußerste Perfektion der Zeit.* Im gewöhnlichen Dasein leben wir niemals wirklich in der Gegenwart, wir sind entweder von der Zukunft angezogen oder in der Vergangenheit zurückgehalten, erwarten etwas oder trauern ihm nach, der gegenwärtige Augenblick wird nie eigentlich erfaßt mit allem, was er enthält, immer fehlt etwas, ist schrecklich leer. Im supramentalen Bewußtsein hingegen ist jedes Ding in jedem Augenblick vollkommen das, was es sein sollte und wie es sein sollte, ist anhaltende und unveräußerliche Wonne. Jede Sekunde, jedes Bild des kosmischen Films enthält all die vorangehenden Bilder ebenso wie alle folgenden, es entsteht weder ein Mangel durch die Abwesenheit von Zukunft noch durch ein Zerrinnen der Vergangenheit – „jene Wonne, die am weitesten und vollsten und ohne Lücke ist," sagt der Rig-Veda (V.62.9), jene *unverletzte Freude*[11], schreibt Sri Aurobindo. Gleichermaßen ist es die äußerste Perfektion des Raumes. Wir heischen ständig nach neuen Dingen, da es jedem einzelnen Ding an allen anderen Dingen ermangelt, die nicht in ihm präsent sind; unsere Dinge sind so leer wie unsere Augenblicke. Für das supramentale Bewußtsein aber ist jedes Ding, das es berührt, so vollständig und unendlich wie die Schau der Unermeßlichkeiten oder die Summe aller möglichen Gegenstände: *Das Absolute ist überall... jedes Endliche ist ein Unendliches.*[12] Und es besteht ein sich beständig erneuerndes Staunen, das nicht von Überraschungen herrührt, sondern von der andauernden Entdeckung dieser ewigen Unendlichkeit, dieser zeitlosen Unbedingtheit innerhalb jedes raumgebundenen Gegenstandes und jeder Sekunde in der Zeit. Es ist die vollkommene Lebensfülle, denn unser begrenztes, zeitbefangenes Leben ist nicht erfüllt, in ihm herrscht quälender Mangel. Entweder müssen wir der Zeit den Rücken kehren, um die Zeitlosigkeit zu finden, oder andererseits unserer Sehnsucht nach Unendlichkeit entsagen, um das Endliche genießen zu können, während die supramentale Fülle Unendlichkeit im Endlichen und Zeitlosigkeit im Zeitlichen entdeckt. Es lebt spontan jede Sekunde und erlebt jeden Gegenstand sowie die Unermeßlichkeit, die alle Sekunden und Gegenstände in sich enthält. Und das sind zwei mögliche Arten, *simultan* dieselbe Sache zu sehen und zu erfahren.

Das supramentale Bewußtsein hat nicht allein einen kosmischen Status sondern ebenso einen transzendenten, und beide stehen nicht im Widerspruch zueinander, sondern ihre Simultaneität ist der Schlüssel zu wahrem Leben. Denn im Leben herrscht nicht allein deswegen Mangel, weil seine Dinge leer und seine Zeiterfahrung so unterbrochen und zerstückelt ist, sondern auch weil es ihm an Ruhe und Kontinuität fehlt. Alle Religionen und alle spirituellen Bestrebungen erwachsen aus dieser fundamentalen Not im Menschen: eine dauerhafte Grundlage zu finden, eine Bewahrungsstätte des Friedens vor all dem einstürmenden Chaos, der Unsicherheit und der Qual der Welt – etwas, das für immer Distanz und Schutz garantiert. Und plötzlich im Verlauf unserer Suche treffen wir auf ein ungeheures Schweigen, eine Weite außerhalb dieser Welt, die wir Gott genannt haben, das Absolute, Unbedingte oder Nirvana – gleich welcher Begriff, wir haben die große Befreiung erreicht. Das ist die grundlegende Erfahrung. Nähern wir uns diesem großen Schweigen auch nur ein wenig, verändert sich alles – dort bestehen Sicherheit und Friede, man fühlt sich wie ein Schiffbrüchiger, der einen rettenden Fels gefunden hat. Alles im Leben ist der Verunsicherung ausgesetzt, alles zerrinnt einem zwischen den Fingern, allein dieser Fels besteht. Aus diesem Grunde wird gesagt, daß das Reich Gottes nicht von dieser Welt ist. Die Erfahrung Sri Aurobindos begann mit dem Nirvana, doch sie endete in der Fülle der Welt. Das Verständnis dieses Widerspruchs ist von zentraler Bedeutung für unser Verständnis vom praktischen Geheimnis des wahren Lebens.

Das Supramentale Bewußtsein

Das Mental, selbst das Übermental unserer Propheten ist unabänderlich an die Dualitäten (Dualitäten innerhalb der Einheit) gebunden: Wenn Gott oben ist, kann er nicht unten sein. Ist etwas weiß, so kann es nicht schwarz sein. Innerhalb der supramentalen Erfahrung ist alles abgerundet, *es ist immer ein Ja und ein Nein gleichzeitig*, bemerkte die Mutter, die beiden Pole jedes Dinges sind ständig in einer anderen „Dimension" überbrückt – „die geheimen inneren Räume", wie sie die vedischen Rishis nannten (II.4.9). Deshalb liegt das Transzendente nicht außerhalb der Welt; es existiert überall hier, gleichzeitig völlig innerhalb und völlig außerhalb. In gleicher Weise befindet sich das supramentale Bewußtsein vollkommen in der Welt und vollkommen jenseits der Welt. Es liegt gleichermaßen im ewigen Schweigen als auch inmitten allen Aufruhrs. Es befindet sich auf dem unerschütterlichen Fels und gleichzeitig ganz im Strom. Aus diesem Grunde ist es wirklich in der Lage, ein volles Leben zu leben und zu genießen und doch dabei Herrscher über das Leben zu sein, denn bleibt man allein im Strom, so findet man weder Friede noch Beherrschung; man wird wie ein Strohhalm im Wind hin- und her geworfen. Die supramentale Erfahrung wird vielleicht verständlicher, wenn wir auf die einfachen Anfangserfahrungen im Yoga zurückblicken. Man gewahrte ziemlich bald, trat man bewußt einen kleinen Schritt zurück, machte eine nur geringfügige Bewegung des Rückzugs, daß man in einen im Hintergrund bestehenden Bereich des Schweigens eintreten konnte – als wäre dieser ein Bestandteil unseres Wesens, der sich unverwandt den weißen Weiten eines großen Hohen Nordens zuwendet. Außen gibt es sehr wohl Aufruhr, Leiden und Probleme. Machen wir jedoch eine kleine Bewegung nach innen, als würden wir eine innere Schwelle übertreten, stehen wir augenblicklich außerhalb von allem (oder innerhalb?), Lichtjahre entfernt, unberührt, und nichts ist mehr von Bedeutung. Man liegt wie auf Schneeweiten aus Samt. Die Erfahrung wird langsam so sehr zur Gewohnheit, daß man inmitten der anstrengendsten und enervierendsten Aktivität, in der rush-hour, während einer hitzigen Debatte, am Arbeitsplatz, sich nach innen versenkt (oder nach außen?), und beinahe nichts existiert mehr außer einem Lächeln – und dafür erfordert es nur einen Augenblick. Auf diese Weise beginnt man, mit dem Frieden vertraut zu werden. Man trägt eine uneinnehmbare, unveräußerliche Zufluchtsstätte in sich, jederzeit, überall und unter allen Umständen. Und man beginnt, in zunehmend konkreter Weise wahrzunehmen, daß dieses Schweigen nicht allein innen, in einem selbst besteht sondern überall, als wäre es der eigentliche Stoff, aus dem das Universum geschaffen ist, als würde jedes Ding sich vor diesem Hintergrund abheben, von dort hervorgehen und dorthin zurückkehren. Es ist gleich einer Oase der Süße im Herzen der Dinge, gleich einem Umhang aus Samt, der alles einhüllt. Und dieses Schweigen ist nicht leer, es ist die absolute Fülle, aber eine Fülle, die nichts enthält, oder besser, welche die Essenz von allem enthält, das sein kann, genau einen Augenblick, bevor die Dinge zu existieren beginnen, sie sind noch nicht zugegen und doch völlig zugegen, gleich einem Lied, das man zu singen anhebt. Darin (oder außerhalb davon?) ist man wunderbar geborgen. Es ist eine erste Reflexion des Transzendenten. Nur einen Schritt weiter, und man würde ins Nirvana gleiten. Nichts existiert mehr außer diesem Schweigen. Aber im Supramental gibt es keinen „Übergang" mehr, keine zu überschreitende „Schwelle", man *wechselt* nicht mehr von einem Zustand in den anderen, vom Schweigen in die Unruhe, vom Inneren nach außen, vom Göttlichen zum Nichtgöttlichen – beide Seiten verschmelzen zu einer einzigen Erfahrung: Das Schweigen, das außerhalb von allem steht, verschmilzt mit dem Werden, das sich überall ausbreitet. Das eine negiert nicht das andere, *das eine kann nicht ohne das andere bestehen.* Denn wenn das höchste Schweigen nicht auch das Gegenteil dieses Schweigens in sich enthalten könnte, wäre es nicht unendlich. Könnte das Schweigen nicht vollkommen frei und außerhalb von dem stehen, was als sein Gegenteil erscheint, wäre es Gefangener dieses Gegenteils. Das Reich Gottes ist von dieser Welt und ist nicht von dieser Welt. Das ganze Geheimnis besteht darin, beide Erfahrungen in einer einzigen Erfahrung zu verbinden, das Unendliche im Endlichen, das Zeitlose in der Zeit und das Transzendente im Immanenten. Dann hat man den Frieden in Aktion und die Freude unter allen Bedingungen.

> *Ruhig und still wie das Meer lacht er im Rollen der Wellen:*
> *Universell ist er alles – transzendent niemand.*[13]

Das supramentale Bewußtsein gibt das Geheimnis des großen ruhigen Lichtes wieder, das sich außerhalb der Zeit stehend „eines Tages" dazu entschied, sich selbst in zeitlicher Abfolge zu betrachten, von Myriaden von Gesichtspunkten aus, ohne dabei seine Einheit und Totalität zu verlieren, sich selbst in einem ewigen Augenblick vollkommen enthaltend. Die Evolution hat kein anderes Ziel, als ganz unten diese Totalität von oben wiederzuentdecken, und hier auf der Erde, inmitten der schärfsten Widersprüche und Dualitäten, die höchste Einheit, die höchste Unendlichkeit, die höchste Freude – das *Ananda* wiederzuentdecken. Sobald wir einen Schritt nach oben gingen, wurden wir jedesmal herabgezogen, um dieses Geheimnis zu finden.

Supramentale Macht

Spirituelle Menschen lehnen jede Macht ab, als sei sie eine Waffe, die des Wahrheitssuchenden unwürdig ist. Das ist jedoch nicht Sri Aurobindos Einstellung, im Gegenteil, der Begriff der Kraft – *Shakti* – nimmt eine Schlüsselstellung in seinem Yoga ein, denn ohne Macht läßt sich nichts transformieren. *Ich schätze Gott das Feuer, nicht Gott den Traum!* ruft Savitri aus.[14]

Ein Feuer, um Ewigkeit in die Zeit zu rufen,
Des Körpers Freude so lebendig zu machen
wie die Freude der Seelen.[15]

Es ist ein Fehler des ethischen oder religiösen Denkens, Macht als etwas an sich Unannehmbares oder Nichterstrebenswertes zu verdammen, da sie automatisch korrumpierend und von Übel sei. Obwohl diese Auffassung durch eine Vielzahl von Beispielen offensichtlich gerechtfertigt erscheint, ist es ein von Grund auf blindes und irrationales Vorurteil. Gleich wie korrumpiert und mißbraucht, wie auch Liebe und Wissen korrumpiert und mißbraucht werden, ist Macht dennoch göttlich und zum göttlichen Nutzen hier angelegt. Shakti – Wille, Macht ist die Antriebskraft der Welten, und ganz gleich, ob es sich um Erkenntnis-Kraft oder Liebes-Kraft oder Lebens-Kraft oder Tat-Kraft oder Körper-Kraft handelt, sie ist immer spirituell in ihrem Ursprung und göttlich in ihrem Charakter. Es ist die Verwendung, die sie durch die Unwissenheit des Tieres, des Menschen oder des Titanen erfährt, die verworfen und ersetzt werden muß durch ihre größere, natürliche (wenn auch für uns supranormale) Aktionsweise, geführt durch ein inneres Bewußtsein, das sich mit dem Unendlichen und dem Ewigen in Übereinstimmung befindet. Der integrale Yoga kann nicht die Aufgaben und Früchte des Lebens ablehnen und sich mit inwärtigen Erfahrungen allein zufrieden geben; er muß nach innen gehen, um das Äußere verändern zu können.[16] Dieser Aspekt von „Kraft" oder „Macht" des Bewußtseins wird in Indien durch das Bild der Ewigen Mutter ausgedrückt. Ohne Bewußtsein besteht keine Kraft, ohne Kraft gibt es keine Schöpfung – Er und Sie, beide in einem, unzertrennlich. *Die ganze weite Welt ist nur Er und Sie.*[17] Evolution ist die Geschichte, daß Sie Ihn wiederentdeckt und danach strebt, Ihn überall zu inkarnieren. Es geht nicht darum, das eine für das andere zu verwerfen – ohne Ihn sind wir Gefangene einer blinden Kraft, ohne Sie sind wir Gefangene einer blendenden Leere. Es gilt, beide innerhalb einer erfüllten Welt zu vereinen. „In blinde Dunkelheit treten jene ein, die der Unwissenheit folgen, und jene wie in eine größere Dunkelheit, die sich allein dem Wissen widmen," heißt es in der Isha Upanishad (9).

Vor allem anderen ist das Supramental eine Macht – eine ungeheure Macht. Es ist die unmittelbare Macht des Geistes in der Materie. Alles Bewußtsein ist Macht, und je höher man aufsteigt, desto größer die Macht, desto weiter allerdings findet man sich auch von der Erde entfernt. Wenn wir unsere übermentale Macht auf die Angelegenheiten dieser Welt anwenden wollen, müssen wir sie durch jede der verschiedenen Ebenen wieder herabbringen und die entsprechenden Determinismen aller Zwischenebenen außer Kraft setzen, bevor sie auf den Grund, die Materie, gelangen kann. Am Ende dieser Herabkunft bleibt nur ein trüber und schwerfälliger Reflex des Übermentals zurück, der gegen zunehmend zähere und rebellischere Determinismen anzukämpfen hat. Aus diesem Grunde ist es den Spiritualisten nie gelungen, das Leben zu verändern. Das Supramental dagegen ist die höchste Bewußtseins-Kraft im innersten Kern der Materie, ohne Zwischenträger. Es ist die „Sonne in der Finsternis" des Veda, die unmittelbare Verbindung von Gipfel und Grund. Deshalb ist es fähig, alles zu verändern. Erinnern wir uns an Mutters Worte: „Die wahre Bewußtseinsveränderung ist die, welche die physischen Bedingungen der Welt verändern wird und aus ihr eine vollkommen neue Schöpfung macht."

Um es gleich zu sagen, die supramentale Macht agiert weder durch Wunder noch durch Gewalt – der ganze Begriff des Wunders ist absurd, wie Sri Aurobindo oft wiederholt hat: *Es gibt nichts dergleichen wie Wunder*[18], es gibt lediglich Phänomene, deren Prozeßweise uns unbekannt ist. Und für jemand, der sieht, gibt es nur das Eingreifen eines Determinismus einer höheren Ebene in einen Determinismus einer tieferliegenden Ebene. Das Mental mag einer Raupe als Wunder erscheinen, wir wissen aber, daß unsere mentalen Wunder einem nachvollziehbaren Prozeß folgen. Das gleiche gilt für das Supramental. Es stürzt bestehende

Naturgesetze nicht um, es schreitet lediglich über sie hinweg (oder durch sie hindurch?) zu einer Ebene, auf der sie nicht mehr bestehen, etwa in der Weise, in der die Gesetze der Raupe für den Menschen kaum Gültigkeit haben. Genauer gesagt: die gewohnheitsmäßige Wiederholung bestimmter Schwingungen, die sich um eine Person herum verdichtet haben, gerinnen schließlich zu einem scheinbar festen Gefüge. Die betreffende Person wird sagen, sie gehorcht den „Gesetzen" ihrer Natur. Diese sogenannten Gesetze sind jedoch nicht weniger unabänderlich, als es etwa die Präferenz eines bestimmten Nachhauseweges gegenüber einem anderen ist; es ist einzig eine Frage der Gewohnheit. Dasselbe gilt für den ganzen Kosmos: All unsere sogenannten absolut gültigen Naturgesetze sind ebenfalls geronnene Gewohnheiten ohne eigentlich absoluten Charakter. Sie lassen sich praktisch entkräften, vorausgesetzt man ist gewillt, einen anderen Weg einzuschlagen, das heißt, sein Bewußtsein zu verändern. *Ein gewöhnliches Gesetz*, sagt Sri Aurobindo, *bedeutet nichts weiter als ein von der Natur hergestelltes Gleichgewicht, eine Stabilisierung der Kräfte. Es ist nur eine Spur, in der die Natur zu arbeiten gewohnt ist, um bestimmte Ergebnisse zu bewirken. Verändert man das Bewußtsein, so ändert sich notwendigerweise auch die Spur.*[19] Derartige „Spur-Wechsel" kennzeichnen den Verlauf unserer gesamten Evolution, angefangen mit dem Auftreten des Lebensprinzips in der Materie, das die materielle Spur modifiziert hat, bis zum Auftreten des Denkens innerhalb des Lebens-Bereichs, das die vitale und materielle Spur modifiziert hat. Das Supramental wiederum ist ein dritter Spur-Wechsel, der sowohl das Denken und das Leben als auch die Materie modifizieren wird. Dies hat bereits seinen Anfang genommen, und die damit einhergehende Erfahrung schreitet fort. Grundsätzlich besteht der supramentale Prozeß darin, das Bewußtsein, das in jedem einzelnen Element enthalten ist, freizusetzen. Er stellt die Ordnung des Universums nicht auf den Kopf, tut nichts und niemand Gewalt an, sondern verwendet seine Macht allein darauf, die Dunkelheit zu spalten, damit diese ihr eigenes Licht abgeben kann. „Er hat die Finsternis weit auseinandergespalten, wie man eine Tierhaut zerteilt, um unsere Erde* unter seiner leuchtenden Sonne auszubreiten," sagt der Rig-Veda (V.85.1). Da sich das göttliche und solare Bewußtsein überall befindet, ist die Welt und jedes Atom in der Welt göttlich. Der Herr des ganzen Universums ist ebenso „jener Eine,

---

* In den Veden ist die „Erde" auch ein Symbol des eigenen Fleisches.

der bewußt ist in den unbewußten Dingen", von dem der Rig-Veda spricht. Die Materie ist kein grober Stoff, der sich jeder Veränderung verwehrt, es sei denn durch einen massiven Angriff unserer Hände und Köpfe, die jedoch kaum etwas anderes produziert haben als Monstren. Sie ist eine göttliche Substanz, die reagieren kann, anstatt sich zu widersetzen, und die sich transformieren läßt, anstatt uns in ihre alten Gewohnheiten von Schwerkraft und Zerfall herunterzuziehen. Sie ist allerdings auch eine schlafende und verdunkelte Gottheit, „somnambul" hat sie Sri Aurobindo genannt, eine „verlorene, begrabene Sonne" heißt es im Veda. *Das Unbewußte ist der Schlaf des Überbewußten* [20]... *Das scheinbar Unbewußte des materiellen Universums enthält dunkel in sich alles, was im luminosen Überbewußten ewig selbst-offenbart ist.* [21] Das Supramental benutzt lediglich sein eigenes Licht, um das korrespondierende Licht – *dasselbe Licht* – in der Materie zu erwecken:

Die Wahrheit oben wird eine Wahrheit unten wecken. [22]

Denn diese Gesetzmäßigkeit ist über alle Zeiten hinweg die gleiche: allein Gleiches kann auf Gleiches einwirken. Einzig die Macht ganz oben kann die Macht ganz unten freisetzen.

Was ist nun diese Macht? Jede Art von Konzentration entbindet eine subtile Wärme, die all denen sehr gut vertraut ist, die Yoga-Disziplinen praktizieren (*tapasya* oder yogische Disziplin ist „dasjenige, was Wärme erzeugt"). Die supramentale Macht ist Wärme dieser Art, aber um ein Unendliches intensiver und in den Zellen des Körpers. Diese Wärme wird durch das Erwachen der Bewußtseins-Kraft in der Materie entbunden: *Alles verhält sich, als wäre unser spirituelles Leben aus Silber,* erklärt die Mutter, *während das supramentale Leben aus Gold besteht. Als wäre das ganze spirituelle Leben hier eine Silber-Schwingung, nicht kalt, aber einfach ein Licht, ein Licht, das zum Gipfel geht, ein Licht vollkommen rein, rein und intensiv. Doch das andere, das supramentale, hat eine Fülle, eine Macht, eine Wärme, die den ganzen Unterschied ausmachen.* Diese Wärme ist die Grundlage aller supramentalen Umwandlung. Tatsächlich ist die Wärme, die in einem Verbrennungsmotor oder in anderen chemischen Reaktionen auftritt, nicht zu sprechen von der weit größeren Wärme, die durch Kernverschmelzung oder Kernspaltung freigesetzt wird, lediglich eine physische Übersetzung eines fundamentalen spirituellen Phänomens, das die vedischen Seher wohl kannten und das sie *Agni* nannten, das spirituelle Feuer in der Materie: „Andere Flammen sind nur Zweige eures Stammes, o Feuer... O *Agni*, o universelle Gottheit, ihr seid die Nabelschnur der Erden und ihrer Bewohner; alle geborenen Menschen beherrscht und stützt ihr einer Säule gleich... Ihr seid das Haupt des Himmels und der Nabel der Erde... Ihr seid die Macht, welche sich zwischen den beiden Welten bewegt" (Rig-Veda I.59). „Eure Herrlichkeit, o Feuer, welche im Himmel ist und in der Erde und in den Pflanzen und in den Wassern und durch welche ihr die weite Mittel-Luft ausgebreitet habt, ist ein lebender Ozean des Lichtes, welcher mit göttlichem Blick sieht."[23]

„*Agni* ist in Erde und Himmel eingedrungen,
als wären sie eins."*

Dieses höchste *Agni*, das Sri Aurobindo und die Mutter in der Materie und in den Zellen des Körpers entdeckten, ist die Hebelkraft der Transformation des Körpers und der physischen Veränderung der Welt. Anstatt durch die entstellende und schwerfällige Vermittlung all der mentalen und vitalen Zwischendeterminismen zu agieren, vollzieht die in das Bewußtsein ihrer eigenen Kraft erwachte Materie von nun an ihre eigene Umwandlung. Anstelle einer Evolution, die immerfort zwischen zwei Polen hin- und hergerissen wird – Bewußtsein, das bar der Kraft zu einer seligen Ekstase führt, oder Kraft, die bar des Bewußtseins in die grobe Freude des Atoms mündet –, stellt das Supramental das Gleichgewicht in einem *vollständigen Wesen* wieder her: das höchste Bewußtsein in der mächtigsten Kraft, das Feuer des Geistes in der Materie – „O Flamme der hundert Schätze," ruft der Rig-Veda (I.59).

Es mag wertvoll sein, sich daran zu erinnern, daß Sri Aurobindo seine spirituelle Entdeckung im Jahre 1910 machte, noch bevor er die Veden las, zu einer Zeit, in der sich die Kernphysik noch im theoretischen Stadium befand. Unsere Wissenschaft läuft unserem Bewußtsein vorweg, von daher der abgründige Kurs unseres Schicksals.

Die Parallele zur Kernphysik ist umso erstaunlicher, wenn wir die supramentale Macht so beschreiben, wie sie dem Sehenden erscheint. Wir sagten, je höher man im Bewußtsein aufsteigt, desto beständiger und durchgehender das Licht: von den intuitiven Funken bis zu den „andauernden Blitzen" des Übermentals wird das Licht gleichförmiger. Man könnte demnach annehmen, das supramentale Licht sei eine Art lumino-

---

* Rig-Veda III.7.4.

ser Totalität, gänzlich still und stetig ohne den kleinsten Zwischenraum. Bemerkenswerterweise aber ist die Beschaffenheit des supramentalen Lichtes sehr verschieden von derjenigen der anderen Bewußtseinsebenen. Es verbindet zugleich vollkommene Unbewegtheit mit höchster Geschwindigkeit – auch hier sind die beiden entgegengesetzten Pole effektiv überbrückt. Wir können nur die Tatsache zitieren, ohne sie zu deuten. Im folgenden beschreibt die Mutter ihre erste Erfahrung mit dem supramentalen Licht: *Es gab diesen ganzen Eindruck von Macht, von Wärme, von Gold: es war nicht flüssig, sondern wie Puder, ein Stäuben. Und jedes dieser Elemente (man kann sie nicht Partikel oder Fragmente, ja nicht einmal Punkte nennen, es sei denn, man gebrauchte „Punkt" im mathematischen Sinne – als einen Punkt, der keinen Raum einnimmt) war wie lebendiges Gold, ein warmer, goldener Staub. Es war weder hell noch dunkel; noch war es ein Licht in dem Sinne, in dem wir es verstehen: aber eine Unzahl von winzigen goldenen Punkten, nichts weiter als das. Es war, als würden sie meine Augen, mein Gesicht berühren. Und mit welch ungeheurer Macht! Und gleichzeitig ein Gefühl von Fülle, von Frieden, von Allmacht. Es war so reich, so voll. Maximale Bewegung, unendlich viel schneller, als wir uns vorstellen können, und gleichzeitig war es absoluter Friede, vollkommene Ruhe.** Jahre später, nachdem die Erfahrung ihr sehr vertraut geworden war, sprach die Mutter davon in folgender Weise: *Es war eine Bewegung, die einer ewigen Schwingung ähnelt, ohne Anfang oder Ende. Etwas, das seit aller Ewigkeit und für alle Ewigkeit besteht und das keine zeitlichen Unterteilungen kennt. Erst wenn es auf eine Art Bildschirm projiziert wird, nimmt es zeitliche Unterteilungen an; man kann nicht sagen eine Sekunde, ein Augenblick... das ist sehr schwer zu erklären. Man hat kaum Zeit, es wahrzunehmen, und schon ist es vorbei; etwas ohne Grenzen, ohne Anfang oder Ende, eine so totale Bewegung – total und konstant, konstant –, so daß es für jede Wahrnehmung den Eindruck vollkommener Unbewegtheit vermittelt. Es ist absolut unbeschreiblich, und doch ist es der Ursprung und die Stütze aller irdischen Evolution... Mir ist dabei aufgefallen, daß in diesem Bewußtseinszustand die Bewegung stärker ist als die Kraft oder Macht, welche die Zellen in ihrer individuellen Form erhält. An dem Tag,*

---

* In der Lichtgeschwindigkeit finden wir ebenfalls eine Kombination vollkommener Unbewegtheit innerhalb höchster Bewegung – Unbewegtheit als das Phänomen von innen betrachtet, Bewegung als dasselbe von außen besehen.

an dem wir diese Schwingung, diese „Bewegung" auf unsere eigene Materie anzuwenden wissen, haben wir das praktische Geheimnis des Übergangs von der groben zu einer subtileren Materie erschlossen und erhalten damit den ersten supramentalen oder strahlenden Körper auf der Erde.

Diese Unbewegtheit innerhalb der Bewegung ist die Grundlage von allen Handlungen des supramentalen Wesens. Es ist die praktische Voraussetzung jeder Disziplin, die zum Supramental führt, vielleicht sogar die Voraussetzung von jeder Art effektiver Handlung auf dieser Welt. Wir haben bereits gesagt, daß Unbewegtheit – innere Unbewegtheit, versteht sich – die Macht hat, Schwingungen aufzulösen. Wenn wir fähig sind, innen vollkommen ruhig zu bleiben, ohne die geringste reaktive Schwingung, können wir gleich welche Art von Angriffen aufhalten, seien es menschliche oder tierische. Diese Macht der Unbewegtheit ist erst dann wirklich erlangt, wenn man anfängt, sich des großen Schweigens im Hintergrund bewußt zu werden, wenn man jederzeit willentlich einen Schritt zurücktreten kann, sich weit, weit zurückziehen kann, fern von allen augenblicklichen und äußeren Umständen, Tausende von Kilometern weg. Wir müssen fähig sein, vollkommen aus dem Leben herauszutreten, um den innersten Stoff des Lebens meistern zu können. Das Außergewöhnliche und doch Natürliche der Angelegenheit ist, daß sich die supramentale Macht nur erlangen läßt, wenn man sich vollkommen außerhalb befindet, vollkommen auf dem Fundament der Ewigkeit, außerhalb von Raum und Zeit – als könne die höchste Dynamik allein aus der höchsten Unbewegtheit entspringen. Diese Tatsache mag paradox erscheinen, aber sie ergibt praktischen Sinn. Es läßt sich leicht begreifen, daß das normale Bewußtsein, das von der leichtesten Brise erschüttert wird, durch die Berührung dieses „warmen, goldenen Staubes" augenblicklich zerfällt und hinweggefegt wird. Einzig die vollkommene Unbewegtheit vermag diese Bewegung auszuhalten. Und das erstaunte alle, die Sri Aurobindo gesehen haben: Es war nicht so sehr das Licht in seinen Augen (wie bei der Mutter), sondern diese unbewegte Unermeßlichkeit, die man hier spürte, so kompakt, so dicht, als begäbe man sich in eine solide Unendlichkeit. Da versteht man spontan und ohne weiteres, warum der Zyklon nicht in Sri Aurobindos Räume eindringen konnte. Man versteht plötzlich den Sinn eines kurzen Satzes von ihm: *die mächtige Unbewegtheit eines unsterblichen Geistes* [24]. Kraft dieser Unbewegtheit hat Sri Aurobindo vierzig Jahre lang gearbeitet, kraft dieser Unbewegtheit konnte er jede Nacht zwölf Stunden schreiben und acht Stunden am Tag auf und ab gehen („um Licht in die Materie zu bringen", wie er sich ausdrückte) und die anstrengendsten Kämpfe im Unterbewußtsein führen, ohne jemals dabei zu ermüden. *Wenn ihr im Vollbringen großer Taten und im Zeitigen ungeheurer Ergebnisse merkt, daß ihr in Wahrheit nichts tut, so seid denn gewiß, daß Gott das Siegel von euren Lidern entfernt hat... Wenn ihr nun, während ihr still und wortlos, abseits auf einem einsamen Berggipfel sitzt, die Revolutionen wahrnehmt, die ihr anführt, dann habt ihr die göttliche Vision und seid befreit von den Erscheinungen.*[25]

Unbewegtheit ist die Grundlage supramentaler Macht, aber Schweigen ist die Voraussetzung für ihre vollkommene Wirkung. Das supramentale Bewußtsein macht sich nicht von mentalen oder moralischen Kriterien abhängig, um seine Aktionsweise zu entscheiden. Es gibt keine „Probleme" mehr aus seiner Sicht. Es agiert natürlich und spontan. Diese Spontaneität ist ein deutliches Kennzeichen des Supramentals: Spontaneität im Leben, Spontaneität in der Erkenntnis, Spontaneität der Macht. Im alltäglichen Leben bemühen wir uns herauszufinden, was gut und richtig ist, und glauben wir, es gefunden zu haben, versuchen wir unsere Ideen teils schlecht, teils recht zu realisieren. Das supramentale Bewußtsein dagegen versucht nicht, auf mentale Weise irgend etwas zu verstehen, es versucht nicht zu wissen, was zu tun und was zu unterlassen sei, es verhält sich vollkommen still, unbewegt und lebt spontan jede Sekunde der Zeit, ohne Spannung in Richtung Zukunft. Doch fällt das in jeder Sekunde benötigte Wissen gleich einem Tropfen Licht in das schweigende Bewußtsein: Genau das ist zu tun, genau das ist zu sagen, dies zu sehen und das zu verstehen. *Der supramentale Gedanke ist ein Pfeil, der vom Licht herkommt, keine Brücke, die es zu erreichen sucht.*[26] „In der großen Weite trifft sich alles, und das Wissen ist vollkommen," sagt der Rig-Veda (VII.76.5). Und jedesmal, wenn ein Gedanke oder eine Vision innerhalb des Bewußtseins auftritt, ist das keine Spekulation über die Zukunft sondern augenblickliche Aktion:

Alle Gedanken und Gefühle sind dort Tat.[27]

Die Erkenntnis ist automatisch mit Macht versehen. Denn es ist echte Erkenntnis, die alles sieht, und echte Erkenntnis ist Erkenntnis, die *kann*. Wir sind machtlos, weil wir nicht alles sehen. Diese totale Schau entgeht unseren gegenwartsbefangenen Erwägungen, sie sieht die Ausdehnung jedes Dinges in der Zeit. Es handelt sich nicht um eine willkürliche Ermächtigung, die den normalen Verlauf der Dinge stört, sondern um einen leuchtenden Druck, der die Bewegung *beschleunigt* und der danach strebt, jedes Ding, jede Kraft, jedes Geschehen, jedes Wesen in direkten Kontakt mit seinem eigenen Lichtgehalt, seinem eigenen göttlichen Potential und dem eigentlichen Zweck seiner Existenz zu bringen, der es ursprünglich in Bewegung setzte. Es handelt sich, wie wir gesagt haben, um einen ungeheuren evolutionären Gärungsprozeß. Vielleicht sollte etwas darüber gesagt werden, wie sich diese Kraft praktisch in den Leben von jenen manifestiert, in denen sie sich verkörpert: für den Augenblick in Sri Aurobindo und der Mutter. Nachdem aber keine Erklärung wirklich befriedigen kann, es sei denn, man findet sie mit eigenen Augen bestätigt, und nachdem diese Erfahrung erst an wirklicher Überzeugungskraft gewinnen kann, wenn sie eine kollektive Möglichkeit geworden ist, ist es vielleicht besser, hier nichts weiter darüber zu sagen. Tatsächlich ist ihre Wirkung oft selbst jenen entgangen, die am meisten ihre Nutznießer waren, aus dem ganz einfachen Grunde, daß wir uns erst auf eine Sache beziehen und sie verstehen können, wenn wir die Ebene erreicht haben, auf der sie stattfindet. Gewöhnlich ist unsere Aufmerksamkeit allein auf den gegenwärtigen Augenblick gerichtet, nicht auf ein zukünftiges Wunder, das sich in diesem einfachen Blick vorbereitet, nicht auf eine Lichtsekunde, die über zwanzig Jahre oder drei Jahrhunderte unter unseren unbewußten Schichten reifen muß, bevor sie als „natürlich" anerkannt wird. *Weder du noch jemand anderes weiß auch nur irgend etwas von meinem Leben,* schrieb Sri Aurobindo einem seiner Biographen, *es hat sich nicht für die Menschen sichtbar an der Oberfläche abgespielt.*[28] Was es besonders schwierig werden läßt, etwas über diese Macht auszusagen, ist die Tatsache, daß wir eine falsche Vorstellung von Macht haben. Sprechen wir von „Mächten", denken wir augenblicklich an etwas Wunderbares, aber das hat mit wirklicher Macht nichts weiter zu tun, noch ist es das wahre Wunder des Universums. Supramentale Aktion arbeitet nicht mit theatralischem Feuerwerk oder anderer Augenwischerei, sie ist so ruhig wie die Ewigkeit selbst und drängt die Welt und jedes Ding in der Welt durch alle Masken der Unvollkommenheit hindurch seiner eigenen Vollkommenheit entgegen. Das wahre Wunder ist nicht, den Dingen Gewalt anzutun, sondern sie heimlich anzutreiben, beinahe aus dem Untergrund heraus, ihrem eigenen Mittelpunkt entgegen, auf daß sie tief im Grunde ihrer selbst Das Antlitz als ihr eigenes

Antlitz erkennen können. Es gibt nur ein einziges Wunder – eben diesen Augenblick der Erkenntnis, in dem nichts mehr „anders", nichts mehr „fremd" ist. Und das Individuum ist der Schlüssel zur supramentalen Macht. Das supramentale Wesen hat nicht allein einen kosmischen und einen transzendenten Status, sondern auch einen individuellen: die dreifache Kluft der Erfahrung, die den Monisten, den Pantheisten und den Individualisten voneinander getrennt hat, ist damit aufgehoben. Sein transzendenter Status schafft nicht die Welt ab, ebensowenig das Individuum, desgleichen beraubt sein kosmischer Status es nicht der Transzendenz oder seiner Individualität, desgleichen trennt sein individueller Status es weder vom Transzendenten noch vom Universum. Es hat nicht die Leiter weggestoßen, um den Gipfel zu erreichen, sondern hat bei vollem Bewußtsein alle evolutionären Sprossen von oben nach unten durchlaufen – keine Kluft und kein fehlendes Bindeglied besteht mehr. Und weil es sich seine Individualität erhalten hat, anstatt sich in ein lichtvolles Niemandsland zu zerstreuen, kann es die große Leiter der Existenz nicht nur hinaufsteigen sondern auch *herab* und sein individuelles Wesen als Brücke oder materielles Bindeglied zwischen der höchsten Höhe und der tiefsten Tiefe einsetzen. Seine Aufgabe auf der Erde besteht darin, einen direkten Kontakt zwischen der höchsten Kraft und dem Individuum herzustellen, zwischen dem höchsten Bewußtsein und der Materie – *die beiden Enden zu überbrücken*, wie es die Mutter ausdrückte. Es ist der Beschleuniger des Wirklichen auf der Erde – dasjenige, was die Konkretisierung des Wirklichen herbeiführt. Aus diesem Grunde besteht Hoffnung, daß all die blinden Determinismen, die gegenwärtig die Welt beherrschen – Krieg, Tortur, Tod – durch diesen höchsten Determinismus verändert werden können und einer neuen Evolution im Licht weichen werden: *Wir sehen eine spirituelle Revolution voraus, von der die materielle Revolution lediglich ein Schatten und Widerschein sein wird.*[29]

Nach zwei Monaten in Chandernagore hörte Sri Aurobindo wieder die Stimme: *Begib dich nach Pondicherry!* Wenige Tage darauf schiffte er sich an Bord der *Dupleix* ein, brachte die britische Polizei von seiner Spur ab und verließ Nordindien für immer. *Ich hatte es mir zur Regel gemacht, mich nur zu bewegen, wenn ich vom Göttlichen bewegt wurde.*[30] Die verbleibenden vierzig Jahre seines Lebens, mit der Mutter, sollten der

Aufgabe gewidmet sein, diese individuelle Verwirklichung in eine terrestrische Verwirklichung zu verwandeln: *Wir wollen das Supramental als eine neue Fähigkeit herabbringen. Ebenso wie das Mental gegenwärtig ein dauerhafter Bewußtseinszustand in der Menschheit geworden ist, wollen wir ein Geschlecht hervorbringen, in welchem das Supramental ein ständiger Bewußtseinszustand sein wird.*[31] Und damit seine Absichten nicht mißverstanden werden, hat Sri Aurobindo wiederholt folgendes betont: *Es ist weit von meiner Absicht entfernt, irgendeine Religion, sei sie alt oder neu, für die Menschheit der Zukunft zu propagieren. Einen Weg zu öffnen, der noch blockiert ist, nicht eine Religion zu gründen, ist meine Vorstellung von dieser Angelegenheit.*[32] Wir vermögen nicht anzugeben, ob das supramentale Abenteuer gelingen wird. Die vedischen Seher waren nicht in der Lage, „den Weg freizuräumen", sie konnten den „großen Übergang" nicht für jedermann eröffnen und ihre persönliche Verwirklichung nicht in eine permanente und kollektive Verwirklichung transformieren. Das muß einen Grund gehabt haben. Es bleibt abzuwarten, ob diesem Grund heute noch Gültigkeit zukommt.

16. Kapitel

Der Mensch – Ein Übergangswesen

Sri Aurobindo lebte die ersten Jahre in Pondicherry unter schwierigen Umständen. Er stand auf der schwarzen Liste, war weit entfernt von denjenigen, die ihm hätten helfen können, seine Korrespondenz wurde zensiert, jede seiner Bewegungen von britischen Agenten überwacht, die seine Auslieferung an die englische Gerichtsbarkeit mit allen möglichen Manövern zu erreichen suchten, einschließlich dem, ihm in seinem Hause kompromittierende Dokumente unterzuschieben und ihn dann gegenüber der französischen Polizei* zu denunzieren. Es wurde sogar der Versuch gemacht, ihn zu kidnappen. Sri Aurobindo hatte keine Ruhe bis auf den Tag, an dem ein französischer Kommissar zu ihm kam, eine Hausdurchsuchung vornahm und dabei in seinen Schubladen die Werke von Homer vorfand. Nachdem er sich versichern ließ, daß es sich hierbei „wirklich um Griechisch" handelte, wurde er so von Bewunderung für diesen Gentleman-Yogin erfüllt, der gelehrte Bücher laß und Französisch sprach, daß er umgehend das Haus verließ und Sri Aurobindo nie wieder belästigte. Von nun an konnte er sich in seinem Exil nach Belieben bewegen und empfangen, wen er wollte. Einige seiner Waffenbrüder waren ihm gefolgt und warteten auf den Augenblick, da ihr „Anführer" den politischen Kampf wieder aufnehmen würde; weil „die Stimme" aber schwieg, rührte er sich nicht von der Stelle. Darüber hinaus konnte Sri Aurobindo beobachten, wie die politische Entwicklung eigene Dynamik gewann. Der Geist der Unabhängigkeit war in seinen Landsleuten geweckt, und die Dinge würden ihrem unabwendbaren Verlauf bis zur totalen Unabhängigkeit folgen, so wie er es vorausgesehen hatte. Für ihn gab es anderes zu tun.

Das schriftliche Werk

Eine Entdeckung kennzeichnet die ersten Jahre im Exil: die Lektüre der Veden im Original. Bis zu diesem Zeitpunkt hatte Sri Aurobindo nur

---

* Pondicherry war damals Teil der französischen Kolonien.

englische oder indische Übersetzungen gelesen und hatte mit den Sanskrit-Gelehrten seiner Zeit in ihnen nichts weiter gesehen als eine Masse ausnehmend dunkler Rituale *von geringem Wert oder geringer Bedeutung sowohl für die Geschichte des Denkens als auch für jede lebendige spirituelle Erfahrung*[1]. Doch plötzlich entdeckte er im Original *eine anhaltend reiche Goldader von Gedanken und spiritueller Erfahrung*[2]... *Ich fand in den vedischen Mantras, illuminiert durch ein klares und präzises Licht, psychologische Erfahrungen meiner selbst, für die ich weder in der europäischen Psychologie noch in den Yoga-Lehren oder dem Vedanta [Exegese des Veda] ausreichende Erklärung gefunden hatte.*[3] Man kann sich vorstellen, wie rätselhaft Sri Aurobindo seine Erfahrungen zunächst vorgekommen sein müssen und daß er wohl einige Jahre brauchte, um genau zu verstehen, was ihm geschehen war. Wir haben die supramentale Erfahrung von Chandernagore in einer Weise beschrieben, als wären die einzelnen Stufen in systematischer Reihenfolge aufgetreten, jede mit einem kleinen erklärenden Klassifikationsfähnchen versehen, aber die Erklärungen kamen erst viel später; während der Erfahrung selbst fehlten alle leitenden Anhaltspunkte. Und jetzt fand er plötzlich in dem ältesten der vier Veden*, dem Rig-Veda, unerwartet Anzeichen dafür, daß er nicht vollkommen allein und verloren auf diesem Planeten weilte. Es überrascht nicht, daß abendländische oder selbst indische Gelehrte die außergewöhnliche Schau dieser Texte nicht verstehen konnten, wenn man sich vergegenwärtigt, daß der Ursprung der Sanskrit-Begriffe zwei oder drei verschiedenen Bedeutungen offensteht, die wiederum einer doppelten Symbolik unterliegen, einer esoterischen und einer exoterischen. Die Hymnen können von zwei oder drei verschiedenen Verständnisebenen her gelesen werden, und selbst wenn man die richtige Bedeutung trifft, kann man sich zum Beispiel vorstellen, daß Bilder wie „das Feuer im Wasser" oder „der Berg, trächtig mit der höchsten Geburt", die ganze Suche nach der „verlorenen Sonne", gefolgt von der Entdeckung „der Sonne in der Finsternis", höchst unverständlich oder bestenfalls sonderbar anmuten, es sei denn, man hat die experimentelle Erfahrung des spirituellen Feuers in der Materie, des Aufbrechens vom Felsen des Unbewußten und jene der Erleuchtung der Zellen im Körper. Die Rishis selbst sprachen von „geheimen Worten, Seher-Weisheiten, die den Sehern ihren verborgenen Sinn eröffnen" (IV.3.16).

---

* Rig-Veda, Sama-Veda, Yajur-Veda, Atharva-Veda.

Aufgrund seiner Erfahrung erkannte Sri Aurobindo unmittelbar, was gemeint war, und machte sich daran, einen großen Teil des Rig-Veda, besonders die großartigen *Hymnen an das Mystische Feuer,* zu übersetzen. Man kann ins Träumen geraten, wenn man bedenkt, daß die Rishis vor fünf- oder sechstausend Jahren nicht nur ihre eigenen Erfahrungen überlieferten, sondern desgleichen jene ihrer „Vorfahren" oder der „Väter der Menschen", wie sie sie nannten – um wie viele Jahrtausende weiter liegt das zurück? –, die Generation um Generation wiederholt wurden, ohne daß auch nur das geringste Trema verändert oder ausgelassen wurde, da die Wirkung eines Mantras besonders auf der Genauigkeit der Aussprache beruhte. Wir stehen vor der ältesten bekannten Überlieferung der Welt, und sie ist unversehrt. Es ist kein Zufall, daß Sri Aurobindo das Geheimnis der Anfänge unseres menschlichen Zyklus (vielleicht gab es noch andere davor?) in einem Zeitalter wiederentdeckte, das die Inder das „Schwarze" nennen, *kali-yuga.* Wenn es wahr ist, daß der tiefste Grund eine neue Oberfläche berührt, dann ist sie nahe.*

Es wäre jedoch verfehlt, Sri Aurobindo mit der vedischen Offenbarung gleichzusetzen. So schlagend, so ausschlaggebend und maßgeblich sie für uns sein mag, für ihn war sie nichts als ein Wegweiser, eine Bestätigung im nachhinein. Den Veda im zwanzigsten Jahrhundert wieder aufleben lassen zu wollen, als verkörpere er ein für allemal die vollendete Wahrheit und nichts als diese, wäre ein fruchtloses Unterfangen, da sich die Wahrheit nie auch nur ein einziges Mal wiederholt. Mit einem Augenzwinkern schrieb Sri Aurobindo: *Wahrhaftig, diese hypnotische Huldigung an die Vergangenheit ist eine wunderbare und fürchterliche Sache! Schließlich ist das Göttliche unendlich und das Sich-Entfalten der Wahrheit vielleicht ein unendlicher Prozeß… keine Sache, die man aus einer Nußschale knacken kann und deren Inhalt ein für allemal von dem ersten Seher oder Weisen erschöpft wurde, während alle Nachgeborenen nichts*

---

* Nach der indischen Tradition entwickelt sich jeder Zyklus in vier Perioden: Auf das *Satya-Yuga,* Zeitalter der Wahrheit (oder das goldene Zeitalter), folgt das Zeitalter, in dem nicht mehr als „drei Viertel" der Wahrheit verbleiben, *Treta-Yuga,* weiter gefolgt von einer „Hälfte der Wahrheit", *Dwapara-Yuga,* und schließlich das Zeitalter, dem es an aller Wahrheit ermangelt, *Kali-Yuga*: Das Losungswort ist in Vergessenheit geraten. Auf das Kali-Yuga folgt ein neues Satya-Yuga, jedoch findet zwischen beiden eine vollkommene Auflösung statt, *pralaya,* und das Universum wird „wieder verschlungen". Sri Aurobindo zufolge eröffnet die Entdeckung des Supramentals andere Horizonte.

*weiter tun können, als dieselbe Nußschale andächtig und gewissenhaft wieder und wieder zu knacken.*⁴ Sri Aurobindo sollte nicht allein an einer individuellen Verwirklichung arbeiten, wie die Rishis, sondern an einer kollektiven, unter Bedingungen, die mit denen prähistorischer Schäfer wenig gemein haben. Vor allen Dingen widmet er einen Großteil seiner Zeit dem Schreiben, was zweifelsohne für den Augenblick das sichtbarste Zeichen seiner kollektiven Arbeit ist. 1910 kam ein französischer Schriftsteller namens Paul Richard nach Pondicherry und traf Sri Aurobindo. Er war so beeindruckt durch die Weite von Sri Aurobindos Auffassungsgabe, daß er 1914 eine zweite Reise unternahm, nur um Sri Aurobindo zu sehen, und dieses Mal drängte er ihn, seine Gedanken auf Papier zu bringen. Eine zweisprachige Zeitschrift wurde gegründet, mit Richard als Verantwortlichem für den französischen Teil. Auf diese Weise entstand der *Arya* oder *Revue de la Grande Synthese*. Doch der erste Weltkrieg brach aus, Richard mußte nach Frankreich zurückkehren, und Sri Aurobindo sah sich plötzlich allein der Aufgabe konfrontiert, jeden Monat 64 Seiten Philosophie zu produzieren, ausgerechnet er, der nichts von einem Philosophen hatte: *Was die Philosophie betrifft, laß mich dir im Vertrauen mitteilen, daß ich nie, nie, nie Philosoph war – obwohl ich Philosophie geschrieben habe, doch das ist eine ganz andere Sache. Ich wußte unschätzbar wenig über Philosophie, bevor ich mit dem Yoga anfing und nach Pondicherry kam – ich war Dichter und Politiker, kein Philosoph. Wie und warum es mir gelungen ist, mich aus der Affaire zu ziehen? Zunächst weil Paul Richard mir vorschlug, an einer philosophischen Zeitschrift mitzuarbeiten – und nachdem meine Theorie war, daß ein Yogin fähig sein sollte, alles in Angriff zu nehmen, konnte ich schlecht ablehnen. Doch dann mußte er in den Krieg gehen und ließ mich plötzlich im Stich, mit 64 Seiten Philosophie monatlich, die ich ganz allein zu schreiben hatte. Ferner, weil ich nur in intellektuellen Begriffen all das niederzuschreiben brauchte, was ich in der täglichen Praxis des Yoga beobachtet und erkannt hatte, und so ergab sich die Philosophie automatisch. Aber das heißt nicht, daß ich jetzt Philosoph bin!*⁵ So wurde Sri Aurobindo zum Schriftsteller. Er war zweiundvierzig. Charakteristischerweise hatte er nichts selbst entschieden; „äußere" Umstände hatten ihn auf diesen Weg gebracht.

Bis 1920, sechs Jahre lang ohne Unterbrechung, sollte Sri Aurobindo in einem Zug beinahe sein gesamtes schriftliches Werk veröffentlichen, annähernd fünftausend Seiten. Aber seine Art zu schreiben war außergewöhnlich, nicht ein Buch nach dem anderen, sondern vier oder sechs Bücher gleichzeitig, über die unterschiedlichsten Themen: *Das Göttliche Leben*, sein grundlegendes „philosophisches" magnum opus, und seine spirituelle Schau der Evolution, *Die Synthese des Yoga*, in welcher er die verschiedenen Stufen und Erfahrungen des integralen Yoga beschreibt und dabei einen Überblick über alle vergangenen und gegenwärtigen yogischen Disziplinen gibt, die *Essays über die Gita*, welche seine Philosophie der Tat erläutern, *Das Geheimnis des Veda* mit einer Studie zum Ursprung der Sprache, *Das Ideal einer geeinten Menschheit* und *Der Zyklus der Menschlichen Entwicklung*, welche auf die Evolution vom soziologischen und psychologischen Standpunkt aus eingehen und die kommenden Möglichkeiten menschlicher Gesellschaften untersuchen. Er fand:

das eine Zeichen, das alle Zeichen entschlüsselt [6].

Tag für Tag füllte Sri Aurobindo ungestört seine Seiten. Jeden anderen an seiner Stelle hätte das gleiche Arbeitspensum überfordert, er hingegen „dachte" nicht an das, was er schrieb: *Ich habe mich beim Schreiben keiner Mühe unterzogen*, erklärt er einem Schüler, *ich überließ die Arbeit einfach der höheren Macht, und wenn sie nicht arbeitete, gab ich mir selbst keine Mühe. In den früheren intellektuellen Zeiten hatte ich manchmal versucht, etwas zu erzwingen, aber nicht mehr, seitdem ich durch Yoga eine Entwicklung in Dichtung und Prosa angefangen hatte. Laß mich dich daran erinnern, daß ich beim Schreiben niemals denke, nicht während ich den Arya schrieb und auch nicht während ich diese Briefe oder Antworten schreibe... Aus dem schweigenden Mental heraus schreibe ich, was immer vorgestaltet von oben herabkommt.* [7] Viele seiner Schüler, die Schriftsteller oder Dichter waren, sollten ihn häufig bitten, den yogischen Prozeß schriftstellerischen Schaffens zu erläutern. Er hat sich nie gescheut, ausführlich darauf einzugehen, da er der Meinung war, daß jedwede kreative Tätigkeit ein besonders geeignetes Mittel darstelle, die überbewußten Grenzen zurückzudrängen und die leuchtenden Möglichkeiten der Zukunft in die Materie herabzubringen. Seine Briefe sind überaus instruktiv: *Die beste Entlastung des Gehirns ist es,* schreibt er in einem von ihnen, *wenn das Denken außerhalb des Körpers und oberhalb des Kopfes stattfindet (oder auf anderen Ebenen des Raumes, aber auf jeden Fall außerhalb des Körpers). Zumindest war das in meinem Fall so. Sobald nämliches geschah, war das eine immense Erleichterung. Ich habe seitdem die Erfahrung körperlicher Anstrengung gemacht, nie aber diejenige von irgendeiner Art zerebraler Erschöpfung.*[8] Es ist von Bedeutung festzuhalten, daß das „Denken außerhalb des Körpers" unter gar keinen Umständen ein supramentales Phänomen ist, sondern eine sehr einfache Erfahrung, die gleichzeitig mit dem mentalen Schweigen zugänglich wird. Sri Aurobindo zufolge besteht die richtige Methode darin, einen Zustand zu erreichen, der aller persönlicher Anstrengung entbehrt, das heißt, sich selbst so vollkommen wie möglich zurückzunehmen und den Strom passieren zu lassen: *Es gibt zwei Möglichkeiten, diesen „Königsweg" zu erreichen. Die eine besteht darin zu klettern, zu ringen und sich große Anstrengungen aufzuerlegen (wie etwa jener Wallfahrer, der Indien durchquert, indem er sich wiederholt niederwirft und die zurückgelegte Distanz so mit seinem Körper durchmessen hat: das ist der Weg der Anstrengung und Bemühung). Und eines Tages, wenn man es am wenigsten erwartet, hat man den „Königsweg" plötzlich erreicht. Die andere Möglichkeit ist, das Mental so weit zu beruhigen, daß ein größeres Mental durch es sprechen kann (ich meine hier nicht das Supramental).*[9] Wie aber kommt es dann, fragte ein Schüler, wenn es nicht unser Mental ist, das denkt, sondern die Gedanken von außen kommen, daß so ein tiefgreifender Unterschied besteht zwischen dem Denken des einen und dem Denken des anderen? – *Zunächst,* antwortete Sri Aurobindo, *sind diese Gedanken-Wellen, Gedanken-Keime oder Gedanken-Formen von unterschiedlichem Wert und entstammen unterschiedlichen Bewußtseinsebenen. Und dieselbe Gedankensubstanz kann höhere oder niedere Schwingungen annehmen, gemäß der Bewußtseinsebene, durch welche die Gedanken eintreten (das heißt das denkende Mental, das vitale Mental, physische Mental, unterbewußte Mental) oder durch die Kraft des Bewußtseins, das sie aufnimmt und sie diesem oder jenem Menschen eingibt. Darüberhinaus gibt es einen mentalen Stoff in jedem Menschen, und der eintretende Gedanke benutzt diesen für seine eigene Gestaltung oder Übersetzung (normalerweise nennen wir das Übertragung), der betreffende Stoff aber ist in dem einen Mental feiner oder grober, stärker oder schwächer usw. usf. als in einem anderen. Auch besteht in jedem in tatsächlicher oder möglicher Form eine Mental-Energie, die individuell differiert, und diese Mental-Energie kann in ihrer Aufnahmefähigkeit der Gedanken sowohl leuchtend als auch obskur sein, sattvisch (offen und ausgeglichen), rajasisch (leidenschaftlich) oder tamasisch (träge) mit in jedem Fall entsprechend unter-*

schiedlichen Folgen.[10] Und Sri Aurobindo setzte hinzu: *Der Intellekt ist ein absurdermaßen überaktiver Teil der Natur. Er denkt jederzeit, daß nichts gut getan werden kann, solange er nicht auch mit vollen Händen im Teig mengt, und insofern stört er instinktiv die Inspiration, blockiert die Hälfte oder mehr als die Hälfte davon und müht sich ab, die wahre Rede und den wahren Rhythmus, der eigentlich hätte kommen sollen, durch seine eigene, niedere und laborierte Produktion zu ersetzen. Der Dichter bemüht sich in großer Herzensnot um das eine wahre, unvermeidliche Wort, den authentischen Rhythmus, die wirkliche göttliche Substanz von dem, was er zu sagen hat, während diese die ganze Zeit bereit und vollständig im Hintergrund des Abrufes harren.*[11] Aber die Anstrengung helfe doch, protestierte der Schüler abermals, und durch das gedankliche Durchschlagen von Schall und Rauch komme ja die Inspiration. *Sehr richtig! Ist tatsächlich eine Wirkung erzielt, so liegt das nicht an dem Hämmern und Schlagen, sondern daran, daß sich eine Inspiration zwischen dem Heben und Senken des Hammers einschleicht und es ihr gelingt, trotz des Radaus in die Bresche zu springen.*[12] Nachdem er all die Bücher für seine Schüler geschrieben hatte, äußerte Sri Aurobindo, daß der wirkliche Nutzen der Bücher und der Philosophien nicht darin besteht, das Mental zu erhellen oder aufzuklären, sondern darin, es zum Schweigen zu bringen, auf daß es, im Ruhezustand, zur unmittelbaren Erfahrung der Dinge und zum unmittelbaren Empfang der Inspiration übergehen könne. Er faßte die Rolle des Mentals in der evolutionären Stufenleiter folgendermaßen zusammen: *Das Mental ist ein unvollkommenes Zwischenspiel zwischen dem weiten und präzisen unterbewußten Handeln der Natur und dem weiteren und unfehlbaren überbewußten Handeln der Gottheit. Es gibt nichts, was das Mental tun kann, was nicht besser in des Mentals Reglosigkeit und gedankenfreier Stille getan werden kann.*[13]

1920, am Ende der sechs Jahre, glaubte Sri Aurobindo, daß er für den Augenblick genug gesagt habe. Die Publikation des *Arya* wurde eingestellt. Das Verbleibende seines schriftlichen Werkes besteht nahezu vollständig aus Briefen an seine Schüler – Tausende und Abertausende von Briefen, die alle möglichen praktischen Hinweise für die yogische Erfahrung, über die damit verbundenen Schwierigkeiten und Fortschritte enthalten, und vor allem sollte er über eine Zeitspanne von dreißig Jahren an seinem außergewöhnlichen, 23 813 Zeilen umfassenden, dichterischen Epos, *Savitri*, arbeiten und es überarbeiten, dem Werk eines fünften Veda gleich, seiner Botschaft, in welcher er von den Erfahrungen in den höheren und niederen Welten spricht, von seinen Schlachten im Unterbewußten und Unbewußten, von der gesamten okkulten Geschichte irdischer und universeller Evolution und von seiner Vision kommender Zeiten:

Indem er das All durch Seelenzeichen auslegte,
Las er von innen die Texte des Außen.[14]

Die Mutter

Sri Aurobindo war nicht nur gekommen, um zu schreiben, es gab Dinge zu tun. 1920, das Jahr, in dem die Mutter endgültig nach Pondicherry kam, stellte er die Veröffentlichung des *Arya* ein. *Als ich nach Pondicherry kam,* erzählte Sri Aurobindo einmal seinen frühen Schülern, *wurde mir von innen ein Programm für meine Sadhana diktiert. Ich folgte ihm entsprechend und machte eigene Fortschritte, konnte aber auf diese Weise wenig dazu beitragen, anderen zu helfen. Dann kam die Mutter, und mit ihrer Hilfe fand ich die erforderliche Methode.*[15]

Es ist schwer, von der Mutter zu sprechen, zweifellos, weil eine Persönlichkeit wie die ihre sich schwer in Worte fassen oder in kleine Schubladen unterbringen läßt – sie war schiere Kraft in Bewegung. Alles, was gestern geschehen ist, alles, was selbst noch am Abend vorher gesagt, getan und erfahren worden ist, war für sie bereits überholt und uninteressant. Sie war einfach immer im voraus. Sie war geboren, um *die Grenzen niederzureißen* – wie Savitri. Es wäre demnach kaum angemessen, sie in einem konventionellen curriculum vitae einzusperren.

Es mag ausreichen zu sagen, daß sie am 21. Februar 1878 in Paris geboren wurde und ebenfalls die supramentale Sicht besaß. Es überrascht nicht, daß sie aufgrund dieses Bewußtseins von der Existenz Sri Aurobindos wußte, lange bevor sie ihm physisch begegnet war und tatsächlich kam, um an seiner Seite zu stehen. *Im Alter zwischen elf und dreizehn Jahren,* sagte sie, *offenbarten sich mir eine Reihe von psychischen und spirituellen Erfahrungen, nicht allein die Existenz Gottes betreffend, sondern auch in Bezug auf des Menschen Möglichkeiten, Ihn zu finden, Ihn umfassend in Bewußtsein und Tat zu offenbaren und Ihn auf der Erde in einem göttlichen Leben zu verkörpern. Diese Offenbarung sowie die praktische Disziplin, um sie zu erlangen, wurde mir, während mein Körper schlief, von verschiedenen Lehrern gegeben, von denen ich* einige später auf der physischen Ebene traf. Je mehr die äußere und innere Entwicklung fortschritt, desto klarer und fruchtbarer wurde meine spirituelle und psychische Beziehung zu einem dieser Wesen... In dem Augenblick, in dem ich Sri Aurobindo begegnete, wußte ich, daß er es war, daß er gekommen war, um das Werk auf der Erde zu vollbringen, und daß ich mit ihm arbeiten würde. Die „Transformation" hatte begonnen. Die Mutter übernahm die Leitung des Ashrams, als sich Sri Aurobindo 1926 vollkommen zurückzog, und sie war es auch, die sein Werk nach seinem Ableben 1950 weiterführte. *Das Bewußtsein der Mutter und meines sind identisch.*[16] Es hatte mehr als symbolische Bedeutung, daß die lebendige Synthese zwischen Okzident und Orient, die Sri Aurobindo bereits in seiner Person inkarnierte, durch dieses weitere Treffen zwischen West und Ost vervollkommnet wurde, ganz als könnte die Welt ihre Erfüllung finden, nur in der Verbindung dieser beiden Pole der Existenz, des Bewußtseins und der Kraft, des Geistes und der Erde, Er und Sie für immer.

Eine Skizze der Evolution

Früher oder später kommt die Arbeit der Transformation, die Sri Aurobindo und die Mutter unternommen haben, auf uns alle zu, denn dort liegt unsere entwicklungsgeschichtliche Zukunft. Will man genau verstehen, um was für einen Prozeß es sich hier handelt, welche Schwierigkeiten, welche Möglichkeiten von Erfolg oder Mißerfolg er birgt, so geht es zu allererst darum, die eigene Evolution zu verstehen, um auf diese Weise aktiv an ihr teilnehmen zu können, anstatt Jahrhunderten und Jahrtausenden mit unzähligen Windungen, Um- und Abwegen diese Aufgabe zu überlassen. Sri Aurobindo ging es nie um Theorien, seine Schau der Evolution basiert wesentlich auf einer Erfahrung. Wenn er versucht hat, diese in Begriffen zu fassen, die uns theoretisch erscheinen mögen, da wir selbst diese Erfahrung (noch) nicht gemacht haben, so nicht, um eine weitere Idee den Millionen von bereits zirkulierenden Ideen-Kräften hinzuzufügen, sondern um uns zu verhelfen, den Hebelarm unserer *eigenen* Dynamik zu ergreifen und den Verlauf der Evolution zu beschleunigen. Es besteht kein Zweifel, daß die gegenwärtige Lage der Menschheit es kaum verdient, hinausgezögert oder verewigt zu werden.

Dieser Hebel ist *Agni*, die Bewußtseins-Kraft. Die gesamte Entwicklungsgeschichte läßt sich als *Agnis* Reise in vier Sätzen beschreiben: Involution, Devolution, Involution, Evolution – ausgehend vom ewigen Zentrum in Seinem Innersten. Tatsächlich besteht diese vierfache Bewegung allein aus Ihm. Alles ist Er. *Er ist das Spiel, Er der Spieler, Er der Spielplatz.*[17] Er außerhalb von Raum und Zeit ist reines Wesen, reines Sein, reines Bewußtsein, das Große Weiße Schweigen, in dem sich alles im Zustand der *Involution* befindet, in sich abgeschlossen und noch ohne Form oder Gestalt. Und Er ist der Werdende: die Kraft trennt sich vom Bewußtsein, Sie von Ihm, und *Agnis* Reise beginnt:

Versprengt über versiegelte Tiefen, setzte ihr leuchtendes Lächeln
Das Schweigen der Welten in Brand.[18]

Sie springt in einem Ausbruch der Freude aus Ihm heraus, um das Spiel Seiner Wiederentdeckung innerhalb der Zeit zu spielen – Er und Sie, zwei in einem. *Womit hat die ganze Angelegenheit angefangen? Mit dem Dasein, das sich aus schierer Freude am Sein vervielfachte und sich in zahllose Trillionen von Gestalten ergoß, um sich unzählig wiederfinden zu können.*[19] Aber dieser Anbeginn findet ewig statt, er ist nirgendwo in der Zeit fixiert. Sagen wir, „zuerst" das Ewige, „danach" das Werden, fallen wir in die Illusion der an Raum und Zeit gebundenen Sprache, dasselbe gilt für „hoch" oder „tief", unsere Sprache ist so falsch wie unsere Sicht von der Welt. In Wirklichkeit sind Sein und Werden, Er und Sie zwei Gesichter, die *simultan* dasselbe ewige Faktum ausdrücken – das Universum ist ein fortwährendes Phänomen, so wie es das Schweigen jenseits der Zeit ist: *Es heißt, am Anfang war das Ewige, das Unendliche, das Eine. In der Mitte, heißt es weiter, ist das Endliche, das Vergängliche, das Viele. Und am Ende, heißt es schließlich, wird das Eine, das Unendliche, das Ewige sein. Aber wann war der Anfang? In keinem zeitlich fixierten Augenblick, denn der Anfang ist in jedem Augenblick; der Anfang war immer, ist immer und wird immer sein. Der göttliche Anbeginn liegt vor der Zeit, in der Zeit und für immer jenseits der Zeit. Das Ewige, Unendliche und Eine ist ein Anfang ohne Ende. Und wo ist die Mitte? Es gibt keine Mitte; denn es gibt einzig ein Zusammentreffen des fortwährenden Endes und des ewigen Anfangs; es ist das Zeichen einer Schöpfung, die jeden Augenblick wieder neu ist. Die Schöpfung war immerfort, ist immerfort und wird immerfort sein. Das Ewige, Unendliche und Eine ist das magische Zwischenspiel seiner eigenen Existenz; denn es ist Er, die Schöpfung ohne Anfang und Ende. Und wann kommt das Ende? Es gibt kein Ende. In keinem vorstellbaren Augenblick kann ein Stillstand entstehen. Denn jedes Ende der Dinge ist der Anfang neuer Dinge, die doch dasselbe Eine sind, in einer sich beständig entwickelnden und wiederkehrenden Gestalt. Nichts ist zerstörbar, denn alles ist Er, der immer währt. Das Ewige, Unendliche und Eine ist das unvorstellbare Ende, das über neuen unaufhörlichen Horizonten seiner Herrlichkeit nie abschließt.*[20] *Und Sri Aurobindo setzt hinzu: Das Experiment menschlichen Lebens auf einer Erde spielt sich gegenwärtig nicht zum ersten Mal ab. Es hat vorher schon Millionen Male stattgefunden, und das lange Drama wird sich Millionen weitere Male wiederholen. In allem, was wir gegenwärtig tun, in unseren Träumen, unseren Entdeckungen, unseren schnellen oder diffizilen Errungenschaften zehren wir unbewußt von der Erfahrung unserer unzähligen Vorläufer, und unsere Mühe wird auf uns unbekannten Planeten und in noch unerschaffenen Welten ihre Blüte erreichen. Der Plan, die Peripetie, die Lösung differieren ständig, doch werden sie immer beherrscht von den Konventionen einer ewigen Kunst. Gott, Mensch, Natur sind die drei ewigen Symbole. Die Vorstellung ewiger Wiederkunft überfällt allein dasjenige menschliche Denken mit einem alarmierenden Schaudern, das befangen ist in der Minute, der Stunde, den Jahren, den Jahrhunderten, all den irrealen Barrieren des Endlichen. Die starke Seele aber, die sich ihres eigenen unsterblichen Stoffes bewußt ist und des unerschöpflichen Ozeans ihrer ewig-fließenden Energie, wird im Erbeben einer unvorstellbaren Begeisterung davon ergriffen. Hinter dem Gedanken vernimmt sie das kindliche Lachen und die Ekstase des Unendlichen.*[21]

Die fortwährende Bewegung vom Sein zum Werden nennt Sri Aurobindo *Devolution*. Es ist eine graduelle Bewegung. Das höchste Bewußtsein wird nicht auf einen Schlag zur Materie. Die Materie ist der letzte Niederschlag, das äußerste Produkt einer endlosen Fragmentierung oder Verdichtung des Bewußtseins, die langsam durch aufeinanderfolgende Ebenen vonstatten geht. Auf der „Spitze" dieser devolutiven Kurve – es ist keine Spitze, sondern ein überall gegenwärtiger höchster Punkt – enthält die supramentale Bewußtseins-Kraft gebündelt all die unendlichen Möglichkeiten des Werdens in einem einzigen Blick, so wie das solare Feuer in seinem Mittelpunkt alle Lichtstrahlen gebündelt enthält: „Sie entbanden die Pferde der Sonne," sagt der Rig-Veda, „die zehn Hunderte standen zusammen, da war Das Eine, *tad ekam*" (V.62.1). Danach öffnete sich das Übermental: Die „große Spaltung" des Bewußtseins beginnt, die Strahlen der Sonne verästeln sich, die eine Bewußtseins-Kraft ist künftig in Trillionen von Kräften versprengt, von denen jede ihre unbedingte Verwirklichung sucht. Einmal begonnen, hört das Spiel nicht auf, bis sich alle Möglichkeiten erschöpft haben, einschließlich all derjenigen, die das genaue Gegenteil des Ewigen Spielers zu sein scheinen. Die Kraft wird in immer leidenschaftlichere Bewegung versetzt, als wollte sie ihre äußersten Grenzen ergründen, sich selbst in immer größeren Entfernungen wieder ergreifen, in dem Versuch, das Eine durch eine unmögliche Summe zu ersetzen. Und das Bewußtsein versprengt sich. Es zersplittert in immer kleinere Fragmente, die zunehmend schwerer und dunkler werden, sich in Schichten oder Welten ausgestalten, die mit ihren eigenen Wesen und Kräften bevölkert sind, jede mit dem ihr eigenen Leben. Alle Traditionen zeugen davon. Wir selbst mögen sie in unserem Schlaf wahrnehmen oder mit offenen Augen, wenn unser Sehen einmal entsiegelt ist. Angefangen von den Göttern bis zu den sinnbildlichen Zwergen verringert sich das Bewußtsein und zersplittert und zerfällt zu Staub – vom Übermental zum intuitiven Mental, zum erleuchteten Mental, zum höheren Mental und bis zum Vital und zum Subtil-Physischen, es verfängt sich mehr und mehr in seiner Kraft, zerstreut, verwirrt in winzig kleinen augenblicksgebundenen Instinkten, rein auf das Überleben abzielenden Tropismen, bis zu seiner letzten und äußersten Zerstreuung in der Materie, in der alles zu einem Scherbenhaufen geworden ist: „Zu Anbeginn", sagt der Veda, „versteckte sich Finsternis in Finsternis, all das war ein Ozean des Unbewußten. Das allumfassende Wesen wurde durch die Fragmentierung verborgen" (X.129.1-5). Die *Devolution* ist vollständig, es ist der *Sturz des Lichtes in seinen eigenen Schatten* [22], das heißt in die Materie.

Jetzt stehen wir vor zwei Polen. An der Spitze ein höchstes Negatives (oder Positives, je nach Geschmack), in dem die Kraft wie von einer Art leuchtendem Nichts verschlungen erscheint, einer Kluft ungetrübten Friedens, wo alles in sich abgeschlossen und bereits gegenwärtig ist und wo nicht einmal die Notwendigkeit einer Regung des Seins besteht – *es ist*. Am anderen Ende das höchste Positive (oder Negative, was immer man bevorzugt), in dem das Bewußtsein in ein finsteres Nichts versunken zu sein scheint, einen Abgrund blinder Kraft, für immer in ihren eigenen lichtlosen Schlund hineingerissen – ein unerbittliches, rastloses Werden. Die erste Dualität führt notwendigerweise zu allen weiteren: das Eine und das Unzählige, das Unendliche und das Endliche, Bewußtsein und Kraft, Geist und Materie, das Gestaltlose und ein Delirium von Gestalten – Er und Sie. Und unsere gesamte Existenz bewegt sich innerhalb dieser Polarität, für die einen gibt es nichts Erstrebenswerteres als die Transzendenz, die sie als das höchste Positive bezeichnen, während sie die Materie als eine Art verlogenes Provisorium verwerfen und auf die Stunde der großen Wiedereinkehr warten (aber wo kann diese Wiedereinkehr bloß stattfinden, wenn nicht überall, in allen Punkten, oben und unten, rechts und links), und andere schwören auf nichts als die Materie, die sie ebenfalls als das höchste Positive bezeichnen, während sie den Geist als eine definitive und negative Unwahrheit verwerfen, da gemäß der menschlichen Logik das Positive nicht gleichzeitig negativ sein kann und das Negative nicht positiv. Aber das ist eine Täuschung. Bewußtsein hebt Kraft nicht auf, so wenig wie die Materie den Geist oder das Unendliche das Endliche oder das Oben das Unten aufhebt – er *ist* selbst das Unten und erscheint allein aus unserer Perspektive als Unten, und jedes Extrem birgt in sich seinen ewigen Gefährten: *In der Welt, wie wir sie sehen, für unser mentales Bewußtsein, wie hoch auch immer wir es treiben, finden wir zu jedem Positiven immer ein Negatives. Aber das Negative ist keine Null – tatsächlich ist all das, was uns als Null erscheint, aufgeladen mit Kraft, voll erfüllt mit der Macht der Existenz... Ebensowenig annulliert die Existenz des Negativen sein entsprechendes Positives oder läßt es unwirklich werden. Es macht das Positive lediglich zu einer unvollständigen Aussage über die Wahrheit der Dinge, und es läßt sich sogar sagen, über die Wahrheit des Positiven selbst. Denn das Positive und das Negative koexistieren nicht allein Seite an Seite, sondern auch in Relation zueinander und durch einander; sie vervollständigen einander und würden vor einer umfassenden Vision, die ein gewöhnliches Mental nicht erreichen kann, einander auch gegenseitig erklären. Für sich genommen, kann keines von beiden wirklich erkannt werden, wir beginnen es erst in seiner tieferen Wahrheit zu verstehen, wenn wir in jedem die Implikationen seines augenscheinlichen Gegenteils lesen können.*[23] Auf dem Gipfel liegt Sie wie schlafend in Ihm. Auf dem Grund liegt Er wie schlafend in Ihr, die Kraft in Bewußtsein aufgelöst oder das Bewußtsein in Kraft, das Endliche beinhaltet das Unendliche gleich einem Baum, der mitsamt seinen Ästen im Samenkorn enthalten ist. Diesen Zusammenhang bezeichnet Sri Aurobindo als *Involution: Die Unwissenheit der Materie ist ein verbrämtes, ein involviertes, ein schlafwandelndes Bewußt-*

sein, welches alle latenten Kräfte des Geistes enthält. In jedem Teilchen, jedem Atom, jedem Molekül, in jeder Zelle der Materie lebt verborgen und wirkt unerkannt das gesamte All-Wissen des Ewigen und die gesamte All-Macht des Unendlichen.[24] Auf die Involution oben folgt eine neue Involution unten, wo alles latent in der Nacht enthalten ist, so wie oben alles latent im Licht enthalten war. Dort ist *Agni* gegenwärtig „wie ein warmer Goldstaub", „*Agni* ist in die Erde und den Himmel eingetreten, als wären sie eins," heißt es im Rig-Veda (III.7.4). *In gewissem Sinne läßt sich sagen, daß das ganze Universum aus einer Bewegung zwischen zwei Involutionen besteht: aus dem Geist, in dem alles involviert ist und aus dem alles abwärts evolviert (oder devolviert) dem anderen Pol der Materie entgegen, und der Materie, in der ebenfalls alles involviert ist und aus welcher sich alles aufwärts dem anderen Pol des Geistes entgegen evolviert.*[25]

Ohne diese Involution wäre keine Evolution möglich, denn wie könnte etwas aus nichts entstehen? Damit eine Evolution stattfinden kann, muß etwas von innen heraus wachsen! *Nichts kann sich aus der Materie entwickeln, was nicht bereits in ihr enthalten ist.*[26] Doch in den Tiefen dieser erwachenden Betäubung, hinter der evolutionären Explosion der Gestalten, drängt und treibt *Agni,* die Kraft auf der Suche nach dem Bewußtsein, Sie auf der Suche nach Ihm, nach Gestalten und Formen, die mehr und mehr geeignet sind, Ihn zu manifestieren. Sie verläßt die Nacht des Unbewußten und tastet mit ihren Millionen von Werken und Millionen von Arten umher in dem Bemühen, in allem die Schönheit der Einen verlorenen Form wiederzuentdecken, auf unzählige Weisen jene Freude wiederzuentdecken, die einmal eins war – *eine Seligkeit von Millionen Körpern*[27] anstelle einer leeren Ekstase. Haben wir „das Ohr der Ohren", das der Veda erwähnt, so können wir überall die Nacht vernehmen, die nach Licht ruft, das lebendig-eingemauerte Bewußtsein, das nach der Freude ruft, *den spirituellen Ruf auf dem Grunde von allem, das ist*[28] – das ist es, was in der Tiefe drängt: ein inneres Feuer, eine Flamme in der Materie, eine Flamme des Lebens, eine Flamme in unserem Mental, eine Flamme in unserer Seele. Dieses Feuer gilt es zu fassen, es ist der Leitfaden, der Hebelarm, der geheime Antrieb der Evolution, die Seele und Flamme der Welt. Bestände die Welt aus nichts anderem als trägem und leblosem Stein, hätte nie etwas anderes aus ihr werden können als träger und lebloser Stein. Befände sich die Seele nicht bereits in der Materie, könnte sie niemals im Menschen zum Vorschein kommen:

Worin besteht dieses scheinbare Mysterium, hinter all den Erscheinungen? Es läßt sich erkennen, daß es das Bewußtsein ist, das sich selbst verloren hat und zu sich zurückfindet, aus seiner gigantischen Selbstvergessenheit auftaucht, langsam und schmerzvoll, in Gestalt von Leben, das erst zu empfinden sucht, dann vage und unvollkommen empfindet, um schließlich ganz und gar zu empfinden, und um mehr ringt, als bloß empfindsam zu sein – um wieder göttlich bewußt zu sein, unabhängig, unendlich, unsterblich.[29]

Bis auf den Tag, an dem Sie den Menschen erreicht, Ihr bewußtes Instrument, in dem Sie durch Ihn und über Ihn fähig ist, Ihn wiederzufinden: *Unsere Menschheit ist der bewußte Ort der Begegnung des Endlichen mit dem Unendlichen, und auch in dieser physischen Geburt mehr und mehr dem Unendlichen entgegenzuwachsen, ist unser Privileg.*[30] Ein besonderes Phänomen ereignet sich beim menschlichen Stadium von *Agnis* Reise. In den vorherigen Stadien der Evolution scheint die evolutionäre Flamme nachgelassen zu haben, sobald das Auftreten von etwas Neuem gesichert war. Die Vermehrung pflanzlicher Arten scheint rückläufig, seitdem der animalische Typus im Leben fest etabliert ist. Der Überfluß tierischer Arten scheint in ähnlicher Weise nachgelassen zu haben, seitdem der Typus des Menschen definitiv auf den evolutionären Plan getreten ist – es sieht nicht so aus, als hätte die Natur eine neue Tier- oder Pflanzenart geschaffen, seitdem der Mensch die Spitze der Evolution einnimmt. Mit anderen Worten, die Arten stagnieren in ihrer Entwicklung. Jede hat für sich genommen einen bestimmten Grad der Vollkommenheit erreicht und verbleibt in diesem Stadium. Mit dem Menschen aber hat die evolutionäre Spannung nicht nachgelassen, obwohl sein Typus innerhalb der Entwicklungsgeschichte fest etabliert ist. Er ist weder vollendet noch erfüllt, wie es die anderen Arten vor ihm waren. Er hat weder die Stimmigkeit noch die Freude erlangt, die sich ergibt, wenn ein Gleichgewichtszustand erreicht ist: *Der Mensch ist ein Abnormales, das seine eigene Normalität noch nicht gefunden hat. Er mag sich der Vorstellung hingeben, daß er sie erlangt hat, er mag innerhalb seiner eigenen Art Mensch normal erscheinen, aber diese Normalität ist nichts weiter als etwas wie eine provisorische Ordnung. Aus diesem Grunde ist der Mensch zwar unendlich größer als die Pflanze oder das Tier, doch in seiner eigenen Natur nicht so vollkommen wie die Pflanze oder das Tier.*[31]

Diese Unvollkommenheit ist nach Sri Aurobindo kein Grund zu lamentieren, sondern im Gegenteil *ein Privileg und ein Versprechen*[31]. Wären wir innerhalb unserer Ordnung stimmig und vollkommen, ohne Makel oder Mangel, würden wir bereits ebenso stagnieren wie die Amphibien oder die Mollusken. Aber in uns, die wir das große kosmische Spiel in der Materie widerspiegeln, hat die Kraft noch nicht vollständig ihr Bewußtsein wiedererlangt oder unsere Natur den ihr eigenen Geist. Sie hat Ihn noch nicht gefunden – war Platon jemals zufrieden, hat Michelangelo jemals Ruhe gefunden? „Eines Nachts nahm ich Schönheit auf meinen Schoß, und sie schmeckte bitter!" rief Rimbaud aus. Das ist ein Zeichen dafür, daß der Gipfel mentaler Intelligenz oder ästhetischen Raffinements noch nicht das Ende der Reise ist, nicht die vollkommene Fülle oder der große Gleichgewichtszustand Ihrer selbst, wenn Sie Ihn gefunden hat. Dieser Geist, der allmählich innen erwacht und wächst – Er in Ihr –, diese kleine Flamme im Zentrum, berührt zuerst winzige Teilchen, Moleküle, Gene, Protoplasmen; sie sammelt sich psychologisch um ein gesondertes und fragmentiertes Ego; sie sieht schlecht und tappt im Dunkeln; sie ist in zweifacher Hinsicht „involviert" und sieht nur durch einen vergleichsweise winzigen mentalen Spalt zwischen einem abgründigen Unterbewußtsein und einem ungeheuren Überbewußtsein. Diese kindische Fragmentierung – denn sie gehört wirklich in das Kindesalter der Menschheit – ist der Grund für all unsere Irrtümer und Leiden. Es gibt keine andere „Sünde", unser Übel entstammt dieser Kleinlichkeit und Enge der Sicht, die sowohl von uns als auch von der Welt ein falsches Bild wiedergibt. Denn in Wahrheit ist die Welt und jede Zelle unseres Körpers *Sat-Chit-Ananda*, *Dasein-Bewußtsein-Wonne* – wir sind Licht und Freude. *Unsere Sinne haben durch ihr Unvermögen die Dunkelheit erfunden. In Wahrheit gibt es nichts als Licht, es ist lediglich eine Lichtstärke, die entweder oberhalb oder unterhalb des bescheidenen menschlichen Wahrnehmungsspektrums liegt.*[32] Alles ist Freude: „Wer könnte leben, wer könnte atmen, gäbe es nicht diese Daseinsfreude, dieses *Ananda*, gleich einem Äther, in dem wir verweilen?" fragt die Upanishad*. Nur unser Mangel an Vision verbirgt vor uns *das absolute Glück im Herzen der Dinge*[33]; *unser fahler Sinn*[34] ist noch zu unreif, um zu verstehen, wie all diese Unermeßlichkeit zu erfassen ist – der Geist in uns hat sich noch nicht vollständig wiedergefunden, die Reise *Agnis* ist noch nicht vollendet. Der Mensch ist noch nicht die letzte Stufe, der äußerste Inbegriff, das „letzte Wort" der Evolution, wie Sri Aurobindo sagt, der Mensch ist „ein Übergangswesen"[35].

---

* Taittiriya Upanishad II.7.

Wir sprechen von der Evolution des Lebens in der Materie, von der Evolution des Mentals in der Materie; aber Evolution ist nichts weiter als ein Wort, welches das Phänomen benennt, ohne es zu erklären. Denn es besteht kein Grund, warum sich aus materiellen Bestandteilen Leben entwickeln sollte oder das Mental aus lebendiger Form, es sei denn, wir akzeptieren... daß das Leben bereits in der Materie involviert ist und das Mental im Leben, denn im Wesentlichen ist Materie eine Form verbrämten Lebens, Leben eine verbrämte Form von Bewußtsein. Und ist das akzeptiert, scheint es kaum noch einen Einwand dagegen zu geben, einen weiteren Schritt in diese Richtung zu unternehmen und zuzugestehen, daß mentales Bewußtsein selbst nur eine Form und ein Schleier von höheren Zuständen sein kann, die jenseits des Mentals liegen. In diesem Falle steht des Menschen unbezwingbarer Drang zu Gott, Licht, Wonne, Freiheit, Unsterblichkeit im richtigen Licht und am rechten Platz in der Kette als einfach der zwingende Drang, durch welchen die Natur versucht, sich über das Mental hinaus zu entwickeln, und er scheint deshalb als genauso natürlich, wahr und gerechtfertigt wie der Drang zum Leben, den sie in Formen und Gestalten der Materie gesetzt hat, oder der Drang zum Mental, den sie in bestimmten Lebensformen angesiedelt hat... Das Tier ist ein lebendiges Laboratorium, heißt es, in welchem die Natur den Menschen erarbeitet und ausgearbeitet hat. Der Mensch mag also durchaus ein denkendes und lebendiges Laboratorium sein, in welchem und mit dessen bewußter Mitarbeit sie gewillt ist, den Übermenschen, den Gott zu erarbeiten und auszuarbeiten. Oder sollten wir besser sagen, Gott zu manifestieren? [36] Gelingt diese schwierige Passage der Evolution, wird der große Gleichgewichtszustand erreicht, werden wir in das „weite Heim" eintreten (Rig-Veda V.68.5). Dann hat die Kraft ihr ganzes Bewußtsein wiedererlangt, anstatt blind umherzuwandern, und das Bewußtsein hat all seine Kraft zurückgewonnen, anstatt nur ohnmächtig zu lieben und zu verstehen.

Aber auch die Rishis wußten, daß die Reise noch nicht vorüber ist. Sie sagten, daß *Agni* „seine beiden äußersten Enden verbirgt", daß es „ohne Kopf und ohne Füße" sei (Rig-Veda IV.1.7,11); wir sind eine kleine unvollständige Flamme zwischen dem überbewußten *Agni* des Himmels und dem unterbewußten *Agni* der Erde, und wir leiden, wir werfen uns auf unserer Lagerstätte des Elends hin und her, einige den Himmel suchend, andere sich nach der Erde sehnend, aber niemand bemüht sich, beide Enden zusammenzubringen. Eine andere Rasse wird unter uns geboren werden, der vollständige Mensch, geben wir dem nur unsere Zustimmung: „Webt ein unverletzbares Werk, werdet zum menschlichen Wesen, erschafft die göttliche Rasse!... Seher der Wahrheit seid ihr, schärft die blendenden Speere, mit welchen ihr den Weg schlagt zu dem, was unsterblich ist. Kenner der geheimen Ebenen, gestaltet sie, jene Stufen, durch welche die Götter Unsterblichkeit erlangten!" (X.53). Dann werden wir unsere solare Totalität wiedererlangen, unsere beiden verborgenen Enden, unsere beiden Mütter in einer einzigen: „O Flamme, o *Agni*, ihr gehet zum Ozean des Himmels, den Göttern entgegen; ihr bringt die Gottheiten der verschiedenen Ebenen zusammen, die Wasser, die in den Lichtreichen oberhalb der Sonne stehen, und die Wasser, die unten liegen" (III.22.3). Dann erhalten wir die Freude der beiden Welten und aller Welten, *Ananda*, die Freude der Erde und aller Himmel, als wäre sie eins: „O Flamme, ihr gründet das Sterbliche in höchster Unsterblichkeit... für den Seher, den es nach der doppelten Geburt dürstet, schaffet ihr göttliche Wonnen und menschliche Freuden" (I.31.7). Denn das ist das letztliche Ziel unserer Evolution – die Freude. Die Menschen sprechen von Liebe, aber gibt es ein Wort, das stärker von Sentimentalitäten, Parteien oder Kirchen verfälscht wird? Keiner hingegen kann diese Freude mißbrauchen, sie gleicht einem Kind, das in der Sonne lacht; und sie liebt, sie möchte alles in ihrem Tanz mitreißen. Ja, Freude, wenn wir den Mut haben, sie zu wollen: *Der Lorbeer und nicht das Kreuz sollte das Ziel der siegreichen menschlichen Seele sein*[37] – aber *die Menschen lieben noch immer den Schmerz... Deshalb hängt Christus noch immer am Kreuz in Jerusalem.*[38] Die Freude zu sein, voll und ohne Vorbehalt ganz zu sein, in allem, das ist, war und sein wird, hier, anderswo und überall, *als könnte Honig sich selbst kosten und alle seine Tropfen zusammen und alle Tropfen könnten einander kosten und jeder von ihnen die ganze Bienenwabe*[39]. Dann wird die Evolution aus der Nacht aufgehen und in den solaren Zyklus eintreten. Und wir werden unter dem Zeichen des Einen leben. Der gekreuzigte Gott in uns wird von seinem Kreuze herabsteigen, und der Mensch wird schließlich Er selbst, endlich normal. Denn normal sein heißt göttlich sein. *Es gibt nur zwei spontane, harmonische Bewegungen: diejenige des Lebens, unbewußt oder in weitem Maße unterbewußt, die Harmonie, die wir im Tierreich und in der niederen Natur antreffen, und diejenige des Geistes. Die Lage des Menschen ist ein Übergangsstadium, ein Stadium der Mühe und der*

*Unvollkommenheit zwischen dem einen und dem anderen, zwischen dem natürlichen und dem idealen oder spirituellen Leben.*⁴⁰*

---

* Der Mutter zufolge symbolisiert die Schlange des irdischen Paradieses die evolutionäre Kraft, welche den Menschen durch das Essen der Frucht der Erkenntnis und die Entwicklung seiner mentalen Fähigkeiten bis zu dem Punkt der Umkehr aus seiner animalischen Wonne vertrieb, um den Zustand göttlicher Freude wiederzugewinnen. In Griechenland sind es beflügelte Schlangen, die den Streitwagen der Demeter ziehen. Die Schlange ist nicht allein Symbol kosmischer Evolution, sondern ebenfalls Symbol der individuellen evolutionären Kraft: Wenn die aufsteigende Kraft *(kundalini)* am Ende des Rückgrates erwacht und aus unserem physischen Bewußtsein auftaucht, in dem sie geschlafen hatte, verschlungen wie eine Schlange in ihrem Nest (*kundalini* bedeutet „geschlungen"), wenn sie von Zentrum zu Zentrum aufsteigt, verläßt der entwickelte Mensch seine gewohnte Unbewußtheit, um in kosmisches Bewußtsein einzutreten. Dann, durch das Öffnen des Scheitelzentrums, betritt er das göttliche Sonnenbewußtsein. Für Sri Aurobindo und die Rishis und möglicherweise andere Weisheiten, die nicht überliefert sind, bedeutet die Entdeckung dieses höheren Sonnenbewußtseins lediglich ein erstes evolutionäres Stadium, auf welches die Entdeckung desselben Sonnenbewußtseins unten, also in der Materie, folgen sollte. Dieser Zusammenhang findet seine Versinnbildlichung in der Schlange, die sich in den eigenen Schwanz beißt. Sri Aurobindo nennt es die „Transformation".

17. Kapitel

Die Transformation

Die Manifestation des Geistes in einem supramentalen Bewußtsein und in einem neuen Körper, einer neuen Rasse ist etwas so Unumgängliches, wie es das Auftreten des Homo sapiens nach den Primaten war. Die einzige wirkliche Frage dabei ist, ob diese neue Entwicklung mit oder ohne uns stattfinden wird. Sri Aurobindo hat das Dilemma folgendermaßen beschrieben: *Falls eine spirituelle Entfaltung auf der Erde die verborgene Wahrheit unserer materiellen Geburt ist, falls es sich grundsätzlich um eine Evolution des Bewußtseins handelt, die in der Natur stattfindet, dann kann der Mensch, so wie er ist, nicht die letzte Stufe dieser Evolution sein: er ist ein zu unvollkommener Ausdruck des Geistes, das Mental eine zu beschränkte Form und Instrumentierung – das Mental ist nur ein Zwischenbereich des Bewußtseins, das mentale Wesen kann nur ein Übergangswesen sein. Ist der Mensch jedoch unfähig, seine Mentalität zu überwinden, wird er selbst übertroffen werden, und das Supramental und der Übermensch werden sich manifestieren und die Führung der Schöpfung übernehmen. Vermag sein Mental sich jedoch dem zu öffnen, was über ihn hinausgeht, dann besteht kein Grund, warum der Mensch nicht selbst das Supramental und eine Übermenschlichkeit erlangen sollte oder zumindest seine Mentalität, sein Leben und seinen Körper der Entwicklung dieser höheren Stufe des sich in der Natur manifestierenden Geistes öffnen sollte.*[1] Wir stehen nach Sri Aurobindo vor einer neuen *Krise der Transformation*[2], ebenso bedeutend wie die Krise, die das Erscheinen des Lebens in der Materie kennzeichnete oder die des Auftretens des Mentals im Bereich des Lebens. Unsere eigene Haltung ist auch von höchster Bedeutung, da wir, anstatt die Natur das Werk der Transformation ohne weitere Rücksicht auf existierende Gegebenheiten durchführen zu lassen, diesmal „bewußte Mitarbeiter an unserer eigenen Evolution" sein können, wie Sri Aurobindo sagt, wir können diese Herausforderung akzeptieren oder übertroffen werden.

Zukunftsperspektiven

Wie wird diese neue Menschheit aussehen? Ein Verständnis für das Ziel zu entwickeln, bedeutet bereits ein beträchtliches Stück Weg Transformation zurückgelegt zu haben, denn so wenig wir auch von dieser Zukunft verstehen und wie unzulänglich unsere dahingehenden Bestrebungen auch immer aussehen mögen, öffnen wir dadurch doch ein unsichtbares Tor in uns, durch welches Kräfte, die die unsrigen übersteigen, eintreten können. und wir so tatsächlich zu Mitarbeitern werden. Denn nicht unsere eigenen Kräfte werden den Übergang zum Supramental bewirken sondern eine zunehmend bewußtere Hingabe an die höhere Kraft.

Wir haben bereits beschrieben, woraus das Bewußtsein des supramentalen Wesens besteht, es mag jedoch wertvoll sein, mit Sri Aurobindo noch einmal auf diesen Punkt einzugehen: *Das Übermenschentum besteht nicht in einem Menschsein, das seinen naturgegebenen Zenit erklommen hat, es ist kein höherer Grad menschlicher Größe, Macht, Intelligenz, menschlichen Wissens, Willens, Charakters, Genies, dynamischer Kraft, Heiligkeit, Liebe, Reinheit oder Vollkommenheit. Das Supramental liegt jenseits des mentalen Menschen und seiner Grenzen.* [3] Auf die Spitze getrieben, kann das Mental den Menschen bestenfalls verhärten, nicht aber ihn vergöttlichen oder ihm auch nur Freude schenken, denn es ist ein Instrument der Division, und all seine Hierarchien gründen sich unausweichlich auf Dominanz, sei sie religiöser, moralischer, politischer, wirtschaftlicher oder emotionaler Art, denn von seiner eigentlichen Verfassung her ist es nicht fähig, die Totalität menschlicher Wahrheiten zu erfassen. Und selbst, wenn es fähig zu diesem Erfassen ist, ist es unfähig, dies praktisch umzusetzen. Hat uns nun, unterm Strich, die kollektive Evolution nichts Besseres zu bieten als eine gefällige Mischung sozialer und menschlicher „Größen", Vincent de Paul plus Mahatma Gandhi mit einer Prise Marxismus-Leninismus und bezahltem Urlaub, so können wir uns nicht enthalten zu denken, daß ein solches Ende noch schwachsinniger ist als Millionen „goldener Vögel" oder die Streichquartette am Gipfel individueller, mentaler Evolution. Wenn so viele ungezählte Jahrtausende von Leiden und Anstrengung in nichts anderem als solch einem Karneval kulminieren, dann ist das von den älteren Traditionen versprochene *Pralaya*, die kosmische Auflösung, vielleicht doch nicht so übel.

Wenn unsere mentalen Bedingungen, selbst in ihrer Kulmination, nicht angemessen sind, so sind es unsere vitalen oder physischen Bedingungen noch weit weniger. Es läßt sich mit Recht daran zweifeln, ob der Geist, wenn er sich in einem supramentalen Bewußtsein manifestiert, sich mit einem Körper zufrieden gibt, der den Naturgesetzen von Desintegration und Gravitation unterworfen ist und ob er als einziges Ausdrucksmittel den beschränkten Horizont unserer mentalen Sprache, des Federhalters, der Radiernadel oder des Kunstmalerpinsels akzeptiert. Mit anderen Worten, es bedarf einer Veränderung der Materie. Sie ist das Ziel der „Transformation". Und zu allererst unsere unmittelbare Materie, der Körper: *In der spirituellen Tradition wurde der Körper immer als Hindernis betrachtet, unfähig der Vergeistigung oder Veränderung, und als schweres Gewicht, das die Seele an die irdische Natur fesselt und ihr Aufsteigen verhindert, sei es zur spirituellen Erfüllung im Höchsten oder zur Auflösung ihres individuellen Wesens im Höchsten. Während diese Anschauung von der Rolle des Körpers innerhalb unserer Bestimmung ausreichend für eine Sadhana geeignet ist, die in der Erde ein Feld der Unwissenheit sieht und das Erdenleben als eine Vorbereitung für einen erlösenden Rückzug in höhere Sphären, so ist sie jedoch ungenügend für eine Sadhana, die ein göttliches Leben auf der Erde erwägt und die Erlösung der irdischen Natur selbst als einen integralen Teil des Sinngehaltes der Verkörperung des Geistes hier betrachtet. Wenn die vollkommene Transformation des Wesens unser Ziel ist, muß die Transformation des Körpers ein unabdingbarer Teil derselben sein; ohne diese ist kein vollkommenes göttliches Leben auf der Erde möglich.*[4]

Sri Aurobindo zufolge ist das wesentlichste Charakteristikum supramentalisierter Materie die Rezeptivität: sie wird fähig sein, auf den bewußten Willen zu reagieren und sich gemäß seinen Geboten zu verändern, etwa so wie der Ton auf die prägenden Hände des Töpfers reagiert. Die Materie, deren involviertes spirituelles Vermögen freigesetzt und die explizit bewußt geworden ist, wird fähig sein, auf entsprechende Schwingungen des supramentalen Bewußtseins so zu reagieren, wie wir auf eine Schwingung von Aggression mit Aggression antworten oder auf eine Schwingung von Liebe mit der Wärme des Herzens. Bewußte Formbarkeit und Geschmeidigkeit werden zu einer grundlegenden Eigenschaft supramentalisierter Materie werden. Alle übrigen Eigenschaften leiten sich von dieser fundamentalen Qualität ab: die Unsterblichkeit (das heißt auf alle Fälle das Vermögen, die eigene Form zu modifizieren und selbst die Form willentlich zu wechseln), Schwerelosigkeit, Schönheit, Ausstrahlung. Soweit zu den natürlichen Attributen supramentaler Materie: *Der Körper könnte ein Behälter zur Offenbarung höchster Schönheit und Wonne werden, der die Schönheit vom Licht des Geistes um sich verbreitet, davon durchflutet ist und es ausstrahlt gleich einer Lampe, die die Leuchtkraft der ihr innewohnenden Flamme reflektiert und ausbreitet. Er würde die Seligkeit des Geistes in sich tragen sowie die Freude seines visionären Mentals, seine Lebensfreude und spirituelle Glückseligkeit, die Freude der Materie, die in ein spirituelles Bewußtsein freigesetzt wird und in beständiger Ekstase erbebt.*[5] Bereits in den Veden heißt es: „Dann wird euer Menschengeschlecht gleich dem Werk der Götter werden, als sei der sichtbare Himmel des Lichtes in euch begründet" (Rig-Veda V.66.2).

Vor diesen spektakulären Veränderungen, die sich kaum vor dem Ende des Veränderungsprozesses zutragen werden, sieht Sri Aurobindo beträchtliche Veränderungen innerhalb unserer Physiologie voraus. Wir kommen darauf im Zusammenhang mit dem praktischen Verlauf der Transformation zurück. Für den Moment seien einige funktionale Veränderungen erwähnt, die Sri Aurobindo an seinem eigenen Körper beobachten konnte: *Es würde eine Veränderung in der Funktionsweise der materiellen Organe selbst stattfinden müssen und wahrscheinlich ebenfalls in ihrer eigentlichen Beschaffenheit und Bedeutung. Man dürfte ihnen nicht gestatten, ihre Beschränktheit dem neuen Leben zwingend aufzubürden... Das Gehirn würde zu einem Kommunikationskanal der Gedankenform werden sowie zu einer Batterie von deren Insistenz gegenüber dem Körper und der Außenwelt, wo sie direkt wirksam werden und sich ohne physische Zwischenträger von Mental zu Mental vermitteln und mit ähnlicher Direktheit auf die Gedanken, Handlungsweisen und das Leben anderer oder selbst materieller Gegenstände einwirken könnten. Das Herz wäre gleichermaßen Mittel des Austausches und Kommunikationsträger für Gefühle und Empfindungen, die durch die Kräfte des psychischen Zentrums nach außen auf die Welt geworfen würden. Herz könnte unmittelbar auf Herz reagieren, die Lebens-Kraft anderen Leben zu Hilfe kommen und ihren Ruf trotz Fremdheit und geographischer Distanz beantworten, viele Wesen könnten ohne jegliche äußere Vermittlung durch die gleiche Botschaft erbeben und sich im geheimen Licht eines göttlichen Zentrums treffen. Der Wille könnte jene Organe kontrollieren, die mit Nahrung zu tun haben, automatisch die*

Gesundheit schützen, Gier und Verlangen ausschließen und dafür subtilere Prozesse einsetzen oder aus der universellen Lebens-Kraft Stärke und Substanz in der Weise beziehen, daß der Körper seine eigene Stärke und Substanz über lange Zeiträume hinweg ohne Schaden oder Verfall erhalten und somit ohne Bedarf auf Subsistenz durch materielle Nahrungsmittel verbleiben und doch anstrengende Tätigkeit ohne Ermüdungserscheinungen oder Unterbrechung für Schlaf- und Ruhepausen weiter ausführen kann... Es ist vorstellbar, daß man auf dem Gipfel der Evolution des Lebens jenes Phänomen wiederentdecken und zurückgewinnen könnte, welches wir an seiner Basis beobachten, nämlich das Vermögen, Subsistenzmittel und Mittel der Selbst-Erneuerung unmittelbar aus seinem Umfeld zu beziehen.[6] Jenseits des Mentals macht der vollständige Mensch die bewußte Entdeckung von dem, was die Materie bereits unterschwellig ist – Energie und Friede –, denn Materie ist eigentlich nichts anderes als der Schlaf des Geistes.

In einem weiteren Stadium der Transformation sieht Sri Aurobindo voraus, daß unsere Organe durch eine dynamische Wirkungsweise unserer Bewußtseinszentren oder *Chakras* ersetzt werden. Hier findet der wirkliche Übergang statt vom animalischen Menschen, wie ihn eine niedere Evolution entworfen hat, zum humanen Menschen einer neuen Evolution. Dies ist eine der Aufgaben, um deren Bewältigung sich Sri Aurobindo und die Mutter bemühten. Angefangen von den frühesten Stadien des Yoga entdeckten wir, daß jede unserer Aktivitäten, von der höchsten bis zur materiellsten, von einem Strom von Bewußtseins-Kraft genährt oder ausgelöst wird, der sich in unterschiedlicher Intensität, je nach der Art der Aktivität auf bestimmten Ebenen unseres Wesens und innerhalb bestimmter Zentren zu verzweigen schien. Gleichwo wir versucht haben, diesen Strom zu konzentrieren oder gezielt anzuwenden, haben wir festgestellt, daß er eine außergewöhnliche Energie in sich birgt, die einzig durch unser beschränktes Fassungsvermögen seine Grenzen findet. Es liegt deshalb nicht außerhalb des Vorstellbaren, daß unsere Organe, die lediglich eine physische Übersetzung der materiellen Konzentration dieses im Hintergrund stehenden Stromes sind, im Verlauf der Evolution durch die direkte Tätigkeit der verschiedenen Bewußtseinszentren ersetzt werden, welche dann ihre Energien durch den neuen Körper hindurch wirken lassen, so wie gegenwärtig Herz, Blutkreislauf, Nervensystem durch unseren Körper wirken. Im folgenden beschreibt die Mutter einer Gruppe von Kindern den zukünftigen Körper:

Die Transformation beinhaltet, daß die gesamte rein physische Organisation ersetzt wird durch Kräftekonzentrationen, jede ausgestattet mit einer ihr eigenen Art von Schwingung. Anstelle von Organen wird es Zentren bewußter Energie geben, die mittels eines bewußten Willens aktiviert werden. Das bedeutet keinen Magen mehr, kein Herz, keinen Blutkreislauf, keine Lungen; all das fällt weg und wird ersetzt durch ein Spiel von Schwingungen, die das ausdrücken, was diese Organe symbolisch sind. Denn die Organe sind lediglich materielle Sinnbilder der Energiezentren; sie sind nicht die eigentliche Wirklichkeit: sie geben ihr lediglich die Gestalt oder eine materielle Basis innerhalb bestimmter gegebener Umstände. Der transformierte Körper funktioniert dann durch seine wirklichen Energiezentren und nicht mehr durch ihre symbolischen Vertreter, wie sie im animalischen Körper entwickelt wurden. Deshalb müßt ihr zuerst wissen, was euer Herz als Ausdruck kosmischer Energie bedeutet, was euer Kreislauf, euer Gehirn und eure Lungen als Ausdruck kosmischer Energie für einen Sinn haben, dann müßt ihr lernen, über die ursprünglichen Schwingungen zu verfügen, welche diese Organe symbolisieren, und nach und nach all diese Energien in eurem Körper konzentrieren und jedes Organ in ein Zentrum bewußter Energie umwandeln, das die symbolische Wirkungsweise durch die wahre Wirkungsweise ersetzt. Zum Beispiel steht hinter der symbolischen Bewegung der Lungen eine wahre Bewegung, welche die Kapazität von Leichtigkeit vermittelt und durch die ihr der Gravitation enthoben seid.* *Und das gilt entsprechend für die anderen Organe. Hinter jeder symbolischen gibt es eine wahre Bewegung. Das bedeutet aber nicht, daß es keine erkennbaren Formen mehr geben wird; die Form oder Gestalt entsteht eher aus Eigenschaften, anstatt aus festen Bestandteilen. Es wird dann sozusagen eine praktische oder pragmatische Form sein: dem Willen gehorchend beweglich, geschmeidig und leicht, im Gegensatz zu der gegenwärtigen Fixiertheit der groben materiellen Form. Und die Materie wird zu einem göttlichen Ausdruck. Der supramentale Wille wird fähig sein, das gesamte Feld seines Innenlebens in entsprechende Veränderungen seiner eigenen Substanz zu übersetzen, in der Art und*

---

* Die wahre Bewegung, die hinter unserem Atemprozeß steht, ist Sri Aurobindo zufolge gleich jener, die elektrische und magnetische Felder beherrscht. Die alten Yogins bezeichneten das als *vayu* oder Lebens-Energie. Die bekannten Atemübungen *(pranayamas)* sind ein System unter vielen, um *vayu* zu beherrschen, was einem schließlich erlaubt, der Gravitation zu entgehen.

Weise etwa, in der ein Gesicht gegenwärtig (wenn auch in geringerem und unvollkommenem Maße) wechselnde Empfindungen auszudrücken vermag. Der Körper wird aus *konzentrierter, dem Willen gehorchender Energie* geschaffen sein. Anstatt also nach den mächtigen Worten des Epiktet *eine kleine Seele, die einen Kadaver trägt,* zu sein*, werden wir eine lebendige Seele in einem lebendigen Körper bilden.

Nicht allein der Körper oder das Mental werden sich durch das supramentale Bewußtsein verändern, sondern auch die eigentliche Struktur des Lebens. Wenn es ein Kennzeichen gibt, welches unsere mentale Zivilisation charakterisiert, so ihre Künstlichkeit. Nichts in ihr trägt sich auf natürliche Weise zu. Wir sind die Gefangenen eines dichten Gewebes von Surrogat-Mitteln und Trickvorrichtungen: von Flugzeugen, Fernsehern, Telefonen und einer ganzen Flut von technischen Apparaten, die lediglich unsere eigene Ohnmacht verdecken. Wir verlieren sogar unsere natürlichen Fähigkeiten, die von Generation zu Generation durch Trägheit und Unkenntnis dahinschwinden. Wir vergessen schlichtweg, daß unsere phantastischen Erfindungen nur die materielle Projektion von Kräften sind, die in uns existieren. Wären sie dort nicht vorhanden, so könnten wir sie nicht erfinden. Wir sind jener *Wundertäter, der skeptisch gegenüber Wundern ist*[7], von dem Sri Aurobindo spricht. Nachdem wir Maschinen die Aufgabe übertragen haben, für uns zu sehen, für uns zu hören und für uns auf Reisen zu gehen, finden wir uns ohne sie hilflos. Unsere menschliche Zivilisation, die geschaffen wurde für die Freude am Leben, ist zum Sklaven von jenen Mitteln geworden, die erforderlich sind, um das Leben zu genießen. Sechzig Prozent unserer voraussichtlichen Lebenserwartung verbringen wir mit dem Erwerb dieser Mittel und weitere dreißig Prozent mit Schlaf. *Was hier wirklich absurd ist,* sagt die Mutter, *sind all die künstlichen Vorrichtungen, die wir verwenden müssen. Jeder Schwachsinnige hat mehr Macht, vorausgesetzt er hat die Mittel zum Erwerb der erforderlichen Vorrichtungen. Aber in der wahren Welt, einer supramentalen Welt, wird man umso mehr Autorität des Willens über die Substanz haben, je bewußter und je mehr im Einklang mit der Wahrheit der Dinge man ist. Die Substanz gehorcht dem Willen. Dort ist Autorität wahre Autorität. Möchte man ein Gewand, muß man das Vermögen haben, eines zu erschaffen, echtes Vermögen. Hat man das Vermögen nicht, so bleibt man nackt! Es gibt kein künstliches Mittel, um*

---

* zitiert nach Sri Aurobindo.

dieses mangelnde Vermögen auszugleichen. Hier hingegen ist Autorität nicht in einem von einer Million Fällen Ausdruck von etwas Wahrem. Alles ist unglaublich dumm. Diese supramentale „Autorität" ist keine Art von Super-Gaukelspiel, weit davon entfernt. Es handelt sich im Gegenteil um einen äußerst präzisen Prozeß, so sorgfältig bis ins einzelne gehend wie ein chemisches Experiment. Nur beschäftigt sich das supramentale Wesen nicht mit äußeren Gegenständen, sondern wirkt auf die wahre Schwingung im Kern jedes Dinges ein und verbindet sie mit anderen Schwingungen, um ein bestimmtes Ergebnis zu erzielen, ein wenig gleich einem Kunstmaler, der sich Farben für ein Gemälde mischt, oder gleich einem Poeten, der verschiedene Laute zu einem Gedicht verbindet. Und er ist wirklich ein Poet, im ursprünglichen Wortsinn, denn er schafft, was er benennt. Der wahre Name einer Sache ist die Schwingung, welche sie konstituiert. Eine Sache zu benennen, ist gleichbedeutend mit der Macht, sie heraufzubeschwören oder zu zerstören.

Die Spontaneität, das Naturell des supramentalen Lebens – denn letztlich ist allein die Wahrheit natürlich – wird sich auch in supramentaler Kunst ausdrücken, die eine direkte und unverschleierte Darstellung der uns eigenen spirituellen Tönung sein wird; eine Kunst, in welcher die Täuschung unmöglich ist, da einzig unser inneres Licht fähig sein wird, die gleichen Lichter innerhalb der Materie auszulösen, damit zu spielen und ihr die entsprechenden Formen zu entlocken. Ist unsere Schwingung grau, wird alles, was wir schaffen oder was wir berühren, grau sein. Unser äußeres, physisches Umfeld wird das genaue Abbild unseres inneren Umfeldes; wir werden allein das in der Lage sein zu manifestieren, was wir sind. Und das Leben selbst wird ein einziges Kunstwerk werden, unser äußeres Reich der wechselnde Rahmen unserer inneren Zustände. Gleichermaßen wird unsere Sprache nur durch die echte spirituelle Kraft in uns Macht haben, sie wird einem lebendigen *Mantra* gleichen, einer sichtbaren Sprache gleich dem Spiel der Empfindungen auf einem menschlichen Antlitz. Jegliche Unwahrheit wird ein Ende haben, sei sie politisch, literarisch, religiös, künstlerisch oder emotional. Einmal, als ein skeptischer Schüler die Bemerkung machte, das Supramental sei eine unmögliche Erfindung, vor allem, weil man es noch nie gesehen habe und es noch nie verwirklicht worden sei, antwortete Sri Aurobindo mit dem für ihn charakteristischen Humor: *Was für ein wunderliches Argument! Weil es noch nie gemacht worden ist, kann es nicht gemacht werden! So gesehen müßte die gesamte Erdgeschichte lange vor dem Protoplasma ein Ende gefunden haben. Als die Erde noch eine Masse von Gasen war, gab es noch kein Leben, ergo, kann Leben nicht geboren werden. Als es nur das Leben gab und noch kein Denken, konnte also auch kein Denken entstehen. Seit es das Denken gibt, aber noch nichts weiter darüber hinaus, da ja das Supramental noch nicht in irgend jemand manifestiert ist, kann also das Supramental nicht entstehen. Sobhanallah! Glanz und Glorie dem menschlichen Verstand! Glücklicherweise bekümmert sich das Göttliche oder der Kosmische Geist oder die Natur oder was auch immer da ist keinen Deut um den menschlichen Verstand. Er oder Sie oder Es tut, was Er oder Sie oder Es zu tun hat, gleich ob es getan werden kann oder nicht.*[8] Vor Tausenden von Jahren schon sangen die Rishis vom Unglück des Zweiflers: „In jenen ist nicht das Wunder und nicht die Größe" (Rig-Veda VII.61.5).

Die Arbeit (erste Phase)

So bemerkenswert das Endergebnis sein wird, so bescheiden und gedulderfordernd ist die Arbeit, die dorthin führt, vergleichbar der eines Naturwissenschaftlers mit seinen Nährböden oder Reagenzgläsern: *eine mikroskopische Arbeit*, sagt die Mutter. Denn es geht nicht darum, flüchtige Wunder zu fabrizieren, sondern eine neue physische Basis zu schaffen, indem man in jedem Atomkern und in jeder Zelle die Bewußtseins-Kraft freisetzt, die darin enthalten ist. Man könnte deshalb vermuten, daß diese Arbeit am Körper psychophysische Methoden ähnlich jenen des Hatha-Yoga miteinbegriffen, aber das ist nicht der Fall. Das Bewußtsein ist und bleibt der zentrale Hebelarm: *Die Veränderung des Bewußtseins wird der Hauptfaktor, die auslösende Bewegung sein, die physische Modifikation ist ein untergeordneter Faktor, eine Konsequenz.*[9] Sri Aurobindo konfrontiert uns in seiner gewohnten Klarheit einfach mit den Tatsachen: *In den früheren Stadien der Evolution war die erste Sorge und Mühe der Natur auf eine Veränderung des physischen Organismus gerichtet, denn allein dadurch konnte eine Veränderung des Bewußtseins erreicht werden. Diese Notwendigkeit ergab sich aus der Unfähigkeit der Kraft des bereits geformten Bewußtseins, eine Veränderung im Körper zu bewirken. Im Menschen aber ist eine Umkehrung dieses Prozesses nicht nur möglich, sondern sogar unvermeidlich; denn durch sein Bewußtsein, durch dessen Umgestaltung, und nicht mehr durch die Vermittlung eines neuen körperlichen Organismus, kann und muß die Evolution nun bewirkt werden. Innerhalb der inneren Realität der Dinge hatte die Bewußtseinsveränderung immer eine besondere Bedeutung, die Evolution hatte immer eine spirituelle Bedeutung, und die physische Veränderung war rein instrumentell. Aber diese Relation wurde zunächst durch das Ungleichgewicht dieser beiden Faktoren verdeckt, der Körper äußerer Unbewußtheit vereinnahmte und verbrämte die Bedeutung des spirituellen Elements oder des bewußten Wesens. Ist das Gleichgewicht allerdings einmal wiederhergestellt, muß die körperliche Veränderung der Bewußtseinsveränderung nicht mehr vorwegschreiten; das Bewußtsein selbst wird durch seine Mutation jedwede Mutation, die für den Körper notwendig ist, einleiten und durchsetzen.*[10]

Drei Phasen lassen sich innerhalb dieser Arbeit unterscheiden, die Sri Aurobindos und Mutters eigenem Fortschritt und ihren eigenen Entdeckungen parallel laufen. Drei Phasen, die sich auf einer symbolischen Farbskala von hell nach dunkel bewegen würden, vom Wunderbaren zum schwerwiegenden Gemeinplatz, von der individuellen Zelle zur gesamten Erde. In der ersten Phase geht es darum, die Bewußtseins-Kräfte zu erproben und sie zu verifizieren. Diese Zeit wird von einigen Schülern der ersten Stunde auch als die „brillante Periode" bezeichnet; sie dauerte von 1920 bis 1926, das Jahr, in dem sich Sri Aurobindo in vollkommene, vierundzwanzig Jahre andauernde Zurückgezogenheit begab, um sich ausschließlich auf die Arbeit konzentrieren zu können. Mit der neuen supramentalen Kraft, die sie entdeckt hatten, vollzogen Sri Aurobindo und die Mutter verschiedene Experimente an ihren eigenen Körpern. „Experiment" ist einer der Schlüsselbegriffe in Sri Aurobindos Vokabular, „Verifikation" ist ein anderer: *Ich habe über Jahre hinweg Tag und Nacht die Ergebnisse meiner Forschung verifiziert, gewissenhafter, als jeder Wissenschaftler seine Theorie oder seine Methode auf der physischen Ebene auf die Probe stellen würde.*[11] Von der ungeheuren Anzahl der Erfahrungen, von denen Sri Aurobindos Werke und seine Korrespondenz durchdrungen ist, ließen sich vielleicht vier Begebenheiten zum Zwecke der Illustration dieser Macht des Bewußtseins und bezüglich der Natur von Sri Aurobindos „Verifizierung" hervorheben, wobei man nicht vergessen darf, daß es sich um Begebenheiten unter Hunderten anderer handelt und weder Sri Aurobindo noch die Mutter ihnen besondere Bedeutung beimaßen. Durch zufällige Unterhaltungen oder Briefe erfuhr man von ihrer Existenz. Sri Aurobindo war kaum in

Pondicherry angekommen, als er sich einer längeren Fastenperiode unterzog, „um zu sehen". Jahre später angelegentlich der Frage eines Schülers, ob es möglich wäre, ohne Nahrung auszukommen, sagte er folgendes: *Ja, es ist möglich. Ich habe einmal 23 Tage oder länger gefastet... Um ein Haar hätte ich dabei das Problem gelöst. Ich konnte wie gewohnt acht Stunden am Tag auf und ab gehen. Ich fuhr in meiner mentalen Arbeit und meiner Sadhana fort wie gewohnt und fand, daß ich am Ende der 23 Tage nicht im geringsten schwach war. Aber das Fleisch begann zu schwinden, und ich fand keinen Hinweis, wie sich der reduzierte Stoff im Körper ersetzen ließe. Als ich das Fasten brach, beachtete ich ebensowenig die bei langem Fasten übliche Regel – das heißt, mit nur ein wenig Nahrung wieder anzufangen. Ich begann mit der gleichen Menge, die ich zuvor gewohnt war... Ich versuchte das Fasten einmal im Gefängnis über eine Periode von zehn Tagen (in dieser Zeit schlief ich auch nur alle drei Nächte einmal). Ich hatte einen Gewichtsverlust von 10 Pfund, aber ich fühlte mich am Ende des Fastens stärker als vor seinem Beginn... Ich war fähig, einen Eimer Wasser über den Kopf zu heben, etwas, wozu ich normalerweise nicht in der Lage war.*[12] Auch eine andere Erfahrung geht zurück auf die Zeit im Alipore-Gefängnis: *Ich konzentrierte mich. Und mein Mental fragte sich: Sind solche* siddhis *[Kräfte] möglich? als ich mich plötzlich erhoben fühlte... Ich hätte meinen Körper auch unter normalen Umständen nicht in eine solche Haltung bringen können, selbst wenn ich es gewollt hätte, und ich fand, daß mein Körper ohne irgendeine Anstrengung meinerseits in dieser Hängelage verblieb.*[13] Ein anderes Mal ließ Sri Aurobindo vom Pondicherry Bazar eine große Menge Opium einkaufen, genug um mehrere Personen damit außer Gefecht zu setzen, und er verleibte sie sich ein, ohne auch nur die geringste Wirkung zu zeigen, einfach um eine Verifikation der Beherrschung seines Bewußtseins zu erhalten. Den vierten Fall schulden wir der Ungeduld eines Schülers, der sich darüber beschwerte, noch keine Antwort auf seine Briefe empfangen zu haben: *Dir ist nicht klar,* antwortete Sri Aurobindo, *daß ich täglich zwölf Stunden an der gewöhnlichen Korrespondenz arbeite. Drei Stunden am Nachmittag und die ganze Nacht bis sechs Uhr morgens... selbst das steinerne Herz eines Schülers sollte sich davon erweichen lassen.*[14]

Schlaf, Nahrung, Gravitation, Ursache und Wirkungen: Sri Aurobindo testete, eines nach dem anderen, viele sogenannte Naturgesetze, um zu entdecken, daß sie nur solange Gültigkeit behalten, als wir an ihre

Gültigkeit glauben. Verändert sich das Bewußtsein, verändert sich die entsprechende „Spur" ebenfalls. All unsere Gesetze sind lediglich „Gewohnheiten":

Ihre bleiernen Gewohnheiten, die Gesetze nachäffen [15]

sagt Savitri über die Natur. Tatsächlich besteht nur ein wahres Gesetz, das Gesetz des Geistes, das alle darunterliegenden Gewohnheiten der Natur modifizieren kann: *Der Geist hat es geschaffen, und Er kann es überwinden, doch zuerst müssen wir die Tore unseres Gefängnisses öffnen und lernen, weniger in der Natur zu leben als im Geiste.* [16] Sri Aurobindo hat keine Patentrezepte, keine Zauberformeln. Sein gesamter Yoga ruht auf einer sehr einfachen doppelten Gewißheit, der Gewißheit des Geistes, der in uns ist, und der Gewißheit über die terrestrische Manifestierung des Geistes – das ist der einzige Hebel, der wahre Hebel seiner Arbeit: *In jedem Menschen wohnt ein Gott, und diesen zu manifestieren ist das Ziel des göttlichen Lebens. Dazu sind wir alle fähig.* [17] Als ein Schüler einmal argumentierte, wie leicht es doch sei für so außergewöhnliche Wesen wie Sri Aurobindo und die Mutter, den Naturgesetzen zu widerstehen, wohingegen arme, normale Sterbliche auf nichts als ihre gewöhnlichen Mittel zurückgreifen könnten, protestierte Sri Aurobindo mit Vehemenz: *Meine Sadhana ist kein einmaliger Kraftakt, kein Ausbund an Ungeheuerlichkeit und kein Wunderwerk, das außerhalb aller Naturgesetze und aller Bedingungen, denen Leben und Bewußtsein auf der Erde unterworfen sind, praktiziert wird. Wenn ich diese Dinge tun kann und wenn sie in meinem Yoga geschehen können, so bedeutet dies, daß sie getan werden können und menschenmöglich sind und daß aus diesem Grunde die besagten Entwicklungen und Umwandlungen innerhalb des irdischen Bewußtseins möglich sind... Ich verspürte keinen Drang nach Spiritualität in mir, ich entwickelte diese Spiritualität. Ich war unfähig, Metaphysik zu verstehen, und entwickelte mich zu einem Philosophen. Ich hatte kein Auge für Malerei und entwickelte es durch Yoga. Ich verwandelte meine Natur von dem, was sie war, in das, was sie nicht war. Ich tat dies auf eine bestimmte Art und Weise, nicht durch ein Wunder, und ich tat es, um zu zeigen, was getan werden kann und wie es getan werden kann. Ich habe es weder getan, um ein persönliches Bedürfnis zu befriedigen, noch durch ein Wunder ohne Methode. Wenn dem nicht so ist, kann ich sagen, daß mein Yoga nichtig war und mein Leben ein Fehler – ein absurder Kunstgriff der Natur ohne Bedeutung oder Konsequenz.*[18] Für Sri Aurobindo liegt der wahre Schlüssel darin zu verstehen, daß Geist nicht das Gegenteil von Leben ist sondern die Erfüllung des Lebens, daß die *innere Verwirklichung der Schlüssel zur äußeren Verwirklichung ist:*

Der Himmel widerruft die Erde nicht, sondern er erfüllt sie.[19]

Versteht die Menschheit einmal diese einfache Tatsache und gibt ihre jahrtausendealte Gewohnheit auf, den Geist hinter Klostermauern oder auf Elfenbeintürme in den Himmel zu verbannen und an den Tod, ihre eigenen Gesetze und ihre eigene Beschränktheit zu glauben, dann sind wir bereits auf der richtigen Spur, sicher und bereit für das göttliche Leben. Sri Aurobindo kam vor allem, um uns das zu zeigen – die *Tatsache,* daß kein Grund besteht, in den Himmel abzuheben, um den Geist zu finden, die *Tatsache,* daß wir frei sind, stärker sind als alle Gesetze, denn Gott lebt in uns. Es gilt lediglich daran zu glauben. Denn Glaube beschleunigt die Ankunft des Welt-Märchens. *Das war es, was mich von Anfang bis Ende gerettet hat, ein vollkommener Gleichmut. Vor allem glaubte ich, daß nichts unmöglich ist, und gleichzeitig konnte ich alles in Frage stellen.*[20] Einmal, als er gedrängt wurde, seinen politischen Kampf wieder aufzunehmen, antwortete Sri Aurobindo prompt, daß das, was vonnöten sei, nicht *eine Revolte gegen die britische Regierung wäre, etwas, das jeder leicht bewerkstelligen könne... sondern eine Revolte gegen die gesamte universelle Natur*[21].

Während dieser ersten Phase waren sich die wenigen Schüler (etwa fünfzehn an der Zahl) alle einig, daß eine Atmosphäre außergewöhnlich hoher Konzentration herrschte. Man machte beinahe nach Wunsch auf Schritt und Tritt spektakuläre Erfahrungen, göttliche Offenbarungen waren mehr die Regel als die Ausnahme, und die Naturgesetze schienen ein wenig nachzugeben. Anders ausgedrückt, der Schleier zwischen der physischen Welt und den anderen Ebenen des Bewußtseins wurde dünner, und jene Wesen, die man Götter nennt, oder die Kräfte des Übermentals konnten sich manifestieren, auf die Naturgesetze einwirken und etwas bewirken, was man gewöhnlich Wunder nennt. Hätten sich die Dinge weiter dieser Tendenz gemäß entwickelt, wären Sri Aurobindo und die Mutter voll und ganz auf dem Weg gewesen, eine neue Religion zu gründen, und Pondicherry wäre einer jener neuen „Wallfahrtsorte" geworden, an dem Weihrauch, Incense und andere spirituelle Essenzen herhalten müssen, die bescheideneren Gerüche des Alltags zu überlagern. Eines Tages jedoch, als die Mutter eine der letzten außernatürlichen Geschehnisse beschrieb, bemerkte Sri Aurobindo dazu augenzwinkernd: „*Aber das ist ungewöhnlich interessant, du wirst Wunder wirken, die uns weltweit berühmt machen werden, du wirst irdische Ereignisse vollkommen auf den Kopf stellen können, tatsächlich* (Sri Aurobindo lächelte) *das wird ein Riesenerfolg!*" Und er setzte hinzu: „*Aber es ist eine übermentale Schöpfung, nicht die höchste Wahrheit – the highest truth –, nicht der Erfolg, den wir suchen. Wir wollen das Supramental auf der Erde begründen, eine neue Welt schaffen.*" *Eine halbe Stunde später war alles vorbei, ich habe nichts gesagt, kein Wort*, erzählt die Mutter, *in einer halben Stunde hatte ich alles wieder auseinandergenommen, die Verbindung zwischen Göttern und Schülern unterbrochen, alles aufgelöst. Denn ich wußte, solange das besteht, wäre es zu verführerisch (man sah die ganze Zeit die erstaunlichsten Dinge), wir wären versucht gewesen, auf diese Weise ewig weiterzumachen. Ich habe alles auseinandergenommen. Von diesem Punkt an begannen wir auf einer anderen Grundlage.*

Es war das Ende der ersten Phase. Sri Aurobindo und die Mutter hatten die Macht des Bewußtseins verifiziert, und sie hatten festgestellt, daß „Wunder mit Methode" oder Einwirkungen von höheren Bewußtseinskräften reiner Zuckerguß, reine Plazebos waren, die nicht das Wesen der Dinge berühren. Sie sind vom Standpunkt der Veränderung der Welt aus unbrauchbar. Das wirkliche Problem, „die wahre Sache", wie die Mutter sich ausdrücken würde, ist nicht, die Materie durch flüchtige „übernatürliche" Einwirkung äußerlich zu verändern, sondern von innen, auf dauerhafte Weise, und eine neue Ordnung zu gründen. Die Geschichte ist voll von „Wallfahrtsstätten", und sie haben uns alle nichts genutzt. Wir haben lange genug im Zeichen der Götter und der Religionen gelebt: *Ich habe nicht die Absicht, einer neuen Ausgabe des alten Fiaskos meine Zustimmung zu erteilen*, schrieb Sri Aurobindo, *einer partiellen und vergänglichen spirituellen Öffnung im Inneren ohne wirklicher und an die Wurzel gehender Veränderung in der Gesetzmäßigkeit der äußeren Natur.*[22] Levitation und die Überwindung von Schlaf und Hunger, ja selbst Krankheit berühren immer nur die Oberfläche des Problems. Es handelt sich immer nur um ein negatives Bemühen, das *gegen* eine vorherrschende Ordnung gerichtet ist, es läuft noch immer, wenn auch in negativer Form, auf die Anerkennung der alten Gesetzmäßigkeit hinaus, wohingegen es darum geht, die Ordnung selbst zu verändern, ganz gleich, ob sie gut oder schlecht ist, denn das Gute geht Hand in Hand mit dem Schlechten. Alle Wunder sind nichts weiter als die Kehrseite beziehungsweise die Vorderseite unserer Ohnmacht. Was wir brauchen, ist keine bessere Welt, sondern eine neue Welt, nicht eine „höchst konzentrierte" Atmosphäre, sondern, wenn man so will, eine niedrigst konzentrierte. Alles hier unten, wirklich alles, muß ein Hoher Ort werden, dann erübrigen sich die „Wallfahrtsstätten" ganz von selbst. Ohne Vorwarnung gab Sri Aurobindo am 24. November 1926 plötzlich bekannt, daß er sich in vollkommene Zurückgezogenheit begeben würde; unter Mutters Leitung wurde offiziell ein Ashram ins Leben gerufen. Es war nicht notwendig, den Schülern mitzuteilen, daß der Yoga sich von nun an „im Unterbewußten oder Unbewußten" zutragen würde: sie alle stürzten von der Erhabenheit ihrer unglaublichen Erfahrungen herab, um ihre Kräfte weit härteren und prosaischeren Realitäten entgegenzustellen. Damit begann die zweite Phase in der Arbeit der Transformation.

Das ursprüngliche Agni

Zu Beginn dieser zweiten Phase steht eine einigermaßen seltsame Unterhaltung, die Sri Aurobindo 1926, kurz vor seinem Eintritt in die Zurückgezogenheit, mit einem französischen Physiker führte. Diese wenigen Worte Sri Aurobindos, die damals ziemlich rätselhaft gewesen sein müssen, beleuchten eine eigenartige Richtung seiner Erfahrungen. Der Gesprächsgegenstand war die „moderne" Naturwissenschaft:
Es gibt zwei Aussagen der modernen Wissenschaft, die vom spirituellen Standpunkt aus gesehen ein tieferes Echo auslösen:
1) Atome sind rotierende Systeme ähnlich dem Sonnensystem.
2) Die Atome aller Elemente bestehen aus den gleichen Bestandteilen. Eine unterschiedliche Anordnung ist die einzige Ursache unterschiedlicher Eigenschaften.
Würden diese beiden Aussagen von ihrer wahren Seite aus betrachtet, könnten sie die moderne Wissenschaft zu neuen Entdeckungen führen, von denen sie gegenwärtig nicht die geringste Vorstellung hat und im Vergleich zu welchen der gegenwärtige Wissensstand mangelhaft ist.
Das war 1926.
Sri Aurobindo fährt fort: *Der Erfahrung der Yogins des Altertums zufolge... gibt es drei Aspekte von Agni:*

1) *gewöhnliches Feuer, jada Agni*
2) *elektrisches Feuer, vaidyuta Agni*
3) *solares Feuer, saura Agni.*

Die Wissenschaft kennt bis heute nur das erste und das zweite dieser Feuer. Die Tatsache, daß das Atom dem Sonnensystem gleicht, könnte zu einem Wissen über das dritte Feuer führen.[23]

Worauf wollte Sri Aurobindo hinaus? Und wie kam es, daß er (ohne von den Rishis von vor sechstausend Jahren zu sprechen) vor all unseren Laboratorien wußte, daß die solare Wärme – *Saura Agni* – einen anderen Ursprung hat als das, was wir Feuer oder Elektrizität nennen, daß sie durch Kernfusion erzeugt wird und daß es die gleiche Energie ist, die auch im Atom enthalten ist? Es ist eine Tatsache – vielleicht beunruhigend für die Wissenschaft, die alles im Rahmen „konkreter" Realitäten zu fassen versucht –, daß alle physischen Realitäten, von welcher Natur auch immer, eine innere Realität zum Gegenstück haben, die sowohl ihre Ursache als auch ihre Grundlage darstellt: Selbst die unscheinbarsten materiellen Elemente haben ihr inneres Gegenstück, angefangen mit unseren physischen Organen, die nichts sind als die materielle Verkleidung oder Träger der Bewußtseinszentren. Alles hier ist die Schattenprojektion oder die symbolische Übersetzung eines Lichtes oder einer Kraft, die sich im Hintergrund auf einer anderen Ebene befinden. Die ganze Welt ist ein einziges Symbol. Die Wissenschaft analysiert die Erscheinungen, ersinnt Gleichungen, um Gravitation, Gewicht, Kernspaltung darin ausdrücken zu können, sie sieht aber immer nur die Auswirkungen, nie die wirkliche Ursache. Der Yogin sieht die Ursache vor der Wirkung. Der Gelehrte folgt der Ursache, ausgehend von der Wirkung. Der Yogin folgt den Wirkungen, indem er von der Ursache ausgeht. Er kann sogar noch nicht aufgetretene Wirkungen aus bereits existierenden Ursachen folgern; der Unfall, welcher morgen eintritt, wird abgeleitet aus Kräften des Unfalls, die bereits im Hintergrund bestehen. In der Manipulation von Wirkungen produziert der Gelehrte mitunter Katastrophen, der Yogin beherrscht die Ursache oder besser, er identifiziert sich mit der Einen Ursache und kann somit auf Wirkungen Einfluß nehmen oder, wie Sri Aurobindo sagt, jene „Gewohnheiten" verändern, welche wir als Gesetze bezeichnen. Denn letztlich sind alle physikalischen Effekte, die wir zu Gesetzen zusammengefaßt haben, zweckdienliche *Träger* für die Manifestierung von Kräften, die dahinter stehen, vergleichbar mit der Vorstellung eines Magiers, der bestimmte ritualistische Diagramme, Ingredienzen und Formeln braucht, damit sich das, was er heraufbeschwört, manifestieren kann. Die ganze Welt ist eine gigantische Zaubervorstellung, ein einziger andauernder Akt von Magie. Doch unsere irdischen Diagramme und Ingredienzen, die wir so sorgfältig und unabänderlich zusammengestellt haben, sind einfach Konventionen. Das irdische Ritual läßt sich verändern, wenn man, anstatt sich von den Effekten hypnotisieren zu lassen, auf die Ursache dahinter zurückgeht – auf die Seite des Magiers. Es gibt in diesem Zusammenhang die Geschichte des Hindu Brahmanen, der jeden Tag zur Zeit der Andacht die Katze des Hauses anbinden ließ, um in seinem Ritual nicht gestört zu werden. Der Brahmane starb, die Katze starb, und der Sohn, nun mit der Leitung der Andacht betraut, kaufte eine Katze und ließ sie gewissenhaft während der Zeit der Opferhandlung anbinden. In der Weitergabe des Rituals vom Vater an den Sohn war die angebundene Katze zu einem unabdingbaren Element der Wirksamkeit des Rituals geworden. Es ist gut möglich, daß unser unanfechtbarer Kodex von Naturgesetzen ein paar solcher Mietzekatzen für uns parat hat. Geht man zurück zu der ursprünglichen Kraft, die hinter der physischen Trägersubstanz verborgen liegt, zu „der wahren Bewegung", wie die Mutter sagt, so werden wir des Großen Spiels gewahr, das so verschieden von den rigiden Vorstellungen ist, die wir uns gemacht haben. Hinter dem Phänomen der Gravitation, um eines der Rituale zu nehmen, steht das, was die Yogins der Vorzeit *Vayu* genannt haben, die Ursache von Schwerkraft und elektromagnetischen Feldern (wie Sri Aurobindo schon in dem zitierten Gespräch von 1926 bemerkte). Durch eine Beherrschung desselben gelingt es Yogins auch, sich den Gesetzen der Gravitation zu entziehen. Hinter dem solaren oder nuklearen Feuer steht das ursächliche *Agni*, das spirituelle *Agni*, das überall ist und alles begründet, „das Kind der Wasser, das Kind der Wälder, das Kind der festen Dinge und das Kind der Dinge in Bewegung. Selbst im Stein ist es gegenwärtig," sagt der Rig-Veda (I.70.2). Es ist der „warme Goldstaub", von dem die Mutter spricht, der wirkliche Grund hinter allen Auswirkungen, die ursprüngliche Kraft hinter der materiellen, atomaren Trägersubstanz, „andere Flammen sind allein Äste deines Stammes" (I.59). Und eben weil Sri Aurobindo und die Rishis dieses spirituelle *Agni* in der Materie gewahrten, „diese Sonne in der Finsternis", wußten sie um ihre materielle, atomare Wirkung und die Kernfusion, lange vor unseren wissenschaftlichen Experimenten. Genau deshalb, weil sie um den Grund wußten, konnten sie es wagen, von Transformation zu sprechen.*

Letztlich ist das ganze Universum, von Anfang bis Ende, von oben bis unten, aus einer einzigen Substanz göttlicher Bewußtseins-Kraft gemacht; und *Agni* ist das Element der Kraft oder Energie im Bewußtsein: „O Sohn der Energie," sagt der Rig-Veda (VIII.84.4). Es ist Kraft-Bewußtsein. Es ist Wärme, Flamme, auf welcher Ebene auch immer wir ihm begegnen. Konzentrieren wir uns auf unser Mental, empfinden wir die subtile Wärme des mentalen *Agni*. Konzentrieren wir uns auf unser Herz oder unsere Emotionen, fühlen wir die subtile Glut der Lebens-Energie oder das vitale *Agni*. Versenken wir uns in unsere Seele, erfahren wir die subtile Glut der Seele oder das psychische *Agni*. Es gibt nur ein einziges *Agni* vom Scheitel bis zur Sohle, einen einzigen Strom von Bewußtseins-Kraft oder Bewußtseins-Energie oder Bewußtseins-Glut, der sich auf unterschiedlichen Ebenen in unterschiedlichen Intensitäten äußert. Und dann gibt es das fundamentale *Agni* oder materielle *Agni,* das der äußerste Energiezustand des Bewußtseins vor seiner Umwandlung oder Verdichtung in Materie ist. Hier liegt der Ort des Übergangs vom einen zum anderen (erinnern wir uns an Mutters Worte: „Es ist eine Bewegung stärker als die Kraft oder Macht, welche die Zellen in ihrer individuellen Form erhält."). Auch die moderne Naturwissenschaft hat letztlich verstanden, daß Materie und Energie sich ineinander umwandeln lassen: $E=mc^2$ ist ihr großer Durchbruch, es ermangelt ihr jedoch noch an der Erkenntnis, daß Energie auch eine Bewußtseinsform ist und daß man durch den Umgang mit dem Faktor Bewußtsein auf die Faktoren Energie und Materie einwirken kann. Um Materie in Energie zu verwandeln, kennt die moderne Naturwissenschaft nur physikalische Verfahren, die enorme Temperaturen erzeugen, während die Kenntnis des fundamentalen oder ursächlichen *Agni*, das die eigentliche Essenz von Energie oder Bewußtseins-Kraft darstellt, es im Prinzip ermöglicht, direkt auf Materie

* Das physikalische Licht, diese extreme Verbindung von Geschwindigkeit und Unbewegtheit, ist ein bemerkenswertes Symbol für das höchste Bewußtsein. Desgleichen ist die physikalische Sonne ein anderes Symbol höchster Kraft, wie es viele Traditionen des Altertums – weniger kindisch, als wir denken – bereits sahen. *Aber die Hindu Yogins, die diese Erfahrungen verwirklicht hatten, arbeiteten sie nicht zu wissenschaftlicher Erkenntnis aus,* bemerkte Sri Aurobindo. *Da ihnen andere Tätigkeitsfelder und andere Erkenntnisquellen offen standen, vernachlässigten sie das, was für sie der alleräußerste Aspekt der Offenbarung war.*

einzuwirken und den gleichen Umwandlungsprozeß zu erreichen, ohne seinen Körper in eine lebendige Fackel zu verwandeln.

Die Unterhaltung von 1926 liefert uns also zwei praktische Tatsachen (und deren spirituelle Grundlage), die vom Standpunkt der Transformation aus von höchster Bedeutung sind: Erstens, daß alle irdische Formen aus den gleichen Elementen bestehen und unterschiedliche Charakteristika sich lediglich aus einer unterschiedlichen Anordnung der Atome ergeben. (Hier liegt das physikalische Gegenstück zur spirituellen Tatsache der göttlichen Einheit der Welt: Die Welt ist aus einer Substanz geschaffen, einer göttliche Substanz: „Ihr seid Mann und Frau, Junge und Mädchen, alt und verbraucht wandelt ihr, auf euren Stab gestützt. Ihr seid der blaue Vogel und der grüne und der Scharlachäugige..." Swetaswatara Upanishad, IV.3.4. Ohne diese Einheit der Substanz wäre keine Transformation möglich, denn andernfalls müßte jedesmal wieder etwas Neues verändert werden.) Und zweitens, das solare Feuer in der Materie ist das materielle Gegenstück des alles begründenden *Agni*, das, wie Sri Aurobindo in einem anderen Teil des Gespräches betonte, *ein Baumeister der Formen* ist. Mit *Agni* umzugehen, bedeutet also fähig sein, Formen zu verändern, die Materie zu transformieren: „Jener kostet nicht von der Freude (der zweimal Geborenen), welcher unreif ist und dessen Körper nicht in der Glut des Feuers gelitten hat", heißt es im Rig-Veda; „allein jene sind fähig, das zu dulden und auszukosten, welche durch die Flamme vorbereitet wurden" (IX.83.1). Der warme Goldstaub wird jedes materielle Gegenstück umwandeln, den nuklearen Staub in unserem Körper, so wie Deuterium in einer Kernreaktion zu Helium wird: *Der subtile Prozeß wird mächtiger sein als der grobe, so daß die subtile Kraft von Agni fähig sein wird, das zu tun, was gegenwärtig noch eine physische Veränderung, wie etwa erhöhte Temperatur, erfordern würde.*[24] Auch unsere Atome sind nichts weiter als eine zweckdienliche Übersetzung des ewigen Rituals – nichts ist vollkommen festgelegt, nichts ist unumgänglich, den Kombinationsmöglichkeiten sind keine Grenzen gesetzt, so wie dem Neuen Menschen keine Grenzen gesetzt sind.

Die zweite Phase: Der Körper

Die zweite Phase begann 1926 und dauerte bis einschließlich 1940. Es war eine Phase individueller Arbeit im Körper und im Unterbewußten.

Bis zu diesem Punkt haben wir alle Hinweise, alle Fäden zur supramentalen Bewußtseinsveränderung, und wir kennen jetzt die Grundprinzipien der Transformation. *Agni* ist es, „der die Arbeit macht", sagt der Rig-Veda (I.1.5). Aber wie kann *Agni* praktisch die Materie verändern? Das läßt sich noch nicht sagen, wir halten ein paar lose Enden in der Hand und wissen noch nichts Rechtes damit anzufangen: *Wüßten wir das Verfahren*, sagt die Mutter, *wäre das Ziel damit bereits erreicht*. All die anderen Verwirklichungen hat die indische Tradition minutiös inventarisiert. Alle Methoden, das Nirvana zu erreichen, den kosmischen Geist zu verwirklichen, die Seele zu finden, die Schwerkraft zu überwinden, ebenso wie Hunger, Kälte, Schlaf und Krankheit, seinen Körper willentlich zu verlassen oder das eigene Leben nach Wunsch zu verlängern, sind bekannt – jeder, der sich darum bemüht, kann dies erreichen, die Wege, dorthin zu gelangen, sind längst vermessen und verzeichnet, die verschiedenen Etappen von den Sehern oder den hinduistischen *Shastras* seit Tausenden von Jahren beschrieben. Es ist allein eine Frage der Disziplin und der Geduld – und eine Frage des rechten Augenblicks: *Kairos*. Aber die Transformation hat noch niemand geleistet. Es handelt sich um einen vollkommen unbekannten Weg, vergleichbar mit einer Reise durch ein Land, das noch nicht existiert. Vielleicht gleicht es dem Auftreten der ersten gedanklichen Schwingungen in der Welt der Materie und des Lebens. Wie war dieses Phänomen für die ersten, noch halb-tierischen Organismen zu verstehen, die als erste diese mentalen Schwingungen aufnahmen, und wie hätten sie beschreiben können, was zu tun war, um das Denken zu bewältigen? Um die Mutter zu zitieren: *Wir haben keine Ahnung, ob diese oder jene Erfahrung ein Stück des Weges ist oder nicht, wir wissen nicht einmal, ob wir vorankommen oder nicht, denn wüßten wir es, würde das bedeuten, daß wir den Weg kennen – aber es gibt keinen Weg. Niemand ist je dorthin gegangen. Man kann nicht sagen, um was es sich handelt, bis es getan ist. Es ist eine abenteuerliche Reise ins Unbekannte*, sagt Sri Aurobindo. Wir sind ein wenig in der Lage von Primaten im Angesicht dieser neuen Schöpfung. Das bedeutet, daß wir von nun an lediglich einen groben Lageplan skizzieren können, der die Entwicklung oder besser die auftretenden Schwierigkeiten anzeigt, ohne dabei sicher sein zu können, daß dies wirklich Teil des Weges ist. Die Erfahrung ist noch nicht abgeschlossen. Wenn es ein einziges Mal in einem menschlichen Wesen vollbracht worden ist, werden sich die Bedingungen der Transformation selbst verändern, denn der Weg wird

Die Transformation

dann begangen und verzeichnet und die Grundschwierigkeiten werden ausgeräumt sein. An dem Tag, an dem Platon den Phaidros vollendete, hob er damit das Niveau der gesamten Menschheit empor zu der Möglichkeit des Phaidros. An dem Tag, an dem ein einziges menschliches Wesen die Schwierigkeiten der Transformation bewältigt, hebt es damit das Niveau der gesamten Menschheit empor zu der Möglichkeit eines leuchtenden, wahren und unsterblichen Lebens.

Man kann sich allerdings einen Begriff des Grundproblems machen, das sich dem Suchenden entgegenstellt. Wenn *Agni* in Augenblicken der Inspiration in unserem Mental zu brennen beginnt, schafft es eine Spannung, eine nahezu körperliche Glut, die sich nicht ignorieren läßt. Brennt es in beseelten Augenblicken im Herzen, das heißt genauer und etwas prosaischer ausgedrückt im Solarplexus, fühlt sich der Brustkorb wie ein Glutofen, so intensiv, daß mitunter selbst die Haut ihre Farbe ändert und auch ein unerfahrenes Auge eine besondere Ausstrahlung, geradezu ein Durchglühtsein wahrnimmt, das von dem Yogin ausgeht. Brennt *Agni* im Vital, in Augenblicken höchster Sammlung, innigsten Rufens oder während einer Öffnung ins Kosmische, entsteht auf der Höhe des Nabels eine Art geballtes Pulsieren, einem Fieberanfall vergleichbar, der den ganzen Körper überkommt, da eine gewaltige Kraftmenge durch einen kleinen Kanal passieren muß. Was aber geschieht mit dem warmen Goldstaub, *diesen Blitzschlägen köstlichen Weines in den Zellen des Körpers*[25]? *Überall beginnt es zu sieden,* sagt die Mutter in ihrer einfachen Sprache, *gleich einem Kessel, der jeden Augenblick explodieren wird.* Auch die Rishis sprachen vom Zerschmettert-Werden „gleich einem schlecht gebrannten Tonkrug", wenn man zu schnell voranschreitet. Wäre es im weiteren allein eine Frage, etwas von Anfang an neu zu schaffen, so wäre das Problem relativ einfach, aber man muß mit dem arbeiten, was man hat; es geht darum, vom gegenwärtigen Zustand in einen anderen Zustand *überzugehen*, von der alten Form des Organismus in eine neue: Die alte Form des Herzens, der Lungen, etc. besteht ja noch – in welchem *Augenblick*, fragte sich die Mutter, kann man auf das Herz verzichten und stattdessen Die Kraft in Bewegung setzen? Der Übergang von einem Zustand in den anderen ist das Schwierige. Wiederholte, unzählige Erfahrungen in genauester Dosierung sind notwendig, um die Zellen daran zu gewöhnen, während dieses Übergangs nicht in Panik zu verfallen. Das Hauptproblem ist deshalb die Anpassung und Vorbereitung des Körpers, und das braucht Jahre über

Jahre, vielleicht Jahrzehnte. Sri Aurobindo arbeitete über vierzig Jahre an dieser Vorbereitung und die Mutter über fünfzig Jahre. Die dringendste praktische Notwendigkeit ist also, durchzuhalten und schneller zu sein als der Tod. *Im Grunde,* bemerkt die Mutter, *ist es im Wettlauf mit der Transformation die Frage zu wissen, wer von beiden zuerst ans Ziel gelangt, derjenige, welcher seinen Körper im Bilde der göttlichen Wahrheit transformieren möchte, oder die alte Gewohnheit des Körpers zu zerfallen.*

Denn die Arbeit muß ja in der Zeitspanne eines Lebens geleistet werden. Es ist möglich, vergangene Fortschritte in der Entwicklung der Seele, des Mentals und selbst des Vitals wiederzugewinnen, was sich im gegenwärtigen Leben in einer spontanen Blüte, inhärenten Anlagen oder bereits akkumulierter Entwicklung ausdrückt. Man muß nur seine Lektion über zehn oder zwanzig Jahre wiederholen, um den Leitfaden früherer Leben wieder aufnehmen zu können. Es gibt sogar eine besonders schlagende Erfahrung, in welcher man genau an dem Punkt anlangt, an dem die Erfahrung, die bereits in vergangenen Leben erreicht wurde, abbricht und die neuen Erfahrungen einsetzen. Man knüpft den wiedergefundenen Faden weiter. Der zelluläre Fortschritt im Körper jedoch, die Weiterentwicklung des physischen Bewußtseins kann klarerweise nicht auf ein folgendes Leben übernommen werden; alles geht auf dem Scheiterhaufen oder in der Erde wieder verloren. Wenn wir also eine anhaltende menschliche Entwicklung suchen und ein supramentales Wesen, das sich in unseren eigenen Haut und Knochen offenbart und nicht in irgendeinem unbekannten neuen Organismus, der unsere mentale Menschheit ersetzt, ist es notwendig, daß *ein* menschliches Wesen die Arbeit in *einem* Lebensalter vollendet. Ist das Verfahren einmal erfolgreich, läßt es sich auf andere übertragen und verallgemeinern (worauf wir zurückkommen werden). In Sri Aurobindos Augen würde der Transformationsprozeß alles in allem dreihundert Jahre in Anspruch nehmen – und dieses Urteil entsprang einer genauen Übersicht des Problems –, bevor ein supramentales Wesen erscheinen könnte, das leuchtend, leicht usw. ist, wie wir es eben zu beschreiben versucht haben. Daraus folgt in Ermangelung eines vollendeten supramentalen Wesens (selbst Platon wurde nicht in einem Tag geboren) die Notwendigkeit, in unserem Fleisch ein Übergangswesen hervorzubringen, ein Bindeglied zwischen dem Menschlichen und dem Übermenschlichen. Das heißt ein Wesen, in dem sich nicht allein das supramentale Bewußtsein verwirklicht haben

Die Transformation 305

würde, sondern in dessen Körper, wenn man so will, genügend Unsterblichkeit gespeichert wäre, um die Übergangsperiode überdauern zu können, und ebenso ausreichend Kraft und Geschmeidigkeit, um seine eigene Umwandlung bewerkstelligen zu können oder andernfalls kraft seiner eigenen Energie ein supramentales Wesen hervorzubringen, ohne auf die gewohnten Mittel irdischer Geburt zurückzugreifen. Denn das schwerwiegende animalische und menschliche Erbe, das auf unserem Unterbewußtsein lastet und durch jede physische Empfängnis automatisch übertragen wird, ist eine der Hauptschwierigkeiten der Transformation, wenigstens so schwierig, wie es ist, sich an der Glut des *Agni* nicht zu verbrennen, wenn nicht sogar schwieriger. Das ist die zweite Hauptschwierigkeit. Vielleicht ist es tatsächlich das primäre Problem, weit umfassender als ersteres, das kardinale Problem des Körpers schlechthin. Damit sind die zwei grundlegenden Probleme, mit denen sich der Suchende auseinandersetzen muß, umrissen: einerseits den Körperzellen das Bewußtsein der Unsterblichkeit zu übermitteln, einer Unsterblichkeit, die bereits im psychischen und selbst im mentalen Bereich vorhanden ist, und zweitens das Unterbewußte vollkommen zu klären. Die Fortschritte, die *Agni* im Körper machen kann, *scheinen* von diesen beiden Bedingungen abzuhängen. Somit bleibt die Arbeit wiederum primär eine Arbeit des Bewußtseins.

Zuerst die Fähigkeit, durchzuhalten. Praktisch stellt sich heraus, daß die Frage der Unsterblichkeit in jedem Fall eng mit der Frage der Wahrheit verbunden ist: Unsterblich ist, was wahr ist. Wären wir vollkommen wahr, so wären wir vom Scheitel bis zur Sohle vollkommen unsterblich. Bis jetzt ist kaum etwas anderes unsterblich als unsere Seele, denn sie ist die Wahrheit des Geistes in uns. Die Seele ist es, welche von einem Leben zum nächsten übergeht, dadurch wächst, sich entwickelt, mehr und mehr Bewußtsein erlangt. Das Mental, sobald es ausreichend um die innere Wahrheit unseres Wesens zentriert ist, sobald es die Wahrheit will und das Wahre denkt, ist unsterblich. Alte Formationen werden wieder geläufig, bestimmte Wahrheiten erscheinen erstaunlich vertraut, bestimmte Sehnsüchte nach der Wahrheit unerklärlich brennend und unabweisbar. Das Vital ist ebenfalls der Unsterblichkeit fähig, sobald es sich ausreichend um die zentrale psychische Wahrheit einfügt – man taucht in einer anderen Dimension auf, so vertraut wie die Jahrtausende. Und doch ist dieser Fall verhältnismäßig selten, da unsere Lebenskraft im allgemeinen in zu viele Möglichkeiten naheliegender

Zerstreuung verstrickt ist, um den Willen aufzubringen, ein wahres Leben zu schaffen. Je weiter man in der Bewußtseinsskala herabsteigt, um so dichter die Verfälschung und um so mehr sterben die Dinge natürlich, denn Falschheit und Verfälschung sind im wesentlichen Fäulnis. Das Vital ist bereits einigermaßen obskur, aber der Körper ist voller Falschheit. Das Altern und die Krankheiten sind dabei die sinnfälligsten Falschheiten – wie könnte Wahrheit alt, häßlich und verbraucht oder krank werden? Wahrheit ist strahlend, schön, leuchtend und ewig. Das liegt klar auf der Hand. Wahrheit ist unbesiegbar. Der Tod und das Altern können uns nur durch unseren Mangel an Wahrheit treffen.

Dabei muß anerkannt werden, daß der Tod über lange Zeit hinweg eine weise Einrichtung ist: Der unsterbliche Herr So-und-nicht-anders ist offensichtlich eine Makulatur an Unsterblichkeit. Alles in allem betrachtet, ist der Tod ein loyaler Bewahrer der Wahrheit. Es ist erstaunlich, wie immer und überall die Dinge zwei Gesichter tragen: Einerseits muß man sich ständig schlagen, wehren und kämpfen, Nein sagen; andererseits kann man nicht ausreichend dankbar sein und Ja und wieder und wieder Ja sagen. Und man muß zu beidem fähig sein. Somit kann der Kampf gegen die „Lügen des Körpers", Krankheit, Unbewußtsein, das Altern erst beginnen, wenn die Transformation der höheren mentalen und vitalen Ebenen gesichert ist, wenn das übrige unseres Wesens in Wahrheit lebt und in Wahrheit steht. Es wäre ein großer Fehler anzunehmen, daß man den supramentalen Yoga beginnen kann, bevor man all die anderen Schritte durchlaufen hat – wie gesagt, man muß den ganzen Weg zum Gipfel gehen, um den tiefsten Grund erreichen zu können.

So wie das Schweigen die Grundvoraussetzung für die mentale Transformation ist und der Friede die Grundvoraussetzung für die vitale Transformation, so ist Unbewegtheit die Grundlage für die physische Transformation – keine äußere Unbewegtheit, sondern eine innere, im zellularen Bewußtsein. Dank des mentalen Schweigens und des vitalen Friedens sind wir in der Lage gewesen, die zahllosen Schwingungen der Welt zu entwirren und auseinanderzuhalten, all die verborgenen Impulse, die uns in Bewegung setzen und unsere Gefühle und Gedanken verursachen. Durch die Unbewegtheit des physischen Bewußtseins können wir in vergleichbarer Weise ein wimmelndes Knäuel von Schwingungen auffasern und unterscheiden, um gewahr zu werden, aus welchem Schrot und Korn wir gemacht sind. Auf der zellularen Ebene leben wir in einem vollständigen Chaos: Ein Malstrom von starken, angenehmen, schmerzvollen, heftigen Sinneseindrücken umschließt uns mit seinem beständigen Auf-und-Ab, und sollte dieser Strudel auch nur einen Moment innehalten, entsteht sofort eine beklemmende Leere, die um jeden Preis von weiteren Sinneseindrücken in immer stärkerer Dosierung zugedeckt werden muß. Wir fühlen uns nur lebendig, wenn wir angeregt oder aufgeregt sind. Hier besteht deshalb die vordringlichste Aufgabe darin, das Chaos gänzlich zum Stillstand zu bringen – kein Gleichmut der Seele, sondern ein Gleichmut der Zellen. Erst dann kann das Werk der Wahrheit beginnen. In diesem zellularen Gleichmut wird unser Körper zu einem transparenten Kelch, in welchem die geringsten Schwingungen wahrnehmbar, also greifbar werden und sich beherrschen lassen. Alle Kräfte von Krankheit, Desintegration und Falschheit sind unterbewußte Entstellungen oder Verunstaltungen, und ihre gräßliche kleine Fauna beginnt innerhalb dieser so entstandenen Klarheit *sichtbar* umherzuwimmeln, und man kann sie erwischen. Tatsächlich stammt das Sieden *Agnis* nicht so sehr von einer Anpassungsschwierigkeit der Zellen, als vielmehr vom *Widerstand* „unserer" Unklarheiten. Einzig diese klärende Unbewegtheit kann die Bahn ebnen und *Agnis* überwältigende Bewegung freisetzen, ohne daß der Körper mitzuschwingen beginnt, in Panik gerät und von einem plötzlichen Fieber überkommen wird.

Ist diese zellulare Unbewegtheit einmal relativ gut begründet, machen wir eine erste Entdeckung: Wir stoßen auf ein Haupthindernis, das in der Arbeit der Transformation auch eine Hauptstütze darstellt, denn wie immer und auf allen Ebenen ist jede Anfechtung genau gleich der Kraft, die erforderlich ist, um einen Schritt weiter zu tun, ist sowohl ein Ballast als auch ein Hebel des Fortschritts. Unterhalb unseres denkenden Mentals konnten wir bereits ein „vitales Mental" beobachten, das wunderbare Rechtfertigungen für all unsere blinden Impulse und Begierden findet, dann ein „physisches Mental", welches dasselbe Ereignis tausendfach um und um dreht, gleich einer Schallplatte mit Sprung. Doch es gibt darunter noch eine tiefere Schicht, einen mentalen Bodensatz, wenn man so will, den Sri Aurobindo das *zellulare Mental* nannte. Es ist wirklich ein Mental der Zellen oder besser von Gruppen von Zellen, das dem physischen Mental durch seine schier unerschöpfliche Fähigkeit, dieselbe Litanei über und über zu wiederholen, sehr ähnlich ist, aber nicht auf den Bereich des Gehirns oder des mechanischen Zerkleinerns von Gedankenfetzen beschränkt ist, sondern sich überall im Körper befindet, *einer Million kleiner Stimmen gleich*, die man sofort ausmachen kann, sobald die anderen mentalen Schichten sich geklärt haben. Es knetet unermüdlich, nicht die Trümmer unserer bewußten Tätigkeiten, sondern diejenigen unserer Sinnesempfindungen. Es genügt, daß eine Gruppe von Zellen einmal einen Sinneseindruck aufgenommen hat, zum Beispiel Angst, einen Schock oder eine Krankheit, um damit unaufhörlich ihre Angst, ihre Erstarrung, ihre Neigung zu Störungen oder ihre Erinnerung an eine Krankheit zu wiederholen. Es ist ein Herdenmental voller Widersinn, das sich von einer Zelle zur nächsten überträgt und überall endlos bebt und zittert, sich immer wieder die gleiche kleine Wellenlänge einfängt, den gleichen zersetzenden Eingebungen folgt und das immer wieder auf den gleichen Impuls reagiert wie der Pawlow'sche Hund auf die Glocke. Es ist die ureigentliche Lebensangst, eingebettet in die Materie. Es ist die erste bewußte Anstrengung der Materie. Und selbstverständlich wird die geringe Initiative, die es aufbringt, darauf verwendet, durch seine Angst jede nur mögliche Störung heraufzubeschwören und sich gleich einer Erholung nach der Unbewußtheit des Todes zu sehnen. Aber dieses zellulare Mental, das ähnlich einer Armee von Ameisen, die sich gegen einen Elefanten wendet, eine kolossale Stärke entwickelt, kann seine absurde Routine ebenso der Wahrheit zur Seite stellen wie der Falschheit. Ist es einmal auf die Schwingung des Lichtes eingestellt, wird es diese mit der Starrköpfigkeit eines Mulis wiederholen, und bemerkenswerterweise wird es sie nonstop wiederholen, *Tag und Nacht**. Was immer wir äußerlich tun mögen, arbeiten, ein Gespräch führen, schlafen, es wiederholt wieder und wieder, automatisch und unabhängig seine eigene Schwingung. Damit wird seine beträchtliche Bedeutung für die Transformation deutlich. Es kann sich zu einem einzigartigen Fixiermittel entwickeln, um die supramentale Schwingung im Körper zu festigen. Dazu sagt Sri Aurobindo: *Es existiert ebenfalls ein dunkles Mental des Körpers, ein Mental der Zellen, der Moleküle und Korpuskeln selbst. Häckel, der deutsche Materialist, spricht an einer Stelle vom Willen im Atom, und die jüngste Forschung ist im Zusammenhang mit der unkalkulierbaren individuellen Abweichung in der Bewegung der Elektronen im Begriff zu verstehen, daß dies keine Metapher ist sondern der Schatten einer geheimen Realität. Dieses korporelle Mental ist eine sehr greifbare*

---

* Daraus ergibt sich der Nutzen eines Mantras, das eine Schwingung von bestimmter Intensität auf jeden Punkt des Körpers hin kanalisieren oder auf alle Punkte ausweiten kann, wenn das zellulare Bewußtsein sie einmal aufgenommen hat.

Wahrheit. Aufgrund seiner Unklarheit und seinem mechanischen Anhängen an vergangenen Bewegungen und seiner Leichtigkeit im Vergessen oder Ablehnen des Neuen, finden wir in ihm eines der Haupthindernisse der supramentalen Kraft und der Transformation der Körperfunktionen. Ist es andererseits aber einmal wirklich dafür gewonnen, wird es zu einem der wertvollsten Instrumente zur Stabilisierung des supramentalen Lichtes und der supramentalen Kraft in der materiellen Natur.[26]

Die Arbeit ist aufgrund ihres infinitesimalen Charakters schwer zu beschreiben. Und die einzig mögliche Art, sie zu leisten, ist nicht, in tiefste Meditationen zu verfallen, die nur die Höhen unseres Wesens berühren, noch auf außergewöhnliche Konzentrationen oder Ekstasen abzuheben, sondern voll hineinzusteigen, ganz unten auf der Ebene des Körpers jede Minute des Tages und der Nacht zu arbeiten. Aus diesem Grund beharrte Sri Aurobindo auf der Notwendigkeit äußerer Arbeit und einfacher Körperübungen, denn das ist die einzige Möglichkeit, sich mit der Materie zu messen und etwas wahres Bewußtsein in sie zu infundieren, oder besser, *Agni* freies Auftreten zu gestatten. Deshalb auch ging Sri Aurobindo viele Stunden am Tage auf und ab, arbeitete so viele Stunden jede Nacht. In dieser äußeren Arbeit und *durch sie* gewahrt der Suchende all die falschen Schwingungen, all die *falschen Gewohnheiten* des Körpers, wie die Mutter sagt. Und jede falsche Schwingung ist zu berichten. Aber das ist noch negativ formuliert; denn es gibt allein eine einzige Schwingung göttlicher Freude in der Welt und in den Dingen – *die* Schwingung –, denn Gott ist Freude. Sobald die Falschheit einsetzt, trübt sich *dieselbe* Schwingung, wird hart und gespannt – alles knirscht. Leiden ist das sicherste Zeichen von Falschheit. Schmerz ist die Lüge der Welt. Die Aufgabe des Suchenden besteht daher nicht so sehr darin, gegen diese sogenannten schlechten Schwingungen anzukämpfen, als darin, die wahre Schwingung, die göttliche Freude im Körper aufrecht zu erhalten, denn diese Freude hat die Macht, die Dinge wieder in Ordnung zu bringen, es leicht zu machen, den fehlenden Einklang herzustellen und diese bedrückenden, aufreibenden und unwahren Schwingungen, in denen unsere Zellen beständig leben, zu heilen. Es wäre mühsam und langwierig, so mühsam und langwierig wie die Arbeit selbst, diese unzähligen, kleinen Lügen des Körpers zu beschreiben, durch die das Altern, Krankheit und der Tod es fertigbringen, sich einzuschleichen. *Laßt jedes Ding auf die wahre Weise getan sein*, sagt die Mutter, während es so viele falsche Weisen gibt, auch nur die kleinste alltägliche Geste zu vollziehen. Als Beispiel heben wir einen von vielen Ansatzpunkten der Arbeit hervor: Alles, was wir tun, geschieht im Zustand von Spannungen, überhastet, achtlos, unbewußt, in Reaktion auf die tausend und eine Anforderungen des äußeren Lebens (um nicht von Krisen zu sprechen). Wir benehmen uns auf physischer Ebene wie ein Patient auf dem Zahnarztsessel: Alles ist angespannt und verkrampft durch Stress, Beklemmung oder Habsucht – Erbe von einigen Millionen Jahren animalischer Natur, hat unsere Substanz sich die Erinnerung von all diesen Überlebenskämpfen bewahrt, und ihre direkte Reaktion ist es, sich zu verhärten. Diese Verhärtung ist einer der Gründe des Todes, gleichwie sie eines der Hauptindernisse bildet, die wahre Schwingung zu etablieren. Wenn wir uns unter einem Schlag oder Stoß verkrampfen, sammeln wir in Abwehrhaltung all unsere Vitalkraft in einem Punkt, ein immenser Strom passiert abrupt durch eine winzige Öffnung, die sich rötet und zu schmerzen beginnt. Könnten wir unser physisches Bewußtsein in einem solchen Fall ausweiten und den Schlag aufnehmen, anstatt ihn abzuweisen, hätten wir keine Schmerzen – Schmerzen werden auf allen Ebenen durch eine Enge des Bewußtseins verursacht. Würde in ähnlicher Weise plötzlich der warme Goldstaub des Supramentals unsere Zellen erfüllen und der Körper darauf mit seiner gewohnten Verhärtung reagieren, so würde alles bersten. Mit anderen Worten muß unser zellulares Bewußtsein, ebenso wie unser mentales und vitales Bewußtsein, lernen, sich auszuweiten und sich zu universalisieren. Auch hier muß kosmisches Bewußtsein entstehen. In mentalem Schweigen wird das mentale Bewußtsein universalisiert, im vitalen Frieden wird das vitale Bewußtsein universalisiert, in der Unbewegtheit des Körpers wird das physische Bewußtsein universalisiert. Unbewegtheit, Aufnahmefähigkeit und zellulare Ausweitung gehören offensichtlich zu den Grundbedingungen, welche die körperliche Substanz benötigt, um *Agni* aushalten zu können und fortzudauern.

Plötzlich jedoch entsteht eine enorme Schwierigkeit. Universalisierung des physischen Bewußtseins? Aber wenn alles nur noch *ein* Körper ist, fallen alle anderen darüber her; alle Lügen der Welt sind dann gegenwärtig... Es ist jetzt nicht mehr eine Einhand-Schlacht, es wird zu einer Schlacht der ganzen Welt. Wir beginnen uns dem wirklichen Problem zu nähern. In dieser gerade erarbeiteten physischen Lichtung und Klarheit macht der Suchende eine andere ziemlich krasse Entdeckung: All seine yogischen Leistungen und Kräfte zerrinnen ihm unter den Fingern. Er hatte bereits Krankheit, vielleicht sogar die Schwerkraft sowie seine Körperfunktionen gemeistert, er konnte schadlos Gift schlucken, kurz, er war Herr seines Hauses, da sein Bewußtsein die Beherrschung erlangt hatte. Doch plötzlich, in dem Augenblick, in dem er sich entschied, seinen Körper zu transformieren, zerrannen all seine Kräfte wie Wasser im Sand. Krankheit befällt ihn, als wäre er ein blutiger Anfänger, seine Organe beginnen zu verfallen, alles geht daneben. Es sieht so aus, als müßte der Körper seine alte, falsche und desintegrative Funktionsweise vergessen lernen, um fähig zu sein, alles neu zu erfahren. Und dann betritt der Tod die Szene. Zwischen beiden Funktionsweisen, der alten und der neuen, in welcher die symbolischen Organe durch die wahre Schwingung ersetzt werden, ist die Grenzlinie, die das Leben vom Tod scheidet, oft nur hauchdünn. Vielleicht müssen wir sogar fähig sein, die Linie zu übertreten und zurückzukehren, um wirklich zu siegen. Dies nannte die Mutter, nachdem sie gerade eine Erfahrung gemacht hatte, von der sie beinahe nicht zurückgekehrt wäre, *dem Tod zu entsterben.* Kurz, man muß sich allem stellen – und alles widersetzt sich. Wir kennen das bereits von den höheren Bewußtseinsebenen; wenn der Suchende sich auf den Weg macht, geht zunächst alles schief: Er hatte angenommen, daß sein Denken ganz auf Wahrheit gegründet ist, und plötzlich wird er von den gewalttätigsten Suggestionen und Zweifeln heimgesucht. Er hielt sich für rein und ehrlich, und plötzlich befällt ihn ein ganzes Aufgebot abscheulicher Erfahrungen im Vital, die ausreichen würden, die schlimmsten Schurken dieser Welt abzuschrecken und noch einige, die nicht von dieser Welt sind, dazu. Mit anderen Worten und wie Sri Aurobindo schon sagte, läßt sich kein Problem lösen, ohne daß man mit jedem Gegenteil des angestrebten Zieles konfrontiert wird. Andernfalls handelt es sich nicht um eine Überwindung, sondern nur um eine Unterdrückung. Nirgendwo, auf keiner Ebene, besteht die Aufgabe darin, das Übel vom übrigen abzutrennen, sondern darin, es von seinem eigenen Licht zu überzeugen. Der Yogin, der durch seine Macht Krankheiten beseitigt, hat das Problem nicht wirklich gelöst, sondern er hat die Kräfte der Krankheit nur betäubt. Und es ist leicht einzusehen, daß keine Transformation möglich ist, solange diese Kräfte einfach nur betäubt sind und in dunklen Ecken lauern, um ihrer Stunde zu harren. Und da nichts von der Totalität des Universums subtrahiert werden kann, nichts sich ewig abkapseln oder verschanzen kann, müssen sie konvertiert werden. Wie aber sie konvertieren? Tod und Krankheit befinden sich überall, sie sitzen im Unterbewußtsein unserer Körper, im Unterbewußten aller Körper der Welt. Der Yogin, der Krankheiten bezwungen hatte und dem Tod trotzte (wenn auch nicht lange, was nur gerecht ist), hatte sie nur für sich allein bezwungen, und aus diesem Grunde konnte es nur ein Pyrrhus-Sieg werden – welche Weisheit des Ewigen Gesetzes! Er hatte sich einen Schutzpanzer geschaffen und sich darin abgekapselt, gleich einem Embryo aus Licht, und ließ alles um sich herum unbekümmert weitergären. Aber in dem Moment, in dem sich der Panzer öffnet, fällt alles wieder auf ihn zurück! Es gibt nur einen Körper. Die Exempel Ramakrishnas, der stigmatisiert wurde, als der Schinder den Ochsen neben ihm peitschte, oder jenes von der Mutter, die gegen eine Augeninfektion kämpfte, die sich ein Schüler hundert Meilen entfernt und ohne ihr Wissen zugezogen hatte, konfrontieren uns mit dem wirklichen Problem – *der Körper ist überall!* wie die Mutter ausrief. Der Sieg muß überall errungen werden, für alle Körper sowie für die ganze Erde. Nichts kann transformiert werden, ohne daß nicht alles transformiert wird. Andernfalls bleibt man in einem kleinen isolierten Loch aus Licht. Und welchem Zweck sollte das dienen? Was für einen Wert hat es, daß ein einzelner Mensch transformiert ist, wenn die übrige Menschheit fortfährt, zu sterben und wieder zu sterben? Der Körper des Vorkämpfers der Transformation gleicht deshalb einem Schlachtfeld, in ihm wird die Schlacht der Welt ausgefochten, in ihm trifft sich alles und widersetzt sich alles. Es gibt ganz auf dem Grund einen einzigen zentralen *Punkt*, einen Knoten von Leben und Tod, in dem sich die Bestimmung der Welt entscheidet. Alles sammelt sich in diesem *Punkt*.

> *Ich habe tief und lang gegraben*
>   *Durch entsetzlichen Morast*
> *Ein Bett für das Lied des goldenen Flusses*
>   *Ein Heim für das unsterbliche Feuer...*
> *Meine klaffenden Wunden sind tausend und eine...*[27]

Der Pionier muß sich jeder Schwierigkeit stellen, selbst dem Tod, nicht um sie zu zerstören, sondern um sie zu verändern. Nichts läßt sich transformieren, ohne daß man es auf sich nimmt: *Ihr sollt alle Dinge dulden, auf daß alle Dinge sich ändern,* spricht *Savitri*[28]. Aus diesem Grunde verließ Sri Aurobindo am 5. Dezember 1950 seinen Körper, offiziell wegen einer akuten Urämie – er, der andere in wenigen Sekunden heilen konnte. Am Kreuz zu sterben ist sehr ergreifend, sicherlich,

aber Kreuzigungen, besonders wenn sie zum Gegenstand der Anbetung werden, verewigen schlicht und einfach das Gesetz des Todes. *Nicht ein gekreuzigter Körper wird die Welt retten,* sagt die Mutter, *sondern ein strahlender Körper.*
Nein, es ist ganz sicher keine spektakuläre Arbeit, sondern tatsächlich eine „mikroskopische Arbeit", und es ist der Morast der Welt, in dem man graben muß.

Zweite Phase: Das Unterbewußte

Wir stehen jetzt vor einer anderen Kategorie von Schwierigkeiten (eigentlich immer noch die gleiche, nur unter einer anderen Maske), die nicht auf den Widerstand von individueller, körperlicher Materie zurückzuführen ist sondern auf den unterbewußten Widerstand der ganzen Erde. Und genau dort traf Sri Aurobindo den Tod. Und dort hat auch die Mutter die Arbeit übernommen. Wenn wir verstehen wollen, wo die Geschichte – unsere Geschichte – sich zuträgt, und um die Arbeit, die dort getan wird, schätzen zu können, müssen wir zum evolutionären Prozeß selbst zurückgehen. Das Auftreten eines neuen evolutionären Grades, sei es der des Lebens in der Materie oder der des Denkens innerhalb des Lebens, resultierte stets aus einem zweifachen Drang: dem Drang von innen oder von unten, aus dem involvierten Prinzip, das aufzutauchen sucht, und dem Drang von „außen" und „oben" aus dem gleichen Prinzip, das bereits auf seiner eigenen Ebene existiert. Das Zusammenspiel dieser beiden Kräfte, zum Beispiel das des Mentals in seiner Involviertheit in bestimmten Formen des Lebens und jenes des Mentals, so wie es in Reinform auf der ihm eigenen Ebene im Verlauf der herabkommenden Evolution oder Devolution entstand, führten schließlich zu einem Aufbrechen der vitalen Grenzen und zu einem abrupten Auftritt des Mentals auf der Ebene des Lebens. Alles ist involviert, alles ist bereits in der Materie angelegt, aber diese Involution läßt sich nur durch einen Druck von oben auslösen, der auf den Appell von unten antwortet und das Siegel aufbrechen kann, vergleichbar der Kraft der Sonne, die eine Samenhülle aufbricht. Gegenwärtig treibt das in der Materie involvierte Supramental in Gestalt von spiritueller Spannung, irdischer Sehnsucht nach Unsterblichkeit, nach Wahrheit, Schönheit etc., von innen heraus. Gleichzeitig stößt es von der ihm eigenen zeitlosen Ebene in Form von Intuitionen, Offenbarungen und Erleuchtungen von oben herab. Auf ihre Weise hat die Schrift das ausgedrückt, wenn sie das Erscheinen der „neuen Erde" unauflöslich mit dem Erscheinen der „neuen Himmel" verbindet („neue Himmel und eine neue Erde, auf der die Wahrheit wohnt"), denn ohne die neuen Himmel oder besser ohne die neue, supramentale Ebene des Bewußtseins wäre das Zutagetreten einer neuen Erde unmöglich. Die neue Erde ergibt sich durch die neuen „Himmel" des supramentalen Bewußtseins, so wie die gegenwärtige Erde aus den alten mentalen und übermentalen „Himmeln" der Götter und Religionen entstand. Das gleiche gilt für alle anderen evolutionären Stadien: Gipfel und Grund halten miteinander Schritt. Dabei ist das Zutagetreten eines neuen „Gipfels" oder einer neuen Bewußtseinsebene kein magisches Kaninchen, das man plötzlich aus dem Hut zieht und damit alle vorhergehenden Ebenen verändert. Vom Auftreten der ersten Amöbe unter dem Himmel des Lebens bis zu dem der ersten Säugetiere hat es, wie wir wissen, viele Millionen von Jahren gedauert, um die Trägheit der Materie zu überwinden und sie zu beleben oder zu „vitalisieren". Desgleichen waren vom Neandertaler bis Platon Tausende von Jahren notwendig, um den Widerstand der beiden vorhergehenden Stadien zu überwinden und das Leben mit Verstand und Vernunft zu erfüllen oder zu „mentalisieren", um ein vollständigeres mentales Wesen zu werden. Aber wieviele Menschen leben heute wirklich im Zeichen der Vernunft und nicht unter dem der Leidenschaften des Lebens? Die gesamte Aufgabe der Vorkämpfer der Evolution besteht auf allen Ebenen darin, die neuerreichte Höhe mit der alten Basis zu verbinden; wenn diese Spitze auf das Fundament trifft, ist ein evolutionärer Zyklus vollendet. Wenn der Vorkämpfer mentaler Evolution also plötzlich in das Supramental auftaucht, ist deshalb sein Durchbruch kein Zauberkunststück, das auf einen Schlag alle früheren Naturgesetze außer Kraft setzt. Er macht nicht auf einmal einen überraschenden Sieben-Meilen-Schritt zum vollkommenen supramentalen Menschen, sowenig wie der Neandertaler plötzlich einen unwahrscheinlichen Sieben-Meilen-Schritt in platonische Höhen machte; all die dazwischenliegenden Ebenen müssen vorher „supramentalisiert" werden. Sicherlich verbindet sein Bewußtsein den höchsten Gipfel und den tiefsten Grund, Geist und Materie, das Positive und das Negative, und seine Kräfte haben natürlich eine beträchtliche Steigerung erfahren, aber diese Steigerung, dieser Kräftezuwachs besteht lediglich im Verhältnis zu den zunehmenden Widerständen und

Schwierigkeiten, auf die er treffen wird. Denn in dem Maße, in dem die Evolution fortschreitet, sucht sie tiefere und immer tiefere Schichten zu berühren: Das Lebensprinzip besiedelte einzig die materielle Kruste der Welt, während das mentale Prinzip kaum mehr als seine unmittelbare Vergangenheit, das mentale Unterbewußtsein und die alten Unregelmäßigkeiten des Lebens, besiedelt. Das supramentale Prinzip konfrontiert nicht nur das mentale und vitale Unterbewußtsein, sondern darüberhinaus eine fernere Vergangenheit, das physische Unterbewußte und das Unbewußte. Je weiter man aufsteigt, desto tiefer wird man herabgezogen. Die Entwicklungsgeschichte bewegt sich nicht in immer höhere und erhabenere Bereiche, höher hinauf in den Himmel, sondern dringt tiefer und tiefer, jeder evolutionäre Zyklus schließt sich ein wenig weiter unten, ein wenig näher dem Punkt, an dem der höchste Gipfel und der letzte Grund, Himmel und Erde, sich schließlich treffen werden. Der Vorkämpfer muß deshalb die mentalen, vitalen und materiellen Zwischenebenen klären, damit sich die beiden Pole wirksam treffen können. Ist die Verbindung vollendet, nicht nur mental und vital sondern auch materiell, wird Geist in der Materie in einem vollkommen supramentalen Wesen und einem vollkommen supramentalen Körper hervortreten.

... die Erde wird des Geistes offenbare Heimat.[29]

Dieses Reinigen der Zwischenebenen ist die ganze Geschichte von der Mutter und Sri Aurobindo. Die Schwierigkeiten, den Körper an das supramentale *Agni* zu gewöhnen, haben vielleicht letztlich einen Zweck. Vielleicht ist es nicht so sehr eine materielle Schwierigkeit als, wenn man so sagen darf, eine strategische. Denn während dieser zweiten Phase sollten die Mutter und Sri Aurobindo feststellen, daß die Transformation nicht allein ein individuelles Problem ist, sondern eines, das die ganze Erde betrifft, und daß individuelle Transformation nicht ohne einen bestimmten Grad an kollektiver Transformation möglich (oder zumindest nicht vollständig) ist. Sind die Bedingungen kollektiver Evolution einmal hinreichend fortgeschritten, ist es wahrscheinlich, daß gegenwärtige, materielle Schwierigkeiten der Transformation, welche noch unüberwindlich erscheinen, im Nu wie ein Kartenhaus zusammenfallen. Es gibt nichts Unmögliches, nie, sondern allein die Frage, ob der richtige Augenblick, das, was die Griechen *kairos* nannten, gekommen ist oder nicht. Alle Hindernisse, gleich welcher Natur, erweisen sich immer als wertvolle Hilfsmittel einer Wahrheit, deren Sinn und Zweck uns noch nicht bewußt geworden ist. Vom Standpunkt unserer am Äußeren und Oberflächlichen orientierten Sichtweise erscheint es uns, als sei die Transformation ein Problem materieller Ordnung, rein technischer Natur sozusagen, denn wir neigen ja häufig dazu, den Karren vor das Pferd zu spannen, doch in Wahrheit sind alle Schwierigkeiten inwendig und psychologisch. Die sinnfälligen und dramatischen Schwierigkeiten der Anpassung des Körpers an dieses siedende *Agni* sind, wie wir sehen werden, zweifelsohne weniger praktische oder materielle Schwierigkeiten als eine Schwierigkeit des gesamten irdischen Bewußtseins. Aber wir sprechen in Rätseln. Das Problem, auf das die Mutter und Sri Aurobindo bald stoßen werden, läßt sich vielleicht besser erhellen, indem wir die folgende einfache Bemerkung zitieren, die Sri Aurobindo an einen Schüler richtete: *Ich habe den Morast des Unterbewußtseins durchgegraben und immer wieder durchgegraben... Das supramentale Licht war vor November [1934] herabgekommen, aber dann ist all der Morast aufgewallt und hat es unterbrochen.*[30] Einmal mehr bestätigt Sri Aurobindo, diesmal nicht allein individuell sondern kollektiv, daß, sobald man das Licht etwas zu stark herabzieht, alles Dunkle von unten verletzt zu stöhnen beginnt. Merkwürdigerweise ergab sich jedesmal, wenn Sri Aurobindo und die Mutter eine Erfahrung machten, die weitere Fortschritte in der Transformation kennzeichnete, im Bewußtsein der Schüler, ohne daß diese davon wußten, automatisch eine Periode zunehmender Schwierigkeiten oder sogar Revolten und Krankheiten, als würde alles zu knirschen anfangen. Jetzt beginnen die Zusammenhänge sich abzuzeichnen. Würde man einen Pygmäen abrupt dem einfachen mentalen Licht eines zivilisierten Menschen aussetzen, würden damit höchstwahrscheinlich unterirdische Aufstände ausgelöst, die den armen Kerl hochtraumatisiert und wahnsinnig werden ließen. Der unterirdische Dschungel ist noch zu dicht. Die Welt ist noch zu sehr voller undurchdringlicher Dschungel, um das Problem auf einen Begriff zu bringen. Unsere mentale Kultur ist eine hauchdünne Kruste, die ein Quartär, das noch nicht ganz trocken hinter den Ohren ist, kaum überdeckt.

Wenn die vedischen Seher von unterbewußten Kräften oder Wesen sprachen, so nannten sie diese „Jene-welche-verbergen", „Jene-welche-verschlingen" oder die „Diebe der Sonne". Sie lassen sich schwerlich besser beschreiben, es handelt sich wirklich um erbarmungslose Diebe. Kaum hat man etwas Fortschritt erzielt, ein neues Licht oder eine intensivere Qualität der Schwingung erreicht, wird man plötzlich abgefangen und unter eine Glocke gezogen, die einen zu ersticken droht und in der sich alles in einem gräßlichen Dunst auflöst. Die harmonische Schwingung des Tages zuvor, so klar, so lichtvoll, so geschmeidig, ist plötzlich mit einer dumpfen und klebrigen Schicht überzogen, als müßte man sich durch Meilen von Sarragossagrass hindurchkämpfen, bevor man wieder einen winzigen Lichtstrahl zu Gesicht bekommt. Alles, was wir sehen, berühren oder tun, erscheint durch diese Invasion von unten verwest und in Zersetzung begriffen. Nichts ergibt mehr einen Sinn oder hat noch irgendeine Bedeutung. Und doch sind die Bedingungen äußerlich die gleichen geblieben, nichts hat sich geändert. *Es gibt eine Art Kampf,* schrieb Sri Aurobindo, *in dem keine der beiden Seiten einen merklichen Vorteil erreichen kann (ähnlich wie in dem europäischen Grabenkrieg), die spirituelle Kraft beharrt gegen den Widerstand der physischen Welt, dieser Widerstand bestreitet jeden Fingerbreit und unternimmt mehr oder weniger wirksame Gegenangriffe... Und gäbe es nicht die inwärtige Stärke und das inwärtige Ananda, so wäre es eine aufreibende und widerliche Arbeit.*[31] Die Schlacht erscheint endlos. Man „gräbt und gräbt", sagten die vedischen Seher, und je tiefer man gräbt, desto weiter scheint der Grund zurückzuweichen: „Ich habe gegraben und wieder gegraben... Wohl viele Herbste habe ich gekämpft, Nacht und Tag, während mich die Sonnenaufgänge altern ließen. Das Alter vermindert den Glanz unserer Körper." So beklagte sich vor Tausenden von Jahren Lopamudra, die Gemahlin des Rishis Agastya, welcher die Umwandlung zu erlangen suchte: „Selbst die Menschen von altersher, die weise waren von der Wahrheit und mit den Göttern verkehrten... auch sie erreichten nicht das Ziel." Aber Agastya war nicht leicht zu entmutigen, seine Antwort ist in großartiger Weise charakteristisch für den Eroberungsgeist, der die Rishis beseelte: „Nicht umsonst ist die Arbeit, welche die Götter beschützen. Laßt uns selbst all die streitenden Kräfte schmecken, laßt sie uns selbst hier bezwingen, laßt uns dieses Schlacht-Rennen der einhundert Köpfe führen" (I.179). Es gleicht tatsächlich einer Hydra. Nacht für Nacht, im Schlaf oder mit weit offenen Augen entdeckt der Suchende wahrlich seltsame Welten. Er stolpert über all die Geburtsstätten menschlicher Perversionen, menschlicher Kriege, menschlicher Konzentrationslager – dort, wo alles, was wir hier durchleben, entsteht. Er überrascht jene erbärmlichen Kräfte in ihren Höhlen, die beschränkte und grausame Menschen bewegen:

Ein einsamer Entdecker in diesen bedrohlichen Reichen,
Die gleich Termitenstädten vor der Sonne verschattet sind.[32]

Je mehr Licht man trägt, desto größere Dunkelheiten entdeckt man. Nacht für Nacht entschleiert sich die tückische Fäulnis, die das Leben unterminiert. Wie soll sich je irgend etwas transformieren, solange dieser Wundbrand besteht? Und nachdem das Mental und das Vital des Suchenden schließlich zu klar in Wahrheit gefestigt sind, um von diesen subterranen Kräften berührt zu werden, wird sein Körper befallen, denn dieser ist der letzte Zufluchtsort der Falschheit. Der Suchende wird dann in minutiösem Detail all der Komplizenschaft gewahr, die Krankheit und Tod widerfährt und es ihnen gestattet, in den Körper einzudringen – jede Niederlage dort bedeutet eine Niederlage hier –, und er versteht sinnfällig, konkret die ungeheure Eitelkeit jener, welche vorgeben, die Welt durch äußere Mittel und Neuschaffung von Institutionen heilen zu können. Kaum ist das Übel an einer Stelle geheilt und an einer anderen getilgt, so lebt es augenblicklich in anderer Form an einer dritten wieder auf. Das Übel liegt nicht außen, sondern innen und unten, und solange *diese* Krankheit nicht geheilt worden ist, kann die Welt nicht geheilt werden. Wie Sri Aurobindo es ausdrückt: *Die Seelen der alten Götter... verstehen zu wandern.*[33]

Ganz unten auf dem Grund, jenseits von allen Störungen und aller Angst – der großen Angst, die den Grund beherrscht – entdeckt man einen maßlosen Überdruß, etwas, das sich weigert, das Nein sagt zu aller Qual des Lebens, zu dieser Vergewaltigung durch das Licht. Man spürt, würde man hinabsteigen, zum Ende dieses Neins, würde man einfach in eine große Entspannung aus Stein fließen, so wie die Ekstase im Erhabenen ein Zerschmelzen in eine große Entspannung von Licht war. Aber der Tod ist nicht das Gegenteil des Lebens. Er ist die Kehrseite, das Tor zum leuchtenden Überbewußtsein – ganz am Ende dieses Neins steht ein Ja und wieder ein Ja, das uns in einen Körper nach dem anderen heruntertreibt um der Freude Willen. Der Tod ist nur die Klage, die Sehnsucht nach diesem Ja, der große Überdruß im Grunde, ein Schattenbild dieser Seligkeit. Der Tod ist nicht das Gegenteil des Lebens. Er ist die dunkle Entspannung eines Körpers, der noch nicht die lichtvolle Entspannung ewiger Freude entdeckt hat. Wenn der Körper diese Ekstase, diese Maßlosigkeit an Licht und Freude in der Tiefe seines eigenen

Die Transformation 319

Fleisches so findet wie oben, dann wird er es nicht mehr notwendig haben zu sterben.
Wo ist das „Ich", das „Mich" in alledem? Wo liegt „meine" Schwierigkeit, „mein" Tod, „meine" Transformation? Der Suchende hat die hauchdünne Kruste des persönlichen Unterbewußten durchstoßen, er trifft überall auf die Totalität der Welt. Die ganze Welt ist es, die sich widersetzt: *Nicht wir führen den Krieg, alles bekriegt uns!* Wir halten uns alle für separat, jeder in seinem eigenen kleinen Schutzumschlag von Haut, mit einem „Innen" und einem „Außen", einer individuellen und einer kollektiven Seite – gleich den albernen kleinen, mehr oder weniger eisernen Vorhängen um unsere Länder – aber es ist doch alles verbunden, alles kommuniziert miteinander. Es gibt keine einzige Perversion, keine einzige Krankheit auf der Welt, die ihre Wurzeln nicht auch in uns geschlagen hat, kein Tod, an dem wir nicht Mittäterschaft tragen. Wir sind alle gleich schuldig und in einem Boot, niemand ist erlöst, solange nicht alle erlöst sind! Es gibt kein Problem *eines* einzelnen Körpers, sagt die Mutter, sondern das Problem *des* Körpers, und sie betont ihn noch nicht einmal besonders dabei. Sri Aurobindo und die Mutter entdeckten damit *materiell*, experimentell die grundsätzliche Einheit der Weltsubstanz: Wir können nicht einen Punkt berühren, ohne alle Punkte zu berühren, keinen Schritt vorwärts oder aufwärts gehen, ohne daß der Rest der Welt auch einen Schritt vorwärts und aufwärts geht. Wir sprachen von einer „strategischen" Schwierigkeit: Es mag wohl sein, daß die göttliche Strategie darin besteht, einen einzigen Punkt am Fortschreiten zu hindern, bis all die anderen Punkte mitziehen können. Aus diesem Grunde scheiterten die vedischen Rishis vor sechstausend Jahren. Es kann keine vollkommene und dauerhafte individuelle Transformation geben ohne wenigstens ein Minimum an Transformation der Welt.

So kam die zweite Phase der Transformationsarbeit zu einem Abschluß. Nach vierzehn Jahren der individuellen und konzentrierten Arbeit, von 1926 bis 1940, mit einem Dutzend handverlesener Schüler, standen Sri Aurobindo und die Mutter vor einer Mauer. Sobald sich das supramentale Licht der Erde näherte, um sich mit dem gleichen, in der Materie involvierten Licht zu verbinden, stiegen Sturzfluten von Morast aus dem kollektiven Unterbewußten auf und verschlangen alles. *Um der Menschheit weiterzuhelfen,* bemerkte Sri Aurobindo, *reicht es nicht, daß ein Individuum, wie groß auch immer, individuell die vollkommene Lösung erlangt, denn selbst wenn das Licht bereit ist herabzukommen, kann es nicht verweilen, solange die untere Ebene nicht desgleichen bereit ist, den Druck des Herabkommens auszuhalten.*[34] Es ist höchst signifikant, daß der Kulminationspunkt der zweiten Phase der Transformationsarbeit mit dem Ausbruch des Zweiten Weltkrieges zusammenfiel. Wenn der Druck des Lichtes in einen menschlichen Körper herabkommt, beginnt auch der Körper der Welt rot aufzuglühen. Was wissen wir wirklich vom Wohl der Welt oder von ihrem Übel?

Im Angesicht des kollektiven Widerstandes zögerten Sri Aurobindo und die Mutter einen Augenblick. Sie fragten sich, ob sie sich nicht vom Rest der Welt absondern sollten, um alleine, mit wenigen Schülern, konzentriert voranzugehen, die Transformation zu bewirken, und nach dem *fait accompli* die kollektive Arbeit wieder aufzunehmen und dem Rest der Erde die für sich selbst ganz oder wenigstens teilweise erlangte Transformation zu vermitteln. (Eben dieser Gedanke lieferte vielen spirituellen, mystischen, ritterlichen oder andersartigen Kreisen das Motiv, einen der übrigen Welt nicht zugänglichen Ort auszuwählen, um dort geschützt vor dem zersetzenden Moment kollektiver Schwingungen ihre Arbeit zu tun.) Sie erkannten, daß sie sich damit einer Illusion hingeben würden, daß hinterher der Abgrund oder die *atmosphärische Kluft*, wie es Sri Aurobindo nannte, zwischen dem Neu-Erreichten und der alt-verbliebenen Welt zu groß sein würde, um sich je überbrücken zu lassen. Und was für einen Nutzen hat ein individueller Erfolg, wenn er sich nicht auf die übrige Welt übertragen läßt? Es würde dem Kaiser aus Andersons Märchen gleichen, von dem wir schon gesprochen haben. Erschiene ein supramentales Wesen plötzlich auf der Erde, würde niemand es sehen. Unsere Augen müssen sich erst einer anderen Lebensweise gegenüber öffnen. *Begibst du dich auf den Weg, der bereit ist,* sagt die Mutter, *(denn mit den Wegen ist es wie mit den Menschen, manche sind bereit, manche nicht), ohne geduldig auf die übrige Schöpfung zu warten, das heißt also, wenn du allein etwas erreichst, das im Vergleich zum gegenwärtigen Zustand der Welt der Wahrheit sehr nahe kommt, was wird geschehen? Du störst das Ganze. Nicht allein die Harmonie, sondern das Gleichgewicht des Ganzen wird zunichte, denn ein ganzer Teil der Schöpfung wird nicht fähig sein zu folgen. Und anstelle einer vollen Verwirklichung des Göttlichen erhält man eine winzige, lokale, infinitesimale Verwirklichung, und nichts von dem, was letztlich zu erreichen ist, ist erreicht worden. Darüber hinaus,* betont die Mutter, *willst du die Aufgabe in aller Einsam-*

keit lösen, so kannst du sie unmöglich vollständig lösen, da jedes physische Wesen, wie allseitig es auch entwickelt sein mag, selbst wenn es von einer hervorragenden Beschaffenheit ist, selbst wenn es für eine ganz besondere Arbeit erschaffen wurde, doch immer partiell und begrenzt sein wird. Es verkörpert nur eine Wahrheit, eine Gesetzmäßigkeit für die Welt – es mag sich um eine sehr komplexe Gesetzmäßigkeit handeln, aber es ist doch nur eine Gesetzmäßigkeit –, und die volle Transformation kann nicht von ihm allein verwirklicht werden, durch einen einzigen Körper... In Abgeschiedenheit kann man seine eigene Vollkommenheit erlangen. Man kann in seinem Bewußtsein unendlich und vollkommen werden. Innere Verwirklichung kennt keine Grenzen. Die äußere Verwirklichung hingegen ist notwendigerweise begrenzt, und so erfordert es eine Mindestzahl physischer Repräsentanten, damit eine allgemeine Wirkung erreicht werden kann.

1940, nach vierzehn Jahren individueller Konzentration, öffneten Sri Aurobindo und die Mutter die Türen ihres Ashrams. Die dritte Phase der Transformation begann, eine Phase, die sich heute über die ganze Welt erstreckt.

Die dritte Phase: Der Ashram

Als „Ashram" bezeichnet man in Indien normalerweise eine spirituelle oder religiöse Gemeinschaft, deren Mitglieder sich um einen Meister sammeln und die der Welt entsagt haben, um sich der Meditation, Konzentration und yogischen Übungen zu widmen mit dem Ziel, „Befreiung" zu erlangen. Man kann sich denken, daß Sri Aurobindos Ashram wenig mit dieser landläufigen Definition zu tun hat, außer der Tatsache, daß Schüler um Sri Aurobindo und die Mutter versammelt waren. Es war keine exotische Form von Kloster, weniger noch ein Refugium und Ort des Friedens; es glich mehr einer Schmiede: *Dieser Ashram wurde nicht zur Entsagung der Welt gegründet, sondern als ein Zentrum und Erfahrungsfeld für die Evolution einer anderen Lebensform.*[36] Bereits vor der Zeit seiner Verhaftung in Bengalen, in einer Periode seines Lebens, in der er nicht im entferntesten an die Gründung eines Ashrams dachte, hatte Sri Aurobindo bereits gesagt: *Das spirituelle Leben findet seinen stärksten Ausdruck in dem Menschen, der das gewöhnliche, menschliche Leben aus der Kraft des Yoga heraus lebt... Durch eine solche Einheit des inneren und äußeren Lebens wird die Menschheit schließlich aus ihrer gegenwärtigen Lage erhoben, um stark und göttlich zu werden.*[37] Aus diesem Grunde wollte Sri Aurobindo, daß sein Ashram voll im alltäglichen Leben steht, mitten im gemeinsamen Teig, denn nur dort kann die Transformation stattfinden und nicht auf irgendeinem gott- und weltverlassenen Gipfel des Himalaya. Mit Ausnahme des Hauptgebäudes, in dem die Mutter und Sri Aurobindo lebten und in dessen Innenhof sich heute ihr Grab befindet, waren die 1200 und mehr Schüler aller Nationalitäten und gesellschaftlichen Schichten, Männer, Frauen und vier- bis fünfhundert Kinder über die ganze Stadtfläche von Pondicherry in über dreihundert verschiedenen Gebäuden verteilt. Es gab keine schützenden Mauern um den Ashram, mit Ausnahme von denen des eigenen inneren Lichtes. Kaum war man aus der Tür, befand man sich sofort im Bazar.

Der Abendländer, der mit der Absicht hierher kam, Frieden zu finden und Yoga zu „lernen", war mit Sicherheit sehr enttäuscht. Es fängt damit an, daß niemand versuchte, ihm auch nur irgend etwas beizubringen (wenn überhaupt, dann ist eher ein „Ent- oder Verlernen" erforderlich), es gab keine Unterrichtsstunden, kein „Lehrgebäude" außer den Werken von Sri Aurobindo und Mutters „Gespräche", die jedermann zur Verfügung standen (ebenso wie andere Lehren sowohl traditioneller als auch nichttraditioneller Natur). Darüber hinaus gab es keine Regeln. Es oblag dem Schüler, alles selbst zu entdecken, in sich selbst zu entdecken, inmitten eines überaus tätigen Lebens. Er war sich selbst überlassen. Wie könnte man auch mentale Regeln aufstellen für eine Aufgabe, die alle Ebenen der Evolution – mental, vital und psychisch –, alle Menschentypen und alle Traditionen umfaßt (einige Schüler wuchsen als Christen auf, andere als Taoisten, Moslems, Buddhisten, Atheisten etc.)? Es lag an jedem, seine eigene Wahrheit zu finden, und das war nicht diejenige des Nachbarn. Einige dort glaubten an die Tugenden des Asketentums – trotz allem, was Sri Aurobindo darüber geschrieben hat – und lebten in asketenähnlicher Abgeschiedenheit; andere bevorzugten Judo oder Fußball; manche vertieften sich in Bücher und Studien, und wiederum andere taten nichts dergleichen. Einige machten Geschäfte oder produzierten rostfreien Stahl, verschiedene Sorten Parfüm oder gar doppelzentnerweise Zucker in einer modernen Raffinerie. Es gab etwas für jeden Geschmack, einem jedweden nach seiner Façon. Jene, welche die Malerei schätzten, malten, jene, die der Musik geneigt waren, hatten jedes erdenkliche Instrument aus Okzident oder Orient zu ihrer Verfügung; jene, die das Lehren schätzten, wurden Lehrer am *International Center of Education*, welches das gesamte akademische Spektrum vom Kindergarten bis zur Universität umfaßte. Es gab weiter eine Druckerei, Laboratorien, Gärten, Reisfelder und Kraftfahrzeugwerkstätten, eine Röntgen-Abteilung und einen Operationssaal. Jede denkbare menschliche Tätigkeit war vertreten. Es war ein Mikrokosmos. Man konnte sich auch als Bäcker betätigen oder Geschirr spülen oder sich in Tischlerarbeiten versuchen, wenn man den Wert einfacher Arbeit bevorzugte. Es gab keine Hierarchie innerhalb dieser Tätigkeiten, keine wurde besonders ausgezeichnet, entgolten oder gegenüber anderen Arbeiten als überlegen angesehen. Alle praktischen Erfordernisse des Lebens wurden von der Mutter vergeben, jedem nach seinen Bedürfnissen. Die einzige wirkliche Aufgabe bestand darin, die Wahrheit seines eigenen Wesens zu entdecken, für welche die äußeren Werke nichts als ein Mittel darstellten. Es war bemerkenswert, die Veränderungen innerhalb der Tätigkeiten der Schüler bei zunehmender Öffnung des Bewußtseins zu beobachten. Ziemlich bald fielen die Werte, welche mit dem früher ausgeübten Beruf verbunden waren, ab oder traten zurück, und da Geld keine Bedeutung mehr zukam, fand sich jemand, der, sagen wir, sich bisher für einen Arzt gehalten hatte, plötzlich in der Haut des Kunsthandwerkers wieder, wo hingegen ein Mensch ohne besondere ästhetische oder literarische Bildung plötzlich ein Talent für Dichtung oder Malerei in sich entdeckte oder sich in Sanskritstudien oder in die traditionelle Heilkunde ayurvedischer Medizin vertiefte. In jedem Fall fand, entsprechend des einen inneren Kriteriums, eine vollkommene Umgestaltung äußerer Werte statt. Als ein Schüler die Mutter eines Tages fragte, wie man am besten an der supramentalen Transformation mitarbeiten könne, erhielt er folgende Antwort: *Es geht immer um dasselbe: sein eigenes Wesen zu verwirklichen in gleichwelcher Form, durch gleichwelche Mittel – darauf kommt es nicht an –, aber das ist der einzige Weg. Jedes Individuum trägt in sich selbst eine Wahrheit. Mit dieser Wahrheit gilt es, sich zu vereinigen, diese Wahrheit gilt es zu leben. Auf diese Weise ist der Weg, den es geht, um sich mit dieser Wahrheit zu verbinden und sie zu verwirklichen, auch der Weg, der es der Transformation am nächsten bringt. Das heißt, beide sind untrennbar miteinander verbunden: persönliche Verwirklichung und Transformation. Wer weiß, vielleicht ist es sogar gerade die Vielfalt der Annäherungsweisen, die das Geheimnis enträtseln und das Tor öffnen wird.*

Es gab auch kein Gemeinschaftsleben, einzig eine innere Verbindung. Einige Schüler behielten, noch aus den Tagen, als die Mutter sich auf dem Sportplatz mit den Ashramkindern unterhielt, die Gewohnheit bei, sich zweimal in der Woche zu einer kollektiven Meditation zu versammeln. Doch die Schüler kamen vor allem zusammen, um Sport zu treiben (es bestanden gemeinsame Eßräume, aber die meisten Schüler zogen es vor, zu Hause, in der Familie oder allein zu essen). Es gab alle möglichen Sportarten, angefangen vom traditionellen Hatha-Yoga zu Tennis und Boxen, und es gab kaum einen Schüler, der nicht dem Sport allgemein wenigstens ein oder zwei Stunden am Tag widmete. Das Meer war nahe bei, und ein Schwimmbad von Olympiamaßen stand zur Verfügung, es gab Basket- und Volleyballplätze, Aschenbahnen für den Langstreckenlauf, eine Turnhalle, einen Boxkampfring, ein Dojo, etc. Jede nur mögliche Sportart wurde dort ausgeübt von Altersgruppen zwischen fünf und achtzig. Es gab auch ein Theater und ein Kino. Jedoch waren selbst Sport und körperliche Ertüchtigung keine Glaubensartikel, denn nichts war ein Glaubensartikel, ausgenommen selbstverständlich der Glaube in die göttlichen Möglichkeiten des Menschen und ein wahreres Leben auf der Erde. *Ihr alle hier genießt außergewöhnliche Freiheit,* sagte die Mutter den Jüngsten, ... *keine sozialen Beschränkungen, keine moralischen oder intellektuellen Verhaltensmaßregeln, keine Prinzipien; nichts als ein Licht, das gegenwärtig ist.* Allerdings ein sehr anspruchsvolles Licht, und eben dort setzte die terrestrische Arbeit an.

Wie aber kann man etwas als „terrestrisch" bezeichnen, das 1200 Schüler oder selbst hunderttausend Schüler umfaßt? Der Ashram war also eigentlich nichts weiter als ein Ort, an dem die Arbeit in konzentrierter Form vonstatten ging – tatsächlich befindet sich der Ashram überall auf der Welt, woimmer sich Menschen nach einem wahreren Leben sehnen, gleich ob sie von Sri Aurobindo wissen oder nicht, da ihre innere Orientierung, ihr innerer Wille eine besondere Konzentration darstellt, die sie automatisch in den gleichen Schmelztiegel versetzt. Die Transformation ist nicht das Vorrecht einzelner Menschen, im Gegenteil, sie erfordert viele Menschen von so unterschiedlicher Natur wie nur möglich. Der Ashram war lediglich ein *symbolischer* Ort der Arbeit, so wie ein Labor ein symbolischer Prüfstand für einen Impfstoff ist, der später Millionen von Menschen Nutzen und Heilung bringen kann: Sri Aurobindo selbst hat ihn oft als *Laboratorium* bezeichnet. Das ist besser verständlich, wenn man sich vergegenwärtigt, daß jedes Individuum ein bestimmtes Ensemble

Die Transformation

von Schwingungen darstellt und mit einer eigenen Zone des Unterbewußten in Verbindung steht. Diese Welten, so divers sie erscheinen mögen, bestehen tatsächlich jede aus einigen wenigen typischen Schwingungen. Die Vielfalt der Formen und Gestalten (oder besser der Deformationen und Entstellungen) von Wesen, Orten und Ereignissen innerhalb einer gegebenen Zone verbergen lediglich eine identische Schwingung. Sobald wir ein wenig bewußt geworden sind und beginnen, in das Unterbewußte hinabzusteigen, ohne davon überwältigt zu werden, um dort zu arbeiten, stellen wir erstaunt und zum Teil sogar mit einiger Belustigung fest, daß einige Personen, die wir kennen und die vom Standpunkt des Mentals oder Vitals durchaus unterschiedliche Charakteristika aufweisen, im Unterbewußten beinahe gleich erscheinen und austauschbar sind. Mitunter sind sie kaum auseinanderzuhalten. In dieser Weise können Menschen, die durch unterschiedliche Religionen, verschiedene soziale Klassen, einen anderen Hintergrund sowie andersartige Moralvorstellungen getrennt sind, ein und demselben *Typus* angehören und im Unterbewußten so gleich sein, *als könnte man den einen durch den anderen hindurch sehen,* wie die Mutter sagt; es ist eine seltsame Form der Überlagerung oder Überblendung. Und wir gewahren hierbei nicht mehr als zwei oder drei Individuen hintereinander, eines durch das andere, da unser Sehen auf einen begrenzten Gesichtskreis eingeschränkt ist; verfügten wir über eine totale Schau, würden wir merken, daß es hinter diesen noch Tausende und Abertausende gibt, die in genau unterscheidbare Bereiche gruppiert sind. Manche Menschen trifft man nie gemeinsam im Unterbewußten an, obwohl sie im äußeren Leben sehr eng miteinander verbunden sein können und umgekehrt. Jetzt läßt sich auch verstehen, wie die Arbeit Weltausmaße annehmen kann: *Jedes Individuum,* sagt die Mutter, *ist ein Instrument für die Beherrschung einer bestimmten Ansammlung von Schwingungen, die sein ganz eigenes Arbeitsfeld darstellen.* Ein jeder hat durch seine Vorzüge *und seine Fehler* Zugang zu einer Zone des terrestrischen Bewußtseins, die seinen Teil der kollektiven Transformation darstellt. Und man versteht, warum die Transformation nicht durch ein einzelnes Individuum zu bewerkstelligen ist, denn ganz gleich wie bedeutend es wäre, wie komplex seine innere Struktur, wie extensiv die Kultivierung seines Mentals, Vitals und seines Unterbewußtseins, so repräsentiert es doch nur einen Satz, eine Auswahl von Schwingungen. Das Äußerste, was es tun kann, ist es, seinen eigenen Typus von Schwingungen zu transformieren, und nicht einmal das ist sicher, da alles miteinander im Zusammenhang steht. Wir verstehen ferner, warum sich die Transformation nicht mit Heiligen bewerkstelligen läßt; Impfstoffe und Mittel zur Immunisierung werden nicht aus Heiligkeit gewonnen, sondern eben aus dem Anteil an der menschlichen Krankheit und Misere, den man auf sich zu nehmen den Mut hat. In beiden Fällen besteht ja die Krankheit; die eine Art von Individuum verschließt davor die Augen und entschwebt in Ekstase, während die andere sich die Ärmel hochkrempelt und sich mit Reagenzgläsern an die Arbeit macht. Als ein älterer Schüler sich einmal bitterlich über die unerträgliche menschliche Mischung im Ashram beschwerte und über all die „unmöglichen" Individuen, die sich darin aufhielten, antwortete ihm Sri Aurobindo folgendes: *In einem Ashram, der ein Versuchslabor für einen spirituellen und supramentalen Yoga darstellt, ist es notwendig oder sogar unabdingbar, daß die Menschheit in unterschiedlicher Form vertreten ist. Denn das Problem der Transformation hat mit allen möglichen Arten von Elementen zu tun, sowohl hilfreichen als auch hindernden. Der gleiche Mensch mag sogar eine Mischung von beidem in sich tragen. Würden sich allein sattvische [tugendhafte] und kultivierte Menschen um den Yoga kümmern, Menschen, die kaum vitale Schwierigkeiten haben, könnte es leicht geschehen, daß das Unternehmen fehlschlägt, weil der Schwierigkeit des vitalen Elementes in der irdischen Natur weder begegnet wird, noch sie überwunden worden ist.*[38] Ein anderer Schüler, der vielleicht von Gewissensbissen geplagt wurde, schrieb Sri Aurobindo: „Was für jämmerliche Schüler wir sind!... Sie hätten sich ein besseres Material aussuchen und heranziehen sollen – vielleicht jemand wie Z..." Sri Aurobindo antwortete: *Was die Schüler anbelangt, kann ich nur zustimmen, ohne weiteres, aber was besseres Material angeht, angenommen so etwas existiert, wäre es dann typisch für die Menschheit? Mit ein paar Ausnahme-Typen umzugehen, würde schwerlich das Problem lösen. Und würden sie sich bereit erklären, meinem Weg zu folgen? – Das ist auch eine Frage. Und wenn sie auf die Probe gestellt werden, würde dann nicht die ordinäre Menschlichkeit auf einmal zutagetreten? – Das ist eine weitere Frage.*[39] *Ich brauche nicht Hunderttausende von Schülern. Es wird ausreichen, wenn mir hundert ganze Menschen, bar von kleinlichen Egoismen, zur Verfügung stehen, die bereit sind, Instrumente Gottes zu sein.*[40]

Praktisch wird die Arbeit durch jede einzelne unserer psychologischen Schwierigkeiten getan, von denen jede ein Symbol für dieselbe Schwierigkeit in der Welt darstellt – wird eine bestimmte Schwingung in einem Individuum berührt, trifft das die gleiche Schwingung der ganzen Welt. *Jeder einzelne von uns repräsentiert eine der Schwierigkeiten, die überwunden werden müssen, damit die Transformation vollkommen sein kann – und das bedeutet eine Menge Schwierigkeiten,* sagt die Mutter. *Es handelt sich sogar um mehr als nur Schwierigkeiten. Ich glaube, ich habe euch früher schon einmal erklärt, daß jeder einzelne eine Unmöglichkeit repräsentiert, die es zu lösen gilt. Ist die Lösung all dieser Unmöglichkeiten gefunden, wird das Werk getan sein.* Jedem Individuum folgt ein Schatten dicht auf den Fersen, der es hart angeht und dem eigentlichen Zweck seiner Existenz Hohn zu sprechen scheint. Genau das ist die ihm eigene Schwingung, die er umwandeln muß, das ihm eigene Arbeits- und Experimentierfeld, sein gordischer Knoten. Darin liegt zugleich die Herausforderung seines Lebens und der Sieg seines Lebens. Es ist sein Anteil am Fortschritt der kollektiven Evolution auf der Erde. In unserem Laboratorium jedoch geschieht etwas Merkwürdiges: Im alltäglichen Leben oder im Falle eines individuellen Yoga bleibt der Schatten mehr oder weniger latent, mehr oder weniger hinderlich und löst sich früher oder später gewöhnlich von selbst auf, oder besser gesagt, versinkt in Vergessenheit. Sind wir aber mit einem die ganze Erde betreffenden Yoga beschäftigt, so finden wir, daß er sich in keiner Weise auflöst. Er kommt wieder und wieder hervor, so unerbittlich, als würde die Schlacht nie gewonnen werden – als würden wir für die ganze Erde gegen einen bestimmten unauflöslichen vibratorischen Knoten ankämpfen. Es sieht so aus, als würde der Suchende zu einem besonderen Schlachtfeld eines grimmigen und symbolischen Kampfes – mehr oder weniger verbrämt – gegen den gleichen Schattenpunkt in der übrigen Menschheit. *Ihr macht den Yoga nicht mehr nur für euch allein, ihr macht ihn unabsichtlich, automatisch, für alle anderen,* sagt die Mutter. Und der Suchende erfährt und bestätigt am eigenen Leibe das Prinzip der substantiellen Einheit der Welt: Der Versuch, eine winzige Schwingung in sich selbst richtigzustellen, löst Reaktionen von Myriaden von Geschwisterschwingungen über die ganze Welt aus. Sri Aurobindo nannte es einen „Yoga des Erd-Bewußtseins"[41]. *Da er das Leben akzeptiert, muß der Suchende im integralen Yoga nicht nur die Last seines eigenen Yoga tragen, sondern zusätzlich einen Großteil der Last der Welt, die zu seiner eigenen, hinreichend schweren Bürde hinzukommt. Insofern trägt sein Yoga weit eher den Charakter einer Schlacht als andere Yoga-Arten. Aber es handelt sich hier nicht allein um eine individuelle Schlacht, es ist ein kollektiver Krieg, der über ein beträchtliches Land hinweg geführt wird. Er muß die Kräfte egoistischer Falschheit und Verwirrung nicht nur in sich selbst überwinden, sondern er muß sie als Repräsentanten derselben feindlichen und schier unerschöpflichen Kräfte in der Welt besiegen. Ihr repräsentativer Charakter gibt ihnen eine um vieles hartnäckigere Fähigkeit zu widerstehen, ein nahezu unaufhörliches Recht wiederzuerscheinen. Selbst nachdem er beharrlich seine eigene persönliche Schlacht gewonnen hat, wird er oft feststellen, daß er sie in einem scheinbar unaufhörlichen Krieg wieder und wieder gewinnen muß, da sich seine innere Existenz bereits so weitgehend ausgeweitet hat, daß sie nicht nur sein eigenes Wesen mit seinen wohldefinierten Bedürfnissen und Erfahrungen enthält, sondern sich in Solidarität mit dem Wesen anderer befindet, denn in sich trägt er das Universum.*[42]

Kommt man mit dieser Aufgabe jemals zu einem Ende? Man könnte meinen, bei dem Unterbewußten handele es sich um eine bodenlose Klärgrube, in der sich nichts klärt – die Rishis nannten es „den bodenlosen Schlund" –, und, müßten wir mit der supramentalen Transformation warten, bis sie völlig gereinigt ist, wir uns eine beträchtliche Zeit gedulden müßten. Dem ist aber nur scheinbar so. Jede neue Geburt eines Menschen bringt kein neues Kontingent an Unterbewußtem und Unbewußtem mit sich, der Geborene schöpft aus derselben Quelle, er fährt fort, die gleichen Schwingungen zu wiederholen, die unaufhörlich in der Erdatmosphäre umherkreisen. Erneute Dunkelheit läßt sich ebensowenig erschaffen wie neues Licht. Der Mensch ist – bewußt oder unbewußt – lediglich ein Instrument des einen oder des anderen (am häufigsten aber von beidem). Der Welt widerfahren keine neuen Schwingungen, außer denen einer überbewußten Zukunft, die allmählich zu gegenwärtigen werden und die Schwingungen unserer evolutionären Vergangenheit auflösen oder transformieren. Unterbewußtes und Unbewußtes von heute sind offensichtlich weniger unterbewußt und unbewußt, als sie es vor zweitausend Jahren waren, und wir alle haben dafür bezahlt, dies herbeizuführen. Der Vorstoß der Zukunft in die Gegenwart birgt den Schlüssel zur Transformation der Welt. Yoga ist ein Prozeß, die Zukunft zu beschleunigen, und der Pionier der Evolution ist das Instrument, stärkere und immer stärkere Schwingungen herabzubringen. Die Aufgabe des Suchenden steht deshalb nicht so sehr in dem negativen Bemühen, das Unterbewußte auszuscheuern, sondern in dem positiven Bemühen,

Die Transformation

das Licht zu rufen und die Schwingungen der Zukunft herabzubringen, um den Läuterungsprozeß zu beschleunigen. Eben das bezeichnet Sri Aurobindo als „Herabkunft", und es ist, wie schon früher bemerkt, ein Hauptcharakteristikum seines Yoga: *Gibt es in anderen Yoga-Arten eine Herabkunft, so ist das nur eine Nebensache, die sich unterwegs zufällig ergibt, oder sie resultiert aus dem Aufsteigen – das Aufsteigen ist dabei die Hauptsache. Hier ist das Aufsteigen ein erster Schritt, aber es ist vor allem ein Mittel für die Herabkunft. Die Herabkunft des neuen Bewußtseins, durch das Aufsteigen erlangt, ist erstes Kennzeichen der Sadhana, das Ziel hier ist die göttliche Erfüllung des Lebens.*[43] Spricht Sri Aurobindo von „Herabkunft", so meint er nicht eine plötzliche und heftige Bewegung aufwärts, der eine plötzliche und heftige Bewegung abwärts folgt. Er meint nicht, daß man sich kurz zum Frondienst in innere Niederungen begibt, um ein wenig Kehraus zu halten, er versteht darunter, daß die Unterseite, die Kehrseite, aufhört, Kehrseite zu sein, das Niedere aufhört, niedrig zu sein. Um es prosaisch auszudrücken, und Gott weiß, die Transformation ist eine prosaische Angelegenheit, kann man zum Beispiel in den Bazar gehen, mitten unter eine wenig durchsichtige und innerlich zerfallende Masse, oder man begibt sich nachts auf einen Spaziergang durch unsichere Viertel des Unterbewußtseins und tut dies mit der gleichen Intensität des Bewußtseins, des Lichtes und des Friedens, mit der man allein, mit geschlossenen Augen im eigenen Raum in tiefster Meditation sitzt. Nun, das ist „Herabkunft". Der Unterschied, die Kluft zwischen Gipfel und Grund besteht nicht mehr; beide sind gleichermaßen lichterfüllt und friedlich. Auf die gleiche Art wirkt die Transformation auf irdischer Ebene. Die Einheit der Substanz der Welt wirkt in *beide* Richtungen, man kann nicht einen Schatten berühren, ohne alle Schatten der Welt mitzuberühren, umgekehrt kann man aber auch kein Licht assimilieren, ohne alle umliegenden Schatten damit gleichermaßen zu treffen. Alle Schwingungen sind ansteckend, einschließlich der guten Schwingungen. Jeder erlangte Sieg ist ein Sieg für alle. Tatsächlich wäre das Gegenteil erstaunlich. *Es ist alles das gleiche Wesen!* rief die Mutter aus, es gibt nur ein Bewußtsein, nur eine Substanz, nur eine Kraft, nur einen Körper auf der Welt. Und aus diesem Grunde konnte Sri Aurobindo von der Mutter und sich selbst sagen: *Wenn das Supramental in unsere Physis herabkommt, so würde das bedeuten, daß es in die Materie herabgekommen ist, und deshalb besteht kein Grund, warum es sich nicht auch in den Sadhaks [Schülern] offenbaren sollte.*[44]

Je höher der Suchende kommt, desto weiter wird sein Zugang zu den tieferen Bereichen – die Vergangenheit, mit der er in Verbindung treten kann, ist direkt proportional der Zukunft, die er entdeckt hat – und umso größer wird seine Fähigkeit zu kollektiver Transformation. Bis in unsere Gegenwart war die einzige Kraft, die herunter gebracht wurde, mentaler oder im besten Fall übermentaler Natur, deren Halbtiefen nicht den Grund berühren konnten. Seitdem durch die Verwirklichung von Sri Aurobindo und der Mutter eine supramentale oder spirituelle Kraft in das terrestrische Bewußtsein herabgekommen ist, wird es denkbar, daß diese höchste Zukunft den tiefsten Grund berührt und den Klärungsprozeß vorantreibt – das heißt letztlich die Evolution der ganzen Menschheit. Yoga ist ein Prozeß beschleunigter Evolution, und die Steigerung ist geometrisch: *Die erste dunkle materielle Bewegung der evolutionären Kraft ist gekennzeichnet durch eine äonische Ebenmäßigkeit und Allmählichkeit. Die Bewegung der Lebensprogression verläuft langsam, aber doch mit schnellerem Schritt, konzentriert sie auf den Raum von Jahrtausenden. Das Denken kann die säumige Nonchalance der Zeit weiter komprimieren und die Jahrhunderte zu Sieben-Meilen-Schritten machen. Wenn allerdings der bewußte Geist eingreift, wird ein höchst konzentrierter Rhythmus evolutionärer Geschwindigkeit möglich.*[45] Und an diesem Punkt befinden wir uns heute. Die Erschütterungen der gegenwärtigen Welt sind zweifelsohne ein Zeichen, daß der herabkommende Druck zunimmt und wir uns einer konkreten Lösung nähern. *Es mag wohl sein, daß, einmal begonnen, das [supramentale] Bestreben sich nicht mit Geschwindigkeit auf sein erstes entscheidendes Stadium zubewegt. Es mag wohl sein, daß es lange Jahrhunderte der Anstrengung erfordert, um zu einer Art beständiger Geburt zu gelangen. Aber dies ist, alles in allem betrachtet, nicht unvermeidlich, denn das Prinzip solcher Veränderungen in der Natur scheint es zu sein, daß einer langen unklaren Vorbereitung ein jähes Zusammenziehen und der Niederschlag der Elemente in einer neuen Geburt folgt, eine rapide Konversion und Transformation, welche in ihren leuchtenden Augenblicken einem Wunder gleicht. Selbst wenn die erste entscheidende Veränderung erreicht ist, ist es sicher, daß nicht die ganze Menschheit sich zu dieser Ebene erheben kann. Es muß sich eine Trennung zwischen denen ergeben, die fähig sind, auf der spirituellen Ebene zu leben, und jenen, die allein in der Lage sind, in dem Licht zu leben, das von dort auf die Mentalebene herabkommt. Und unterhalb von diesen mag es noch eine große Menge* *jener geben, die von dem Licht beeinflußt werden, aber noch nicht bereit sind, es zu empfangen. Aber selbst das wäre schon eine Transformation und ein Anfang, die weit über das hinausgehen, was bisher erreicht wurde. Diese Hierarchie würde nicht wie in unserer gegenwärtigen vitalen Lebensweise eine egoistische Dominanz der Unentwickelten durch die mehr Entwickelten bedeuten, sondern eine Führung der jüngeren durch die älteren Brüder des Geschlechts und ein beständiges Bemühen, sie zu einer größeren spirituellen Ebene und weiteren Horizonten zu erheben. Und selbst für die Anführenden würde dieser Aufstieg zu den ersten spirituellen Ebenen nicht das Ende des göttlichen Ganges bedeuten, einen Höhepunkt, der nichts mehr für die Erde zu ersehen übrig läßt. Denn es gäbe noch weit höhere Ebenen innerhalb des supramentalen Reiches*, wie die vedischen Dichter sehr wohl wußten, wenn sie vom spirituellen Leben als einem andauernden Aufsteigen sprachen*[46]*:*

„Die Priester des Wortes erklimmen Euch einer Leiter gleich, o Ihr, die Ihr von hundertfältiger Kraft seid. Während man Gipfel um Gipfel aufsteigt, wird all das erkennbar, was noch zu tun verbleibt."**

All diese Jahrhunderte verbrachten wir tatsächlich damit, eine Basis zu schaffen: eine Basis der Sicherheit und des Wohlstandes durch die Wissenschaft, eine Basis der Caritas durch unsere Religionen und Ethiken, eine Basis von Schönheit und Harmonie durch unsere Künste und eine mentale Basis durch rigorose Präzision – aber all das ist eine Basis für *etwas anderes*. Versunken in unser Bestreben nach Vollkommenheit, sehen wir immer nur einen Aspekt des großen Werkes – den Aspekt irdischer Unsterblichkeit wie die vedischen Rishis, den Aspekt ewiger Beständigkeit wie Buddha, den Aspekt der Barmherzigkeit, den Aspekt des Wohlstandes, alle möglichen anderen Aspekte. Aber wir werden schwerlich ad infinitum wie die Kinder mit diesen Bauklötzchen spielen. Keiner dieser Aspekte ist ein Ziel in sich selbst, sie sind nichts als negative Bedingungen des Spiels; nichts hat letztlich wirklich begonnen.

---

* Sri Aurobindo erwähnt drei Ebenen oder Grade des Bewußtseins innerhalb des Supramentals. Es erscheint nicht notwendig, in diesem Stadium näher darauf einzugehen.
** Rig-Veda I.10.1

Oder was hat begonnen?... Vielleicht wird nichts weiter erwartet, als daß wir uns des Spiels bewußt werden, damit es beginnen kann. Wir haben uns seit den Tagen Jules Vernes in alle Arten von Abenteuern gestürzt und festgestellt, wie sich eine nach der anderen als Sackgasse herausgestellt hat. Für welchen Krieg, welche Revolution lohnt sich noch ein erneutes Blutvergießen? Unsere Evereste sind längst defloriert, und die Hochsee steht unter Satelliten-Observation – alles ist kalkuliert, monitorisiert und reglementiert, selbst die Stratosphäre und der Weltraum. Vielleicht alles, um uns auf die einzige Öffnung zu stoßen, die uns in dieser zunehmend erstickenden Welt noch bleibt? Wir haben uns für kurzsichtige Maulwürfe auf einem Lehmhaufen im All gehalten, deshalb haben wir das Große Auge innen und unsere Flügel, die die Welt durcheilen, rektifiziert mit Stahl, der uns erdrückt und immer mehr erdrückt. Vielleicht um uns zu zwingen, an uns selbst so sehr zu glauben wie an unsere Maschinen – daß wir mehr können als sie. „Wir irren endlos im Kreis, geschlagen und stolpernd, Blinden gleich, die von einem Blinden angeführt werden," hieß es vor langer Zeit bereits in den Upanischaden*. Ist jetzt nicht die Zeit gekommen, über unsere mentalen Kartenhäuser hinauszublicken und das große Spiel zu beginnen? Anstatt Geldscheffel, Kriegsbeil, Evangelien oder Neutronen zu schwingen, brachliegendes Bewußtsein urbar machen und *diese* Saat auf die Gründe der Zeit säen, damit das Leben beginnen kann.

O kraftgezügeltes, schicksalsgetriebenes, erdgeborenes
    Menschengeschlecht,
O kleinliche Abenteurer auf einer unendlichen Welt,
Gefangene einer Menschheit von Zwergen,
Wie lange werdet ihr in den kreisenden Bahnen des Denkens noch treten
Um euer kleines Selbst und kleinliche Dinge?
Nicht für unveränderliche Kleinheit ward ihr doch bestimmt,
Nicht für eitle Wiederholung ward ihr geschaffen...
Allmächtige Gewalten sind verschlossen in den Zellen der Natur.
Ein größeres Geschick liegt euch voraus...
Das Leben, das ihr führt, verdeckt das Licht, das ihr seid.[47]

Wirft man einen Blick über die Mauer, gewahrt man, daß alles bereits gegenwärtig ist und nur darauf wartet, von uns gewollt zu werden:

---

* Mundaka Upanishad I.2.8.

*Ich sah sie das Zwielicht einer Ära überqueren,
Die sonnenäugigen Kinder eines herrlichen Morgens...
Die mächtigen Schrankenbrecher dieser Welt...
Erbauer der Unsterblichkeit...
Ihre Körper erstrahlend in des Geistes Licht,
Träger des magischen Wortes, des mystischen Feuers,
Träger des Dionysischen Pokals der Freude...* [48]

Die Eisenzeit ist vorbei [49]

Die Bedingungen für die Zeit der Wahrheit mögen sich streng ausnehmen – der gefahrenbepflasterte Abstieg ins Unbewußte, die Schlacht gegen drohende Dunkelheit und Tod an jeder Wegbiegung. Und doch, haben wir unser Leben nicht für Geringeres aufs Spiel gesetzt? *Die Größe des Menschen liegt nicht in dem, was er ist, sondern in dem, was er möglich macht,* sagt Sri Aurobindo [50]. Der Sieg muß *ein einziges Mal* in einem Körper errungen werden. Ist dieser Sieg einmal durch einen Menschen errungen, wird es ein Sieg für die ganze Menschheit und für alle Welten sein. Denn diese kleine, scheinbar so unbedeutende Erde ist das symbolische Terrain einer Schlacht, die sich über alle kosmischen Hierarchien erstreckt, in der gleichen Weise, in welcher ein bewußtes menschliches Wesen der symbolische Grund einer Schlacht ist, die sich in allen Menschen abspielt: Siegen wir hier, siegen wir überall. Wir sind die Erlöser der Toten, wir sind die Erlöser des Lebens. Jeder von uns wird durch sein Bewußtwerden ein Baumeister des Himmels und ein Erlöser der Erde. Aus diesem Grunde erhält dieses Leben auf der Erde eine so außergewöhnliche Bedeutung unter all unseren anderen Arten des Lebens, und aus eben diesem Grunde werden die Wächter der Falschheit nicht müde, uns von einem Jenseits zu predigen. *Wir sollten uns sputen, unsere Arbeit hier zu tun,* sagt die Mutter, *denn hier können wir sie wirklich tun. Erwartet nichts vom Tod; das Leben ist eure Rettung. Und im Leben muß die Transformation erlangt werden. Die Erde ist der Ort, an dem man Fortschritte macht, die Erde ist der Ort, an dem man sich verwirklicht. Der Sieg wird im Körper gewonnen.* Dann wird das Gesetz der Evolution nicht mehr aus Gegensätzen bestehen, die uns anspornen, uns von unseren menschlichen Kindereien loszuwinden, sondern es wird ein Gesetz des Lichtes sein und ein Gesetz andauernden Fortschritts – eine neue Evolution in der Freude der Wahrheit. Einmal muß der Sieg errungen werden. *Ein* strahlender Körper – ein Körper, der das eiserne Gesetz für alle anderen Körper bricht. Und alle Menschen sollten daran arbeiten, diesen Einen Sieg zu erzielen. Die strategische Schwierigkeit der Transformation steht in voller Größe vor uns. *Wenn die Erde ruft und das Höchste antwortet, kann die Stunde auch jetzt sein* – even now.[51]

Das Ende, das immer neuer Anfang ist*

Die Verwirklichung der vedischen Seher ist zu einer kollektiven Verwirklichung geworden. Das Supramental ist in das terrestrische Bewußtsein eingetreten und bis zum physischen Unterbewußten, an die Grenzen der Materie vorgedrungen. Es bleibt nur eine letzte Brücke zu überschreiten, um die Verbindung herzustellen. *Eine neue Welt ist geboren,* sagt die Mutter. *Gegenwärtig sind wir mitten in der Übergangsperiode, in welcher beide sich ineinander verschränken: die alte Welt besteht noch in all ihrer Macht, beherrscht das gewöhnliche Bewußtsein, aber die neue schleicht sich ein, so bescheiden und unaufdringlich, daß sie für den Augenblick wenigstens äußerlich nicht sehr viel verändert... Aber sie arbeitet, sie wächst, bis auf den Tag, an dem sie stark genug ist, sich augenfällig zu behaupten.* Nicht alle Schwierigkeiten entstammen dem Unterbewußten.

Es gibt eine besonders bewußte, und diese widersetzt sich der neuen Welt gleich einem massiven Bronzetor. Es handelt sich nicht um den Materialismus, wie man oft zu hören bekommt – sind sie aufrichtig, mögen Wissenschaftler zu den ersten gehören, die auf die Wahrheit stoßen –, nein, es ist im Gegenteil der ungeheure spirituelle Panzer, unter dem wir den Geist begraben haben. Der wahre Streich des Teufels liegt nicht im Aussäen von Lüge und Zwietracht in der Welt, wie etwa Attila oder die Nazis es taten – dazu ist er um vieles zu durchtrieben – sondern darin, seine Hand an einen Zipfel der echten Wahrheit zu legen und diesen etwas zu verdrehen. Nichts ist schwerer zu kontern als eine pervertierte Wahrheit, denn die Lüge erwirbt alle Macht des Wahren, das sie sich einverleibt. Man hat uns vielfach gesagt, daß unser Seelenheil im Himmel liegt. Und das ist wahr: Solange der Mensch seine Nase ausschließlich in der Materie vergräbt, wird er kein Heil finden. Seine Rettung liegt im Himmel des Überbewußtseins, und es ist wahrscheinlich erforderlich, uns zunächst vom Himmel zu predigen, um uns aus unserer ersten evolutionären animalischen und ökonomischen Verkrustung herauszulösen. Aber das ist lediglich ein erstes Stadium der Evolution, das wir in ein ausschließliches und felsenfestes Ziel verkehrt haben. Und nun kehrt sich dieses Ziel gegen uns. Wir haben die Göttlichkeit der Materie

* *Savitri*, S. 295.

negiert und sie allein auf unsere heiligen Stätten verbannt, und dafür rächt sie sich jetzt – wir nannten sie grob und ungehobelt, und das ist sie auch. Solange wir dieses Ungleichgewicht tolerieren, gibt es keine Hoffnung für die Erde. Wir schwingen von einem Pol zum anderen, genauso falschen, von materiellem Genuß zur spirituellen Entsagung, ohne jemals die wahre Erfüllung zu finden. *In Europa endeten die intellektuellen Kulturen der Antike in der Zerrissenheit prinzipiellen Zweifels und skeptischer Ohnmacht, die Ehrfurcht Asiens endete in Niedergang und Stagnation.*[1]* Wir brauchen sowohl die Robustheit der Materie als auch die frischen Wasser des Geistes, denn unsere Materialismen sind geisttötend, und unsere Credos sind nichts als die Kehrseite unseres Unglaubens. *Der Atheist ist Gott, der Versteck mit sich selbst spielt. Ist der Theist aber etwas anderes? Nun, vielleicht; denn er hat den Schatten Gottes gesehen und sich daran geklammert.*[2]

Wollen wir dieses Ungleichgewicht beheben – denn alle Dinge, denen es an Gleichgewicht mangelt, sei es in unseren Körpern, in unseren Gesellschaften oder unseren kosmischen Zyklen, gehen früher oder später zugrunde –, so müssen wir klar sehen. Wir haben das Losungswort, die Parole verloren, das ist das schlichte Fazit unseres Zeitalters. Wir haben die wahre Herrschaft durch äußere Kunstgriffe und Kinkerlitzchen ersetzt und die wahre Weisheit durch Dogmen. Auf jeder Ebene und in jeder Hinsicht sind die Gnome an der Macht. Und es wird mehr und mehr eine Herrschaft von Gnomen werden, es sei denn, wir fassen den Entschluß, mit diesen demütigenden Halbwahrheiten, ganz gleich ob von oben oder von unten, Schluß zu machen und uns direkt zur wahren Quelle zu begeben, nach innen, um das praktische Geheimnis des Geistes in der Materie wiederzuentdecken. „Das, was unsterblich in Sterblichen ist... ist ein Gott, der sich innen niedergelassen hat; er ist die Energie, die unsere göttlichen Kräfte ausarbeitet und hervortreten läßt" (Rig-Veda IV.2.1). Weil sie um dieses Geheimnis wußten, machten weder die Rishis noch die Weisen der vorzeitlichen Mysterien jene gräßliche Unterscheidung, welche unsere Leben unterminiert: „Unser Vater der Himmel, unsere Mutter die Erde." Sie bereinigten das Problem nicht, indem sie die Erfüllung des Menschen ins Jenseits relegierten: „Laßt uns selbst hier die Eroberung machen, laßt uns die Schlacht der

---

* Diese Passage stammt von 1914. Möglicherweise hat sich die Lage seitdem gebessert – aber es sieht nicht so aus.

hundert Häupter führen!" Nachdem sie den Gipfel des Bewußtseins erreicht hatten, lösten sie sich nicht in bläßliche Ekstasen auf: „Ich bin der Sohn der Erde, der Erdgrund ist meine Mutter..." (Atharva-Veda XII.1); nachdem sie an die Grenzen des Unendlichen vorgedrungen waren, fanden sie die Unerheblichkeiten hier unten nicht mehr unerheblich: „O Göttlichkeit, bewahre uns das Unendliche und lasse uns des Endlichen überreichlich zuteil werden" (Rig-Veda IV.2.11), „O Erde, mögen wir eure Schönheit aussprechen, die Schönheit eurer Ortschaften und Wälder und Ratschlüsse und Schlachten" (Atharva-Veda XII.44.56). Sie schlugen sich, sie waren unbesiegbar, denn sie wußten um den Gott in uns: „O Sohn des Körpers... voller Freude und Licht, siegreich, euch kann kein Leid widerfahren" (III.4.2,9.1). Eine siegreiche Wahrheit aufrechter Menschen, für die der Tod eine Lüge und Niederlage war. Eine Wahrheit göttlicher Freude auf der Erde. Sicherlich war ihre Wahrheit verfrüht für die Horden Europas, denen es Not tat, vor der Erde vom Himmel zu hören. Doch nun mag die Zeit gekommen sein, die Mysterien zu entschleiern, seien sie vedisch, orphisch, alchemistisch oder katharisch, und die vollkommene Wahrheit der beiden Pole zurückzuerobern innerhalb einer *dritten Position*, die weder die des Materialisten noch jene des Spiritualisten ist: *Der Aufstieg des Menschen in den Himmel ist nicht der Schlüssel, sondern eher sein Aufsteigen in den Geist hier unten und das Herabsteigen dieses Geistes in die normale Menschheit und die Transformation dieser terrestrischen Natur. Denn dies und nicht irgendeine Erlösung post mortem ist die wirkliche neue Geburt, auf welche die Menschheit als Krönung ihres langen, dunklen und schmerzvollen Weges wartet.*[3]

Sri Aurobindo bringt uns eine Botschaft der Hoffnung. Unsere wenig rühmliche Gegenwart der Gnome an der Macht ist letztlich allein Zeichen dafür, daß etwas Neues auftritt. Unsere Schatten und Niedergänge signalisieren immer die Geburt eines größeren Lichtes, das herabkommen mußte, um die vorherrschenden Grenzen einzureißen. Es gibt nur zwei Arten, dies zu tun, entweder durch einen Überreichtum an Licht oder aber durch einen Überreichtum an Schatten. Die erstere zieht unsere Schatten ins Licht und löst sie dadurch auf, die andere stürzt das Licht in den Schatten und verwandelt ihn somit. Auf die eine Art werden einige Individuen befreit, die andere hingegen befreit die ganze Erde. Vor zehntausend Jahren hatten einige Riesen unter den Menschen das Geheimnis der Welt erobert, gewiß, doch es war das Privileg einer

Handvoll Eingeweihter, und wir müssen alle Eingeweihte werden. Vor zehntausend Jahren herrschte das Goldene Zeitalter, während gegenwärtig alles in Schatten getaucht zu sein scheint. Aber es hat sich nicht wirklich Nacht auf die Welt herabgesenkt, wie es die Weltuntergangsverkünder gerne hätten: Das Licht liegt in der Welt verborgen. Das Geheimnis mußte in Vergessenheit geraten, die Menschheit mußte den Mitternachtsbogen über das Zeitalter der Vernunft und die Religionen schlagen, um das Geheimnis in jedem aufgewachsenen Menschen und überall das Licht unter all der Nacht, all dem Elend, all der Beschränktheit wiederentdecken zu können, anstatt daß es einer fernen Feuerschale einer vedischen oder persischen Weihestätte vorbehalten geblieben wäre. Wir stehen am Anbeginn der Zeit. Die Evolution beschreibt keinen Höhenflug in immer sublimere und weiter desintegrierende Reiche, sondern eine Spirale: *Es handelt sich nicht um einen verschlungenen Pfad, der dich angeschlagen dorthin zurückführt, von wo du ausgegangen bist. Im Gegenteil, es sucht der ganzen Schöpfung die Freude des Seins darzubringen, die Schönheit des Seins, die Großartigkeit des Seins und die ununterbrochene Entwicklung, ununterbrochen fortschreitend in dieser Freude, dieser Schönheit, dieser Großartigkeit. Dann erhält alles einen Sinn.* Eine ewige Spirale, die an keinem extremen Punkt endet – das Extrem befindet sich überall auf der Welt, in jedem Wesen, jedem Körper, jedem Atom – sondern die in einem stufenförmigen Aufstieg höher und höher hinaufreicht, um tiefer herabsteigen und mehr umfassen und offenbaren zu können. Wir stehen am Anfang dieser „Unermeßlichkeit", die immer unermeßlicher werden wird. Die Vorkämpfer der Evolution haben bereits weitere Grade innerhalb des Supramentals entdeckt, und innerhalb des ewigen Werdens hat ein neuer Lauf seinen Anfang genommen. Jede bezwungene Höhe bringt neue Veränderungen, eine Wendezeit des Bewußtseins, einen neuen Himmel, eine neue Erde; selbst das physische Gesicht der Erde wird sich bald vor unseren skeptischen Augen verwandeln. Und das mag keineswegs die erste Veränderung in der Geschichte sein – wieviele hat es vor uns gegeben? Wieviele mehr *mit* uns, stimmten wir nur zu, bewußt zu werden. *Aufeinanderfolgende Bewußtseinswenden werden einen* immer *neuen Reichtum der Schöpfung in jedem neuen Stadium mitsichbringen.* Der weise Zauberer in uns wendet einfach sein Kaleidoskop, und alles wird bestaunenswert, weiter, wahrer, schöner. Wir müssen nur unsere Augen öffnen, die Freude der Welt steht vor unserer Schwelle, wenn wir nur wollen:

Das Ende, das immer neuer Anfang ist

Der Erde Schmerzen waren das Lösegeld ihrer gefangenen Freude.
Um der Freude und nicht um der Schmerzen willen ward die Erde geschaffen.[4]

Derart ist das Geheimnis. Es ist überall zugegen, im Herzen der Welt; es ist der „Honigbrunnen unter dem Fels", das „Kinderlachen des Unendlichen", das wir sind, die Tiefe der leuchtenden Zukunft, die unsere Vergangenheit zurückdrängt. Die Evolution ist noch nicht beendet. Sie ist kein absurdes Karussell, kein Fall, kein Jahrmarkt eitler Vergnügungen, sie ist

das Abenteuer des Bewußtseins und der Freude.[5]

Pondicherry
14. April 1963

Quellen der Zitate

Die Zitate von Sri Aurobindo verweisen auf seine gesammelten Werke in 30 Bänden (1972), die fettgedruckte Zahl gibt den Band an.
Texte der Mutter ohne Quellenangabe sind größtenteils *L'Agenda de Mère* entnommen (Institut de Recherches Évolutives, Paris; vlg. auch Bibliographie S. 346).

Zitierte Werke anderer Autoren:
A.B. Purani   *Life of Sri Aurobindo* (1958)
A.B. Purani   *Evening Talks with Sri Aurobindo* (1959)
D.K. Roy   *Sri Aurobindo Came to Me* (1952)
G. Monod-Herzen   *Shri Aurobindo* (1952)
Nirodbaran   *Correspondence with Sri Aurobindo*, 2 Bde., (1959)

Einleitung
1 Thoughts and Glimpses, **16**: 378
2 The Hour of God, **17**: 148
3 The Human Cycle, **15**: 36

1. Kapitel
1 On Himself, **26**: 1
2 On Himself, **26**:7
3 Purani: *Life*, 8
4 The Human Cycle, **15**: 166
5 Thoughts and Aphorisms, **17**: 138
6 On Yoga II, Tome 2, 871
7 Purani: *Life*, 43

2. Kapitel
1 New Lamps for Old 12.4.1893
2 Thoughts and Aphorisms, **17**: 138
3 The Synthesis of Yoga, **20**: 51
4 The Synthesis of Yoga, **20**: 439
5 The Problem of Rebirth, **16**: 241
6 Savitri, **29**: 664

3. Kapitel
1 Thoughts and Aphorisms, **17**: 88
2 Monod-Herzen: *Shri Aurobindo*, 342
3 New Lamps for Old, 7.8.1893
4 Purani: *Evening Talks*, 199
5 Purani: *Life*, 102
6 On Himself, **26**: 12
7 Speeches, **2**: 7

4. Kapitel
1 Life, Literature and Yoga, 86
2 The Synthesis of Yoga, **20**: 302
3 The Synthesis of Yoga, **20**: 65
4 On Himself, **26**: 85
5 Roy: *Sri Aurobindo*, 219
6 The Synthesis of Yoga, **20**: 86
7 On Yoga II, Tome 2, 41
8 Letters on Yoga, **22**: 166
9 On Yoga II, Tome 2, 302
10 On Yoga II, Tome 2, 277
11 The Hour of God, **17**: 11
12 On Himself, **26**: 83
13 Letters on Yoga, **23**: 637

5. Kapitel

1 Letters on Yoga, **22**: 234
2 The Synthesis of Yoga, **20**: 370
3 The Synthesis of Yoga, **20**: 203
4 Letters on Yoga, **22:** 358
5 The Synthesis of Yoga, **20**: 170
6 Nirodbaran: *Correspondence* II, 83
7 Savitri, **28**: 93
8 On Yoga II, Tome 2: 197
9 Nirodbaran: *Correspondence* II, 119
10 Roy: *Sri Aurobindo*, 206

6. Kapitel

1 The Life Divine, **18**: 48
2 The Synthesis of Yoga, **20**: 321
3 Letters on Yoga, **22**: 314
4 On Yoga II, Tome 2, 451
5 On Yoga II, Tome 2, 489
6 The Life Divine, **19**: 989
7 Letters on Yoga, **23**: 654
8 The Synthesis of Yoga, **20**: 322
9 Nirodbaran: *Correspondence* II, 112
10 The Synthesis of Yoga, **20**: 53
11 The Riddle of This World, 79
12 Thoughts and Aphorisms, **17**: 146
13 The Synthesis of Yoga, **20**: 171
14 Letters on Yoga, **22**: 125
15 The Synthesis of Yoga, **20**: 217
16 Nirodbaran: *Correspondence* II, 86
17 On Himself, **26**: 355
18 On Yoga II, Tome 2, 671
19 Letters on Yoga, **22**: 84
20 On Yoga II, Tome 2, 184

7. Kapitel

1 Essays on the Gita, 193
2 Thoughts and Aphorisms, **17**: 138
3 Savitri, **28**: 74
4 Thoughts and Aphorisms, **17**: 124
5 The Synthesis of Yoga, **20**: 353
6 The Problem of Rebirth, **16**: 111
7 The Problem of Rebirth, **16**: 110
8 The Synthesis of Yoga, **20**: 294

8. Kapitel

1 The Life Divine, **18**: 63
2 The Synthesis of Yoga, **21**: 833
3 Letters on Yoga, **22:** 314
4 The Synthesis of Yoga, **20**: 238

9. Kapitel

1 The Life Divine, **18**: 193
2 Mother India (Journal)
3 Savitri, **28**: 120
4 On Yoga II, Tome 2, 110
5 Savitri, **28**: 30
6 Thoughts and Aphorisms, **17**: 137

10. Kapitel

1 Savitri, **28**: 64
2 Savitri, **28**: 169
3 The Human Cycle, 301
4 On Himself, **26**: 98
5 On Himself, **26**: 22
6 Essays on the Gita, 55
7 Ideal of Human Unity, **15**: 320
8 Letters on Yoga, **22**: 153
9 Savitri, **28**: 256
10 On Himself, **26**: 375
11 On Himself, **26**: 279
12 On Himself, **26**: 79
13 Savitri, **28**: 82
14 On Himself, **26**: 101
15 On Himself, **26**: 154
16 Letters on Yoga, **22**: 273
17 Letters on Yoga, **22**: 71
18 The Human Cycle, **15**: 177
19 On Himself, **26**: 102
20 Purani: *Life*, 109
21 On Himself, **26**: 49
22 Speeches, **1**: 664

11. Kapitel

1 Speeches, **2**: 3
2 Speeches, **2**: 7
3 The Synthesis of Yoga, **20**: 109

4 Speeches, **2**: 4
5 Speeches, **2**: 5
6 The Synthesis of Yoga, **20**: 285
7 Essays on the Gita, 59, 516
8 The Life Divine, **19**: 805
9 Savitri, **28**: 66
10 The Synthesis of Yoga, **20**: 313
11 Savitri, **28**: 260
12 Savitri, **29**: 625
13 Collected Poems and Plays, **5**: 311
14 The Life Divine, 677
15 The Problem of Rebirth, **16**: 272
16 The Life Divine, **19**: 1023
17 Savitri, **28**: 24
18 The Synthesis of Yoga, **20**: 185
19 The Superman, **16**: 289
20 Letters on Yoga, **22**: 316
21 Purani: *Evening Talks*, 180
22 The Synthesis of Yoga, **20**: 48
23 Savitri, **28**: 325
23 On Yoga II, Tome 2, 197
24 Savitri, **29**: 525
25 Savitri, **29**: 279
26 The Hurnan Cycle, 209
27 The Hour of God, **17**: 15
28 Letters, 3rd Series (1949), 134
29 Letters, 3rd Series (1949), 124
30 Roy: *Sri Aurobindo,* 127
31 Savitri, **28**: 315
32 The Life Divine, 1127
33 Letters on Yoga, **22**: 264
34 The Synthesis of Yoga, **21**: 772
35 On Yoga II, Tome 2, 263
36 Poems Past and Present, I.
37 The Human Cycle, **15**: 5
38 The Future Poetry, **9**: 233
39 *ibid*, **9**: 9
40 Letters, 3rd Series, 97
41 Savitri, **28**: 120
42 Speeches, **2**: 6

12. Kapitel

1 The Hour of God, **17**: 62
2 The Synthesis of Yoga, **20**: 320
3 Savitri, **29**: 454
4 The Synthesis of Yoga, **20**: 162
5 Savitri, **29**: 686
6 The Synthesis of Yoga, **20**: 110
7 The Life Divine, **19**: 761
8 Savitri
9 Essays on the Gita, 646
10 The Synthesis of Yoga, **20**: 185
11 The Synthesis of Yoga, **20**: 14
12 On Yoga II, Tome 2, 739
13 Thoughts and Aphorisms, **17**: 79
14 Savitri, **28**: 143
15 The Synthesis of Yoga, **20**: 315
16 Savitri, **28**: 239
17 On Yoga II, Tome 2, 246
18 The Synthesis of Yoga, **20**: 281
19 Letters on Yoga, **23**: 743
20 The Synthesis of Yoga, **20**: 281
21 Nirodbaran: *Correspondence* II, 119
22 Letters on Yoga, **22**: 235

13. Kapitel

1 Purani: *Evening Talks*, 120
2 The Human Cycle, 133
3 The Human Cycle, 131, 136
4 The Life Divine, **19**: 722
5 On Yoga II, Tome 2, 263
6 Letters, 3rd Series, 128
7 The Life Divine, **19**: 954
8 The Synthesis of Yoga, **20**: 82
9 The Life Divine, **19**: 1159

14. Kapitel

1 Purani: *Life*, 132
2 Purani: *Life*, 122
3 Savitri, **28**: 277
4 Savitri, **29**: 466
5 On Yoga II, Tome 2, 686
6 On Yoga II, Tome 2, 689
7 Savitri, **28**: 172
8 The Synthesis of Yoga, **20**: 123
9 Savitri, 517
10 On Yoga II, Tome 2, 733

11 Savitri, **28**: 192
12 Thoughts and Aphorisms, **17**:145
13 The Life Divine, **18**:12
14 The Synthesis of Yoga, **20**: 123
15 The Life Divine, **18**:12
16 Savitri, **29**: 613
17 Savitri, **29**: 625
18 Mother India, 1962
19 Savitri, **29**: 317
20 On Himself, **26**: 153
21 Savitri, **28**: 7
22 Poems Past and Present, **5**: 99
23 Savitri, **28**: 91
24 Last Poems, **5**: 10
25 Savitri, **28**: 42
26 Savitri, **29**: 541
27 Savitri, **28**: 169
28 Savitri, **29**: 370
29 Letters on Yoga, **22**: 388
30 On Yoga II, Tome 2, 34
31 On Himself, **26**: 425
32 Savitri, **29**: 684

15. Kapitel

1 Savitri, **29**: 566
2 The Synthesis of Yoga, **21**: 808
3 The Synthesis of Yoga, **20**: 234
4 Thoughts and Aphorisms, **17**: 133
5 Letters on Yoga, **22**: 451
6 The Life Divine, **19**: 983
7 The Synthesis of Yoga, **20**: 316
8 The Synthesis of Yoga, **21**: 835, 837-838
9 The Synthesis of Yoga, **20**: 464
10 Savitri, **29**: 660
11 The Synthesis of Yoga, **20**: 393
12 The Synthesis of Yoga, **20**: 408
13 Savitri, **29**: 657
14 Savitri, **29**: 614
15 Savitri, **28**: 196
16 The Synthesis of Yoga, **20**: 164
17 Savitri, **28**: 63
18 Life, Literature and Yoga, 11
19 Purani: *Evening Talks*, 91

20 Savitri, **29**: 600
21 The Life Divine, **19**: 642,766
22 Savitri, **29**: 709
23 Letters, 3rd Series, 103
24 The Synthesis of Yoga, **20**: 95
25 Thoughts and Aphorisms, **17**: 92
26 The Hour of God, **17**: 12
27 Savitri, **28**: 183
28 On Himself, **26**: 378
29 The Ideal of the Karmayogin, **2**: 17
30 On Himself, **26**: 58
31 Letters on Yoga, **22**: 69
32 Letters on Yoga, **22**: 139

16. Kapitel

1 On the Veda, 42
2 *ibid*, 47
3 *ibid*, 46
4 Letters on Yoga, **22**: 93
5 On Himself, **26**: 374
6 Savitri, **28**: 97
7 Roy: *Sri Aurobindo,* 247
8 On Himself, **26**: 374
9 Nirodbaran: *Correspondence* II, 154
10 Nirodbaran: *Correspondence* II, 155
11 Letters, 3rd Series, 5
12 Nirodbaran: *Correspondence* II, 150
13 The Hour of God, **17**: 11
14 Savitri, **28**: 76
15 Anilbaran's Journal.
16 On Himself, **26**: 455
17 The Life Divine, **18**: 103
18 Savitri, **28**: 4
19 Thoughts and Glimpses, **16**: 384
20 The Hour of God, **17**: 148
21 *ibid*,149
22 The Life Divine, **18**: 162
23 The Life Divine, **18**: 378
24 The Hour of God, **17**: 15
25 The Life Divine,**18**: 129
26 The Life Divine,**18**: 87
27 The Synthesis of Yoga, **20**: 151
28 Savitri, **28**: 90
29 The Life Divine,**18**: 243

30 The Problem of Rebirth, **16**: 241
31 The Human Cycle, 290
32 The Hour of God, **17**: 48
33 The Synthesis of Yoga, **20**: 216
34 Savitri, **28**: 235
35 The Hour of God, **17**: 7
36 The Life Divine, **18**: 3-4
37 Thoughts and Glimpses, **16**: 32
38 Thoughts and Aphorisms, **17**: 82
39 Thoughts and Glimpses, **16**: 384
40 The Synthesis of Yoga, **21**: 798

17. Kapitel

1 The Life Divine, 109
2 The Human Cycle, 292
3 The Hour of God, **17**: 7
4 Supramental Manifestation, **16**: 24
5 Supramental Manifestation, **16**: 8
6 *ibid*: 29, 37
7 Savitri, **28**: 338
8 Nirodbaran: *Correspondence* I, 56
9 The Life Divine, **19**: 842
10 *ibid*: 843
11 On Himself, **26**: 469
12 Purani: *Life*, 142
13 Purani: *Life*, 121
14 On Himself, **26**: 186; Nirodbaran: *Correspondence* II, 152
15 Savitri, **28**: 20
16 Thoughts and Aphorisms, **17**: 93
17 Purani: *Life*, 167
18 Nirodbaran: *Correspondence* I, 53, 71
19 Savitri, **29**: 719
20 Purani: *Evening Talks*, 198
21 *ibid*, 45
22 On Yoga II, Tome 2, 406

23 *France-Asie*, 1953
24 On Yoga II, Tome 2, 340
25 Savitri, **29**: 383
26 Letters on Yoga, **22**: 340
27 Poems Past and Present, 6
28 Savitri, **29**: 700
29 Savitri, **29**: 707
30 Roy: *Sri Aurobindo,* 73
31 On Himself, **26**: 425
32 Savitri, **28**: 216
33 The Ideal of Human Unity, **15**: 80
34 Roy: *Sri Aurobindo,* 251
35 The Synthesis of Yoga, **20**: 348
36 Letters on Yoga, **23**: 847
37 The Ideal of Karmayogin, 10
38 Letters on Yoga, **22**: 856
39 Nirodbaran: *Correspondence* I, 101
40 Purani: *Life*, 167
41 On Himself, **26**: 109
42 The Synthesis of Yoga, **20**: 71
43 On Himself, **26**: 109
44 On Himself, **26**: 450
45 The Life Divine, **19**: 932
46 The Human Cycle, 332
47 Savitri, **29**: 370
48 Savitri, **28**: 343
49 Collected Poems and Plays, I, **5**:61
50 The Hour of God, **17**: 9
51 The Hour of God, **17**: 61

Nachwort

1 The Human Cycle, 278
2 Thoughts and Aphorisms, **17**: 82
3 The Human Cycle, 329
4 Savitri, **28**: 43, **29**: 629
5 Savitri, **28**: 2

Zeittafel

1872	15. August, Geburt von Sri Aurobindo in Kalkutta.
1877	Besuch einer englischen Schule in Darjeeling.
	Verkündung des Indischen Reiches.
1879	Abreise nach England.
1879-84	Manchester.
1884-90	London, *St. Paul's School.*
1890-92	Besuch des King's College in Cambridge.
1893	Rückkehr nach Indien.
	Erster revolutionärer Artikel.
1901	Heirat mit Mrinalini Devi.
1904	Anfang von Sri Aurobindos Yoga.
1906	Sri Aurobindo verläßt Baroda und kommt nach Kalkutta.
1907	Erste Begegnung mit dem tantrischen Yogi V. Lele.
1908	Verwirklichung des mentalen Schweigens und des Nirvanas.
1908-9	2. Mai, Inhaftierung in Alipore.
1910	Februar, Sri Aurobindo flieht nach Chandernagore.
	4. April, Sri Aurobindo kommt nach Pondicherry.
1914	15. August, die erste Nummer des *Arya* wird veröffentlicht.
1920	Die Mutter kommt endgültig nach Pondicherry.
1921	Ende des *Arya.*
1926	24. November, Sri Aurobindo zieht sich zurück.
1947	15. August, Unabhängigkeit Indiens.
1950	5. Dezember, Sri Aurobindo verläßt seinen Körper.

Satprem, 1923 in Paris geboren, aber von bretonischer Abstammung, hatte den Großteil seiner Kindheit auf einsamen Segelfahrten auf dem Meer verbracht. 1946, noch zutiefst erschüttert durch die Nazi-Konzentrationslager, in denen er eineinhalb Jahre wegen Widerstandsaktivitäten verbracht hatte, kam er nach Pondicherry, um einen Posten in der Administration des französischen Hoheitsgebiets anzutreten. Zu diesem Zeitpunkt lernte er Sri Aurobindo und „Die Mutter" kennen. Nach einer Anzahl von Abenteuern, die ihn nach Guyana, Brasilien und Afrika führten, kehrte er 1954 endgültig zu Mutter zurück und wurde ihr Vertrauter und Zeuge. Tag für Tag notierte er die Erfahrungen, die sie ihm anvertraute und die *Mutters Agenda* bilden, das fabelhafte „Logbuch" des Weges zu einer nächsten Spezies.

Weitere Bücher von Satprem in deutscher Übersetzung bei Hinder + Deelmann:

Satprems Biographie der

Mutter

Band 1: Der Göttliche Materialismus, 354 Seiten
Band 2: Die Neue Spezies, 440 Seiten
Band 3: Die Mutation des Todes, 264 Seiten

Mirra Alfassa, die später als Sri Aurobindos Gefährtin und Nachfolgerin für Tausende „die Mutter" wurde, widmete ihr Leben der einzigartigen Aufgabe, sein Geheimnis zu ergründen und den Übergang zur von ihm verkündeten „supramentalen" neuen Spezies zu vollziehen.

Als ihr Vertrauter, den sie über zwanzig Jahre in zahllosen persönlichen Gesprächen am Verlauf ihrer Erfahrungen teilnehmen ließ, vermag Satprem in einmaliger Weise das innere Geschehen mit dem äußeren zu verknüpfen, um so ein umfassendes Bild dieser bedeutenden Persönlichkeit und dieses wesentlichen Kapitels des menschlichen Suchens zu vermitteln.

Band 1 schildert Mutters Kindheit und die Zeit bis zu Sri Aurobindos Abschied 1950, in der sie sein Ashram leitet und an seiner Seite wirkt, um die Grundsteine zur praktischen Verwirklichung seines Yogas zu legen.

Band 2 beschreibt die Periode von 1950 bis 1968. Zuerst, bis 1958, versucht sie, in den Ashram-Mitgliedern eine kollektive Bewußtseins-Öffnung zu erreichen, dann zieht sie sich vom öffentlichen Leben zurück, um sich der Schlacht des „Hinabstiegs" in die Mysterien des menschlichen Körpers zu widmen und die verschiedenen „Netze" freizulegen, die uns an die sogenannten Naturgesetze ketten. Sie entdeckt den Schlüssel im „Mental der Zellen".

Band 3 behandelt die letzten fünf Jahre ihres Lebens, von 1968 bis 1973, die kritischste und ergreifendste Periode. Das Geheimnis war gleichsam offen sichtbar, doch würde sie die Widerstände überwinden können? Den Übergang zur nächsten Spezies kann eine Einzelperson nicht ganz alleine vollziehen: es bedarf einer bestimmten Entsprechung in der Umgebung. Ihr Abschied hinterläßt viele offene Fragen aber auch eine leuchtende Hoffung.

Das Werk Sri Aurobindos im Verlag Hinder + Deelmann:

Das Göttliche Leben	3 Bände, zus. 1213 Seiten, Leinen
Die Synthese des Yoga	907 Seiten, Leinen
Savitri	743 Seiten, Leinen
Das Geheimnis des Veda	556 Seiten, Leinen
Die Grundlagen der indischen Kultur	410 Seiten, Leinen
Bhagavadgita	117 Seiten, Leinen
Essays über die Gita	580 Seiten, Leinen
Das Ideal einer geeinten Menschheit	362 Seiten, Paperback
Über sich selbst	445 Seiten, kartoniert
Licht auf Yoga	63 Seiten, gebunden
Verzeichnis der Sanskrit-Ausdrücke	55 Seiten, broschiert

Die Mutter, *Über sich selbst*
56 Seiten, gebunden

Rainer Püschel, *Selbst-Transformation*
Integraler Yoga nach Sri Aurobindo und esoterisches Christentum
187 Seiten, Paperback

Udo Knipper, *Anthroposophie im Lichte indischer Weisheit*
Sri Aurobindo und Rudolf Steiner
270 Seiten, Paperback

Wilfried Huchzermeyer, *Der Übermensch*
bei Friedrich Nietzsche und Sri Aurobindo
122 Seiten, Paperback

Ruud Lohman, *Ein Haus für das dritte Jahrtausend*
Essays über das Matrimandir
102 Seiten, Paperback

VERLAG HINDER + DEELMANN • POSTFACH 1206 • 35068 GLADENBACH

Bücher von Satprem, lieferbar durch Verlag Hinder + Deelmann:

Mutters Agenda 1951–1973, enthält in 13 Bänden die Aufzeichnung von Mutters Erfahrungen im Körperbewußtsein, so wie Satprem als ihr Vertrauter sie über 23 Jahre notierte. Ein einzigartiges Dokument über ihren Versuch, den von Sri Aurobindo eröffneten Weg physisch zu begehen und weiterzuführen.

Notizen aus dem Labor, 240 Seiten
Die Schlüsselaussagen der 6000 Seiten der Agenda auf 240 Seiten zusammengefaßt, so wie ein Wissenschaftler kurze Notizen in seinem Labornotizbuch machen würde, um die Essenz seiner Experimente festzuhalten.

Der Aufstand der Erde, 80 Seiten
»… Satprem beschreibt seinen eigenen Versuch, aus diesem menschlichen Leben auszubrechen, dessen eigentliche Substanz der Tod ist, und durch ein allesverzehrendes Feuer zur „anderen Seite" durchzubrechen – ein „Wunder", das der Körpermaterie entrissen wird…« – *Le Monde*

Das Mental der Zellen, 230 Seiten
Eine systematische Darstellung des evolutionären Problems, vor dem die Menschheit heute steht, und der einzig möglichen Lösung seiner Bewältigung: die eigene Verwandlung in die nächste Spezies.

Der kommende Atem, 210 Seiten
Im Gespräch mit dem französischen Journalisten Frédéric de Towarnicki beschreibt Satprem die Stationen seines Lebens, seine verschiedenen Annäherungsversuche an den eigentlichen Kern des Daseins, „das, was vom Menschen bleibt, wenn gar nichts mehr bleibt".

Evolution II, 128 Seiten

Der Veda und die Bestimmung des Menschen, 28 Seiten

Der Sonnenweg zum großen Selbst, 186 Seiten

Vom Körper der Erde oder Der Sannyasin, 400 Seiten

Helmtrud Wieland, *Das Spektrum des Yoga – Seine weltanschaulichen Grundlagen und Entwicklungen*, 531 Seiten mit zahlr. Abbildungen
Ein einmaliges Kompendium des yogischen Spektrums von allen Verzweigungen des Buddhismus über Vedanta- und Samkhya-Philosophie, Tantra und Chakra-Lehre bis zur Gestaltwerdung des Integralen Yoga der Gegenwart.

Andere Titel aus dem Verlag Hinder + Deelmann

M. K. Gandhi
Eine Autobiographie
oder
Die Geschichte meiner Experimente mit der Wahrheit

453 Seiten + 16 Seiten Abbildungen, Paperback

Mahatma Gandhis Autobiographie wurde von Gandhi in den zwanziger Jahren in Form wöchentlicher Beiträge zu seiner Gujarati-Zeitschrift „Navajivan" niedergeschrieben, dann von seinem Sekretär Mahadev Desai ins Englische übersetzt und nach Durchsicht und Billigung Gandhis in Buchform veröffentlicht. Sie ist ein einzigartiges Dokument seiner Wahrheitssuche und der Nachwelt gegenüber ein lebendiger Protest gegen die Verflüchtigung des Mahatma-Bildes zur Legende, denn sie schildert mit einer Offenheit, die gleich weit entfernt ist von eitler Selbststilisierung wie von koketter Selbstentlarvung, die Entwicklung dieser ebenso bedeutenden wie eigenartigen Persönlichkeit, bei der der Mensch deshalb nicht vom Politiker zu trennen ist, weil beide gleichermaßen im religiösen Grunde wurzeln.

M. K. Gandhi
Sarvodaya (Wohlfahrt für alle)
216 Seiten, Paperback

„Sarvodaya" — von Karl Müller in schönes Deutsch übertragen — enthält Gandhis gesamte Konzeption in ihren Grundzügen. Jedes Kapitel ist eine Fundgrube. *Münchner Merkur*

Arun Gandhi
Kasturbai und Mahatma Gandhi
243 Seiten + 4 Seiten Abbildungen im Kunstdruck, Paperback

Der Verfasser, ein Enkelsohn des Mahatma, hat die Biographie seiner Großmutter vorgelegt. Zu Lebzeiten ständig im Schatten ihres berühmten Mannes, wird Kasturbai hier dem Leser als eine der großen Frauen der neueren Geschichte entdeckt, die sowohl für die Entwicklung der indischen Gesellschaft als auch für das übergeordnete Werk ihres Lebensgefährten von kaum zu überschätzender Bedeutung war. Das Buch ergänzt die Autobiographie des Mahatma aus der Sicht seiner Frau und deren Kinder, wobei schonungslos menschliches Versagen und menschliche Größe nebeneinander sichtbar werden.

Michael Blume
Satyagraha
Wahrheit und Gewaltfreiheit, Yoga und Widerstand bei M. K. Gandhi
400 Seiten, Paperback

Michael Blume stellt erstmals (nicht nur im deutschsprachigen Bereich!) mit der gehörigen Gründ- und Ausführlichkeit die Grundlagen der politischen Philosophie Gandhis dar, um darauf aufbauend dann Satyagraha, das Festhalten (graha) an der Wahrheit (satya) einmal als Lebensweise und dann als politische Strategie des gewaltfreien Widerstandes zu analysieren. Nicht erst Attenboroughs Film, in dem Gandhi ja als Freiheitskämpfer und ohne jeden Verweis auf diese tieferliegenden religiösen und soziokulturellen Wurzeln seines politischen Engagements dargestellt wurde, sondern vor allem auch die Versuche, gandhianische Formen der Gewaltlosigkeit verkürzt und als wohlfeile Taktik im Demonstrationskampf einzusetzen, geben der Arbeit von Michael Blume besondere Aktualität.
Die Zeit, Hamburg

Georg Jentsch
Wiedererweckung der Einen Welt
Leitbilder des mündigen Menschen
250 Seiten, Paperback

Urda Nornengast
Der androgyne Mensch
311 Seiten, Paperback

Erich Buchholz
Alternative Gottesreich
Unterwegs zur künftigen Gesellschaft
300 Seiten, Paperback

Carl A. Skriver
Der Aufstand der Auferstandenen
Die urchristlichen Visionen und Proklamatonen des Ludwig Derleth
72 Seiten, gebunden

Eckard Wolz-Gottwald
Heilung aus der Ganzheit
Ayurveda als Philosophie in der Praxis
258 Seiten, Pb.

Philosophie wird im Westen allgemein als rein theoretisch arbeitende Disziplin des Denkens verstanden. Daß sie auch mitten in der lebendigen Praxis stehen kann, zeigen die vor über 2000 Jahren entstandenen Lehrbücher der klassischen indischen Heil- und Lebenskunde Ayurveda. Der Verfasser bemüht sich um eine grundlegende Aufarbeitung dieses Ansatzes. Therapie und Psychotherapie dringen hier durch Einbeziehung von Yoga und spirituell-philosophischer Praxis zu den Grenzen menschlicher Existenz.

Eckard Wolz-Gottwald
Meister Eckhart
oder Der Weg zur Gottesgeburt im Menschen. Eine Hinführung
106 Seiten, Pb.

Der Verfasser erweist sich als profunder Kenner des großen mittelalterlichen Theologen und Mystikers. Dabei geht es ihm in erster Linie um eine mehr praktisch orientierte Kurzfassung der Lehren des Meisters.

Karl-Ernst Bühler und Eckard Wolz-Gottwald (Herg.)
Therapie und Spiritualität
Autogenes Training – Meditation – Yoga
185 Seiten, Pb.

Alle in diesem Band beschriebenen Übungen stellen sich die Aufgabe, die Ebene des „Machens" zu durchbrechen und „loszulassen". Man kann den Weg zwar willentlich eröffnen. Autogenes Training, Meditation und Yoga können auch therapeutisch eingesetzt werden. Doch schon von Beginn an geht es um ein Sich-Öffnen und Wachwerden ohne Zutun.

I.H. Azad Faruqi
Sufismus und Bhakti
Maulana Rumi und Sri Ramakrishna
152 Seiten, kartoniert

Faruqis Studie porträtiert Rumi, den großen Dichter und Heiligen persisch-türkischer Provenienz, ordnet ihn in die Entwicklungsgeschichte der islamischen Mystik ein und setzt ihn in Vergleich zu Leben und Werk des indischen Mystikers und Heiligen Sri Ramakrishna. Der Leser gewinnt ein neues Verhältnis zur islamischen Religiösität und nimmt Einblick in das Werden der volkstümlichen indischen Liebesreligion (Bhakti-Kultur).

Vinoba Bhave
Gespräche über die Gita
Mit einem Vorwort von Jayaprakash Narayan
Aus dem Hindi übertragen von Hema Anantharaman
271 Seiten, Leinen

An 18 aufeinanderfolgenden Sonntagen, vom 21. Februar bis zum 19. Juni 1932, sprach Acharya Vinoba Bhave zu seinen Mitgefangenen im Gefängnis von Dhulia, West Kandesh, Bombay, über die Bhagavad Gita. Er hielt seine Ansprachen in Marathi, seiner Muttersprache, in der sie auch niedergeschrieben und erstmals veröffentlicht wurden.

Struktur und Technik des inneren Friedens
174 Seiten, Paperback

Vinoba Bhave hat in diesem Buch den inneren Frieden des einzelnen, jene wesentliche Voraussetzung des äußeren Friedens, gemäß seiner Struktur dargelegt und die Technik seiner Gewinnung entwickelt. Formal gesehen stellt das Buch ein Stück Kommentar zur Bhagavad Gita dar. Inhaltlich bietet es eine Anleitung zum Erlangen der Grundlagen von Selbstdisziplin, Gleichmut und Gelassenheit als höchster Stufen yogischer Intelligenz.

Gedanken
114 Seiten, gebunden

Vinoba nennt sie „ein Flüstern aus der inneren Tiefe". Die meisten der Gedanken befassen sich unmittelbar mit Themen spirituellen Bemühens und mit dem letzten spirituellen Ziel des Menschen. Davon abgesehen hat Vinoba in die vorliegende Sammlung seine Gedanken über Themen wie Religion, religiöse Hingabe, Dienst am Mitmenschen, Ethik, Yoga, Erziehung, bildende Kunst, Musik, Wirtschaft, Politik und Naturwissenschaft einbezogen.

VERLAG HINDER + DEELMANN

POSTFACH 1206 · 35068 GLADENBACH